환자의 경험이 혁신이다

환자의 경험이 혁신이다

클리블랜드 클리닉의 환자경험 개선 프로젝트

제임스 메를리노 지음 | 박재영·김인수 옮김

청년의사

클리블랜드 클리닉의
환자경험 개선 프로젝트

환자의 경험이 혁신이다

지 은 이 제임스 메를리노
옮 긴 이 박재영, 김인수

펴 낸 날 1판 1쇄 2015년 6월 15일
          1판 5쇄 2023년 12월 1일

펴 낸 이 양경철
주   간 박재영
편   집 김하나
디 자 인 김태린

발 행 처 ㈜청년의사
발 행 인 양경철
출판신고 제313-2003-305호(1999년 9월 13일)
주   소 (121-829) 서울시 마포구 독막로 76-1 (상수동, 한주빌딩 4층)
전   화 02-3141-9326
팩   스 02-703-3916
전자우편 books@docdocdoc.co.kr
홈페이지 www.docbooks.co.kr

ISBN 978-89-91232-61-7 03320

책값은 뒤표지에 있습니다.
잘못 만들어진 책은 서점에서 바꾸어 드립니다.

의술의 이면을 일깨워 준 아버지와
변함없는 응원을 보내 준 에이미,
언제나 나를 믿어 주는 토비와 조에게

일러두기
1. 역주(*)는 각주 처리했습니다.
2. 책의 제목은《》로 표시하고, 신문·잡지·방송·영화 등의 제목은〈 〉로 표시했습니다.
3. 정확한 의미 전달을 위해 필요한 경우 한문이나 영어를 병기했습니다.
4. 문맥상 저자가 강조한 부분은 ' ', 인용한 부분은 " "로 표시했습니다.
5. 흔히 쓰이는 보건의료 분야의 용어들 일부에 대해서는 띄어쓰기 원칙을 엄격하게 적용하지 않았습니다.

이 책에 쏟아진 찬사

"이 책은 환자중심 의료서비스의 훌륭한 표준이 될 것이다. 의료계 대다수가 그러하듯, 과거의 클리블랜드 클리닉은 환자를 대하는 데 있어 연민이나 공감이 많이 부족했었다. 최고경영자 토비 코스그로브와 환자경험최고관리자 제임스 메를리노를 필두로 병원 전체 임직원이 환자를 최우선 순위에 놓으면서부터 모든 것이 달라졌다. 이 과정을 써 내려간 메를리노 박사의 글은 있는 그대로를 생생히 묘사하고 있으며 잔인할 만큼 솔직하다. 이 책을 통해 저자는 열정과 인간미, 진정성과 배려심이 넘치는 모습을 보여 준다. 이 책은 어떤 조직에게든 더 나은 방향으로 가는 길을 안내해 줄 것이며, 의료계에 종사하는 사람이라면 반드시 읽어야 할 책이다."

-데이비드 파인버그^{David T. Feinberg}, 의학박사, UCLA헬스시스템의 CEO

"뛰어난 의술을 자랑하는 클리블랜드 클리닉이 환자경험에 주력하면서 변모해 가는 과정을 낱낱이 밝혔다. 그 속사정에 얽힌 이야기 자체만으로도 충분히 흥미진진할 뿐만 아니라, 의료계의 미래가 달린 의미심장한 내용이 담겨 있다. 이 책은 이런 변화를 주도하거나 시도하려는 의료계 리더들이 미리 만나 봐야 할 귀중한 조력자라고 확신한다."

-댄 히스[Dan Heath], 뉴욕타임즈 베스트셀러 《스틱[Made to Stick]》, 《스위치[Switch]》,

《자신 있게 결정하라[Decisive]》의 공동 저자

"세계 최고의 환자경험 실현을 향한 클리블랜드 클리닉의 험난한 여정을 진솔하게 그리고 있다. 제임스 메를리노는 실용적인 개혁 로드맵을 보여 주는 동시에 실수와 실패에 대한 불편한 진실까지도 숨김없이 드러내고 있다. 솔직함, 실리주의, 희망의 삼박자가 어우러짐으로써 메를리노는 미국 내 가장 영향력 있는 의료계 리더로 떠오를 수 있었다. 환자경험을 개선하고자 하는 병원 관리자에게 매우 귀중한 책임에 틀림없다."

-레아 바인더[Leah Binder], 립프로그 그룹[Leapfrog Group]의 회장 겸 CEO

"의사, 환자, 환자 보호자로서의 경험을 바탕으로 한 제임스의 열정은 의료 기관들이 디자인, 프로세스, 그리고 문화에 집중하게 되는 새로운 경향을 만들어 냈다. 그는 동료들과 함께 클리블랜드 클리닉을 환자중심의 치유 공간으로 거듭나게 했으며, 더 나은 서비스를 위해 투명성을 강조함으로써 의료서비스 리더들의 주목을 끌었다. 한 장 한 장 넘길 때마다 환자를 위하는 그의 마음과 열정을 느낄 수 있다. 제임스 메를리노와 클리블랜드 클리닉은 환자를 소중히 여기고 병원의 존재 의미를 되새기는 과정을 통해 의료서비스에 큰 획을 그었다."

-팻 라이언[Pat Ryan], 프레스 게이니[Press Ganey]의 CEO

"환자경험에 앞장서는 리더에 의해 탄생한 중요한 책이다. 내가 겪었던 의사와 환자 간의 관계를 다시 생각하게 만드는 흥미로운 이야기가 담겨 있다. 이 책은 진정한 고객중심의 문화를 만들기 위해 노력하는 과정을 솔직하게 그리고 있으며, 우리가 앞으로 나아갈 바를 잘 보여 준다. 메를리노는 클리블랜드 클리닉이 겪었던 어려움에 대해서 담담하게 사실대로 털어놓으면서, 이런 장애물을 극복하기 위해 경영진이 어떻게 움직여야 하는지를 자세히 설명하는 일도 잊지 않았다. 무엇보다도 이 책은 환자경험을 더 스마트하게 이해하도록 만들어 주는 귀중한 자료이다. 다른 경영서들도 이런 요소들을 적절하게 다루었으면 하는 바람이다."

-할리 매닝Harley Manning, 포레스터닷컴Forrester.com

"조직 전체를 위해 필요한 우선순위를 설정하는 것과 이를 달성하는 것은 별개의 일이다. 클리블랜드 클리닉의 환자만족도 지수가 이토록 빠르게 향상되는 과정은 마치 기적과도 같다. 메를리노 박사는 43,000여 명이 몸담고 있는 거대한 병원이 한층 더 성장해 나가는 여정을 꾸밈없고 설득력 있게 들려준다. 이 병원이 이룬 엄청난 성과를 각 단계별로 자세하게 표현함으로써 의료계 리더뿐만 아니라 조직의 뜻깊은 성장을 원하는 사람이라면 누구에게나 귀중한 교훈을 주리라 기대한다."

-바버라 스나이더Barbara R. Snyder, 케이스웨스턴리저브 대학교Case Western Reserve University의 총장

"의료계에 종사하는 사람들이라면 의료서비스의 공급자와 이용자 양측의 입장에서 숨김없고 신랄한 고백을 털어놓은 메를리노의 이 책을 마음속 깊이 새기게 될 것이다. 특히, 감정이입과 연민에 대한 내용과 교훈은 매우 감동적이며 환자경험의 중요성을 뼈저리게 느끼게 해 준다."

-커트 뉴먼Kurt Newman, 의학박사,
국립어린이병원Children's National Health System의 병원장

"제임스 메를리노는 자신과 동료들이 전문 의료 기술에만 치중하던 클리블랜드 클리닉을 어떻게 배려와 이타심이 가득한 진료를 전달하는 기관으로 변모시킬 수 있었는지, 이 책에 밝은 면과 어두운 면 모두를 담고 있다. 그러면서 다른 의료 기관에서도 동일한 지상 목표, 즉 환자제일주의를 달성하는 데 참고가 될 종합 지침서를 마련해 놓았다."

—수잔 덴처^{Susan Dentzer}, 로버트 우드 존슨 재단^{Robert Wood Johnson Foundation}의 정책고문

"메를리노는 이 놀라운 책에서 타인을 돌보는 일의 예술적인 면과 과학적인 면을 확실하게 다루고 있다. 전문적인 서비스를 제공하고자 하는 리더라면 반드시 읽어야 할 책이다. 메를리노와 클리블랜드 클리닉의 동료들이 결국 해내고 말았다."

—마크 번즈^{Marc Byrnes}, 오스왈드 컴퍼니즈^{Oswald Companies}의 회장

"클리블랜드 클리닉은 환자 개개인에게 풀 서비스를 제공하는 의료서비스의 좋은 본보기를 제시한다. 내 소중한 남동생이 이 병원에 입원할 당시 헌신적으로 간호하는 직원들의 모습을 직접 보면서 감격했던 경험을 간직하고 있다. 다른 병원들도 클리블랜드 클리닉의 훌륭한 시설과 세심하고 만족스러운 서비스를 본받았으면 한다."

—도널드 트럼프^{Donald J. Trump}, 트럼프 그룹^{Trump Organization}의 회장

추천사

사람들은 당신이 했던 말이나 행동은 잘 기억하지 못하겠지만,
당신에게서 받은 느낌은 결코 잊지 못할 것이다.

- 마야 안젤루^{Maya Angelou}

    2004년, 저명한 심장전문의 델로스 M. '토비' 코스그로브^{Delos M. 'Toby'}
^{Cosgrove} 박사가 혁신적이며 뛰어난 치료 실적을 자랑하는 클리블랜드 클리
닉의 최고경영자 자리에 올랐다. 이제 수술이 아니라 전략을 이끌게 된 그
에게 하버드 경영대학원에서 클리블랜드 클리닉의 의료 모델과 관련한 강
연을 요청해 왔다. 연설 도중 그는 당혹스러운 질문을 받았다. 한 학생이 그
에게 클리블랜드 클리닉에서 환자들을 위한 감정이입을 가르치고 있느냐고
물었다. 이 질문이 토비의 전략적 사고에 변화를 가져온 계기가 되었다. 환
자가 클리블랜드 클리닉에서 집으로 '잘' 돌아간다고 해서 과연 자신이 '잘'
치료받았다고도 느낄까? 바로 이것이 클리블랜드 클리닉의 지상 최대의 목
표인 '환자제일주의'가 뿌리내리는 출발점이라 할 수 있다.
    클리블랜드 클리닉 이사회에서 일하는 내게 토비는 '고객경험^{customer}

experience'과 관련된 나의 비즈니스 경력을 병원의 '환자경험patient experience' 향상을 위해 활용해 달라고 부탁했다. 신임 환자경험최고관리자chief experience officer인 제임스 메를리노 박사와 협력하면서 클리닉의 환자안전patient safety과 만족, 그리고 경험을 주관해 달라는 부탁이었다. 결국 나는, 당시 키뱅크KeyBank의 부회장으로 수행했던 역할과 비슷한, 고객을 모든 일의 중심에 두는 고객경험을 바탕으로 한 차별화 전략을 향한 여정에 돌입하게 되었다.

아픈 아버지를 간병하면서 "의사의 반대편" 입장에 처했던 경험을 통해 환자에 대한 남다른 애정을 키워 온 제임스 메를리노는 의료계의 떠오르는 별이다. 제임스와 나는 업무를 맡은 초반에 자주 만나서 '환자경험'의 틀을 잡고 제도화하는 방안을 논의하곤 했다. 내가 은행에서 고객경험과 변화를 추진하면서 익힌 원칙들이 도움이 되기도 했다. 하지만 클리블랜드 클리닉의 환자중심 개혁 작업은 내가 새로운 현실에 눈뜨고 한 계단 더 발전할 수 있는 기회를 주었다. 더불어 함께 일하면서 제임스와 나는 친구가 되었다.

제임스는 일을 어디서부터 시작해야 할지, 성공하면 뭐가 어떻게 바뀌게 될지 알지 못했다. 우리에겐 기준으로 삼을 해법이나 지침서가 없었다. 그래서 그는 다른 여러 분야에서 성공을 거둔 최고이자 최선의 실행 모델들을 배웠을 뿐만 아니라, 클리블랜드 클리닉에 딱 들어맞는 성공의 의미를 이해하고 결정하기 위해 조직 안팎으로 체계적인 과정들을 실시해 나갔다.

한 조직체가 원대한 목표를 정하고 분위기를 잡아 나가기 위해서는 리더십이 반드시 필요하다. 코스그로브와 제임스는 병원 임직원 모두가 환자를 돌보는 사람이라는 생각을 갖게끔 의사들까지도 '케어기버caregiver'로 부르는 등 조직의 변화를 위한 과정들을 만들어 나갔다. 환자가 먼저라는 야심찬 꿈의 실현을 도와줄 지침서 하나 없었던 초반에는 시행착오를 겪으면서 성공과 실패를 맛보기도 했지만, 그들의 열망을 담은 전략과 전술이 자리를 잡으면서 클리블랜드 클리닉은 마침내 세계 최고의 환자경험을 제공하는 병원으로 거듭났다. 이 책은 제임스뿐만 아니라 토비와 클리블랜드 클리닉의 열정과 노고를 보여 주는 증언인 셈이다.

예전에 다른 병원의 임원이 이런 말을 한 적이 있다. "우리 모두가 클리블랜드 클리닉처럼 될 수는 없잖습니까." 그 말에 제임스는 이렇게 대답했다. "아닙니다, 할 수 있어요."

《환자의 경험이 혁신이다》는 당신에게 실질적인 방법을 제시한다. 다양한 사례와 이야기로 가득한 이 책은 환자경험 실천을 위한 도구를 제공하고 안목과 식견을 높여 줄 지침서가 되어 준다. 미국의 헬스케어 관련 법들이 바뀌어 가는 세상에서, 환자경험 향상은 옳은 일이자 반드시 필요한 일이다. 그렇다고 환자경험이 전달하는 메시지와 관련 내용이 의료계에만 국한되지는 않는다. 이 책은 우리 의료계를 포함해 여러 업계의 비즈니스 전문가들에게도 실용적인 가르침과 행동 지침을 제공한다. 지나치게 많은 정보가 난무하는 이 시대에 이 책은 흥미진진하고 소중한 내용으로 당신의 마음을 사로잡을 것이다.

베스 무니[Beth E. Mooney]

키코프[KeyCorp]의 회장 겸 CEO

13

CONTENTS

머리말

다나 번스타인Dana Bernstein은 영리하고 에너지가 넘치며 아름다운 25세의 여성으로 마치 세상을 정복하기 위해 태어난 사람 같다. 그녀를 만난 사람들은 누구나 그녀에게 매료당하고 만다. 다나는 헬스케어 분야의 전문가이기도 하다. 3살 때부터 병을 앓아 온 그녀는 서비스 제공자나 공급자의 입장이 아니라 환자의 입장에 서 있는 헬스케어 전문가라 할 수 있다. 과거 22년간, 다나는 보통 사람들이 평생 경험하는 것보다 더 많은 의사들과 간호사들을 만났고, 더 많이 병원에 입원했으며, 더 많은 수술을 받았다.

다나를 전문가라 부를 수 있는 이유는 그녀가 크론병Crohn's disease과 싸우고 있기 때문이다.[1] 크론병은 대표적인 염증성 장질환 중 하나로, 쉽게 말해 장의 내벽조직과 외벽조직에 염증과 누공이 발생하는 병이다. 외부병원체로부터 자신을 보호하기 위한 방어체계가 거꾸로 몸의 장기나 기관을 공격하는 자가면역질환이기도 하다. 미국에서는 140만여 명이 염증성 장질환으로 고통을 받고 있는 것으로 추정된다.[2] 아직까지 많은 사람들에게 생소한 이 질환은 그 원인과 치료법이 확실히 밝혀지지 않았다.

크론병 증상의 종류와 정도는 환자에 따라 차이가 많이 난다. 증세가 경미한 채로 평생을 살아가는 사람이 있는 반면에, 증세가 매우 뚜렷하고 재

16

발률이 높아 지속적인 약물 치료와 여러 번의 수술에 의존해야 하는 사람
도 있다. 그뿐만 아니라 장 절제술을 받고, 소장 이식수술을 해야 하는 사람
도 있다. 크론병은 입에서 항문까지 소화관 전체에 걸쳐 어느 부위에서든지
발생할 수 있으며 주요 장기에 큰 문제를 일으킬 수 있다.

다나는 후자의 삶을 살고 있다. 크론병 진단을 받고 나서 여러 차례 수
술을 받았고 입원 횟수는 셀 수조차 없을 정도다. 다나와 이야기를 나눠
보면 그 나이 또래 사람들과 다를 게 없다는 생각이 든다. 하지만 크론병
으로 고생하는 이야기를 듣는 순간 상황은 달라진다. 광범위한 절제 수술
로 장이 거의 남아 있지 않고, 인공항문을 사용하고 있으며, 흉부에 삽입
한 얇은 관인 카테터를 통해 영양을 공급받고 있다는 사실을 알게 된다면
말이다. 그뿐만이 아니다. 다나는 여러 차례의 수술로 생긴 절개 부위와 광
범위한 염증이 일으키는 만성 통증에 시달리고 있다. 어쩌면 소장 이식수
술을 받아야 할지도 모른다. 그녀에게는 벅찬 수술이 될 것이다. 목숨이 위
험할 수도 있다. 뛰어난 의료 기술만으로 헤쳐 나갈 수 있다고 장담할 수
는 없는 일이다.

다나는 자신이 다루기 쉬운 환자가 아니라는 점을 인정한다. 질병의 증
후가 복잡한 이유도 있지만 의사의 지시에 대해서도 늘 순응적 태도를 유
지하지는 않기 때문이다. 크론병에 대해서라면, 아마도 다나와 다나의 엄마
칼 마샬도 치료를 담당했던 의사만큼이나 잘 알고 있을 것이다. 칼은 병마
와 싸우는 딸을 돕는 데 인생을 바쳐 온 사람이다. 다나는 자신의 의사를
분명히 표현하는 데 주저하지 않는 적극적인 환자다. 다나와 그녀의 엄마는
단순히 의사 결정에 필요한 정보를 원하는 것이 아니다. 어떤 결정이 왜, 어
떻게 만들어지는지 그 과정에 참여하고 싶어 한다.

하지만 다나는 그 이상을 원한다. 고향인 라스베이거스 근처에서 치료를

받아도 되는데 굳이 2천 마일*이 넘게 떨어진 병원을 찾은 데는 다 이유가 있다. 다나는 그 분야에서 최고의 실력을 갖췄을 뿐만 아니라 자기 일에 대해 깊은 감정이입과 겸손함을 보여 주는 의사를 원했다. 그리고 클리블랜드 클리닉 대장항문외과의 수장인 페자 렘지Feza Remzi 박사에게서 이 두 가지 모두를 보았다.

다나는 이렇게 말한다. "제가 힘든 환자라는 건 알아요. 하지만 저도 많은 일을 겪으면서 어떤 것이 제 몸에 맞고 안 맞는지를 이제는 압니다. 제가 의사들에게 따질 때가 있는데, 그러면 의사들이 거부감을 보이면서 지금 상황이 이렇고 저렇고 정색하는 일이 종종 있어요." 다나는 렘지가 자신을 환자로서 대할 뿐만 아니라 친구처럼 대해 준다고 믿는다. "렘지 선생님은 마음을 써서 보살펴 줘요. 선생님이 말하는 모습이나 저를 대하는 모습에서 느낄 수 있죠. 가끔은 소리를 지르기도 하시지만 그래도 배려하는 마음이 드러나요."

환자를 친구로 대하면 의사의 판단력과 객관성이 흐려질까? "말도 안 되는 소리!" 렘지의 말이다. "물론 저는 다나의 담당 의사이자 외과 의사입니다. 그렇다고 제가 다나를 인간적으로 좋아하고 돌보는 게 과한 일입니까?" 렘지는 설명을 덧붙인다. "보살펴 주는 사람이 인간적인 감정을 느낄 때 더 집중하고 철저하게 일할 수 있습니다." 그는 의사로서 경계를 넘지 말아야 한다는 것도 알고 있다. "다나를 치료하는 데 방해가 되는 행동은 절대 있을 수 없습니다. 하지만 저는 제가, 그 끔찍한 병을 정복하려는 다나의 지지자이자 협력자라고 늘 생각하고 있습니다. 우리는 참호 안에 몸을 숨긴 친

---

* 약 3천 킬로미터가 넘는 거리.

구입니다. 저는 그녀의 뒤를 살펴 주고 다나는 제가 더 좋은 의사가 될 수 있도록 도와줍니다. 다나 덕분에 더 열심히, 더 철저하게 일할 수 있습니다."[3]

램지는 다나에게 의학적 조언과 치료를 제공할 뿐만 아니라 그녀와 그녀의 가족이 올바른 결정을 내릴 수 있도록 이끌어 준다. 다나의 엄마는 램지가 자신이 만나 본 사람 중에 가장 이타심이 많고 다정다감한 사람이라며 이렇게 말한다. "램지 선생님은 진정으로 사람의 마음을 헤아려 줍니다." 단지 환자가 아닌 인간으로 다나를 대하는 램지의 마음 덕분에 램지의 의술에 대한 다나 가족의 믿음 또한 더욱 높아진다.

인간적인 소통이 이루어지면 정말로 전문가로서의 뛰어난 능력과 동정 어린 보살핌, 두 가지 모두를 기대할 수 있는 걸까? 나는 하버드 경영대학원 최고경영자 과정에 연사로 초청을 받아 클리블랜드 클리닉에 대한 사례 연구에 대해 발표한 적이 있다. 그때 바로 이 질문을 가지고 열띤 토론을 했었다. 환자경험을 환자 치료에 어떻게 활용했는지, 그리고 이 생각을 조직 전체에 적용시켰을 때 재정적 수익이 발생했는지에 대해 이야기를 나눴다. 나는 대화 도중 학생들에게 질문을 던졌다. 만약 자신이 심장 수술을 받아야 하는 환자라면 다음의 두 의사 중에서 누구를 선택하겠냐는 질문이었다. 한 의사는 여러 면에서 가장 높은 성공률을 자랑하는, 단연 세계 최고의 의사지만 성질이 고약하고 환자나 그 가족과의 의사소통에 서툴다. 이타심이나 겸손함을 찾아볼 수는 없지만 지식과 기술 면에서 뛰어나다. 다른 의사는 이해심과 배려심이 많은 의사로 유명하지만 실력은 평균 정도로, 앞의 의사만큼 뛰어나지는 않다고 알려져 있다. 당신이 환자라면 어떤 의사에게 수술을 맡길 것인가?

흥미롭게도, 학생들의 대답은 거의 반반으로 갈렸다. 일부 학생들은 수술 결과만 대단히 좋다면 의사가 자기에게 말 한마디 건네지 않아도 상관하지 않는다고 했다. 반면에 '인본주의적' 관점을 더 중요하게 생각하는 학생들도 있었다. 만족할 만한 수술 능력을 갖췄을 뿐만 아니라 자신을 인간적으로 대우해 주는 의사를 원했다. 즉 환자를 배려할 줄 아는 의사에게서 통상적인 수술 결과를 얻어 낼 수 있다면 만족한다는 주장이었다.

뛰어난 의사, 평균적인 의사, 형편없는 의사들을 가까이에서 지켜보면서 나는 외과 의사에게 가장 중요한 요소가 우수한 기술이라고 생각했었다. 그리고 나 역시 수술을 받게 된다면 다른 무엇보다 의사의 기술 내지는 솜씨를 우선으로 보겠다고 생각했었다. 나는 매우 친절하고 감정이입에 뛰어나지만 기술적으로 부족한 의사들이 수술 후 환자들에게 합병증을 유발하고도 환자 및 그의 가족들과 긴밀한 관계를 조성해 법적 책임을 면하는 경우를 보았다. 의료 과실 소송에서 종종 발생하는 일이다. 의사는 기량이 부족하다는 이유로 고소당하지 않는다. 의사소통을 하지 않거나 환자 또는 그의 가족과 인간적인 유대감을 형성하지 못했기 때문에 고소당한다.

만약 내 동료이자 클리블랜드 클리닉의 품질 및 안전 담당자인 섀넌 필립스Shannon Philips가 하버드 학생들에게 먼저 안전 중심의 문화에 대해 교육을 했더라면 학생들이 어떻게 반응했을지 궁금하다. 기술적으로 뛰어나지만 갈등을 일으키는 의사는 불안한 환경을 만들어 내고, 다른 의료진들이 환자를 보호하기 위해 앞으로 나서는 행동을 가로막는다. 이런 의사들은 두려움이라는 문화를 조성하기 때문에 실제로 보다 나쁜 결과물을 낳을 수도 있다. 기술 중심으로 의사를 선택하겠다던 학생들이 그동안 마음을 바꾸지는 않았는지 모르겠다.

나는 헬스케어의 다른 한편, 즉 환자와 그 가족의 입장에 처해 본 이후로 의사에게서 원하는 것이 무엇인지에 대한 생각이 변했다. 환자는 의학적 능력뿐만 아니라 이해심과 이타심을 갖춘 의사에게 치료받을 자격이 있고 당연히 그런 의사를 요구해야 한다. 또한 나는 질 높은 의료의 제공을 책임지는 의료계 리더의 입장에서 우리가 기술과 마음 둘 다를 확실히 제공할 수 있도록 노력해야 한다고 믿는다.

클리블랜드 클리닉 타우식 암센터Taussig Cancer Institute의 센터장인 브라이언 볼웰Brian Bolwell 역시 렘지와 마찬가지로 매우 똑똑한 의사인 동시에 배려심과 이해심을 갖춘 사람이다. 어느 날 볼웰의 사무실에 들렀는데 그의 모습이 왠지 침울해 보였다. 무슨 일이 있었는지 묻자 그는 이렇게 말했다. "내가 오랫동안 돌보던 환자가 죽었어요. 슬프지 않을 수가 있나요." 그 환자는 그에게 단순한 환자가 아니었다. 볼웰은 그녀가 어떤 삶을 살았는지 알고 있었고, 그녀와 여정을 함께했으며, 그녀를 돌보았다. 만약 내가 끔찍한 병에 걸린다면 나도 렘지나 볼웰 같은 의사가 나를 돌봐 주었으면 좋겠다. 나를 치료해 주는 사람들과 인간적인 유대감을 형성하고 싶다. 그들이 내게 인간적으로 마음을 써 주는지, 내가 노력하는 만큼 그들도 내게 모든 걸 쏟아붓는지 알고 싶다. 물론, 나는 그들에게 능력과 객관성을 요구할 것이다. 하지만 그들이 나와 함께, 나를 위해 있어 줄 것인지 알고 싶다. 아무리 기량이 출중한 의사라도 내가 어떻게 일상으로 돌아갈지에 대해서는 신경도 쓰지 않은 채 수술만 끝내고 곁을 떠나 버리는 그런 의사는 싫다. 나는 나의 주치의가 인간으로서의 나를 알아주고, 나의 생각을 들어 주며, 내게도 병원 밖의 삶과 가족과 친구가 있다는 사실을 이해해 주었으면 한다. 이런 것이 왜 중요한 걸까? 나는 의사들과 의료진들이 나의 치료 결과를 위해 인간적인 시간과 노력을 들여 주길 바란다.

인간의 조건human condition을 초월하는, 이해와 배려가 깃든 보살핌, 이것이 바로 내가 환자들에게 제공하고자 하는 것이고 환자라면 누구나 의사에게서 기대해야 하는 기본 사항이다. 모든 의료진이 환자를 헤아리고 공감하기 위해 개인적으로 마음과 시간을 기울일 때 미래를 위한 헬스케어의 초석이 다져질 것이다. 반드시 환자를 중심으로 그리고 그들에게 보살핌을 전달할 방법을 중심으로 조직과 인력을 재정렬해 나가야만 한다.

클리블랜드 클리닉은 환자경험에 초점을 맞춤으로써 차별화를 이루었다. 다나는 질 높은 보살핌과 질 높은 치료를 위해 그 먼 길을 지나 이곳까지 찾아왔다. 환자를 우선으로 모든 조건들을 맞추다 보면 우리가 하는 모든 일들이 달라진다. '환자만족도patient satisfaction'는 물론, 안전하고 질 높은 치료와 가치 전달의 향상을 불러온다. 환자를 최우선의 목표로 가장 앞에 두는 일은 이 세상 어느 의료 기관이라도 할 수 있는 일이다.

우리가 처음 환자경험이라는 모험을 시작할 때는 어디서부터 시작해야 하는지에 대해 알려 주는 교과서나 지침서도 없었다. 헬스케어 관련 학자들은 만족스러운 의료 제공 방법에 대해서는 생각하지 않을 때가 많다. 시행착오를 겪으며 배우는 수밖에 없었다. 우리만의 전술과 전략을 만들어 냈고, 다른 곳의 방식을 차용하기도 했으며, 의료계 외부의 비즈니스에서 얻은 교훈을 적용하기도 했다. 우리는 엄청난 환자의 요구와 욕구가 난무하는, 다각화되고 여러 종류로 이루어진 헬스케어 시스템의 최전선에서 맞부딪치는 방식을 기본으로 접근했다. 나를 포함해 우리의 투사인 의사들은 여전히 환자들을 진찰한다. 여전사인 간호사들은 환자의 곁을 지켜 준다. 이렇듯 최전방에서의 몰두와 헌신이 우리가 성공을 거둘 수 있었던 이유 중 하나다. 한참 떨어진 후방에서 바라보며 지시하는 것만으로는 환자경험을 바로잡을 수 없다. 작전의 대부분은 환자와 만나는 접점에서 처리되어야만 하며 최전선에서 보살핌을 주는 사람들에 의해 수행되어야만 한다.

현실적인 관점에서, 발전을 이루어 내기 위해 우리는 전략의 틀을 정확하게 잡은 다음, 그 전략을 실행할 수 있게 해 줄 요소들에 집중해야 했다.

환자들과 그 가족들이 보고, 하고, 만지는 모든 것들을 우리는 환자경험으로 간주한다.

이 책은 환자경험에 대해 어떻게 생각하고, 환자경험을 어떻게 규정하는지에 대해, 그리고 우리가 생각하는 환자경험 향상을 위한 필수 요소는 무엇인지에 초점을 맞추고 있다. '환자중심주의patient-centeredness'를 향상시키는 것은 우리가 안전성과 우수성을 전달하는 방법에도 많은 영향을 준다. 이는 환자들뿐만 아니라 케어기버들에게도 중요하다.

다음 장부터는, 클리블랜드 클리닉의 지도부가 환자경험을 우선순위로 결정한 계기는 무엇인지, 환자경험에 대해 어떤 정의를 내렸으며 환자경험 향상을 위해 어떤 전략을 세웠는지에 대해 설명할 것이다. 병원의 문화, 의사의 참여, 그리고 환자의 이해에 관한 기본적 요소들을 논할 것이다. 우수한 서비스를 위해 우리가 어떻게 체계화하고 구성하고 교육시키고 평가했는지를 포함하여 실행에 따른 성공과 실패의 경험을 함께 나누고자 한다. 클리블랜드 클리닉이 조직 문화를 어떻게 발전시켰고, '환자제일주의Patients First'를 중심으로 직원들을 어떻게 정비했는지에 대해서도 살펴볼 것이다. 더불어 의사 커뮤니케이션의 필수 요소를 어떻게 개선했는지도 기록해 두었다. 우수한 환자경험을 보장하기 위해 환자를 파트너로 만들기, 전 세계의 간병인들과 접근 방법 공유하기 등 가장 최근의 주제와 관련한 나의 소신과 생각에 대해서도 적었다. 이 모두가 환자가 어디에 있든 더 나은 치료를 받을 수 있기를 바라는 마음에서다.

내가 클리블랜드 클리닉에 관해 글을 쓴 이유는 우리가 변화하고 있으며 우리의 방식이 효과가 있기 때문이다. 우리의 방식은 활용 가능한 여러 가지 방법 중 하나일 뿐이지만 당신의 조직에도 도움이 될지 모른다. 우리가 다양한 업계의 사례를 통해 교훈을 얻었듯이 우리 전술과 여러 전략들 또한 다양한 업계에 도움을 줄 수 있을 것으로 믿는다. 고객을 중심으로 하는 인력 배치는 비즈니스의 종류에 관계없이 적용 가능한 일이기 때문이다. 고객이 없는 비즈니스란 있을 수 없는 법이니까.

이 책을 읽는 독자들 중에는 우리의 접근 방식이 생각만큼 그리 잘 돌아가지 않는다고 생각하는 사람들도 틀림없이 있을 것이다. 환자경험 향상은 힘든 일이며 우리에게는 아직도 할 일이 많다. 하지만 클리블랜드 클리닉이 우수한 의료의 제공에 끊임없이 노력을 기울여 온 역사가 말해 주듯, 이제 그와 더불어 환자경험에 끊임없이 초점을 맞추고 있다는 데는 의심의 여지가 없다. 한때 환자경험 평가에서 전국 최하위 수준에 머물렀던 우리가 이제 최고 수준으로 평가받고 있다.

이 책은 활용 가능한 모든 환자경험 도구를 설명해 주는 종합적 자료도 아니고 우리가 하는 모든 일에 대한 설명서도 아니다. 그저 우리가 실행했던 여러 가지 전술들과 전략들에 대해 기술했고 그 과정에서 직면했던 어려움에 대해 적었다. 우리 조직의 내부를 유심히 들여다보면 대부분의 여느 의료 기관들과 다를 것이 없어 보인다. 어쩌면 당신의 조직과 똑같아 보일 수도 있다. 우리도 시련과 고비를 겪고 불확실한 미래에 직면한다.

보기 드문 성공을 선사해 준 우리의 여정에는 몇 가지 뚜렷한 요인들이 있다. 혁신을 따르고자 한 클리블랜드 클리닉의 소망 덕분에 남들보다 유리하게 출발했고, 그로 인해 이 프로그램이 힘을 얻고 성공할 수 있었다. 우리가 처음 환자경험을 위한 여정을 떠날 당시에는 지금처럼 외부의 압력이 심하지 않았다. 하지만 요즘은 여기저기서 더 나은 병원을 만들어야 한다는 압박이 강하게 들어오는 시대가 되었다. 따라서 우리가 걸어온 향상의 발자취를 따라 올라오고 싶어 하는 다른 사람들에게 이 책이 디딤돌의 역할을 해 주리라 생각한다.

바라건대, 당신이 이 책에서 당신의 조직에 도움이 될 만한 무언가를 찾아냈으면 한다. 어쩌면 당신은 이 책을 통해 자신이 올바른 길을 가고 있음을 확인하고 위안을 얻을 수도 있을 것이다. 나의 목표는 간단하다. 당신이 의료서비스를 제공하는 사람이라면 환자를 중심으로 조직을 재배치할 방법에 대해 생각해야만 한다. 그런 환경에서는 렘지, 볼웰, 그리고 세계 각지의 케어기버들이 인간적인 유대감 속에서 고도의 전문적인 능력과 감정을 교류하는 보살핌을 전달할 수 있다. 다나 같은 환자들이 원하는 것이 바로 그런 것이다. 그렇게 하는 것이 올바른 방법이며 이는 헬스케어의 중심이 되어야만 한다. 그리고 당신이 자신과 가족을 위해서 바라는 것 또한 바로 그것이다.

제1장

환자경험, 변화를 이끄는 힘

Transformed by the Patient Experience

2004년, 나는 클리블랜드 클리닉 대장항문외과의 전임의였다. 전임의란 전문의 자격을 취득한 이후에 특정 분과에 대해 더 전문성을 갖추는 과정으로, 의사 수련 기간의 맨 마지막 해였다. 지금도 그렇지만 당시 클리블랜드 클리닉은 대장항문외과 분야에서 최고의 병원 중 하나였다. 환자의 수도 전 세계에서 가장 많은 편이었고, 최고 수준의 의사들이 포진해 있었다. 특히 주임교수인 빅터 파지오 Victor W. Fazio 박사는 그 분야의 전문가들도 모두 인정하는 세계적인 '대가大家'였다. 파지오 박사 밑에서 수련을 받는다는 건 단순히 내 능력을 향상시킨다는 의미를 넘어, 의사로서의 탄탄한 미래가 보장된다는 뜻이기도 했다. 전임의 과정에 합격했다는 통보를 받았을 때는 황홀한 기분이었다. 세계 최고 팀의 일원이 되었다! 지난 오랜 세월 동안의 노력과 희생은 헛된 것이 아니었구나!

전임의가 되고 나서 6개월 후의 일이다. 당시 77세였던 내 아버지의 소변에 피가 섞여 나왔다. 아버지는 약간의 고혈압 말고는 평소에 매우 건강했었다. 방광경 검사 결과, 방광 내에 여러 개의 병변이 있었다. 아버지는 클리블랜드 클리닉까지 오지 않고 집 근처의 병원에서 치료를 받겠다고 했다.

하지만 나는 클리블랜드로 와야 한다고 주장했다. 몇 가지 이유가 있었다. 일단 클리블랜드 클리닉은 세계 최고 수준의 병원 중 하나이고, 특히 비뇨기과 분야는 미국 전체에서 2위에 랭크되어 있었다. 더 중요한 것은, 단순히 평판만 좋은 것이 아니라, 최소 침습 수술*이 가능한 병원이라는 사실이었다. 이는 77세 노인에게는 특히 바람직한 일이었다.

12월 15일, 아버지는 조직검사를 위해 입원을 했고, 당일 오후 늦게 퇴원할 예정이었다. 아버지의 조직검사는 곧 병변의 제거 수술이 되었다. 병변이 표면에만 존재하는 것으로 보였기 때문이다. 이는 방광 절제와 같은 큰 수술을 피할 수 있다는 뜻으로, 좋은 뉴스였다. 시술은 계획대로 실시되었지만 문제가 발생했다. 시술 후 아버지의 복부가 팽창되는 일이 생겼고, 혹시 방광에 천공이 생긴 건 아닌지 확인하는 차원에서 배에 작은 구멍을 뚫게 된 것이다. 이 합병증 때문에 아버지는 경과 관찰을 위해 병원에 며칠간 입원을 해야 했다. 수술 직후 나는 회복실로 가서 아버지를 만났다. 완전히 회복된 상태는 아니었지만, 아버지는 내 손길을 느끼고 눈을 떴다. 아직 호흡 곤란이 남아 있어서 얼굴엔 산소마스크가 씌어져 있었다. 아버지는 마스크를 벗었고, 나는 모든 것이 다 잘될 거라고 말했다. 아버지가 날 보더니 말했다. "나, 이제 죽는 거냐?"

아버지의 입원 생활은 험난했다. 외과 병동에 입원했는데, 계속 호흡 관련 문제가 있어서 산소요법과 함께 호흡 치료를 받아야 했다. 그리고 장폐색이 왔다. 이건 그의 장이 제 기능을 못한다는 뜻이라서, 공기와 액체를 빼내기 위해 코를 통해 위까지 튜브를 넣어 둬야 했다. 내가 아버지의 병실에 들어

---

* 절개 등 침습적인 행위를 최소화하는 수술 방법으로 내시경 수술 등을 말한다.

갔을 때, 한 외과 의사가 비위관을 삽입하고 있었다. 나는 이 시술을 수백 명의 환자들에게 시행해 왔지만, 환자의 가족이 되어 이 모습을 바라보는 것은 처음이었다. 쉽지 않았다. 아버지는 확실히 힘들어했고, 얼굴에선 절박함이 느껴졌다. 아버지는 나를 쳐다보았고, 나는 병실을 나와야만 했다. 아버지의 괴로움을 쳐다보고 있기가 힘들어서였다. 나는 상처 받았다. 내가 늘 힘세고 결단력 있는 인물로 생각했던 아버지가, 지금은 가장 연약한 상황에 처해 있었고, 내게는 도울 방법이 없었다. 울고 싶었다.

외래에서 행해질 예정이었던 시술은 며칠 동안의 입원으로 이어졌고, 급기야 아버지는 12월 22일 밤에 심장정지가 와서 숨을 거두고 말았다. 아버지는 합병증을 겪고 생명을 잃었지만, 특별히 누군가의 잘못이라고 보기는 어려웠다. 부검은 행해지지 않았지만, 아버지는 아마도 심근경색이나 폐 색전증으로 돌아가셨을 것이다. 하지만 그가 병원에서 보낸 마지막 며칠은 본인에게나 가족들에게나 고통스러운 시간이었다. 단언하건대, 아버지는 클리블랜드 클리닉이 전 세계에서 가장 나쁜 병원이라 생각하면서 돌아가셨을 것이다. 가족들의 생각도 크게 다르지 않다는 것을 나는 안다.

아버지가 겪은 일주일 동안의 체험은 환자경험이 관리되지 않고 있음을 보여 주는 상징적인 사례라 할 수 있다. 지금 생각해 보면 아이러니한 일이다. 그 일이 있었던 2004년은 '환자경험patient experience'이라는 용어조차 쓰이지 않던 때니까. 하지만 아버지의 병원 체험을 자세히 살펴보면, 우리가 오늘날 환자에게 매우 중요하다고 생각하는 여러 요인들의 목록과 일치한다는 점을 발견할 것이다. 아버지는 호출 벨을 눌러도 간호사가 늦게 응답하거나 아예 응답하지 않는다고 불평했다. 그가 뭔가를 다시 먹을 수 있게 되었을 때는, 주문한 것과는 다른 음식이 식판에 담겨 나왔다. 그가 좀 걸어보려고 할 때는, 도와주는 사람이 아무도 없었다. 물리치료사가 매일 환자를 돌볼 것이라는 말을 들었지만, 실제로는 그러지 않았다. 나를 가장 힘들게 했던 것은 내 아버지의 주치의가 회진을 매일 돌지 않았다는 사실이었다. 아버지를 주로 돌본 것은 비뇨기과 전공의였다.

나는 아버지가 돌아가시던 그날 밤을 생생히 기억한다. 아마 영원이 지워지지 않을 것이다. 크리스마스 사흘 전이었는데, 나는 쇼핑을 마치고 늦게 집에 와서 잠자리에 들었었다. 전화벨이 울렸지만, 무시하고 그냥 자려고 했다. 매우 피곤했고, 필시 중요하지 않은 전화일 것으로 생각해서다. 하지만 결국 전화를 받았다. 아버지를 돌봐 주던 비뇨기과 동료 의사가 플로리다에서 걸어 온 전화였다. 멀리 휴가를 떠나 있는 동안에도 그는 전공의를 통해 환자의 상태를 보고받고 있었다. 그는 우리의 우정을 생각하여, 그 소식을 본인이 직접 전하려 했던 것이다. "짐, 정말 유감스럽지만, 아버님께서 돌아가셨어." 심장정지가 왔고, 의료진이 회생시키지 못했다고 했다. 내 친구도 정확히 무슨 일이 벌어졌는지는 알지 못했다. 이런 전화를 받아 본 적이 없는 사람에게 당시의 내 심정을 설명하기란 아마도 불가능할 것이다.

내 동생이 운전하는 차를 타고, 어머니와 여동생과 함께 병원으로 향했다. 자정 무렵이었고, 그해 최악의 눈보라가 치고 있었다. 아버지처럼 가까운 가족을 떠나보낸 경험이 내겐 없었고, 그래서 더 비현실적으로 느껴졌다. 무슨 상황인지 이해할 수가 없었다. 우리는 뭔가 엄청난 착오가 있었다는 말을 듣게 되기를 바라면서 병원으로 향했지만, 그런 일은 일어나지 않았다.

병원에 도착하여 아버지가 머물던 병실로 갔다. 시신이 아직 침대 위에 있었다. 모든 것들이 치워져 있었고, 간호사가 시트로 아버지를 감싸 놓은 상태였다. 그들이 간략히 설명했다. 매우 피곤해 보이는 당직 전공의가 나타나더니, 우리의 질문에 자기로서는 최선을 다해 대답을 했다. 우리 가족은 웬만한 일은 전부 감당할 수 있는 매우 강한 사람들이라고 스스로 생각해 왔었는데, 그 순간이 되자 깨달았다. 그것이 얼마나 터무니없는 생각이었는지 말이다. 간호사들도 최선을 다했지만, 그들 역시 우리가 원했던 정보들을 주지는 못했다. 왜? 뭐가 잘못된 거지? 회복되고 있던 것 아니었나?

장례식장 관계자가 나타나더니 필요한 다음 절차들을 기계적으로 암송했다. 부검을 원하는지, 최종적인 일 처리는 누가 맡을 것인지도 물었다. 한밤중에, 아버지가 갑자기 세상을 떠났는데, 그 사실을 방금 알게 된 우리들에게 일 처리에 관해 질문을 던진다는 행위가 무척이나 비인간적으로 느껴졌다. 일 처리라고? 그게 지금 할 말이야?

의료의 반대쪽을 발견하기

나와 매우 가까운 사람이 심각한 질병을 앓은 것은 아버지의 경우가 처음이었다. 내가 의사였고, 심지어 그 병원에서 일하는 사람이었음에도 불구하고, 나는 그때까지 단 한 번도 느껴 보지 못한 감정과 생각에 사로잡히지 않을 수 없었다. 그건 내가 과거에는 의료의 '반대쪽'에 놓여 본 적이 없기 때문이었다. 물론 나는 수많은 환자들이 심각한 질병과 싸우고 죽어 가는 모습을 보아 왔다. 수많은 가족들과 '바로 그런' 대화를 나누었었지만, 가슴이 찢어지는 소식을 듣는 편에 선다는 것의 진정한 의미에 대해서는 그리 많이 고민하지 않았던 것이 사실이다. 고통스러운 내 경험은 한 가지 깨달음을 주었다. 환자와 가족들은, 특히 그처럼 힘든 순간에는, 의료진이 지금 제공할 수 있다고 생각되는 것보다 훨씬 더 공감적이며 인간적인 대접을 받아야 한다는 것이다. 누군가 세상을 떠난 그 순간에조차 적절하고 지속적인 연민과 공감을 제공하지 못한다면, 클리블랜드 클리닉이 다른 순간들엔 그걸 제대로 하고 '있었을까?'

의료 공급자의 한 사람인 의사로서, 내가 지금까지 환자 진료에 관해 받은 모든 교육은 관찰에 기초를 두고 있다. 본질적으로 실습이 중요하고, 나를 가르치는 의료진의 행동을 관찰하는 것이 중요하다. 환자들이 치료받는 방식도 마찬가지다. 어쨌거나, 나는 세계에서 가장 뛰어난 사람들 중의 일부로부터 배웠다. 많은 사람들이 환자와 너무 가까워지면 안 된다면서, "감정적으로 너무 가까워지면 객관적 판단력이 흐려질 수 있어."라고 조언했다. 나는 완벽한 전문가가 되어야 한다고 배웠다. 객관적이고, 적절한 거리를 유지하며, 사려 깊은 전문가. 의과대학에서 우리는, 환자를 만지는 행위는 우리들이 그들을 돌보고 있음을 나타내는 중요한 상징이라고 배웠다. 하지만 많은 의사들은 환자나 가족들이 의사를 껴안으러 다가오면 움츠리기 십상이다. 환자의 가족이 혹시 팔을 잡거든 이렇게 하라고 알려 준 교수도 있었다. "그녀를 똑바로 쳐다봐. 그리고 팔을 치울 때까지 이야기를 중단해." (서문에서 소개한) 파지오나 램지 같은 의사들은 언제나 환자를 만지고 포옹하며, 그게 그들이 지닌 매력의 일부다. 그들을 닮고 싶어 하는 많은 의학도들이 그런 행동들까지 따라하는지는 의문이다.

보건의료가 언제나 인간적일 수는 없다. 돌보는 사람들이 언제나 동정적인 것도 아니다. 우리가 언제나 공감을 표하기란 어렵다. 환자들이 의학적 측면에서 일관되며 표준적인 치료가 지속적으로 제공되기를 기대하는 것과 마찬가지로, 환자들은 접촉이라는 측면에서도 지속적인 대우를 기대하며, 그런 대접을 받을 자격도 있다. 하지만 의학의 훈련 과정은 흔히 모순적이다.

부지런한 의학도였던 나는 내 스승들의 행동을 따라 하기로 했다. 하지만 내 아버지의 일을 겪은 후, 나는 우리가 그간 배웠던 방식이 틀렸다는 것을 깨달았다. 뭔가 빠진 게 있었다. 나는 달라지기로 결정했다. 아니 그래야만 했다. 비록 독립적으로 의술을 행하는 것은 아직 시작도 안 했지만, 그래서 내가 어떻게 진료를 할 것인지 제대로 설명하기도 어렵지만, 나는 내가 겪은 경험이 평생 나의 앞길에 영향을 끼칠 것임을 알았다. 나는 환자의 인간적인 측면에, 또한 내가 의술을 베풀고 있는 환경에 초점을 맞추기 위해 더 많은 시간을 쓰기로 했다.

아버지의 죽음은 마치 모닝콜처럼, 내가 애초에 왜 의학을 공부하려 했는지를 새삼 일깨워 주었다. 의학의 본질은 환자를 치료하는 것이 아니다. 그건 사람들을 돌보는 것이다. 살아 있고 사랑하는 사람이 있고 독특한 정체성이 있으며 취미와 열정도 있고 성공과 실패도 있는, 제각각 역사를 품고 있는 사람들 말이다. 환자들은 사물이나 숫자나 질병이 '아니다.' 우리가 만나는 환자들이란, 흔히 그들의 인생에서 가장 까다롭고 위험한 순간에 직면해 있는 사람들이다. 그리고 '환자중심'이라는 것이 왜 중요한 것인지를 이해하기 위해, 모든 보건의료 분야 종사자들이 나와 똑같은 경험을 할 필요는 없지 않은가.

클리블랜드 클리닉을 떠나기로 하다

아버지가 돌아가시기 한 달 전, 나는 클리블랜드 클리닉 대장항문외과의 스태프 자리를 제안받았다. 모두가 탐내는 자리였다. 엄청나게 좋은 기회였다. 파지오는 자신이 과장으로 재직하는 35년 동안, 전임의 과정을 막

끝낸 의사에게 스태프 자리를 제안한 경우는 (내 경우를 포함하여) 딱 두 번밖에 없다고 내게 말했다. 클리블랜드에 남기로 이미 마음을 정한 후에도, 나는 인근에 있는 다른 두 병원으로부터도 스카우트 제안을 받았다. 하지만 클리블랜드 클리닉이 보낸 공식 문서가 내 책상 위에 놓였을 때, 내가 앞으로 어디에서 일할 것인지에 관해서는 추호의 의심도 없었다. 흥분을 겨우 감추고 있을 뿐이었다. 하지만 환자 진료의 반대쪽에 관한 개인적 경험 이후에, 나는 나의 장래에 대해 조금은 다르게 생각하기 시작했다. 나는 환자나 그 가족들과 매우 강한 유대 관계를 쌓으면서 진료하기를 희망했다. 내 아버지 일을 겪은 이후, 클리블랜드 클리닉에 대한 나의 관념은 크게 변했고, 이곳에서 내가 진정으로 원하는 방식의 진료를 할 수 있을지 의심하게 됐다.

아버지의 죽음 이후 한 달 동안 나는 여러 이유에서 매우 힘들었다. 첫째, 나는 어떤 식으로든 내가 아버지를 구하는 데 실패했다는 느낌을 받았다. 내가 조금 더 주의를 기울였더라면 조금은 결과가 달라졌을지도 모른다고 생각했다. 죄책감이 컸다. 나는 의사 아들이니까, 뭔가를 더 했어야만 했다. 둘째, 나는 2005년에 부서 내에서 새로운 파트를 맡았는데, 내 상사는 아랫사람을 괴롭히는 걸로 악명이 높은 사람이었다. 나는 직업윤리에 충실했고 사람들과 좋은 관계를 유지하는 데 소질이 있는 편이었으므로, 그와 보내는 두 달 동안 충분히 잘 해낼 것이라 생각했다. 하지만 착각이었다. 첫날부터 나는, 사사로운 괴롭힘과 내 능력에 대한 모욕으로 점철된, 부적절한 대우에 직면해야만 했다.

매일 출근길에 나는, 무능함을 이유로 해고될지 모른다는, 그래서 내 경력이 끝나 버릴지 모른다는 두려움에 시달렸다. 그렇지 않을 것이라는 사실을, 내가 단순히 일시적인 통과의례를 겪고 있을 뿐이라는 사실을 머리로는 이해했다. 하지만 심정적으로는 지속적이면서도 변덕스러운 괴롭힘으로 인해 돌아 버릴 지경이었다. 더 나쁜 것은, 그런 상사의 행태를 모두가 알고 있고, 내 전임자들도 모두 같은 일을 겪었지만, 누구도 그걸 고쳐 보려 하지 않았다는 점이었다. 모두들 그 상사를 두려워하는 분위기가 지배적이었고, 그저 쓴웃음을 지으며 참는 수밖에 없다는 게 공통된 생각이었다. 레지던트 때에도 그가 그렇게 행동하는 것을 본 적은 있었지만, 내가 직접적으로 그 대상이 된 것은 이번이 처음이었다. 매우 개인적인 행동이었다. 나는 모멸감을 느꼈고 진이 쏙 빠졌다. 두 달이 지나고 그 파트를 떠날 때, 나는 완전히 맛이 간 상태가 되었다.

내 다음으로 그의 담당이 된 전임의도 똑같은 일을 겪어야만 했는데, 그녀는 결국 견디지 못하고 수술실을 뛰쳐나가더니 곧바로 병원장실을 찾아가 사표를 제출했다. 그녀는 영국에서 온 최고의 외과 의사였다. 세계 최고의 병원에서 1년간 연수하러 와 있던 참이었는데, 자신이 받은 부당한 대우에 크게 충격을 받고 다 때려치우고 귀국할 생각까지 한 것이다. 그녀는 결국 다른 파트에서 일하게 되었지만, 문제의 그 의사에게는 어떠한 공식적인 조치도 취해지지 않았다.

내가 겪은 이 괴롭힘은 클리블랜드 클리닉에 대해 반감을 갖게 된 두 번째 사건이었다. 아버지의 죽음은 내 안에 있던 공감을 다시 일깨운 일이었고, 아버지가 병원에서 겪은 형편없는 경험 때문에 나는 충격을 받았었다. 그런데 이번엔 병원에서 일하는 스태프로서, 끔찍한 괴롭힘까지 당한 것이다. 이런 식으로 의술을 행할 이유는 없었다. 환자를 치료하고 서로를 상대함에 있어서 더 나은 방법이 분명 있을 터였다. 나는 파지오를 찾아가서, 그의 제안을 받아들이는 대신 메트로헬스 메디컬센터^{MetroHealth Medical Center}로 옮기겠다고 말했다. 나는 클리블랜드 클리닉이 환자들을 거지같이 다루고 직원들은 서로 돕지 않고 완전히 따로 노는 악마의 공간이라고 믿었다. 2005년 6월 30일, 나는 주저할 이유가 없었다. 전임의 기간이 끝나자 나는 클리블랜드 클리닉을 떠났고, 다시는 돌아오지 않을 거라 생각했다.

의대에선 환자를 사람으로 보지 않는다

나는 모르는 길을 가는 데 두려움이 없다. 사실 나는 고등학교, 대학교, 의학전문대학원으로 이어지는 전통적인 경로를 밟지는 않았다. 그러니까 '돌고 돌아서' 의사가 된 것이다. 비록 내가 오랫동안 의사가 되고자 한 것은 사실이지만, 내 학부 전공은 경영학이었다. 고등학생 시절부터 나는 공공 부문에서 일하거나 정치적 캠페인에 관여한 경험이 있는데, 이것이 아마 경영학을 선택하는 데 영향을 줬을 것이다.

정책이나 행정에 사로잡혀 있을 때, 나는 공공서비스나 정치적 활동이 매우 중독적이라는 사실을 발견했다. 하지만 정치 분야는 썩 내키지 않았다. 사실 나는 사람들에게 도움이 되는 뭔가를 행하거나 인류 사회에 의미 있는 기여를 할 수 있을 거라는 생각을 진심으로 해 본 적은 없었다. 5년 후, 나는 나의 인생 궤도를 수정했고, 결국 의사라는 꿈을 좇기로 했다.

의학전문대학원에 입학 원서를 내기 위해서는 학부에서 과학 필수과목들을 이수해야 했다. 결국 나는 케이스웨스턴리저브 대학교CWRU의 메디컬 스쿨에 합격했다. 그곳은 내가 가장 희망했던 학교였다. 내 고향 클리블랜드에 있기 때문이기도 했지만, 독특한 커리큘럼을 보유하고 있기 때문이기도 했다. CWRU는 일찍부터 환자들을 만나게 한다. 1학년 때부터 임산부나 노인 환자를 면담하도록 시킨다. 이것은 의학 교육을 좀 더 환자중심적으로 행하는 방법으로 받아들여진다.

나는 내 환자를 처음으로 만나던 날의 긴장과 불안을 기억한다. 젊고 미혼인 임산부였다. 나는 그녀의 산전 진찰 과정을 함께했고, 출산 당일 밤에도 함께했다. 그녀의 분만은 잘 진행되지 않았고 난산의 징후가 보였다. 결국 응급 제왕절개 수술을 하게 됐다. 다행히 산모와 아기 모두 무사했다. 다음 날 내가 병실로 갔을 때, 그녀는 나에게 같이 있어 줘서 고맙다는 인사를 했다. 나는 그녀가 분만 도중에 만난 사람들 중에서 유일하게 '아는 사람'이었고, 그녀의 전 과정을 지켜본 유일한 사람이기도 했다. 그녀는 정말 무서웠다고, 나의 존재가 상당히 큰 힘이 됐다고 말했다. 내 소명이 무엇인지 느낀 순간이었다. 나는 사람들을 돕기 위해 여기에 있다.

메디컬스쿨에서의 첫 2년 동안, 대부분의 학생들은 환자와의 면담 방법을 겨우 며칠 동안 공부한다. 주로 어떻게 해야 병력 청취를 제대로 하는지를 배운다. 나는 여섯 명 중의 한 명만 뽑히는 수전 & 제임스 카터 프로그램에 선발되는 행운을 가졌다. 수전은 종양내과 의사였고, 제임스는 메트로헬스 메디컬센터의 내과 과장을 지낸 분이었다. 그들은 학생들을 일찍부터 환자에게 최대한 노출시키는 것이 학생들의 공감 능력을 강화하는 데 도움이 된다고 믿었다. 우리는 2년 동안 매주 한 번씩 메트로헬스에 가서 카터 부부와 함께 환자를 진찰하고 병력을 청취하는 기술에 관해 토론했고, 실제 환자를 진찰하는 기회도 가졌다.

메디컬스쿨에서의 마지막 2년 동안은 임상의학을 공부하는데, 공감이나 연민과 같은 의학의 인간적인 측면에 대해 할애되는 시간은 거의 없었다. 해야 할 일들이 산더미처럼 쌓여 있었고, 모든 의대생들이 그러하듯이 우리들은 병원 복도를 이리 뛰고 저리 뛰었다. 우리는 환자를 보고 싶었고, 진짜 의사처럼 행동하고 싶었다. 공감이나 휴머니즘과 같은 것들은 우리들에게 가장 관심이 적은 주제였다. 우리들 마음속엔 검사 결과를 챙기고 리포트를 준비하고 '멍청'하다고 혼나고 선배 의사들이 시키는 잡일을 수행하는 것과 관련된 내용들만 가득했다.

결국 나는 외과를 전공하기로 결정했다. 사람들을 위해 문제를 '해결하는' 능력에 매료되었다. 외과 의사는 환자를 낫게 할 수 있다. 그들은 결코 완치되지 않는 만성질환들을 관리하는 사람들이 아니다. 그것이 아주 매력적이었다.

내가 수련을 받던 때는, 지금 존재하는 여러 규정들이 없던 시절이었다. 근무시간 제한도 없어서, 전공의는 하루에 스무 시간 동안 병원에서 일하는 것이 보통이었고, 며칠 연속으로 온콜$^{on call}$ 당직을 서기도 했다.*

우리는 문제를 해결하는 데 있어서 전문가가 되었다. 우리는 새벽에 병원에 와서 최대한 신속하게 회진을 돌면서 스무 명의 환자를 보았고, 검사 결과를 챙기고 오더를 넣은 다음 7시 15분이면 수술실에 도착했다. 하루 종일 수술을 했고, 그 다음에는 스무 명 혹은 몇 명 더 늘어난 환자들을 돌보면서 회진을 돌았다. 그 다음에야 집에 갈 수 있었다. 먹고, 자고, 다음 날 아침에 일어나면 모든 것이 반복됐다. 일요일에 쉬는 경우가 한 달에 한 번 있으면 다행이었다. 우리는 환자를 돌보고 수술을 도우며 최대한 많은 것을 공부하기 위해 존재하는 사람들이었다. 매우 힘들었고, 때로는 비인간적인 노동이었다.

내가 수련을 받았던 병원의 프로그램은 비교적 양호한 편이었지만, 그래도 매우 억압적이면서 노골적으로 비열하고 심술궂은 교수들이 있기는 했

* 현재 레지던트의 근무시간은 주당 80시간으로 제한되어 있으며, 24시간 이상 연속 근무를 하지 못하게 되어 있다.

다. 그들은 모두에게 끔찍했지만 전공의들에게는 특히 그랬다. 나는 그들의 행동에 충격을 받았다. 경영학을 공부하던 시절에는 그토록 유치하고 나르시스적인 행동을 목도한 적이 한 번도 없었다. 그 황당한 의사들은 환자에게 초점을 맞춘다는 미명하에 자부심으로 똘똘 뭉쳐 있었다. 나는 도대체 어떤 세상에 와 있는 거지? 나는 사람들을 돌보는 것이 의사의 직분이라고 생각했는데……

그런 분위기 속에서 몇 년간 수련을 받고 나니, 우리는 환자를 사람으로 보지 않게 됐다. 메디컬스쿨에서의 첫 2년 동안 경험했던 환자중심적 태도는 사라지고 없었다. 환자들은 사람이 아니었다. 치료가 필요한 질병들일 뿐이었다. 그들은 '응급실에 있는 소장폐색'이거나 '총상 입은 백인 남자'였다. 우리에게 너무 많은 질문을 하는 환자나 가족들은 귀찮은 존재였고, 우리의 권위에 도전하는 사람에겐 그게 누구든 공격적인 태도를 취했다. 우리는 동료들도 사람으로 보지 않게 되었다. 팀을 이루어 협력하거나 다른 사람들의 발전을 돕는 대신, 우리는 (우리 생각에) 동료들의 멍청한 행동들을 조롱하곤 했다. 수련을 시작하고 나서 4개월 되었을 때 나는 소아외과 파트에서 일하고 있었는데, 수석 전공의가 내게 이렇게 말했다. "우리 파트에서 일하는 동안 소아과 의사를 한 번도 울리지 못하면, 너는 불합격이야." 담당 교수로부터는 이런 말도 들었다. 세 번 질문하고도 환자의 진단명을 맞추지 못하면 내가 멍청한 거라고.

수련 과정은 나를 변화시켰을까? 확실히 그랬다. 뛰어난 외과 의사가 되기 위해 노력하는 동안, 나는 내가 애초에 왜 의사가 되려 했는지를 부분적이나마 잊어버렸다. 그건 사람들을 돕고 돌보는 일이었는데 말이다. 클리블랜드 클리닉에서의 전임의 생활은 잊고 있던 사실들을 확실히 일깨워 주는 모닝콜과도 같았다. 나는 변화가 필요하다고 생각했다.

환자경험 분야의 선구자

전임의 과정을 마친 후, 나는 좀 더 환자중심적인 접근을 하기로 했다. 그래서 나는 오하이오 주 북동부에 있는 쿠야호가 카운티의 공공병원인 메트로헬스 메디컬센터에서 일하기로 했다. 나는 내 모든 환자들을 개인적으로 알고자 했다. 환자와 면담을 할 때면 나는, 그 이전의 만남에서 환자에 대해 개인적으로 기억하고 있는 무언가를 업데이트할 수 있는 질문을 던지곤 했다. 대체로 하루에 두 번씩 회진을 돌았고, 그게 어려울 때는 전화라도 걸었다. 병원에서 만나지 못한 가족이 있으면 따로 전화를 걸기도 했다. 내 환자들 중의 절반은 메디케이드Medicaid* 대상이거나 의료보험이 아예 없는 환자였지만, 그들은 모두 내 휴대전화 번호를 갖고 있었다. 메트로헬스에서 일하는 다른 의사들도 많이들 하는 방식이었다.

나는 우리 팀에서 대장항문외과 분야에 특화된 유일한 의사였다. 직접 환자를 책임지고 진료하는 위치가 되고 보면 금세 알게 되는 사실이 있다. 관계가 얼마나 중요한지, 또한 당신에게 환자를 의뢰한 의사나 그렇게 찾아온 환자에게 당신이 제공한 경험이 얼마나 결정적인 역할을 하는지 말이다. 세계에서 가장 좋은 기관들 중의 한 곳에서 일할 때에는, 케어기빙caregiving의 수준이 높은 것은 그리 중요한 차별적 경쟁력이 못 되었다. 하지만 클리블랜드 클리닉이라는 거인과 경쟁해야 하는 입장에 놓인 나에게는, 진료 전반에 걸쳐 높은 수준의 케어기빙, 즉 훌륭한 환자경험을 제공하는 일은 매우 중요한 경쟁력이 되었다.

나는 또한 시장의 '다른' 고객이라 할 수 있는 의사들에게도 영향을 주

---

* 저소득층을 위한 공공 의료보험.

42

려 애썼다. 연방법에 따라 나에게 진료를 의뢰한 의사에게 금전적인 인센티브를 제공할 수는 없지만, 나는 더 좋은 서비스를 제공하는 방식으로 그들에게 인센티브를 줬다. 개원가에서 통용되는 속설 중에 이런 말이 있다. 더 많은 환자를 끌어오기 위해서는 세 가지 조건이 필요하다고. 상냥해야 하고, 만나기 쉬워야 하며, 설명을 쉽게 해야 한다는 것이다. 나는 세 가지 모두를 위해 노력했다. 나는 지역 내의 개원의들을 찾아가서 내가 누구인지, 환자들에게 어떤 종류의 진료를 제공할 수 있는지를 알렸다. 또 그들의 환자에 관해서 자세한 대화를 나누었다. 입소문이 나기 시작하자, 나에게 대장항문 수술을 받으러 오는 환자의 수가 세 배로 늘었다. 그들 중 상당수는 (내가 가만히 있었다면) 아마도 클리블랜드 클리닉으로 갔을 사람들이었다. 지역의 평범한 공공병원이 세계 최고의 대장항문 프로그램을 가진 병원과의 경쟁에서 성공을 거둔 것인데, 가장 중요한 포인트는 바로 환자경험이었다.

클리블랜드 클리닉의 새로운 리더

클리블랜드 클리닉을 떠난 후에도 몇 년 동안, 나는 전임의 시절의 멘토였던 페자 렘지 선생님과 가깝게 지냈다. 그는 클리블랜드 클리닉에 관한 새로운 소식들을 꾸준히 전해 주었고, 델로스 M. '토비' 코스그로브의 리더십으로 인해 조직이 더 좋은 방향으로 개선되고 있음을 알려 주었다. 그가 병원장 겸 CEO로 취임한 것은 내가 전임의 기간을 보내고 있던 해인 2004년이었다. 코스그로브는 환자중심적 사고를 그의 최우선 전략 중의 하나로 명확히 규정했고, 클리블랜드 클리닉을 그 방향으로 이끌고 가기 위한 노력들을 꾸준히 펼쳤다. 나는 내가 전임의이던 때에 직접 경험했던, 그의 첫 번째 노력을 생생히 기억한다. 그는 '환자제일주의'라는 말을 조직의 모토로 삼았다. 그는 나중에 '환자경험실'이라는 부서를 만들었고, 환자경험최고관리자Chief Experience Officer, CXO라는 새로운 임원급 직책도 만들었다. 환자중심 프로그램들이 싹을 틔우기 시작했다.

클리블랜드 클리닉에 찾아온 두 번째 기회

내가 메트로에서 거의 3년을 일했을 때인 2008년의 어느 날, 렘지 선생님이 전화를 걸어서 대장항문외과 주임교수직에 도전할 계획이라고 말했다. 전임자인 파지오 선생님이 소화기질환센터 센터장으로 가게 되면서 공석이 된 자리였다. 렘지는 이사회 프레젠테이션에 필요한 자료 수집을 도와 달라고 요청을 했고, 그가 그 자리를 얻게 될 경우 나를 다시 클리블랜드 클리닉으로 부르고 싶다는 말을 덧붙였다.

렘지는 내가 메트로에서 일하면서 '관계'에 초점을 맞추는 방식으로 진료를 행하고 있다는 사실을 잘 알고 있었다. 그도 비슷한 비전을 갖고 있었다. 클리블랜드 클리닉의 대장항문외과를 환자 및 지역사회 의사들에 대한 서비스 측면에서 확실한 차별성을 띠게 만든다는 목표였다. 과거에도 지역의 여러 의사들이 환자를 지속적으로 보내 줬기 때문에 클리블랜드 클리닉의 대장항문외과는 성공적으로 운영되어 왔다. 하지만 렘지는 서비스를 차별화함으로써 인근 지역을 넘어 오하이오 주 전체, 나아가 미국 전역에 있는 의사들과도 관계를 형성하고 발전시키기를 희망했다. 그는 나의 멘토이자 친구였으므로, 나는 그가 주임교수가 될 수 있도록 당연히 적극적으로 돕겠다고 말했다. 하지만 클리블랜드 클리닉으로 다시 돌아가는 일은 없을 거라고 말했다.

주임교수를 찾는 과정은 8개월이나 걸렸고, 렘지와 나는 거의 매주 만나서 이야기를 나누었다. 그는 나의 클리블랜드 복귀를 반복적으로 요청했고, 나는 항상 거절했다. 하지만 나는 조금씩 호기심을 느끼기 시작했다. 렘지는 매우 열정적인 동시에 동정심이 많은 의사이자 인간이었다. 나는 그가 클리블랜드 클리닉에서 일어나고 있는 변화에 대해 갖고 있는 생각들을 완전히 무시하거나 묵살할 수는 없었다. 우리가 환자중심적 의료서비스에 대해서는 아주 비슷한 신념을 갖고 있음을 알기 때문이다. 게다가 렘지는 코스그로브 취임 이후 어떤 일들이 실현되고 있는지에 관해서 정말로 흥분해 있는 듯했다.

렘지는 결국 주임교수가 되었다. 그 사실을 전화로 알리면서, 렘지는 나에게 또다시 복귀를 제안했다. 그는 서비스와 존경의 문화를 약속했고, 내가 중요하다고 믿는 환자중심적 운영에 관한 확고한 지원을 다짐했다. 그런 약속들로 인해, 나는 결국 '예스'라고 답했다.

나는 두려움과 희망을 동시에 품은 채, 2009년에 클리블랜드 클리닉 대장항문외과로 돌아왔다. 내 아버지와 우리 가족들이 겪은 일을 생각하면, 그건 나에게 커다란 도전이었다. 나는 내가 지역병원에서 경험한 환자중심적 진료를 우리 부서의 다른 의사들에게도 전파하겠다는 포부를 갖고 돌아왔다. 나는 아버지의 진료에 관해서는 어떠한 차이도 만들지 못했던 아들이었지만, 클리블랜드 클리닉을 찾아올 미래의 환자나 가족들을 위해서는 뭔가 차이를 만들기 위해 최선을 다할 작정이었다. 하지만 나에게 어떤 일들이 펼쳐질지에 관해서는 아는 것이 거의 없었다.

나는 매우 바빴다. 환자를 돌보는 한편 대장항문외과 분야에 몇몇 환자경험 관련 프로그램들을 도입했고, 일부는 소화기질환센터 전체와도 관련이 있었다. 복귀 이후 7개월이 지난 2010년의 어느 날, 나는 환자경험최고관리자^{CXO} 후보로 추천되었다. 나는 사실 그 자리가 공석이 됐다는 사실도 모르고 있었고, 처음에는 아무런 관심도 없었다. 인터뷰를 하러 오라는 이야기를 들었을 때도, 사실은 후임자가 정해져 있는 상태에서 모양을 갖추기 위해 몇 명을 인터뷰하는 절차를 밟을 뿐이라고 짐작했다.

코스그로브와의 인터뷰에서, 그는 나에게 왜 환자경험이 중요하다고 생각하는지를 물었다. 나는 내 아버지의 사례를 들려줬고, 우리 병원이 환자들에게 세계 최악의 공간이라고 생각하며 죽어 가는 환자가 다시는 없어야 할 것이라고 대답했다. 그는 충격을 받았지만, 그건 진실이었다. 그는 나에게 어떻게 개선할 수 있겠냐고 물었고, 나는 확실한 방안을 갖고 있지 않다고 답했다. 내가 그에게 같은 질문을 던졌더니, 그의 대답도 똑같았다. 우리는 함께 방안을 찾아보기로 했다.

제2장

진정한 환자제일주의

Patients First as True North

100년 전, 그러니까 항생제도 없고 복잡한 영상검사도 없고 병을 낫게 하는 멋진 의약품들도 출현하기 이전의 의료를 상상해 보자. 내가 강연을 할 때 가끔 사용하는 사진이 있다. 의사의 상징과도 같은 검은 왕진 가방을 들고 밭을 가로질러 걸어가는 의사의 사진이다. 100년 전에는 의학적 기적의 대부분이 그 검은 가방 속에 들어 있었다. 하지만 진정한 치유 효과는 그 가방을 들고 있는 의사의 손, 그리고 의사가 환자 및 그 가족들과 맺었던 관계에서 비롯됐다.

20세기 초반의 저명한 의사이자 연구자이자 교육자이자 인도주의자인 프랜시스 웰드 피바디Francis Weld Peabody가 하버드 의대 학생들에게 1927년에 말한 것처럼, "좋은 의사는 환자에 대해 하나부터 열까지 알고 있어야 한다. 의사의 지식은 매우 비싼 대가를 지불하고 나서야 얻어지는 것이다. 시간, 공감, 그리고 이해는 아낌없이 제공되어야 하며, 그 보상은 바로 그 개인적인 유대 속에서 얻어진다."[1] 당시의 의사와 간호사들은 그들이 가진 약품과 케어기빙을 최대한으로 제공했겠지만, 그들이 베풀었던 더 중요한 것은 위로와 동정이었다. 그들은 환자와 가족들과 대화했고, 사람들을 손으로 만졌고, 해 줄 것이 별로 없을 때에도 안도와 희망을 주었다.

우리가 오늘날 어떤 의료를 제공하고 있는지를 생각하면, 나는 수술실이나 중환자실을 떠올리게 된다. 그 두 곳은 모두 매우 잘 훈련된 전문가들과 지구상에서 최고로 좋은 기계들로 가득하다. 의료는 개인적인 과업에서 팀 경기로 진화했다. 내가 인턴이었을 때, 서혜부 탈장 수술을 받는 환자는 흔히 하루 정도 입원을 했다. 지금은 회복실에서 몇 시간만 머물다가 집에 간다. 지금 입원해 있는 환자들은 더 고령이고 더 많이 아프고 다양한 문제들을 갖고 있는 사람들이다. 나라 곳곳에 있는 대형 3차의료기관들은 점점 더 거대한 중환자실로 변하고 있다.

환자제일주의라는 기본 원칙

클리블랜드 클리닉은 거의 100년 전에 세워졌다. 왕진 가방을 들고 따로따로 활동하던 네 명의 의사들이 환자 진료를 위해 뭉치기로 결심한 것이었다. 1921년에는 공동 개원 모델group practice model이 매우 독창적인 것이었으니, 이 조직은 설립 당시부터 매우 혁신적이었다고 할 수 있다. 혁신은 오늘날 클리블랜드 클리닉의 성공을 가능하게 했던 중요한 핵심 요인 중의 하나다. 1958년 심장병 치료의 혁명을 초래한 관상동맥조영술이 이곳에서 처음 개발됐다. 곧이어 1967년에는 세계 최초의 관상동맥우회수술이 행해졌다. 이를 비롯한 여러 혁신들로 인해 클리블랜드 클리닉은 성장했고 유명해졌다. 전 세계에서 환자들이 찾아왔고, 엄청나게 많은 시술들이 행해졌으며, 임상적·학문적 경험이 축적되면서 더욱 명성을 떨쳤다. 현재 이곳은 〈U.S. 뉴스 & 월드리포트〉가 선정하는 병원 평가에서, 총 14개 분야에서 1위를 차지하고 있다. 이런 놀라운 성과는 모두 임상적 수월성과 의료서비스의 독창적

모델을 추구하는 조직적 목표에서 비롯된다고 할 수 있다.

하지만 세월이 흐르면서, 클리블랜드 클리닉은 임상 결과에 지나치게 집중하는 바람에 창립자들이 내세웠던 기본적인 교리, 즉 '환자'가 가장 중요하다는 사실을 점차 잊어버리게 되었다. 의료의 수준은 최고로 높았지만, 케어기빙 분야에서는 뭔가를 놓치기 시작한 것이다. 복잡하고 높은 수준의 의료가 조화를 이루는 과정에서 흔히 놓치기 쉬운 것이 인간적인 접촉이다. 클리블랜드 클리닉은 임상 수준이 높은 걸로는 유명하지만, 환자들이 '사람'으로 대접받는 곳으로 알려지지는 못했다. 설립자들이 구상했던 '협력적'인 치료 공간이 되지도 못했다. 내가 직접 경험한 일들이 그 증거다. 변화가 필요하다는 말이다.

환자제일주의를 다시 설정하다

변화는 코스그로브가 CEO에 취임한 2004년부터 시작됐다. 그의 첫 번째 노력 중의 하나는 그가 스스로 "CEO 과외²"라고 칭한 일에 몰두한 것이다. 그는 여러 비즈니스 전문가들의 의견을 들으며 많은 시간을 보냈다. 그가 만난 사람들 중에는 제너럴일렉트릭GE의 전 회장이자 CEO인 잭 웰치Jack Welch도 있었고, 하버드 비즈니스 스쿨 석좌교수인 마이클 포터Michael E. Porter도 있었다. 코스그로브가 일련의 과외를 통해 정리한 주요한 이슈들 중 하나는, 헬스케어의 주된 초점이 다시 고객, 즉 환자에게 맞춰져야 한다는 것이었다.

그로부터 얼마 후, 코스그로브는 "환자제일주의Patients First"라는 모토를 내걸었다. 그의 비전과 목표는 단순했다. 우리가 왜 매일 직장에 나오는지, 왜 클리블랜드 클리닉이 존재하는지에 대해 모든 조직원들이 명확히 이해하도록 만든다는 것이었다. 클리블랜드 클리닉에서 환자의 경험을 변화시키는 데 있어서 가장 중요한 하나의 목표는 조직 전체가 환자제일주의에 입각하여 연대하는 것이었다.

다른 산업 분야와 마찬가지로, 헬스케어 조직도 고객을 위해 존재한다. 클리블랜드 클리닉의 창립자 중 한 명인 윌리엄 로우어[William E. Lower]가 말했듯이, "조직 내에서 가장 중요한 사람은 환자인 것이다."[3] 환자가 없이는 병원도 없고 병원 직원들의 일자리도 없고 우리의 할 일도 없다.

헬스케어 분야에서 일하는 우리는 환자들을 고객이라 생각하지 않을 수도 있지만, 그들은 환자가 되기 이전부터 진정한 고객이었다. 또한 환자들은 단순히 우리가 제공하는 서비스만을 필요로 하는 것이 아니다. 그들은 가장 취약한 순간에, 때로는 그들의 인생에서 가장 두려운 순간에 우리를 찾아와 그들의 생명을 우리 손에 맡긴다. 환자들은 동정적인 분위기 속에서 위안과 치유를 얻기를 기대하며, 의료적인 돌봄뿐만 아니라 감정적이고 영적인 요구도 갖고 있다.

헬스케어보다 더 높은 수준의 집중이 필요한 서비스업이 또 있을까? 조직 내에서 내려지는 모든 결정은 무엇이 환자를 위해 최선인지가 맨 먼저 고려되어야 한다. 이것이 환자중심주의라는 모토의 이면에 놓여 있는 생각이며, 코스그로브가 이러한 모토를 내건 이유이다. 첫 단계로 이러한 모토를 제시하는 일이 피상적으로 보일 수 있다. 하지만 그것은 단순하지도 무의미하지도 않다. 환자제일주의라는 모토를 내겉으로써 코스그로브는 매우 중요한 화두를 던진 것이고, 조직의 존재 이유에 대해 매우 간단한 전략을 선포한 것이다.

환자중심주의는 조직의 문화를 바꾸고 조직원들을 결집시키며 조직의 목표와 전략적 사명을 설정하고 변화를 위한 튼튼한 기반을 다지는 계기를 마련해 주었다. 환자중심주의는 우리가 조직의 존재 이유이자 우리의 진로를 결정하는 데 결정적인 나침반이 될 터였다.

나는 새로운 모토가 발표되던 때를 생생히 기억한다. 코스그로브가 CEO에 취임한 지 몇 달이 겨우 지났을 때였는데, 환자중심주의라는 개념에 관한 내부 캠페인이 시작되고 있었다. 모든 조직원들에게 환자중심주의라는 배지가 배부됐고, 충실한 우리 직원들은 모두 그 배지를 옷깃에 달았다. 조직 전체에서 환자중심주의가 폭넓게 논의되었고, 그것은 우리 브랜드의 일부가 되었다. 우리는 지금도 그 배지를 달고 다닌다.

처음에는 많은 사람들이 회의적이었다. 동료들과 함께 건물들 사이의 연결 통로를 걸으면서, 새로운 모토가 불필요한 것이라며 농담을 주고받았던 것을 나는 기억한다. "우리는 의사들이잖아. 우리가 언제 환자를 중심에 놓지 않은 적이 있었나?" 잠도 부족하고 과로에 시달리는 상태에서, 우리는 그 모토를 조롱했었다. 우리만 야유를 보낸 것이 아니었다. 많은 간부들도 마찬가지로 새로운 모토를 두고 한마디씩 했다. 뭔가 문제가 생길 때마다, 환자들이 병원의 규칙에서 벗어날 때마다, 사람들은 내뱉곤 했다. "환자가 제일이니까." 나는 이것이 클리블랜드 클리닉의 개혁에 있어서 매우 중요한 노력이라고 생각한 사람이 단 한 명이라도 있었는지 의심스럽다.

많은 의사들은 코스그로브의 위선에서 비롯된 일이라고까지 조롱했다. 사람들은 이렇게 말했다. "코스그로브를 한 번이라도 만난 적이 있어? 그야말로 환자중심주의에서 가장 멀리 떨어져 있는 인물이지." 그들은 코스그로브 자신의 행동들에 대해 말했다. 의사로서 그가 얼마나 자주 수술 직후의 환자들을 다른 팀원들에게 맡겨 놓고 환자 앞에는 나타나지 않았는지에 대해서 씹어 댔다. 그에게 수술을 받았던 어느 환자(그는 다른 병원에서 일하는 의사였다.)는 몇 년 후에 나에게 이런 말도 했었다. 코스그로브의 얼굴은 수술을 받은 다음에야 볼 수 있었다고 말이다. 그는 흥분해서, 코스그로브가 수술 후에 회진을 돌지 않는 것으로 유명하더라는 말도 전했다.

코스그로브가 일상적으로 환자중심주의를 실천하는 것처럼 보이지 않았다 하더라도, 그것이 그가 환자를 제대로 돌보지 않았다는 의미는 아니다. 높은 수준의 기술적 돌봄이 그의 진료 초점이었다. 그는 이렇게 회상했다. "내가 레지던트 시절엔, 10%의 환자들이 심장 수술 도중에 사망했다. 나는 사망률을 줄이기 위해 내가 하는 수술의 정밀도를 높이는 데 집중했다. 나는 환자들과 대화를 하거나 그들의 감정에 대해 생각하는 데 시간을 많이 보내지는 않았다. 나는 사회에 대해서도, 세상의 모든 환자들에 대해서도, 조직이 어떻게 굴러가는지에 대해서도 생각하지 않았다. 나는 심장 수술만 했다. 하루 종일, 매일같이. 나는 최고 수준의 의술을 위해 평생을 바쳤다."

그는 자신이 레지던트 시절에 있었던 일을 나에게 들려주었다. "우리 목표는 사람들을 살아 있게 하는 것이었다. 환자들은 수술 후에도 자신이 살아 있다는 사실에 기뻐했다. 인간으로서 어떤 대우를 받았는지에 신경을 쓰는 사람은 아무도 없었다. 우리의 관점을 생각해 보라. 우리는 매일 죽음에 둘러싸여 있었다. 내가 보스턴 아동병원에서 일할 때는, 하루에 다섯 명의 아이들이 죽기도 했다! 환자 치료와 관련해서 감정적인 측면을 일부러 배제하는 대응 기술을 우리가 발전시키지 않았을 리가 없지 않은가?"[4]

환자들은 그의 냉정한 면모를 받아들인다. 전문적인 수술 능력과 최고 수준의 결과를 얻기 위해 어쩔 수 없다고 생각하는 것이다. 오늘날 코스그로브는 선선히 인정한다. 자신이 그러했다고. 하지만 그것은 올바른 진료 방법이 아니었다고. 환자중심주의라는 모토를 내건 것은 클리블랜드 클리닉에게는 물론 새로운 CEO 자신에게도 믿을 수 없는 변화를 초래하였다.

환자중심주의가 조직 내에 뿌리내리기

직관적으로 생각하면, 서비스 중심 산업, 특히 헬스케어 산업은 그들의 일상 업무 전반에 걸쳐 고객의 수요를 중심에 놓을 필요가 있다는 것을 이해하고, 그에 관한 모토 하나쯤은 만들어 놓고 있을 것 같다. 하지만 그렇지 않다. 우리 모두는 서비스 실패를 경험했고, 그걸 그다지 중요한 문제로 여기지도 않았다. 여러분이 일상적으로 접하는 서비스 산업을 생각해 보라. 얼마나 많은 사람들이 고객의 중요성을 실천에 옮기던가?

워터마크 컨설팅Watermark Consulting의 지속적 연구는 그 점을 잘 보여 준다.[5] 매년 그 회사는 포레스터 리서치Forester Research가 발표하는 고객경험지수Customer Experience Index를 바탕으로, 상장 기업들을 최고의 그룹과 최악의 그룹으로 나눈 다음 경영 성과를 분석한 자료를 공개한다.[6] 고객경험에 관한 최고의 회사 10곳과 최악의 회사 10곳을 발표하는 식이다. 클리블랜드 클리닉의 환자제일주의 철학과 비슷하게, 최고의 회사들이 행하는 모든 일은 고객과 밀접하게 연관되어 있다. 하지만 최악의 회사들이 일하는 방식은 정반대다. 2007년 이후 워터마크는 고객경험 우수 회사와 낙제점 회사들의 주가 동향을 S&P500 지수를 이용하여 분석해 왔다. 고객경험 우수 회사들은 투자 수익률이 평균치보다 세 배 높았다. 고객경험 낙제점 회사들과 비교하면 다섯 배나 높은 수치다. 결론은 단순하다. 고객을 중심에 놓는 회사들이 주식 가치를 훨씬 높인다는 것이다.

모든 병원들이 공통적으로 환자에 초점을 맞출 것이라고 생각하기 쉽지만, 대부분은 그렇지 않다. 많은 병원들이 환자중심을 논하고 심지어 자랑하지만, 흔히 책임지는 사람도 없고 관리도 안 된다. 만약 병원들의 업무를 면밀히 분석해 본다면, 환자중심 서비스가 제대로 작동하고 있다는 증거가 거의 없을 것이다.

클리블랜드 클리닉이 모토까지 만들며 관심을 기울이는 핵심은, 진료에 관한 부분이 아니라 환자들을 행복하게 만드는 데 있다. 그건 일련의 태도를 말한다. 모든 조직원들이 모든 업무에서 환자를 중심에 놓는 것, 그리고 언제나 무엇이 환자나 그 가족들을 위해 최선의 것인지를 생각하는 것 말이다.

처음에는 클리블랜드 클리닉의 많은 직원들은 환자제일주의가 피상적인 마케팅 계략의 일종이라고 생각했다. 하지만 그런 거부감이나 조롱이야말로 클리블랜드 클리닉이 조직적으로 문제를 갖고 있다는 증거였고, 개혁이 필요하다는 사실을 더욱 분명하게 했다. 우리가 환자중심적 접근이라는 말을 제대로 이해하지 못하거나 심각하게 받아들이지 않는다면, CEO의 생각을 우리가 어떻게 받아들이는지와 무관하게, 사람들을 돌보는 헬스케어 분야에서 일하는 사람들의 존재 이유는 도대체 무엇이란 말인가? 헬스케어 분야에서 환자제일주의는 반드시 수용되어야 하는 가치다. 이건 꼼수가 아니고 마케팅 전술도 아니다. 그건 문화적 토대이다.

최근 누군가가 나에게 '고객 최우선'과 '직원 최우선'에 관해 질문을 했다. 그는 직원들이야말로 고객중심주의를 실천하는 사람들이니 고객들이 아니라 직원들을 더 중심에 놓아야 하는 것 아니냐고 말했다. 나는 동의하지 않았다. 고객중심주의는 우리 조직이 왜 존재하는지 설명해 주며, 구성원 모두에게 공통의 출근 목적을 알려 주는 핵심이다. 그건 고객을 위한 서비스다. 직원들이 중요한가? 물론이다! 모든 조직은 조직 구성원들을 잘 돌보아야 한다. 하지만 모든 서비스 산업의 주된 목표는, 특히 헬스케어 산업에서는 더더욱, 고객(환자)을 조직적 전략의 중심에 놓는 것이다. 회사는 직원들을 위해 존재하는 것이 아니다. 회사는 고객들을 위해 존재한다.

내가 전임의 과정을 마치고 클리블랜드 클리닉을 떠날 때까지만 해도, 나는 직원들이 모두 환자중심적으로 일한다는 말의 진정한 의미를 이해하지 못했었다. 하지만 내가 직접 내 환자를 맡아서 치료하기 시작하자마자 곧 깨달았다. 환자들이 느끼는 돌봄의 수준에 영향을 주는 요소들이 정말로 많다는 것을.

메트로헬스에서, 침상에 누운 채 구토를 해서 시트를 더럽힌 환자가 있었다. 그는 시트를 교환해 줄 수 있는지 간호사에게 여러 차례 물었지만, 아무도 그를 도와주지 않았다. 나중에 미화원이 병실로 왔을 때, 환자는 다시 시트 교환을 요청했다. 그러자 미화원은 밖으로 나가 깨끗한 시트를 갖고 왔다. 하지만 그는 시트를 교체해 주는 대신 깨끗하게 잘 접혀 있는 시트를 침대 모서리에 두고는 그냥 나가 버렸다. 환자는 분명히 누군가가 시트 교환을 도와줄 것이라고 생각했을 테지만, 시트 교환은 온전히 환자의 몫이 되어 버렸다. 환자는 좌절했고, 침대에서 일어나 스스로 시트를 갈았다. 그는 불평하려 하지 않았다. 단지 나에게 이렇게 말했다. "그 사람들, 내가 매일 봐야 하잖아요. 열 받게 하고 싶지 않았지요." 다행히 그는 훌륭한 유머 감각을 가진 괜찮은 사람이었고, 이런 문제로 일을 크게 만들고 싶지 않았다. 하지만 그는 퇴원 후 그가 아는 모든 사람들에게 '시트 이야기'를 들려주었다.

환자제일주의, 우리의 존재 이유

헬스케어 기관이 흔히 고객중심의 중요성을 놓치고 있는 동안, 다른 산업 분야에서는 모범적인 사례들이 많이 나타났다. 나는 플로리다 주 올랜도에 있는 월트 디즈니 리조트에서 앞에서 본 '시트 이야기'와 대조적인 사례를 목격한 적이 있다. 당시 나는 환자경험최고관리자가 된 지 얼마 되지 않았을 때라서, 디즈니가 훌륭한 고객경험을 제공하는 비결에 관심이 많았다. 나는 디즈니의 임원 한 사람으로부터 월트 디즈니^{Walt Disney}가 조직 문화를 어떻게 규정하는지, "캐스트 멤버^{cast member}"라고 불리는 직원들에게 조직의 미션을 교육하는 데 얼마나 많은 시간과 자원을 투입하는지, 직원들은 조직의 미션을 어떻게 구체화하는지 등에 대해 개괄적인 설명을 들었다. 디즈니의 모든 캐스트 멤버들은 혁신, 품질, 공동체, 스토리텔링, 낙관주의, 그리고 예절이라는 여섯 가지 문화적 가치를 체화할 것을 요구받는다.[7]

나는 고객들이 이용하지 않는 리조트의 공간들을 돌아볼 기회를 갖게 됐다. 디즈니가 훌륭한 서비스로 명성이 자자하다는 것은 익히 알고 있었지만, 사실 나는 조금 회의적이고 냉소적인 생각을 갖고 있었다. 올랜도에만 7만 명 가까운 직원들이 일하고 있는데, 그들 모두가 조직의 가치를 암기한다는 것이 과연 가능할까 싶었던 것이다. 나는 그들을 골탕 먹일 생각을 하면서 작은 테스트를 해 보기로 했다. 투어를 하는 동안, 내가 만나는 모든 직원들에게 디즈니가 추구하는 가치 여섯 가지를 말해 보라고 요구했다. 처음에는 나를 안내하는 임원이 약간 당황하는 듯했다. 우리가 만난 직원들 중 누구도 여섯 개의 목록을 제대로 대지 못했기 때문이다. 약간의 힌트를 줘도 마찬가지였다. 하지만 놀라운 일은 따로 있었다. 모든 캐스트 멤버들은 자신들이 뭔가 크고 중요한 과업의 일부라고 느끼고 있었고, 단순한 밥벌이가 아니라 더 높은 차원의 목적을 가진 정말로 마법과 같은 일을 하고 있다고 느끼고 있었다. 그들은 모두 그들의 미션이 사람들에게 '행복을 전해 주는' 일이라고 믿고 있었다. 그건 내게 눈이 번쩍 뜨이는 경험이었고, 나는 그들의 상호작용에 매료되었다. 행복을 전달하는 것은 디즈니사의 환자제일주의에 해당하는 그들 조직의 목적이었고, 모든 구성원들은 그것을 체화하고 있는 것처럼 보였다. 디즈니에서 일하는 내 동료는 입이 귀에 걸릴 정도로 미소를 지었다. 조직의 목적을 분명히 한다는 것은 새로운 아이디어가 아니다. 환자제일주의는 단순한 모토가 아니었다. 그건 '목적'이었던 것이다.

'명확성이 최우선'이라는 모토를 내걸고 있는 세계적인 브랜딩 회사 시겔비전Siegelvision의 CEO인 앨런 시겔Alan Siegel은 모든 조직은 그들 조직의 목적을 단순하게 정의할 수 있어야 한다고 말한다.[8] 시겔은 사실 'IRS 1040EZ'라는 이름의 한 페이지짜리 세금 신고서 양식을 디자인한 천재적인 사람이다. 그는 세금 정산이라는 대단히 복잡한 과정을 성공적으로 단순화시켜 한 페이지로 축약하였다. 시겔은 리더로서 우리의 과제는 조직의 목적을 간단히 규정하고 그것을 단순한 메시지로 표현하는 것이라 했다. 조직원들이 곰곰이 생각해야만 알 수 있는 것은 부족하다. 직관적으로 이해할 수 있어야 한다. 시겔은 이것이야말로 우리가 존재하는 공동의 이유를 가장 강력하고도 효과적으로 공유할 수 있는 방법이라고 주장한다. 헬스케어 분야의 조직에게, 환자제일주의보다 더 좋은 단순한 모토가 어디 있겠는가?

나는 고객 최우선의 원칙을 잘 실천하는 또 다른 멋진 사례를 트럼프 인터내셔널 호텔&타워Trump International Hotel&Tower에서도 경험했다. 콘퍼런스 참석차 시카고를 방문했을 때였다. '도널드 트럼프'가 최고의 품질을 추구한다는 메시지를 끊임없이 주입하려는 태도를 내가 도착한 그 순간부터 확실히 느낄 수 있었다. 호텔 업계가 고객중심을 실천하고 품질을 중시하는 것은 당연한 것 아니냐고 말할지도 모르겠다. 하지만 세계 곳곳의 무수히 많은 고급 호텔들을 이용해 보았지만, 트럼프 호텔에서와 같은 경험은 해 본 적이 없었다. 도어맨이 막 도착한 나를 위해 문을 열어 주는 순간부터 호텔을 떠나는 나의 짐이 택시에 실리는 순간까지, 내가 경험한 모든 사람과 모든 일이 흠잡을 데 하나 없는 최고 수준이었다. 모든 구성원이 조직의 목적을 완벽히 체화하고 있었던 것이다. 그런 멋진 경험을 위해서는 수많은 사람들의 기여가 있었지만, 그것을 더 개인적이고 더 특별하게 만들어 주는 몇 가지 세세한 사례들이 있다.

내가 객실에 들어갔을 때, 침대 위에는 도널드 트럼프의 서명이 들어가 있는 편지가 놓여 있었다. 그 내용도 나에게 맞춰진 것이었다. 감사의 인사로 시작한 그 편지는, 나의 투숙이 특별한 경험이 될 것이라는 기대를 갖게 했다. 그곳에 있는 모든 사람들이 나를 위해 존재한다는 생각도 갖게 했다. 의사소통은 계속됐다. 내가 미팅을 끝내고 돌아왔을 때는, 내 방을 정리한 직원이 남겨 놓은 카드가 있었다. "멋진 저녁 보내시고 편히 쉬시기를 기원합니다. 필요한 것이 있으면 뭐든지 말씀해 주십시오." 밤에는 호텔 바에서 술을 마셨는데, 그곳의 직원은 있는 듯 마는 듯 나를 편안하게 해 줬다. 그는 내가 무엇을 원하는지 다 알고 있는 것처럼 보였다.

고객 만족에 책임이 있는 서비스 업계 리더로서, 나는 고객들로 하여금 적절한 기대를 갖게 하고 긍정적인 경험을 제공할 수 있는 몇 가지 행동이나 장치들을 알고 있다. 하지만 내가 트럼프 호텔에서 가장 감동받은 부분은, 모든 단계에서 내 경험이 예외적이었다는 것이다. 그 호텔은 고객이 가장 중요하게 생각하는 핵심 포인트를 매우 훌륭하게 알아차렸다. 내가 좀 더 중요하게 생각하는 부분들을, 그들도 더 중요하게 생각해 주었다는 말이다.

호텔 업계는, 특히 최고급 호텔들은, 모두 굉장한 경험을 제공하는 것으로 잘 알려져 있다. 굉장한 경험들도 있지만, 누군가에게 특별한 느낌을 갖게 하는 경험들도 있다. 트럼프에서의 내 경험은 감동적이었고, 나는 특별한 느낌을 갖고 호텔을 떠났다. 고객들에게 특별한 경험을 선사하는 것이 그 조직의 분명한 목표였다. 나는 아직도 그때 받은 편지를 간직하고 있다.

환자제일주의라는 단순한 모토가 클리블랜드 클리닉을 개혁할 것이라고 진정으로 믿은 사람은 아무도 없었다. 사람들이 당시에 인지했는지 여부는 불확실하지만, 그 모토는 분명히 뭔가 역할을 했다. 그것은 환자를 위해 일하는 모든 직원들에게 문화적 유대를 제공했고, 조직의 목적을 명확히 규정하는 계기가 됐다.

지금은 모든 조직원들이 이 단순한 모토의 중요성을 충분히 이해하고 있다고 나는 생각한다. 몇 년에 걸쳐 클리블랜드 클리닉의 환자제일주의를 실천하느라 애쓰고 나서 CXO가 된 이후, 나는 환자들로부터 매우 강력한 증거를 얻었다. 플로리다에서 열린 회의에 참석한 후 어느 호텔의 수영장에 앉아서 쉬고 있을 때였다. 다른 주에 살고 있는 환자 한 명이 나와 이야기하고 싶어 한다는 연락을 받았다. 당시 라스베이거스에 있는 MGM 리조트의 일부인 미라지 호텔 앤 카지노^{Mirage Hotel and Casino}의 회장 겸 COO*였던 펠릭스 라파포트^{Felix Rappaport}였다. 나는 그를 전혀 몰랐고, 그가 왜 나와 이야기하고 싶어 하는지도 몰랐다. 그는 나에게 자신이 클리블랜드 클리닉에서 얼마나 멋진 환자경험을 했었는지를 들려줬다. 그의 조직은 오로지 최고의 고객경

---

* Chief Operating Officer로 기업의 사업을 총괄하는 최고운영책임자를 지칭하는 말이다.

험을 제공하기 위해 존재하는 곳이지만, 그의 생각에 우리(호텔이 아니라 병원)가 그들보다 더 일을 잘한다는 것이었다.

특히 어떤 경험이 그렇게 특별했느냐고 그에게 물었다. 그는 주차 요원부터 환자 이송 담당 직원까지 그가 만난 모든 사람들을 면밀히 관찰했는데, 모든 직원들이 오로지 자신 한 사람만을 위해 존재하는 것처럼 느껴졌다고 말했다. 마치 조직 전체가 그의 경험을 특별한 것으로 만들기 위해 존재하는 것처럼, 모든 직원들이 함께 일하더라는 것이다. 라파포트는 거듭 말했다. 병원 어디에서나, 자신에게 관심이 집중되는 느낌을 받았다고 말이다. 그가 말한 내용이야말로 우리 조직이 성취한 최고의 성과 중의 하나라고 나는 믿는다.

라파포트의 초청으로 나는 미라지를 방문했다. 그건 엄청난 시설이었다. 나는 그곳보다 클리블랜드 클리닉이 더 나은 서비스를 제공했다는 그의 말이 진짜인지 확인해 보고 싶은 충동을 느꼈다. 월트 디즈니를 방문했을 때처럼, 공항에서 픽업 서비스를 이용하는 순간부터 공항으로 되돌아오는 순간까지, 내가 만나는 모든 미라지 직원들에게 질문을 던졌다. "미라지에서 일하는 걸 좋아하세요? 왜 여기서 일하시는 거죠?" 놀랍게도, 내가 만난 모든 이들이 미라지에서 일하는 걸 사랑했다. 그들은 모두 자신이 하고 있는 일에 대해 할 이야기가 있었다. 리무진 운전기사는 아픈 아이를 키우고 있었는데, 회사에서 아이와 가족을 위해 차량을 어느 정도는 사용할 수 있도록 허용해 준다는 사실을 이야기했다. 프런트 데스크 직원은 회사에서 근무시간을 조정해 주었기 때문에 학업을 마칠 수 있었다고 말하면서 고마워했다. 그 호텔의 상징이라 할 수 있는 '볼케이노쇼volcano show'를 맡고 있는 직원은 자신이 '세상에서 가장 멋진 직업'을 갖고 있다면서, 자신이 하고 있는 일을 친구들과 가족들에게 자랑스럽게 이야기한다고 말했다. 내가 만난 직원들이 보여 주는 에너지와 직무만족도^{job satisfaction}는 존경할 만한 수준이었다.

다음 날, 나는 미라지의 임원들 앞에서 클리블랜드 클리닉의 환자제일주의를 설명하면서, 그 개념이 미라지에 어떻게 응용될 수 있을지에 대해 이야기했다. 나는 그 개념이 헬스케어 분야에서 어떻게 적용되는지에 대해서는 그들이 충분히 이해했을 것이라고 확신했지만, 고객중심주의가 모든 비즈니스 분야에 적용되는지 여부에 대한 그들의 생각은 명확히 알지 못했다. 나는 일단 내가 만난 미라지 직원들에 대한 찬사를 늘어놓은 후, 그들 앞에서 폭탄선언을 했다. 모든 직원들이 행복해 보이고 그들의 업무에 대해 만족하는 것 같았지만 (사실 회사와 직원 사이에 개인적인 연결 고리를 만드는 것이야말로 직원몰입도^{employee engagement}를 높이는 최고의 전술이다.) 정작 고객인 나는 그처럼 높은 수준의 관계를 맺는다는 느낌을 받지 못했다고 말이다. 예를 들어, 내가 공항의 에스컬레이터에서 내렸을 때, 내 이름을 들고 서 있는 리무진 기사를 발견할 수 없었고, 내가 알아서 그를 찾아내야만 했다. 객실에는 불이 들어오지 않는 전구가 몇 개 있었고, TV 리모컨도 제대로 작동하지 않았다.

나는 모든 직원들이 온전히 고객에게 초점을 맞추는 조직을 상상해 보라고 요청했다. 그렇게 하면 분명히 생산성의 향상 측면에서 시너지를 발휘할 것이다. 지금껏 회사는 직원들이 자신의 업무를 잘 수행하며 만족을 느끼도록 해 왔으니, 직원들도 언제나 고객을 위해 최선을 다할 수 있을 것이다. 리무진 운전기사는 내가 나올 게이트 앞에 있는 에스컬레이터에서 가장 가까운 곳에서 나를 기다릴 것이다. 미화원은 방을 청소하면서 스위치를 켜서 실내의 모든 전구들이 제대로 작동하는지 확인할 것이다. 모든 직원들이 자신의 임무가 무엇인지 생각하는 차원을 넘어, 고객에게 중요한 것이 무엇인지를 생각하게 될 것이다. 이것이 직무만족도와 직무몰입도^{job} engagement의 차이다.

당신은 직원들을 훌륭하게 돌보아 그들의 만족도를 높일 수 있고, 그렇게 함으로써 직원들이 업무를 더 잘 수행하게 만들 수 있다. 하지만 고객을 중심에 놓고 생각한다는 것은, 그보다 한 단계 높은 수준의 서비스를 제공한다는 뜻이다. 아마도 몇몇 미라지 간부들은 내가 소개한 일화들이 단순한 프로세스 오류에 불과하다고 생각할 것이 틀림없다. 하지만 모든 직원들이 하나같이 높은 직무몰입도를 보인다면, 그러한 문화는 프로세스 오류를 충분히 보상할 수 있다.

그날 밤, 라파포트는 저녁 식사 자리에 MGM의 고위 임원 한 사람을 더 초대했다. 라스베이거스의 엑스칼리버 호텔&카지노^{Excalibur Hotel&Casino} 와 룩소르 호텔^{Luxor Hotel}의 회장이자 COO인 르네 웨스트^{Renee West}였다. 그들은 경쟁 리조트인 시저스 팰리스 라스베이거스 호텔에 새로 문을 연 레스토랑을 시험해 볼 요량이었다. 우리는 그 레스토랑에서 만났고, 나는 직원 문화를 형성하는 일의 중요성과 환자제일주의 철학 등에 대해서 웨스트와 대화를 나누었다. 나는 "왜 여기에서 일하나요?"라는 질문을 던지고 직원들의 반응을 살펴보는 일을 계속하고 싶어졌다. 그래서 우리 테이블로 종업원이 왔을 때, 그녀에게 이런 질문을 던졌다. "왜 시저스 팰리스에서 일하시나요?" 그녀는 즉시 대답했다. "저는 고객님을 위해 일합니다. 우리에게 고객님은 가장 중요한 사람이고요, 다음에 다시 방문하시기를 바랍니다." 슬롯머신에 동전 하나를 넣은 다음 잭팟을 터뜨린 것과도 같았다. 그녀는 라스베이거스 중심가의 대형 호텔 세 곳을 운영하는 임원들에게 서빙을 하고 있다는 사실을 전혀 몰랐지만, 단 하나의 문장으로 고객을 최우선에 놓는 것이 자신의 책임이라는 직장 문화의 개념을 순식간에 정리해 버렸다. 그것은 진정한 '고객 최우선의 순간'이었고, 나는 웨스트의 얼굴에서 그녀가 얼마나 놀랐는지를 느낄 수 있었다. 우리는 종업원에게 더 이상 말을 붙일 이유를 발견하지 못했고, 그저 저녁 식사를 계속했다. 그녀의 서비스도 물론 최고였다.

고객중심주의의 필요성은 고객 서비스를 주로 하는 기업을 넘어 B2B^{Business-to-Business} 사업을 주로 하는 기업들에게도 똑같이 적용된다. 시스코 시스템^{Cisco Systems, Inc.}은 세계적으로 널리 알려진 기술 혁신 기업이다. 오랫동안 CEO 겸 회장으로 일해 온 존 체임버스^{John T. Chambers}는 2012년 클리블랜드 클리닉이 주최하는 〈내일을 위한 생각들^{Ideas for Tomorrow}〉이라는 강연 시리즈에 초청된 적이 있다.[9] 그는 당시 우리 병원의 임원들에게 리더십에 관한 자신의 통찰을 나눠 주었다. 시스코의 성공 비결 중 일부분은 인수합병에 있다. 우리는 체임버스에게 인수 대상이 되는 기업을 찾을 때 어떤 점을 중요하게 고려하는지를 질문했다. 그는 '고객에게 온전히 초점을 맞추는가'가 가장 결정적인 요소라고 대답했다.

고객중심은 어떤 산업 분야에서든 성공의 필수 요건이다. 소비자를 직접 상대하든 기업을 상대하든 마찬가지다. 고객에게 초점을 맞추는 조직을 만드는 것은, 경쟁자들이 제공하는 것보다 뛰어난 상품이나 서비스를 제공하는 데 핵심 요소이다. 모든 조직은 여러 요소들이 고객을 중심에 놓고 일관되게 배치되도록 해야 한다. 직원들, 관리자들, 그리고 리더들은 고객이 조직의 목적이라는 사실을 명확히 이해해야 한다. 포레스터 리서치의 부사장이자 고객경험 분야의 리서치 디렉터인 할리 매닝^{Harley Manning}은 이 점을 이렇게 설명했다. "고객들은 당신을 필요로 하지 않아요. 당신이 그들을 필요로 하는 것이지요. 모든 사람들이 당신의 고객들을 노린답니다."[10]

환자제일주의와 "불타는 플랫폼", 그리고 최우선 전략

환자제일주의는 클리블랜드 클리닉의 목표를 넘어 변화를 위한 "불타는 플랫폼burning platform"이 되었다. 불타는 플랫폼이라는 비유는 변화의 필요성을 느끼는 절체절명의 순간을 말한다. 만약 당신이 불타는 원유 굴착기의 갑판에 서 있다면, 뛰어내리거나 그냥 죽거나 둘 중의 하나다.[11] 하버드 경영대학원의 존 코터John P. Kotter 교수는 그 유명한 논문 〈조직 변화 8단계The 8-step Process for Leading Change〉에서 응급 상황이라는 인식을 조성하는 것이 첫 단계라고 언급한 바 있다.[12]

내가 CXO 직책을 맡았을 당시, CMSCenter for Medicare and Medicaid Services의 HCAHPSHospital Consumer Assessment of Healthcare Providers and System*라는 기구가 실시하는 설문 조사에서 클리블랜드 클리닉이 획득한 환자경험 점수는 끔찍한 수준이었다. 2008년에 조사 대상이 된 모든 병원 중에서 거의 꼴찌였으니 말이다. 〈U.S. 뉴스 & 월드리포트〉가 선정한 미국 최고의 병원들 중 하나가, 어쩌다가 환자경험 분야에서는 최악의 병원들에 포함되고 말았을까? 그 결과는 우리의 명성이나 브랜드와도 맞지 않는 것이었다. 그건 클리블랜드 클리닉이 환자를 최우선에 두지 않았음을 뜻하는 객관적인 증거였고, 우리는 그것을 불타는 플랫폼을 뜻하는 신호로 활용하기 시작했다.

불타는 플랫폼은 평균 수준의 조직에도 똑같이 적용될 수 있다. 네덜란드의 암스테르담에서 남동쪽으로 120킬로미터 떨어진 곳에 위치한 1,000병

---

* 보건의료 공급자 및 시스템에 관한 소비자 평가.

상 규모의 래드바우드 대학병원^{Radboud University Medical Center}도 그랬다. 2005년, 네덜란드 정부는 래드바우드의 심장 진료 부문을 폐쇄시켰다. 질 평가 점수가 형편없었기 때문이다. 나는 래드바우드 이사회의 의장인 멜빈 샘솜^{Melvin Samsom}과 구조조정 및 개혁 센터장을 맡고 있던 루시엔 엥겔렌^{Lucien Engelen}과 만난 적이 있다.[13] 래드바우드가 위기에 처했을 때 진료부원장을 맡았다가 나중에 CEO가 된 샘솜에 의하면, 그것은 "조직 전체에 엄청난 충격파"를 던진 사건이었다. 정부가 환자를 보호하기 위해 심장 진료 부문을 폐쇄할 정도로 의료 수준이 낮았다면, 다른 부문의 사정은 어떠했을까? 그 위기는 래드바우드에게 불타는 플랫폼과 같았다. "우리는 그 부문을 개선하는 데 그치지 않고 최고가 되기로 결정했습니다." 샘솜이 말했다. "질 관련 지표는 종 모양의 곡선으로 표시됩니다. 우리는 그래프의 가장 왼쪽에 머물러 있었지요. 대부분의 조직들은 가운데쯤에 놓여 있구요. 우리는 그 위기를 불타는 플랫폼으로 여기고, 그래프의 가장 오른쪽으로 이동한다는 목표를 세웠습니다." 그들은 성공했다. 현재 래드바우드의 심장 진료 부문은, 다른 여러 진료 부문들과 마찬가지로, 네덜란드에서 최고 수준에 올라 있다. 샘솜은 질관리에 초점을 맞춰야 한다는 점을 강조하는 차원에서 언제나 심장 진료 부문의 폐쇄 사건을 거론하곤 한다.

래드바우드 대학병원의 사례에서처럼, 심장 진료 부문과 같은 중요한 분야의 강제적 폐쇄는 당연히 모두의 관심을 집중시킨다. 하지만 불타는 플랫폼 위에 서 있다는 사실을 인식하고 새로운 모토를 만들어 내는 것만으로는 서비스 향상을 위한 중요한 노력을 촉진하기에 부족하다. 단순히 모토를 정하고 환자들의 불만에 대해 논의하는 정도의 노력은 "한때의 바람"으로 지나가고 만다. 이런 식의 새로운 시도는 무의미하고 헛된 노력으로 치부되기 십상이다. 환자제일주의를 처음 표방했을 때, 나는 일부 직원들이 이렇게 예측한 것으로 생각했다. '이것도 곧 지나가리라.' '지금 울리는 풍악은 곧 사라질 것이고, 코스그로브도 전부 잊어버리리라.' 하지만 코스그로브는 잊지 않았고, 그의 초창기 노력은 성공을 거두는 데 있어서 매우 중요하게 작용했다.

우리 조직을 개혁하는 데 있어서 정해진 각본은 없었다. 우리는 다음 단계로 전진하기 위해 어떻게 해야 할지 가르쳐 주는 어떠한 전술적 교본이나 지침도 전혀 갖고 있지 않았다. 하지만 코스그로브의 첫 번째 조치 중의 하나는, 환자경험의 향상을 조직의 최우선 목표로 설정하는 것이었다. 그는 모토나 일화들이 조직을 변화시키지는 못한다는 것을 알고 있었다. 만약 환자제일주의가 뿌리를 내리려면, 그것은 모든 리더들과 관리자들에게 언제나 핵심 어젠다의 하나로 취급되어야 했다. 환자제일주의와 환자경험의 향상이라는 말이 언제나 우리 곁에 있어야 했다. 환자제일주의를 조직의 최우선 전략으로 설정한다는 것의 의미는, 환자경험의 향상이 우리 조직의 목표여야 하고, 측정 가능한 지표들이 규정되고 만들어져야 하며, 리더들과 관리자들이 모두 책임 의식을 가져야 한다는 것이다.

CXO로서 가장 중요한 내 책임 중의 하나는, 불을 지피는 데 필요한 연료들이 아주 많이 있다는 확신을 심어 주는 것과, 환자에게 초점을 맞추는 것이 우리 조직의 배치와 목적과 전략에 있어서 얼마나 중요한지를 끊임없이 일깨워 주는 것이었다. 동료들은 지겨웠을지 모르지만, 환자제일주의는 우리의 존재 이유였고, 나는 그것을 항상 각인시키고 싶었다. 환자제일주의 혹은 고객 최우선의 기반을 다지는 것은 틀림없이 성공하는 제안이다. 헬스케어 분야에서, 환자에게 옳은 일을 하자는 말에 반대 의견을 제기할 사람은 없다.

클리블랜드 클리닉,
환자경험 분야의 선구자가 되다

코스그로브가 환자제일주의를 클리블랜드 클리닉에 소개하고 환자경험의 향상을 전략적 목표로 설정한 것은 대부분의 병원들이 이 주제에 관심을 기울이기 이전이었다. 메디케어의 병원가치기반구매^{Medicare's Hospital Value-} Based Purchasing, HVBP* 프로그램이 환자경험을 중요하게 생각하기 시작한 것보다도 이전이었다. 2010년에 〈환자보호 및 적정진료 법안^{Patient Protection and Affordable} Care Act**〉이 통과됨에 따라, 병원들과 의사들은 환자경험에 관심을 기울일 필요성을 느끼기 시작했고, 나쁜 환자경험이 보험 급여에 있어서의 재정적 불이익이나 명성의 손상을 초래할 수 있다는 사실도 깨닫기 시작했다. 하지만 더 환자중심적인 방향으로 병원을 운영하기 위해서 우리에겐 뭔가 '채찍'이 필요했을까? 클리블랜드 클리닉이 환자제일주의를 표방한 것은 그것이 옳은 일이기 때문이었다. 하지만 아주 솔직히 말하자면, 우리의 명성에 금이 갈 수 있다는 위기감 때문에 시작한 것이기도 했다. 환자들이 점점 더 그들이 받은 '인간적인 대우에 관한 느낌'과 '치료의 수준에 대한 인식'을 관련시키기 시작했기 때문이다.

병원들은 으레 환자를 최우선에 놓고 일할 것이라 생각하는 사람이 있을지 모르겠다. 하지만 그렇지 않다. 병원들은 환자를 돌보는 일을 업으로 삼는다. 그게 가장 중요한 직분이다. 헬스케어 분야의 고객들은 일반적인 의미의 고객으로 병원에 오는 것이 아니라 '환자'로 온다. 환자는 의료적 처치를

---

* 메디케어 환자들에게 제공되는 의료서비스의 질에 따라 진료비가 병원에 차등 지급되는 보상 체계.
** 버락 오바마 대통령이 주도하는 미국의 의료보험 시스템 개혁 법안.

필요로 하는 아픈 사람이다. 환자들은 걱정스럽고 혼란스럽고 두렵다. 자신들의 상태에 관해서나 치료 중에 일어날 일들에 대해서 가장 중요한 정보들을 명확히 알지도 못한다. 그가 무슨 이유로 병원에 왔든, 충분한 걱정거리가 있다. 병원에 오래 머물고 싶은 환자는 아무도 없다. 우리는 우리가 할 수 있는 최선의 방법으로 그들을 치료해야 할 의무가 있다.

오로지 비즈니스 측면에서만 생각할 때에도, 우리는 환자들이 성공을 거두게 할 필요가 있다. 환자들에게는 선택지가 많이 있고, 우리는 그들이 우리를 선택한 것에 대해 고마워해야 한다. 우리 조직은 환자를 위해 한결같이 노력해야 할 의무가 있다. 모든 직원들과 치료자들은 환자를 늘 염두에 두어야 하고, 우리가 제공하는 모든 서비스와 상품들은 환자를 위해 존재해야 한다.

내가 CXO가 되었을 때, 나는 클리블랜드 클리닉의 목표는 환자경험 분야에서 세계 최고가 되는 것이라고 말했다. 나는 '되는'이라는 용어를 굳이 사용했다. 그 용어를 사용했던 이유는 그것이 우리가 도달해야 하는 목적지가 아니라 언제까지나 지속되어야 하는 여정이기 때문이다. 2013년, 나는 월트 디즈니와 미라지 호텔에서 관찰하는 과정에서 내가 활용했던 전술 하나를 클리블랜드의 병원 캠퍼스에서 사용했다. 무작위로 직원 10명을 골라낸 다음, "왜 이곳에서 일하고 있습니까?"라는 질문을 던진 것이다. 그중 8명이 우리의 환자제일주의 철학과 관련이 있는 대답을 했다. 이 정도면 'B' 학점으로, 평균치를 겨우 상회하는 수준이라는 뜻이며, 앞으로 해야 할 일이 많다는 뜻이기도 하다.

클리블랜드 클리닉은 우선, 환자들에게 최고 수준의 환자경험을 제공한다는 것의 정확한 의미를 이해하기 위해 상당히 많은 자원을 투입했다. 그것이 단지 옳은 일이기 때문만은 아니었다. 그것은 우리 브랜드와 우리의 업무를 규정하는 데 있어서도 매우 긴요한 일이었다. 우리는 세계 최고 수준인 심장병 분야를 비롯한 여러 부문에서 최고 수준의 전문적 진료를 제공하는 기관이므로, 아주 특별한 환자경험을 제공해야 하는 책임도 짊어지고 있다고 할 수 있다.

우리가 이룬 가장 중요한 성취 중의 하나는 환자제일주의를 성공적으로 소개하고, 우리 조직원들의 마음속에 그것을 확실히 심어 놓은 것이다. 고객을 중심에 놓는 개혁 프로그램을 시작하고 싶은 헬스케어 기관은, (다른 분야의 기업들도 마찬가지지만) 다음의 단계를 밟아서 업무를 추진해야 한다.

1. 고객을 조직의 근본적 지향점으로 삼아라. 고객에게 서비스를 제공하기 위해 직원들이 존재한다는 사실을 그들이 이해하도록 도와야 하고, 조직의 전략과 업무 프로세스가 그것을 지원해야 한다.

2. 조직의 목적을 규정하고, 그것을 모든 사람에게 단순한 메시지로 전달하라. 미션을 기술하는 것이 중요하지만, 직원들은 흔히 그것을 기억하지 못하거나 진정한 의미를 알지 못한다. 조직의 목적을 간단명료하게 만드는 것은 조직의 업무를 명확히 규정하는 데에도 도움을 준다. 직원들도 당연히 잘 기억할 수 있다.

3. 플랫폼을 가동시킨 다음, 충분한 연료를 공급하라. 헬스케어 기관들은 대체적으로 훌륭한 경험을 제공하지 못한다. 당신이 속한 기관의 데이터를 사용하여, 사람들이 이 문제에 대해 관심을 갖도록 환자의 이야기를 들려줘라. 그들이 왜 직장에 일하러 오는지, 고객에 초점을 맞출 수 있도록 기관 차원에서는 어떤 노력을 할 것인지를 직원들에게 끊

임없이 상기시켜라.

4. 고객경험의 향상을 전략적 최우선 과제로 설정하라. 단순히 조직의 목
   적을 규정하는 것만으로 개선이 일어나지는 않는다. 모든 리더와 관리
   자들이 그것을 마음속에 단단히 새기고 있어야 한다. 그래야 조직의
   전략을 제대로 추구할 수 있다.

제3장

변화를 선도하기

Leading for Change

클리블랜드 클리닉이 환자경험을 크게 향상시킬 수 있었던 것은 단순히 CXO나 환자경험센터^{Office of Patient Experience}가 존재했기 때문이 아니라 병원의 CEO가 그것을 전략적 과제로 설정했기 때문이다. 성공적인 개혁이 가능했던 원동력은 최고경영자가 조직을 올바른 방향으로 이끌었기 때문이다.

환자경험 분야를 담당하고 있는 다른 병원의 임원들을 만날 때, 나는 종종 그들의 CEO가 이 문제에 큰 관심이 없다는 사실을 알게 된다. CEO가 종종 환자경험이 중요하다고 말은 하는데, 실제로는 환자경험의 개선에 특별한 노력을 기울이지 않는다는 이야기도 듣는다. 〈헬스리더스 미디어 HealthLeaders Media〉의 설문 조사 결과는 이를 잘 보여 준다. 이에 따르면, 48%의 병원 리더들은 환자경험이 가장 우선적인 전략적 과제라고 생각하고 있지만[1], 그 일을 주도해야 하는 사람이 CEO라고 생각하는 비율은 15%에 불과했다.[2] 환자경험의 개선은 흔히 간호, 질관리, 병원 운영 등의 문제와 함께 '우리가 해야 하는 또 하나의 과제'로 간주된다.

환자경험에 대해 병원 리더들이 이야기하는 내용과 그것이 조직적으로 발현되는 모습 사이에 존재하는 커다란 간극이야말로, 의미 있는 변화를 일으키는 추진력 부족을 초래하는 가장 중요한 이유다. 환자경험의 향상은 모든 것에 앞선다. 모든 직원들과 모든 프로세스가 환자들 중심으로 재배치되어야 한다. 최고위 리더들이 변화를 이끌지 않으면, 그 어느 누구도 혼자서 그 모든 변화를 일으킬 수 없다. 환자의 경험을 아우르는 모든 것들은 본질적으로 포괄적이다. 따라서 그 정도로 넓은 범위에 영향을 끼칠 수 있는 사람은 최고경영자뿐이다. 클리블랜드 클리닉, 국립어린이병원, 휴스턴감리교병원Houston Methodist, UCLA헬스시스템 등과 같이 CEO가 환자경험을 직접 챙기는 조직의 예를 보면, 고위직의 영향이 얼마나 중요한지를 쉽게 알 수 있다.

환자경험의 향상을 위한 클리블랜드 클리닉의 노력이 시작되던 무렵, 코스그로브는 변화의 관리를 넘어 '전략'을 수립했었다. CEO에 취임하고 나서 2~3년 안에, 그는 환자중심의 진료가 가능하도록 하는 수많은 주요 프로그램들을 출범시켰다.

예를 들어, 클리블랜드 클리닉은 진료 부문의 구성 자체를 바꾸었다. 미국에서 처음으로 시도한 변화였다. 전통적인 방식은 내과, 외과 등의 주요 전문 과목별로 나누는 것이었다. 내과나 외과에 속한 다른 모든 세부 과목들은 그러한 기본 과목의 산하에 있었다.

클리블랜드 클리닉에서는 심장이나 소화기와 같은 주요 분야에서 훌륭한 내과계 및 외과계 의사들이 이미 긴밀하게 협력해 왔다. 클리블랜드 클리닉은 사실 의사들이 하나의 단위를 이루어 협력하는 모델을 기초로 해서 설립된 기관이기 때문이다. 코스그로브는 이러한 전통을 더욱 단단하게 구조화하고 조직적으로 통합함으로써 환자 진료 수준을 획기적으로 향상시킬 수 있을 것이라 믿었다. 그리하여 약간은 혁명적인 '연구소' 모델이 탄생했다. 모든 병원이 연구소 중심으로 완전히 새롭게 재구성되었고, 이는 진료 제공 방식과 환자와의 상호작용 방식이 모두 달라지는 것을 의미했다.

이제 더 이상 내과나 외과 같은 구분은 존재하지 않는다. 대신 질병이나 기관계 중심의 연구소들이 존재한다. 시델 & 아놀드 밀러 심혈관연구소^{Sydell} and Arnold Miller Family Heart & Vascular Institute는 모든 종류의 심장 및 혈관 질환의 치료에 필요한 내과계 및 외과계 전문 분야들을 포괄하고 있다. 환자 진료에 필요한 여러 가지가 한곳에 배치되어 있어서, 환자들은 여러 장소를 전전할 필요가 없다. 그리고 각각의 연구소는 임상의사인 소장, 간호 부문 책임자, 행정 부문 책임자로 구성된 하나의 지휘 체계를 갖고 있다. 이렇게 한 것도 모두 환자중심적 방향으로 진료를 재구성하기 위함이다.

코스그로브는 덜 드라마틱하지만 꽤나 중요한 다른 변화들도 시도했다. 2005년, 그는 직원들을 위한 포괄적인 복지 프로그램을 도입하고, 첫 번째 복지담당최고관리자로 마이클 로이젠^{Michael Roizen} 박사를 영입했다. 코스그로브는 또 환자 가운도 바꾸기로 했다. 기존의 가운이 환자의 존엄성을 훼손시키는 것 같다고 느껴 왔기 때문이다. 그는 전설적인 드레스 디자이너인 다이앤 본 퍼스텐버그^{Diane von Furstenberg}를 초빙하여 새로운 환자 가운을 디자인하게 했고, 그녀가 수년간의 연구 개발을 통해 2010년에 내놓은 새 환자 가운은 유명세를 탔다. 또한 예술이 환자나 가족을 위한 치료 효과를 발휘할 수 있다고 믿었기에, 2004년에는 예술과 의학 연구소를 설립하고 의사인 이바 파토리니^{Iva Fattorini}를 책임자로 채용했다.

코스그로브가 환자경험의 향상을 위해 여러 가지 시도를 하는 동안에도, 그의 노력이 효과를 발휘할 것인지 여부는 불확실했다. 환자경험 점수는 거의 변동이 없었고, 그는 여전히 부정적인 환사경험에 관한 일화들을 접해야만 했다.

2006년, 코스그로브가 자신의 생각에 대해 확신을 갖고 기존에 비해 두

배나 더 많은 노력을 기울이겠다고 결심하도록 촉매 역할을 한 계기가 찾아왔다. 그는 하버드 경영대학원의 초청으로 MBA 과정을 밟고 있는 학생들에게 강의를 하게 됐는데, 강의 주제는 클리블랜드 클리닉의 진료 모델 사례 분석이었다. 코스그로브가 강의를 마쳤을 때, 카라 메도프 바넷이라는 학생이 손을 들었다. "코스그로브 선생님. 저의 아버지가 심장판막 수술을 받아야 했습니다. 우리는 클리블랜드 클리닉에 대해서 잘 알고, 선생님의 훌륭한 수술 성적에 대해서도 잘 알았습니다. 하지만 그곳에 가지 않기로 했습니다. 선생님은 공감 능력이 없다고 들었기 때문입니다. 대신 다른 병원에 갔지요. 비록 그곳이 클리블랜드 클리닉만큼 랭킹이 높은 곳은 아니었지만 말입니다. 코스그로브 선생님. 클리블랜드 클리닉에서는 공감에 대해서는 가르치지 않나요?"[3]

코스그로브는 충격을 받았지만, 사실을 인정해야만 했다. 클리블랜드 클리닉에서 의사들에게 공감을 가르치는 일은 없었다고 말이다. 메도프 바넷은 하나의 사례를 통해, 환자경험이 수익률에도 크게 영향을 끼친다는 점을 성공적으로 보여 줬다. 브랜드가 환자 유치에 특히 중요한 헬스케어 기관에서는, 환자경험을 차별화하는 것이 정말로 중요하다.

클리블랜드 클리닉에 심장 진료를 받기 위해 오는 환자들 가운데 거의 절반은 진료권 바깥에서 온다. 환자들의 주소지를 분석해 보면, 진료를 어디에서 받을 것인지에 관해서 대단히 많은 선택지를 갖고 있음을 알 수 있다. 그 학생의 아버지 역시 의사였는데, 그는 적어도 질적인 측면에서는 미국의 수많은 우수 병원들이 대동소이하다는 점을 알고 있었다.[4] 그와 그의 가족들은 단지 환자로서가 아니라 인간으로서, 어떤 대우를 받을 것인지에 대해 좀 더 주의를 기울였던 것이다. 그들은 의료 수준에 관한 명성이 아니라 환자가 하게 될 경험을 기준으로 병원을 선택했다. 그래서 클리블랜드 클리닉은 고객 한 명을 잃었다.

충격적인 사건은 10년 후에도 일어났다. 코스그로브가 사우디아라비아 리야드에 있는 킹사우드메디컬시티^{King Saud Medical City} 봉헌식에 참석했을 때였다. 병원장은 새로운 병원이 왕국에 무엇을 가져다줄 것인지를 설명하면서, 환자와 그 가족들의 의료적 수요뿐만 아니라 감성적이고 영적인 요구까지 충족시키는 것이 얼마나 중요한지를 언급했다. 그는 의료적 서비스의 제공은 거의 부족하지 않으니, 이제 인간적인 측면에 더욱 초점을 맞춰야 한다고 이야기했다. 그때 코스그로브는 보았다. 국왕을 비롯한 여러 청중들이 눈물을 흘리고 있는 것이 아닌가. 코스그로브는 상당히 큰 감명을 받았고, 자신이 뭔가를 놓치고 있음을 새삼 깨달았다. 뭔가를 더 해야 했다. 투자도 더 필요했다.

최고책임자들이 매일매일 이끌고 관리해야

코스그로브는 CEO로서 직원들의 몰입을 유지하고 환자경험의 중요성을 설파하는 것이 매우 중요하기는 하지만, 클리블랜드 클리닉과 같이 큰 조직은 매일매일 작동하는 환자경험 관리가 특히 중요하다는 점을 깨달았다. 그렇게 해야만 의사와 간호사 등 직원들을 비롯한 모든 이해관계자들이 환자경험이라는 주제에 대해 적절한 관심을 쏟을 수 있게 된다. 그리고 이와 관련된 문제들을 코스그로브에게 보고하는 책임을 맡을 사람은 의사여야 했다.

이것이 환자경험 향상을 위한 클리블랜드 클리닉의 노력 중에서도 특히 중요한 변곡점이었다. CEO가 주도적으로 시작하기는 했지만, 그와 별도로 환자경험에 대한 최고책임자를 선임한 것은 성공적이고 지속적인 실행을 보증하는 데 있어서 중요했다.

많은 조직들은 고객경험에 대해 책임을 지는 고객경험최고관리자customer experience officer와 같은 직책을 두고 있다. 이는 다른 여러 산업 분야에는 새로운 것이 아니지만, 보건의료 쪽에서는 새로운 것이다. 포레스터 리서치는 고객경험최고관리자의 역할을 탐색하는 보고서를 발간한 적이 있다.[5] 여러 분야에 걸친 155명의 고객경험최고관리자를 분석한 결과, 이들의 직급은 대부분 임원급이었고, 절반 이상의 사람들이 CEO에게 직접 보고를 하고 있었다. 많은 경우 직원의 수도 적고 예산도 크지 않았지만, 이들 임원들은 전략적 중요도와 보고 체계의 특징으로 인해 조직 전반에 걸쳐 상당히 큰 영향을 미치고 있었다. 순수하게 조언 역할만 하고 실제 운영에는 전혀 관여하지 않는 경우도 있었지만, 수천 명으로부터 보고를 받는 등 운영에까지 깊숙이 관여하는 경우도 있었다.

병원에는 환자경험을 부분적으로 관리하는 수많은 사람들이 존재하는 경우가 흔하다. 이들이 얼마나 쉽게 고위직들에게 관련 내용을 전할 수 있는지는 불분명하며, 이것이 발전을 어렵게 한다. 〈헬스리더스 미디어〉는 환자경험 분야를 이끌고 있는 네 명의 인물을 인터뷰한 적이 있다.[6] 이 기사는 보건의료 분야에서는 왜 리더들이 생각하는 것만큼 신속하고 성공적으로 환자경험의 향상이 이루어지지 않는지에 관한 통찰력을 제공한다. 입원환자최고관리자, 간호최고관리자, 질관리및위기관리책임자, 운영최고관리자 등 각기 다른 역할을 맡고 있는 네 명이 인터뷰 대상이었다. 이들의 역할과 보고 체계에서의 위치는 다양해서, 어떤 경우에는 CEO나 임원에게 닿기까지 여러 단계를 거쳐야 하는 경우도 있었다. 이를 살펴보니, 환자경험 관리 전략이 조직 전반에 걸쳐 화학작용을 일으키지 못하는 원인을 파악할 수 있었다.

코스그로브는 새로운 임원 직책을 만들기로 결정했다. 명칭은 환자경험최고관리자^{Chief Experience Officer, CXO}였다. 그는 이 직책이 의료 기관에 얼마나 큰 영향을 줄 수 있는지를 다룬 "새로운 CEO-환자경험최고관리자"라는 기사를 읽었다.⁷ 새로 선임된 CXO는 코스그로브에게 직접 보고할 수 있었고, 관련 전략들의 일상적 실행을 책임지는 사람이었다.

브리짓 더피^{Bridget Duffy}가 클리블랜드 클리닉의 첫 번째 CXO로 선임되었는데, 미국의 주요 대형병원에서 이런 직책이 만들어진 것은 이것이 처음이었다. 더피의 경력은 이 자리를 맡기에 완벽했다. 그녀는 '메드트로닉^{Medtronic, Inc.}'이라는 기업에서 같은 역할을 수행한 적이 있는 의사였다. 이 새로운 분야를 선도하는 리더 중의 하나였던 더피는 환자경험에 대해 열정을 갖고 있었고, 클리블랜드 클리닉의 전략을 강화하는 방안에 대한 통찰도 갖고 있었다.

CXO의 역할은 자문에서부터 시작됐으며, 더피는 중요한 변화의 전도사가 되었다. 그녀는 조직적 변화를 이끌어 내는 데 필요한 인프라를 구축했다. 그녀는 환자경험에 관한 핵심 내용들을 간결한 메시지로 정리했고, 이는 모든 직원들이 환자경험의 개념과 중요성을 이해하는 데 있어서 상당히 큰 도움이 됐다. 그녀는 환자경험센터를 발족시켰고, 코스그로브의 지원 아래 성공을 위해 필요한 적절한 인력과 자원들을 끌어모았다. 그녀는 또한 클리블랜드 클리닉의 브랜드 가치를 온 세상에 드높이는 데도 역할을 했다. 그녀의 노력으로 인해 개혁을 위해 노력하는 코스그로브의 열정에 관한 소식들이 전국적으로 널리 알려질 수 있었다.

나는 2009년에 더피를 처음 만났다. 내가 클리블랜드 클리닉으로 복귀한 직후였다. 나는 그녀의 열정에 놀랐고, 환자경험의 중요성에 관한 명쾌

한 생각들에 특히 놀랐다. 나는 내 아버지의 이야기를 그녀에게 들려줬고, 그녀는 즉시 공감을 표하면서 우리 조직이 더욱 환자중심적인 곳으로 발전하기 위해서 극복해야 할 조직적 과제들에 대해 언급했다. 나는 그녀의 사무실을 나오면서, 클리블랜드 클리닉으로 복귀하기로 한 나의 결정이 옳았다고 느꼈다.

더피는 CXO로서 2년을 근무한 다음 캘리포니아로 되돌아가기로 했다. 내가 그녀를 처음 만나고 나서 겨우 몇 달이 지났을 때였다. 그녀는 환자경험의 개념을 소개하고 그 중요성을 높이고 관련 인프라를 확충하는 데에 성공했지만, 전략을 실제로 수행하는 데 있어서는 부담을 느끼고 있었다. 그것은 부분적으로는 클리블랜드 클리닉의 문화가 그녀를 받아들이지 않았기 때문이었다. 비록 그녀가 의사이기는 했지만, 의료진들에게 그녀는 '외부인'으로 간주되었다. 클리블랜드 클리닉에서는 진료를 행한 적이 없기 때문이었다. 단단하게 굳어진 문화를 그녀가 바꾼다는 건 힘든 일이었다. 더피는 여전히 환자경험 분야에서 최고의 전문가이자 존경받는 리더로 활동하고 있다.

더피가 떠난 후, 코스그로브는 다음 CXO 후보를 내부에서 찾아보기로 했다. 그는 '클리블랜드 클리닉 문화'에 익숙한 의사에게 그 역할을 맡기고자 했다. 의사들이야말로 가장 변화시키기 어려운 집단이라는 점을 잘 알기 때문에, 그는 임상의사가 그 변화를 이끄는 것이 필요하다고 보았다.

CXO 직책을 맡은 후 얼마 되지 않아서, 나는 냉엄한 현실을 깨달았다. 조직의 문화적 흐름이라는 것은 매우 강한 것이었고, 그나마 일관되지도 않았다. 허니문 기간이라는 것도 없을 터였다. 더피가 변화의 필요성을 확실히 일깨웠다면, 이제 필요한 것은 구체적인 실행이었다. 중요한 직책을 맡고 있는 어느 외과 의사는 내 앞에서 이렇게 말하기도 했다. 많은 사람들은 환자경험 운운하는 것이 단지 말잔치일 뿐이라 생각한다고, 또 코스그로브가 이 문제를 정말로 중요하게 생각하여 문화를 바꾸는 일을 몇 년 후까지 지속할 것이라 생각하는 사람은 아무도 없다고 말이다. 환자경험이 그리 쉽사리 향상되지는 않을 것이라는 경고도 들었다. "단지 코스그로브가 강조한다거나 CXO 직책이 생겼다고 해서 사람들이 거기에 주의를 기울이지는 않는다." 역시 그 외과 의사의 말이다. 그가 짚고자 했던 핵심은, 진정한 차이를 만드는 것은 맨 앞줄에 서서 환자와 접촉하는 의사와 간호사들이 진심으로 달라졌을 때에만 가능하다는 것이었다.

다른 많은 의사들도 같은 느낌을 갖고 있었다. 내가 만난 주요 보직자들은 단 한 명의 예외도 없이 우리의 전략을 제대로 이해하지 못하고 있었고, 내가 이야기를 나눈 대부분의 의사들도 우리의 전략이 무엇을 의미하며 어떻게 성공할 수 있는지에 대해 의문을 표했다. 이 말은 의사들이 우리의 전략에 반대했다는 뜻이 아니다. 오히려 그들이 솔직한 대답을 해 줬다는 뜻이다. 진정한 환자경험의 향상은 코스그로브가 환자경험이 중요하다고 말한다거나 근사한 직책을 가진 내가 나선다고 되는 것이 아니라, 우리 조직의 여러 리더들이 진심으로 그 중요성을 깨닫고 변화를 선도할 때에만 가능하다는 사실을 알게 되었다. 나는 환자경험이라는 주제를 훨씬 더 현장으로 가져가기로 했다. 변화는 하향식top down이 아니라 상향식bottom up으로 일어나야 했다.

내가 업무를 시작하고 난 직후, 코스그로브가 말했다. "자 이제 당신이 환자경험을 담당하는 사람입니다." 나는 이렇게 대답했다. "환자경험을 제가 담당해야 한다면, 사람을 잘못 뽑으신 겁니다. 실제로 환자경험 담당자는 모든 사람이 되어야 하거든요." 어떤 조직이든 핵심적이고 우선적인 전략은 최고위급 리더들이 설정할 수밖에 없지만, 효과적인 변화관리는 리더들과 관리자들을 비롯한 모든 구성원들이 적극적으로 수용하고 참여할 때에만 가능하다. 모든 리더들이 환자경험의 중요성을 확실히 '인식'하고, 스스로 그 변화를 위한 노력의 일부가 되지 않는 한, 성공은 요원하다.

나는 이런 대화를 의사이자 휴스턴감리교병원의 CEO인 마크 붐^{Marc Boom}과 나눈 적이 있다. 환자경험협회^{Association of Patient Experience}를 위한 글을 준비하면서 환자경험과 리더십에 관해 그를 인터뷰했을 때다.[8] 그는 최고위 리더가 앞장서야만 하며, 그렇지 않으면 성공할 수 없다고 믿었지만, 목표를 현실로 만드는 것은 모든 사람의 책임이라고 했다.

환자경험과 관련된 우리의 노력을 성공으로 이끄는 데 있어서 중요했던 코스그로브 리더십의 특징 중 하나는, 그가 매우 전략적 차원에서 사고하는 동시에 필요할 때는 매우 영리한 전술을 펼칠 수 있는 능력을 가졌다는 점이다. 리더들은 반드시 혁신을 선도하는 비전을 제시할 수 있어야 한다. 하지만 똑같이 중요한 것은 현장 속으로 직접 들어가는 일이다. 변혁적 변화는 리더가 직접 현장으로 들어가 세세한 것을 챙길 뿐만 아니라 필요한 경우 변화가 실제로 일어날 수 있도록 첫 번째 불을 지필 때에 가능하다. 이렇게 해야 현장에서 변화의 움직임이 힘을 받을 수 있다.

우리가 초기에 사용했던 전술들 가운데 일부도 코스그로브의 아이디어였다. 그는 심장센터의 책임자로서 심장 진료에 관한 한 오하이오 주 북동부 전체를 통틀어 모든 진료 행위를 주도해야 하는 임무를 맡았다. 그의 첫 번째 시도 중의 하나는 통일되고 투명한 진료 프로그램을 확산시키고 개별 의사들의 실적 관련 데이터를 수집하는 일이었다. 이런 데이터를 모든 의사들에게 공개하고 공유하는 일은 개선의 동력이 될 것이라고 그는 생각했다. 누구도 목록의 맨 아래에 놓이고 싶지는 않을 것이기 때문이다. 코스그로브에 의해 시작된 또 다른 초기 환자경험 향상 프로젝트는 의사들의 점수를 매기고 랭킹을 공개하는 것이었다. 의사들은 그들의 평판을 정확히 알 필요가 있고, 환자들이 그들에 관해 뭐라고 이야기하는지 알아야 한다는 것이 코스그로브의 생각이었다.

코스그로브는 환자에게는 중요하지만 내부적으로는 별로 인기가 없는 결정들도 흔히 내렸다. 불만 사례들과 마케팅 자료들에 의하면 여러 환자들은 클리블랜드 클리닉의 '접근성'이 떨어진다고 생각했다. 예를 들어 한 환자는 "부자들이나 아랍 왕족들만 받는 병원 같다."는 말도 했다. 코스그로브는 이런 오해에 정면으로 맞서야 한다고 생각했고, 2010년에는 '당일 진료' 시스템을 도입했다. 클리블랜드 클리닉으로 연락하는 환자는 누구든 그날 당장 일반의 혹은 전문의로부터 진료를 받을 수 있게 됐다. 우리는 "오늘의 중요성" 캠페인을 대대적으로 벌이기 시작했고, TV와 라디오와 지면 광고를 통해 "오늘 전화하시고 오늘 진료받으세요."라고 홍보했다.

이는 인기 있는 결정이 아니었고, 의료진의 폭넓은 지지를 받지 못했다. 많은 의사들이 이를 싫어하면서 우려의 목소리를 냈다. 당일 진료 시스템은 일정에 차질을 빚었고, 피부과와 같은 몇몇 분야에서는 인력이 부족하다는 사실이 곧 드러났다. 6월이 되어 학교가 방학을 함과 동시에 공립 수영장들이 문을 열자 소아 피부과 환자들의 예약이 몰리는 것을 생각해 보라. 당일 전화 당일 진료 시스템을 모든 환자에게 적용하는 것은 어려운 일이었을 뿐만 아니라 우리가 원래 추구했던 목적과도 특별히 부합하는 일이 아니었다. 피부 발진을 호소하는 모든 환자들을 즉시 만족시키는 일은 어려웠지만, 항문에 출혈이 있는 젊은 여성 환자와 같이 즉시 의사의 진료를 받을 필요가 있는 수많은 환자들에게는 대단히 큰 도움이 되었다. 그 환자는 당일 예약을 통해 진료를 받았고, 24시간 안에 대장내시경 검사를 받았으며 대장암 진단을 받았다. 대장항문외과 의사의 진료를 거쳐, 그녀의 암에 대한 치료 계획이 신속하게 수립됐다.

당일 예약 시스템은 보건의료 분야에서는 신기원을 이룬 일이다. 우리가 아는 한, 미국의 어떤 대형병원도 이와 같은 프로그램을 도입하지 못했다. 첫해에만 신규 환자 등록 수가 20% 늘어났으며, 현재는 매년 거의 1백만 명의 환자들이 당일 예약 시스템을 통해 진료를 받고 있다. 당일 진료를 요청하는 환자들 중의 96%가 실제로 그날 진료를 받는다.

어떤 사람들은 코스그로브와 같은 스타일의 CEO를 두고 '너무 자세히 개입한다'는 비판을 하기도 한다. 임원 회의에서 우리가 겨울에 얼마나 많은 소금을 제설용으로 도로에 뿌리는지에 대해서까지 질문하는 코스그로브를 두고 우리도 종종 불평을 한다. 하지만 우리는 그게 실제로는 비판이 아니라 칭찬이라고 생각한다. 우리가 초기에 거둔 여러 성공들은 그가 직접적으로 개입했기 때문에 가능했다. 병원 운영에 대한 깊은 이해와 보건의료에 관한 그의 비전은 우리의 변화와 노력을 가능하게 했고 성공하게 했다.

UCLA헬스시스템의 CEO인 데이비드 파인버그[David T. Feinberg]는 이런 측면에서 코스그로브와 다르지 않다. 파인버그는 욕창과의 전쟁에서 승리할 수 있도록 욕창이 발생할 경우 낮이든 밤이든 가리지 말고 자신에게 직접 보고하도록 했다. 그는 "나는 언제 환자에게 해로운 일이 일어나는지 알고 싶다. 그걸 용납할 수 없기 때문이다."라고 말한다.[9] CEO가 이런 것에 신경 쓰지 않고 고위 임원들이 환자경험에 대해 무관심한 다른 조직들과 비교해 보라.

코스그로브의 결단과 끊임없는 지지는 환자제일주의라는 철학이 클리블랜드 클리닉의 문화로 뿌리내리는 데 엄청난 도움을 주었다. 그의 리더십은 우리가 단순히 말로만 환자경험의 개선을 외친 것이 아니라 우리의 진료 방식을 극적으로 변화시키기 위해 매우 진지한 자세로 쉽지 않은 도전에 나섰음을 잘 보여 준다. 코스그로브가 꼼꼼하게 현장을 챙기는 모습은 그의 헌신을 증명한 일인 동시에 조직 전체가 변화에 관해 생각하게 만든 계기였다.

비전을 제시하는 것이 아니라 실행 능력을 갖추는 것이야말로 리더가 갖추어야 할 덕목이다. 5만 걸음이 필요한 전략적인 관점에서부터 다섯 걸음이 필요한 간단한 사항까지, 모두 실행이 중요하다. 이런 재능은 '마이크로경영micromanagement' 능력이 아니라 조직을 정확히 이해하는 능력에 가깝다.

코스그로브는 또한 어떤 경우에 '명령과 복종' 방식이 아니라 협업이 필요한지를 잘 알았다. 과거의 진료 과목별 구분에서 새로운 연구소 체계로 바꾼 것은 의료 분야에서 파괴적 혁신이었는데, 그는 이것이 가능하려면 의사들의 리더십과 협력이 필요하다는 것을 알았다. 하지만 '당일 예약 시스템'의 경우, 그것이 환자들을 위해 매우 중요하다고 생각했기 때문에 자신의 CEO 권한을 강력히 행사하여 밀어붙였다.

모든 수준에서 변화를 일으켜라

우리의 가장 성공적인 변화는 조직 전체에 환자 최우선의 분위기를 심은 데 있다. 두 번째 성공적인 변화는 사람들이 이런 변화를 자신의 일로 받아들이게 만든 일이다. 코스그로브가 클리블랜드 클리닉 전체를 위해 노력한 것과 마찬가지로, 의료진들은 각자 스무 개 남짓한 연구소들을 위해 노력했다. 각 연구소의 책임자들은 각 분야의 리더들이었고, 세상의 다른 곳들보다 그들이 잘할 수 있는 일이 무엇인지를 잘 이해했다. 그들이 환자경험을 최우선에 놓는 행위는 코스그로브가 조직 전체에 그렇게 했던 것과 비슷한 영향을 각 분야에 끼쳤다.

성공적인 리더들은 전략을 세우고 그 실행 방법을 제시하고 사람들이 그 것을 자신의 것으로 수용하고 실행에 옮기게 만들어야 한다는 말을 들은 적이 있다. 우리는 사람들이 환자경험의 개선에 초점을 맞출 수 있도록 '불 타는 플랫폼' 개념을 도입했다. 나는 사람들에게 영감을 주고, 그들이 개선 을 위한 노력을 스스로 주도할 수 있도록 만들었다는 사실을 가장 자랑스 럽게 생각한다. 조직원들 모두가 환자경험을 마음속에서부터 최고의 가치 로 생각할 수 있도록 만들어야 하는 것은 코스그로브의 책임이다. 나에게 맡겨진 책임은 불타는 플랫폼 주변에 수많은 휘발유가 존재한다는 사실을 확인시키는 것이다. 하지만 변화를 실제로 이끌어야 하는 것은 모든 사람 들의 책임이다. 처음엔 침묵했던 우리 조직의 리더들이 지금은 믿을 수 없 을 정도의 열정으로 그 일에 나서고 있으며, 그것이 반드시 해야 할 일이라 는 믿음도 갖고 있다.

내가 정형외과 및 류마티스 연구소의 책임자인 조셉 이아노티[Joseph Iannotti] 를 처음 만난 것은 CXO 자리를 맡은 직후였다. 이아노티는 세계적으로 저 명한 정형외과 의사이자 연구자였고, 결과를 중시하는 강경파였다. 아마도 그가 수련을 받던 때에는 환자경험에 대해서 별로 신경을 쓰지 않았을 것 이다. 그는 "우리가 추구해야 할 것은 다른 어떤 것도 아닌 의료의 질"이라 는 사고방식의 소유자였다. 내가 각 분야의 리더들과 상견례를 하는 차원 에서 그를 만나러 갔을 때, 나는 그의 연구실이 클리블랜드 클리닉의 여러 전형적인 공간들과 달리 컬러풀한 가구들로 채워져 있다는 두드러지는 사 실을 발견했다. 나는 분명히 조금은 비꼬는 듯한 말투로 그의 인테리어 취 향에 대해 언급했는데, 그는 이렇게 대답했다. "이건 의사경험[physician experience] 에 관한 문제요."

이아노티는 예의가 있었고 환자경험에 관한 논의를 하면서 긍정적인 반응을 보였다. 물론 누구도 대놓고 비판을 하지는 않았다. 그것이 코스그로 브의 역점 사업임을 알았기 때문이다. 하지만 나는 금세 알아차렸다. 그가 환자경험의 중요성에 대해 확신을 갖고 있지 않다는 사실을 말이다. 과연 그가 그 일에 시간을 쏟을지 여부도 의문이었다. 나는 그와의 면담을 마치 고 나오면서 '정말로 쉽지 않겠구나.'라고 생각했던 것을 분명히 기억한다. 우리가 고위직들, 특히 높은 직책의 의사들에게 확신을 심어 주지 못한다 면, 우리의 노력은 반드시 실패로 돌아갈 것이었다.

하지만 이아노티는 환자경험이 국가적으로 중요한 문제이며 보건의료 분 야에서 중요한 차별점이라는 사실을 이해하게 됐다. 그는 환자경험을 그가 맡고 있는 분야의 최우선 과제로 설정했고, 실행 과정을 직접 챙겼다. 현재 그의 부서는 조직 전체에서 환자경험 점수가 가장 높게 나오는 곳들 중 하 나다. 모든 의사들과 직원들은 환자경험이 가장 중요하다는 사실을 알고 있 다. 비록 여전히 그 중요성을 믿지 못하는 사람들이 있기는 하지만, 그들조 차 자신에게 그러한 책임이 주어져 있다는 사실은 알기 때문에 모두의 노 력에 동참하고 있다.

이아노티와 내가 처음 만난 날로부터 4년이 흐른 후, 그는 이렇게 말했다. "당신은 이곳에서의 환자경험을 정말로 완전히 바꾸어 놓았군요." 나는 웃 으면서 말했다. 내가 그런 것이 아니라 당신과 같은 많은 사람들이 그렇게 한 것이라고. 그가 맡고 있는 분야는 여전히 잘나간다. 그가 환자경험이라 는 주제에 여전히 천착하고 있기 때문이다.

최근에 나는 미국에서 가장 큰 병원 중의 한 곳에서 정형외과 분야를 책 임지고 있는 분으로부터 전화를 한 통 받았다. 그는 이아노티의 이름을 언 급하더니, 이런 말로 대화를 시작했다. "우리 병원의 환자경험은 형편없습니 다. 이아노티가 말하길, 당신이 그 문제에 관해 나에게 도움을 줄 수 있을 거라고 합디다." 우리는 여러 가지 방법들에 대해 이야기를 나누었지만, 결국 내 조언은 이아노티 이야기로 귀결되었다. 우리 병원 정형외과에서 환자경험이 최고 수준에 이른 것은 결국 책임자의 리더십 덕분이다. 비슷한 성공을 거두려면, 그가 이아노티처럼 행동하면 되는 것이다.

리더십이 병원을 바꾼다

루테란병원Lutheran Hospital은 클리블랜드의 구 시가지에 있는 125병상 규모의 작은 병원이다. 지역사회 병원의 모범적 사례라 할 수 있는 루테란병원은 지역 경제에서 중요한 역할을 담당하고 있다. 이 병원은 지난 1997년에 클리블랜드 클리닉에 합병되었다. 오랫동안 HCAHPS 점수는 낮은 편이었고, 점수 변화도 거의 없었다. 2012년 1월, 브라이언 돈리Brian Donley가 새로운 병원장으로 선임되었다. 돈리는 클리블랜드 클리닉 정형외과 분야의 부책임자이면서 족부정형외과 책임자를 지냈다. 그가 기관의 책임자가 된 것은 처음이었지만, 그는 신속하게 조직이 당면한 과제들의 우선순위를 정했다. 이미 환자경험이 주요한 전략 중의 하나로 취급되고 있었지만, 돈리는 그것을 최우선 과제로 새로 설정했다.

돈리는 스스로 회진을 돌면서 환자들이나 의료진들과 대화하는 일을 늘렸다. 의사들의 참여를 매우 중요하게 생각하여, 각 분야 의사들과의 소규모 저녁 식사 미팅도 열기 시작했다. 초반에는 몇몇 의사들의 문제 제기가 있었다. 루테란병원에서 이미 여러 차례 환자경험 개선을 위한 시도가 있었지만 모두 실패했다고 했다. 돈리는 그런 반대를 물리치며 환자경험의 개선을 끊임없이 추구해야 한다고 주장했다. 새로운 병원장은 개혁의 도정에서 그를 도와줄 새로운 자원들이 필요했다. 나는 그 병원에 환자경험디렉터를 새로 고용했고, 간호부원장인 켈리 핸콕은 간호부장을 새로 뽑았다.

루테란병원의 원장이 바뀐 이후 얼마 지나지 않아, 병원은 환자만족과 관련해서 한 가지 매우 높은 성과를 거두었다. 1년 만에 HCAHPS 점수가 모든 항목에서 거의 40%나 상승한 것이다. 어떻게 이런 놀라운 성과가 단기간에 가능했는지 묻는다면, 돈리는 그것을 리더들과 관리자들을 비롯한 모든 병원 직원들 덕분이라고 말할 것이다. 그의 리더십과 개선을 위한 모두의 노력이 이룬 성과였다. 그는 병원의 최우선 목표로 환자경험의 개선이 중요하다는 점을 잘 알았고, 병원장으로서 그것을 습득하고 메시지로 만들어 모든 직원들에게 그 중요성에 관해 명확한 신호를 보냈다.

환자경험의 개선은 임상 분야의 리더십과만 관련되는 것이 아니다. 우리 CFO인 스티븐 글라스Steven G. Glass는 임상 전문가가 아닌 임원이면서도 임상 진료의 특성을 제대로 이해하고 있는 인물이다. 글라스는 우리가 임원 회진을 시작하기 이전부터 직접 병동을 돌아보곤 했다. 그는 환자들을 만나고 직원들과 대화를 나누면서 병원 업무의 진정한 특성을 이해하려 애썼다. 그의 리더십 아래에서 재무 부서의 모든 직원들도 병동을 돌아보는 일을 하게 됐다.

나는 종종 재무 부서의 사람들로부터 초청을 받아 환자경험에 관해 강연을 한다. 여러 재무 담당자들이 의사들과 함께 회진을 돈다. 언젠가 나는 글라스와 함께 다른 병원을 방문한 적이 있다. 돌아오는 차 안에서 글라스는 CFO로서 자신이 갖고 있는 리더십에 관한 생각을 내게 말했다. "짐, 나는 단순히 장부만 들여다보는 사람이 아닙니다. 한 사람의 임원으로, 조직 전체의 전략에 비추어 해야 할 역할이 있다고 생각합니다. 내가 전략을 세우지는 않지만, 내가 거기에 참여하지 않는다면, 환자에 대해 봉사한다는 우리 조직의 사명에 어찌 충실할 수 있겠습니까? 재무적 관점에서 내가 행하는 업무 모두는 환자에게 서비스를 제공하는 우리의 역량에 직접적으로 영향을 줍니다."[10]

재무 분야는 대체적으로 (글라스는 특히 더욱) 조직 내에서 부당한 비판을 많이 받았다. 많은 사람들이 재무 분야가 병원을 좌지우지한다고 느끼기 때문이다. 이는 전혀 사실이 아니다. 글라스와 그의 팀은 다른 누구도 생각하거나 말하기를 좋아하지 않는 업무를 수행할 뿐이다. 그들은 예산을 관리한다. 글라스는 고위급 임원들과 관리자들이 병원의 재무 상황을 제대로 이해할 수 있도록 열심히 일해 왔다. 그는 자신의 부서에 의사들을 참여시켰고, 의사를 비롯한 임상 분야 리더들을 아우르는 예산위원회를 구성하여 재무 기능의 거의 모든 단계를 공유하게 했다.

리더십에 관한 이런 종류의 관점이 중요하다. 많은 사람들이 병원 조직의 재무 업무를 담당할 수 있지만, 재무의 적절성이란 다른 분야와 무관하게 따로 떨어져 존재하는 것이 아니다. 재무 업무에만 통달한 사람이 아니라 그것이 환자 진료라는 사명의 수행을 어떻게 지원할 수 있는지를 잘 이해하는 사람을 찾아야 한다.

리더십 라운드의 영향

환자경험의 개선을 위해서는 고위 임원들의 적극적인 개입이 절대적으로 중요하다. 리더십 라운드leadership rounds는 글라스와 다른 여러 리더들이 현장에서 일어나고 있는 일들을 파악하기 위해 정기적으로 활용하는 방법 중의 하나다. 이 중요한 방법을 통해 리더들은 직원들과 환자들, 그리고 그들의 상호 관계를 좀 더 잘 파악할 수 있고, 그를 통해 조직 전체에 영향을 끼치는 결정을 더 올바르게 내릴 수 있게 된다.

2011년에는 나는 UCLA헬스시스템을 방문하여 데이비드 파인버그를 만났다. 그는 내게 병원에서 회진을 돌면서 사람들과 자주 미팅을 가진다고 말했다. "시간이 없어요. 한 번에 두 가지 일을 할 수 있죠. 미팅을 가지는 동시에 환자와 직원들을 관찰합니다." 그의 말이다. 회진은 상호적 효과가 있다. 직원들이 현장에서 매일 행하는 업무들에 관해 리더들이 깊이 관심을 갖고 있음을 보여 줄 수 있다.

내가 UCLA를 방문했을 때는 마침 '임원 라운드executive rounding'라고 하는 프로그램을 운영하는 날이었고, 파인버그는 나에게도 동행할 것을 청했다. 60여 명의 고위직들이 강당에 모이는 것이 프로그램의 시작이었다. 첫 순서로 환자를 위해 훌륭한 일을 한 두 명의 직원들에 관한 이야기가 소개됐다. 다음으로는 다양한 각 부서에서 온 사람들이 서너 명씩 나뉘어 소그룹 토의를 했다. 그들은 약 한 시간 동안 환자와 직원들에 대해, 또한 그들이 평가한 환경에 관해 이야기했다. 그 다음엔 다시 강당에 모여 환자들의 이야기와 조직의 기회 요인에 관해 토론했다. 나는 깊은 인상을 받았고, 우리가 클리블랜드 클리닉에서 시도하려는 바로 그런 모임이라고 생각했다. 나는 파인버그에게 이 아이디어를 '훔쳐' 되겠냐고 물었다. 그는 웃으면서 그렇게 하라고 말했고, 사실은 그 자신도 다른 병원에서 아이디어를 얻은 것이라고 고백했다.

현재 우리 병원은 매달 리더십 라운드를 열고 있다. 우리는 UCLA의 형식을 그대로 가져온 다음, 몇 가지를 덧붙였다. 우리는 세 가지 체크리스트를 활용한다. 환자, 직원, 그리고 환경을 위한 체크리스트다. 우리는 정보들을 수집하고, 이를 모든 관리자와 리더들에게 전파한다. 그 결과, 우리는 매우 의미 있는 프로세스 개선을 이루었다. 그중에는 병동에 물품들을 공급하고 유지시키는 방법을 완전히 바꾼 것과 환자용 IV 펌프의 목록을 관리하고 배치하는 프로세스를 새로 만든 것이 포함된다. 이 두 가지는 모두 간호 분야의 업무만족도를 크게 떨어뜨리는 골칫거리였다.

우리는 또한 '그룹 칭찬'라는 프로그램도 리더십 라운드에서 시작했다. 뛰어난 직원 두 사람을 초청하는 차원을 넘어, 조직의 사명을 잘 수행하고 있는 소그룹 전체를 초청하여 격려하는 프로그램이다. 이런 소그룹은 원래는 임원들의 눈에 거의 띄지 않는 사람들이다. 경찰 인력, 환경미화원, 약사, 케이스 매니저^{case manager} 등의 그룹이 그 대상이 되었다. 의료 분야에서 의사나 간호사들은 흔히 영웅 대접을 받지만, 우리는 여러 분야에서 각기 다른 역할을 수행하고 있는 수많은 사람들도 똑같이 중요한 또 다른 영웅들이라 생각한다는 메시지를 직원들에게 보낸 것이다.

리더십 라운드는 우리가 관심을 쏟아야 할 분야를 발견하는 측면에서도 유용했지만, 더욱 중요한 효과는 임원들과 직원들의 접점을 많이 만들 수 있다는 데 있었다. 리더십 라운드는 실행하기 매우 쉬우며, 지금 당장이라도 시작할 수 있다. 당신이 병원이나 다른 조직의 최고경영자라면 대답해 보라. 현장에서 일하는 직원들이나 고객들을 직접 만나서 이야기 나눌 기회를 얼마나 자주 만들고 있는가? 임원들은 얼마나 자주 그렇게 하고 있는가? 즉시 시작하라.

조직 전체를 돌아보는 것은 임원들로 하여금 조직 내에서 매일같이 벌어지는 환자를 위한 여러 업무들을 현실 그대로 볼 수 있는 시각을 제공한다. 코스그로브는 켈리 핸콕 간호부원장과 함께 병실을 돌아보고, 그 과정에서 정신 상태가 온전치 않은 환자가 침대에서 빠져나오려 애쓰는 장면을 목격한다. 그들은 즉시 환자에게 주의를 기울이고, 함께 회진을 돌던 커뮤니케이션 담당 임원인 에일린 셰일^{Eileen Sheil}이 도움을 청하러 나간다. 그런데 그 시각은 간호사들의 근무 교대가 진행되고 있는 아침이었다. 셰일이 만난 첫 번째 간호사는 자신이 맡고 있는 환자가 아니라서 도움을 줄 수 없다고 했다. 두 번째 간호사는 방금 근무를 마쳤기 때문에 집으로 돌아가는 길이라고 했다. 셰일은 병실로 되돌아와서 핸콕에게 상황을 알렸다. 그러자 핸콕은 즉시 사람을 불러왔다. 요점은, 우리가 병원을 효율적이고 효과적으로 운영하기 위해서 열심히 일하고 있지만, 프로세스든 사람이든, 실제 현장에서는 거의 변화가 없다는 것이고, 그로 인해 우리의 목표 달성이 상당히 어려운 상황에 놓여 있다는 것이다. 최고위 임원들이 현장을 직접 챙기는 것은 우리의 업무가 실행되고 있는 현장의 실제 모습을 생생하게 목도하도록 만든다. 또한 우리가 업무를 행하는 현장이 임원들의 시야에 들어와 있다는 메시지를 직원들에게 전할 수 있다.

환자경험의 개선을 성공적으로 이루기 위해서 우리는 사람들이 우리의 변화 노력에 동참하도록 만들어야 한다. 소수의 노력으로는 결코 성공을 거둘 수 없다. 클리블랜드 클리닉에서 우리는 환자경험의 중요성을 이해하는 리더들의 협력을 이끌어 내고 개선에 대해 책임을 느끼게 했다. 환자경험을 최우선 전략을 설정함으로써 어떤 사람들이 이 문제를 제대로 인식하고 있는지를 알 수 있었다. 환자경험의 중요성을 즉시 이해하고 일찍 동참하는 사람들을 우선 개입시키고, 그들을 통해 다른 사람들에게 영향을 주도록 유도했다.

예를 들어, 질관리최고책임자인 마이클 헨더슨^{J. Michael Henderson}은 의사들이 기준 이하의 장비를 사용하는 일이 없도록 하기 위해 일부 실험실을 폐쇄하는 정책을 폈다. 일부 의사들은 환자의 소변 샘플을 검사실로 보내어 측정하는 대신 그곳에서 직접 검사하고 있었다. 이런 행위는 수십 년 동안 지속되어 왔지만, 이제는 국가 표준 질관리 지침에 어긋나는 일이었다. 헨더슨은 이런 관행을 고치고자 노력했고, 몇몇 의사들이 새로운 방식을 따르지 않자 검사 장비를 치워 버린 다음 실험실 문을 잠가 버렸다.[11]

환자경험이 중요하다는 메시지를 조직 전체에 점진적으로 확산시켰기 때문에, 결국 모든 사람들이 개선에 대해 책임감을 느끼게 됐다. 수천 명으로 이루어진 거대한 조직을 이끌든 몇 사람의 직원들을 감독하는 자리에 있든, 모든 리더들은 자신이 맡고 있는 분야에서 변화를 선도해야 한다. 성공적으로 고객중심적인 조직을 만들기 위해서는 모든 리더들이 고객에 초점을 맞춘다는 생각을 가지고 사람들을 이끌어야 한다.

보건의료 분야의 가장 큰 도전 중의 하나는 환자중심이라는 과제가 오직 직접 환자와 접촉하는 사람들만의 책임으로 생각될 수 있다는 사실이다. 전혀 사실이 아니다. 병원의 성공을 위해서는 임상 분야와 비임상 분야의 모든 리더들이 환자를 위해 긴밀하게 협력해야 한다. 그렇게 하지 않으면 환자경험이 중요하다는 메시지는 전파 과정에서 사라지고 말 것이다.

조직의 다른 여러 과제들과 마찬가지로, 환자경험도 전략을 세우고 토론하고 때로는 전술들을 책임지고 실행하는 리더들의 비전이 중요하다. 환자경험이 '한때의 유행'으로 그치지 않기 위해서는 지속성이 매우 중요하다. 모든 리더들과 관리자들은 그것이 왜 중요한지를 이해해야 하고, 바로 자신이 성공 여부를 판가름하는 중요한 사람이라는 점을 깨달아야 한다. 그 중요성을 믿지 않거나 조직의 전략을 수용하고 싶어 하지 않는 사람들도 책임감을 느끼게 만들어야 한다. 리더들은 반드시 새로운 시도를 해야 하고, 조직의 기존 관행을 타파하기 위해 힘써야 한다.

자, 이제 요약해 보자.

1. 조직의 최고경영자가 환자경험의 개선을 최우선 과제로 설정해야 한다. 리더가 직접 말하지 않으면 사람들은 주의를 기울이지 않고 심각하게 받아들이지도 않는다. 같은 맥락에서, 환자경험이란 본질적으로 포괄적인 것이기 때문에, 권위를 갖고 모든 분야에서 이를 추동할 수 있는 유일한 리더는 CEO이다.

2. 최고경영자가 관심을 쏟는 동시에, CEO에게 직접 보고하는 고위 임원들이 효과적으로 유의미한 업무를 수행할 필요가 있다. 환자경험의 향상을 위해서는 자원이 투입되어야 하고, 데이터의 관리와 정교한 전술이 필요하다. 일상적인 업무 개선을 책임지는 사람이 반드시 있어야 한다.

3. 직원들에게 환자경험이 중요하다고 말하는 것만으로는 아무런 개선도 이뤄지지 않는다. 조직 내의 모든 리더들과 관리자들이 '불타는 플랫폼' 상황을 인식해야 하고, 리더십의 중요성을 이해해야 하며, 실현에 대해 책임감을 느껴야 한다. 이는 임상 분야의 리더들은 물론이고 비임상 분야의 리더들도 마찬가지다.

4. 리더십 라운드는 어느 병원 조직에서든 즉시 실행할 수 있는 손쉬운 방법이다. 이는 직원들과 환자들에게 조직이 이 문제를 얼마나 중요하게 생각하는지 보여 줄 수 있고, 실제 업무 수행에 영향을 줄 수 있는 중요한 문제들을 발견할 수 있는 방법이다.

제4장

코끼리 묘사하기: 환자경험과 전략 정의하기

Describing the Elephant:
Defining the Patient Experience and Strategy

환자경험을 한마디로 규정하기는 힘들다. 하지만 환자경험을 향상시키기 위해서는 먼저 환자경험이 무엇인지에 대해 생각해 볼 필요가 있다. 환자경험의 뜻을 정확히 밝혀 규정하는 일이 중대하다고 말하는 데는 두 가지 이유가 있다. 첫째, 무엇이 중요한가와 관련해서, 우리는 환자들을 '위해' 환자경험의 뜻을 명확히 밝혀야만 한다. 그렇지 않으면 환자들이 우리를 위해 환자경험에 대한 정의를 내릴 것이다. 일반적으로 환자는 복잡하지 않은 의료 고객이다. 환자의 마음속에는 하나의 특정한 경험이 기준처럼 자리 잡게 된다. 환자들은 종종 매개체들을proxies 통해 우리의 효율성을 판단한다. 매개체는 환자들이 이해하는 것으로 그들의 개인적 경험과 쉽사리 연관 지어질 수 있는 것이다. 우리는 환자들이 올바른 매개체를 선택하도록 해야 한다. 아니면 적어도 자신의 환경을 확실히 이해하도록 도와야 한다. 환경이 매개체와 관련이 있기 때문이다.

둘째, 조직의 환자경험을 향상시키기 전에 먼저 명확한 규정을 내려야만 모든 조직원(모든 케어기버)들이 그 규정을 자기 일과 연관 지어 이해하고 환자경험 향상을 위해 어떻게 해야 하는지 알 수 있다. 당신이 환자경험의 정의와 기대치를 케어기버들에게 명확하게 전달할지 못한다면, 케어기버들은 향상 전술을 만들어 내는 방법을 이해하는 데 어려움을 겪게 된다. 아니, 거의 불가능하다. 의료진들은 자신이 향상시키려는 것이 무엇인지 확신할 수 없게 된다. 성공적인 변화관리change management를 위해서는 조직 내 각 단계에 있는 모든 인력(예약 일정을 잡는 접수원부터 공급 사슬의 책임자까지)들이 자신들에게 새로운 계획이 어떤 의미가 있는지, 그리고 당신이 자신들에게 바라는 것이 무엇인지를 정확하게 이해해야 한다. 일원화되고 일관적인 규정이 없이는, 환자경험 향상을 추진하는 리더와 경영진들뿐만 아니라 일선에서 전달을 책임지고 노력하는 의료진들에게도 혼란만 일으킬 뿐이다.

또한 환자경험의 정의에는 병원 운영과 일상적인 환자관리 같은 임상 현실도 포함되어야 한다. 그 정의가 자신이 매일 하는 일의 전반적인 상황에 어떻게 어울리는지를 사람들이 이해해야 한다는 말이다. 의사와 간호사, 그리고 다른 케어기버들은 환자에게 보살핌을 전달하는 일을 해야만 한다. 이 전문가들은 매우 바쁜 사람들이기 때문에 정의에 대해 연구하고 이해할 수 있는 시간적 여유가 없다. 정의가 무슨 뜻인지 따로 공부하고 해석할 여지가 없다. 그러므로 사람들이 정의에 대해 쉽게 이해할수록 그 정의는 훨씬 실용적이 되어 빠른 적용이 가능하다. 또한 전체적인 틀과 그들이 일상적으로 하는 일이 자연스럽게 맞아떨어질 때 그것을 자신의 것으로 만들어 취할 확률이 높아진다.

헬스케어 시스템이 기능하는 데 필수적이면서 이미 잘 정립되어 있는 프로그램으로는 환자안전과 질관리 분야가 있는데, 정확한 환자경험의 정의는 이미 자리를 잡고 작동 중인 이런 병원 프로그램들에게까지 영향을 끼칠 수밖에 없다. 환자경험을 다른 분야와 동떨어진 별개의 문제로 보아선 안 된다. 환자경험은 안전성 및 우수성과 불가분의 관계를 맺고 있다. 문화 발전처럼, 환자경험을 향상시키는 전술들은 안전성과 우수성에도 분명히 영향을 끼친다. 효과적인 정의는 이들의 관계를 일치시킬 수 있어야 한다. 환자경험을 너무 좁은 범위로, 예를 들어 단지 환자의 인식이나 만족도와 관련해서 정의 내린다면 '환자안전patient safety'과 같이 더 중요한 문제들을 간과할 위험이 발생한다.

CXO가 되고 얼마 지나지 않아 나는 간호최고관리자와 함께 환자경험에 관한 수련회를 기획했다. 조직 전반에 걸쳐 주요 이해관계자 역할을 하는 리더들이 가능한 한 이른 시기에 이 변화 과정에 참여해 주기를 바라는 마음이었다. 우리는 본원은 물론 지역사회 병원들과 외래진료센터들을 포함해 조직 전체에 속한, 직함 앞에 '최고' 자가 붙은 사람들과 의사 리더들, 간호사 리더들, 운영 리더들을 초대했다. 그리고 수련회 초반에, 60명의 참가자들을 소그룹으로 나누어 클리블랜드 클리닉 환자경험의 미래에 대해 토론하도록 했다. 요컨대 환자경험이 무엇인지에 대해 정확히 규정하도록 부탁했다. 무료 주차, 행복한 케어기버, 더 많은 미소, 고품질 의료, 그리고 환자들과의 향상된 의사소통을 위한 새롭고 깨끗한 시설 등 다양한 대답이 나왔다.

나는 환자경험 "정의 내리기 시도definition challenge"와 관련한 경험을 '장님 코끼리 묘사하기'에 비유한다.[1] 이 이야기에서는 여섯 명의 장님들에게 코끼리를 만지고 어떻게 생겼는지 설명해 보라고 한다. 다리를 만진 장님은 기둥 같다고 했고, 꼬리를 만진 장님은 밧줄 같이 생겼다고 했다. 귀를 만진 장님은 그 동물이 마치 부채 같이 생겼다고 했다. 코끼리 전체를 보지 못하고 서로 다른 일부분만 만지는 바람에 각각의 묘사가 모두 달랐던 것이다.

수련회 초기의 모습은 장님이 코끼리를 묘사하는 것과 정말 많이 닮았다. 환자경험이 중요하다는 사실을 모두가 알고 있었고 환자경험을 향상시켜야 한다는 사실도 모두 알고 있었다. 그러나 환자경험이 무엇을 의미하는지, 그리고 어떻게 바로잡아야 하는지에 대해서는 모두가 다른 의견을 지니고 있었다.

〈헬스리더스 미디어〉의 조사에 따르면 미국의 병원 리더들은 조직의 가장 중요한 전략이 환자경험이라고 믿고 있다고 한다.[2] 하지만 나는 환자경험에 대해 일치된 의견을 지닌 고위급 리더들을 거의 본 적이 없다. 환자경험을 향상 시키기 위한 노력을 어떻게 체계화하고 이끌어 갈지에 대해 한 목소리를 내는 사람들도 본 적이 없다. 모든 계층의 리더들과 이야기를 나눠본 결과, 미국 내 병원들의 환자경험을 위한 노력에 그 어떤 체계나 일관성도 없다는 사실을 알게 되었다.

환자경험이 비교적 새로운 관심 분야라는 점도 여러 어려움 중에 하나다. 예전에는 '환자만족도'라는 단어를 사용했으며, 개선을 위한 노력에 대한 평가와 관리 책임은 마케팅 부서의 소관으로 밀려나 있었다. 〈환자보호 및 적정진료 법안〉과 메디케어에서는 이제 병원의 HCAHPS 점수와 입원 환자의 진료비 지급액을 연계시키고 있다. 또한 메디케어는 외래진료와 소아과, 응급실에까지 환자경험 평가 도구를 확장시키는 작업을 하고 있다. 다른 의료보험에서도 메디케어의 뒤를 따르고 있고 많은 민간 의료보험들도 환자경험 평가와 연계해 비용을 지급하는 방안을 병원과 협의 중에 있다.

자료의 투명성과 진료비 보상액이 연계되는 현상 또한 소비자 중심의 의료를 강화시키고 있다. 환자들의 선택권이 확대되고, 환자들은 대중에게 공개되는 자료를 통해 치료받고 싶은 곳을 직접 선택한다. 이렇게 외부 압력이 증가하면서 이제 병원 리더들은 환자경험이 자신의 조직에 얼마나 중요한지, 그리고 환자경험을 어떻게 발전시켜야 할지에 대해 관심을 기울이고 결정을 내릴 수밖에 없게 되었다.

정의 내리기가 어려운 이유

보건의료 종사자 중 아무나 붙잡고 환자경험이 중요하냐고 물어보면 대부분은 "그럼요, 당연하죠!"라고 대답한다. 환자들에게 우수한 경험을 전달해야 한다는 데 반대하는 사람은 찾아보기 힘들다. 우리 병원 수련회의 토론을 통해서도 그 사실을 확인했다. 그런데 모두들 우수한 환자경험의 중요성을 인식하고 있음에도, 과연 환자경험이 무엇인지 그리고 환자경험을 향상시키는 방법이 무엇인지 물어보면 대답할 수 있는 사람은 거의 없다. 정의를 내리는 데 어려움을 겪는 또 다른 이유는 우리 모두가 무엇이 중요한지를 자신이 알고 있다고 믿기 때문이다.

수련회에서 참가자 모두가 환자경험이 왜 중요한지에 대해 열심히 토론했다는 사실은 차치하고 내가 가장 흥미롭게 생각했던 점은, 자신들이 의료 공급자와 환자의 양쪽 입장 모두에서 혜택을 받아 보았기 때문에 다른 사람들보다 환자경험에 대한 정의를 더 잘 내릴 수 있다고 믿고 있다는 사실이었다.

환자경험이 보편적으로 최우선 순위에 자리 잡기 힘든 이유 중 하나는 환자경험을 정확히 규정하고 그것이 헬스케어 조직의 모든 이해관계에 어떻게 들어맞느냐를 규명하기가 힘들기 때문이다. 2010년 〈갤럽 비즈니스 저널 Gallup Business Journal〉에 실린 환자경험에 관한 기사에 이런 문구가 있었다. "어찌됐든, 그것이 무엇인지 정의 내릴 수 없다면 제공할 수도 없다."[3]

조직이 환자경험과 같은 새로운 개념을 채택하기 위해서는 먼저 그것이 무엇인지, 왜 필요한지, 어떻게 적용할지에 대해 분명하게 정의할 수 있어야 한다.

내가 처음에 환자경험에 대해 이야기했을 때 돌아온 사람들의 반응은 주로 다음과 같았다. "그런데 그게 무슨 뜻입니까?" "그걸 어떻게 설명하죠?" "그게 왜 중요하죠?" 그게 뭔지, 우리가 무엇을 하려는 것인지, 왜 하려는 것인지를 설명하면서 느꼈던 무력감을 나는 지금도 기억한다. 각 부서를 대상으로 발표회를 하면서 돌아온 것은 사람들의 공허한 눈빛이었다. 내 말을 이해하는 사람은 단 한 명도 없었고, 중요하다고 생각하는 여러 점들을 목록으로 작성해 설명하는 내 자신 스스로도 확신이 서지 않았다.

CXO가 되고 나서 조직 내 사람들과 인사하고 축하받는 자리에서 우리 지역병원의 병원장을 만난 적이 있다. 당시 지역병원들의 환자경험 평가 점수는 형편없었다. 그 병원장은 환자경험의 중요성에 대해 공감하고 있었고 우리는 종합적인 전략과 발전 계획에 대해 의견을 나눴다. 그리고 곧 실행 가능한 세부 전술에 대한 토론으로 들어갔다. 돌이켜 보면, 당시 그 원장과 나는 환자경험 향상의 중요성과 그에 따른 전략과 전술에 대해 마음속에서 나오는 대로 두서없이 의견을 나누었던 것 같다. 그는 지원을 약속하며 필요한 모든 방법을 동원하겠다고 했다. 우리 둘 다 "거부할 수 없는 환자경험의 중요성"이라는 감정의 우주선을 타고 날아오르고 있었던 것이다. 얼마나 멀리 갈 것인지, 달리 말하면 우리가 무슨 소리를 하고 있는지도 모른 채.

CXO 초기 시절 병원 사람들과 나눴던 대화는 온통 이런 식이었다. 모든 사람들이 환자경험의 중요성에 대해 동의하고 도와주겠다고 약속했다. 하지만 그게 무엇인지, 어떻게 고쳐 나가야 하는지에 대해서는 아무도 몰랐다. 모두가 환자경험에 매달렸고, 모두가 전술과 관련한 자신의 아이디어와 생각을 나누고 싶어 했으며, 어떤 이들은 자신이 중요하다고 확신하는 일들을 실행하는 데 발 벗고 나섰다.

환자경험의 의미가 무엇인지도 모르고 헤매는데 대화가 좋은 결말을 맺을 리 없었다. 대화 마지막에는 늘 이런 질문이 따라왔다. "아주 좋아요, 그래서 어떻게 고치면 된다고요?" 지역병원장은 나와 대화를 마치고 바로 COO들에게 "환자경험을 고치라."는 지시를 내렸다. 그러자 그들 중 한 사람이 내게 전화를 걸어 물었다. "짐, 환자경험이 무슨 뜻인지 좀 알려 주십시오. 환자경험의 범위는 어디까지인가요?" 마침내 그 순간 나는 깨달았다. 사람들이 환자경험을 정확히 이해할 수 있도록 하려면 먼저 정확한 정의를 내려야만 한다는 사실을. 업무를 책임지는 사람은 실행할 준비를 갖추고 있었지만 막상 우리는 그 사람이 무엇을 실행해야 할지 정확히 규정하지도 못하고 있었다.

병원 리더들과 의료인들 사이에서 '환자경험'이란 단어는 호의적인 대우를 받지 못했다. 이 단어는 강제성을 띠고 있으며, 종종 환자들을 '행복하게' 만들어 주어야 한다는 의미로 사용되었다. 2014년 〈포브스Forbes〉에 실린 기사에 따르면 환자만족도 점수가 낮은 응급의학과에서 "등급을 올리기 위해 퇴원환자들에게 바이코딘vicodin* 견본품"을 나눠 주기 시작했다고 한다.[4] 이 기사는 환자들은 자신이 원하는 것을 얻지 못할 경우 행복해하지 않고, 그로 인해 자신을 담당했던 의료진에게 낮은 점수를 준다고 적었다. "원하는 것을 더 많이" 얻는다는 그 말 속에는 별 도움이 안 될 수도 있는 값비싼 진단검사도 포함된다. 또 환자들은 자신이나 자녀들을 위해 항생제 처방을 요구했는데 의사가 약의 효과를 보장할 수 없거나 진단 기준에 어긋난다고 판단해 처방을 거절할 때도 낮은 점수를 주기도 한다. 이는 비상식적이며 위험한 발상이다.

---

* 마약성 진통제의 일종.

환자가 인지하는 경험

 환자가 자신의 경험에 대해 내리는 정의 또한 상당히 여러 가지다. 환자들이 보내온 피드백 중에는 매우 흥미로운 내용들이 있었다. 우리는 환자들이 자기 의견을 밝히면서 종종 경험이란 단어를 사용한다는 사실을 발견했다. "이 병원에서의 경험이 어땠는지 믿을 수가 없습니다." "정말 놀라운 곳입니다. 모두들 다정함과 배려심이 넘쳐납니다." 한 환자는 최고경영자에게 "이렇게 환자들을 돌봐 주는 천사들을 다 어디서 찾으시나요?"라는 평을 남기기도 했다. 때로는 "내 경험은 형편없었음!"처럼 그리 호의적이지 않은 평가들도 있다. 환자들은 자신의 경험을 '그 순간'에 겪는 일 또는 특별한 의미를 지닌 사건에 기반해 정의하는 경향이 있다. 전체적인 여정이나 과정의 질에 관계없이, 한두 가지 훌륭했던 아니면 형편없었던 사건이 특정 환자의 경험을 결정한다.

 환자들의 인지perception, 즉 환자경험에 대한 환자들의 정의는 주위 사람들의 영향을 받기도 한다. 현재 클리블랜드 클리닉의 CEO인 코스그로브가 흉부외과 수장으로 있었을 때 일이다. 어느 날 환자를 수술하고 나온 그는 긴급 호출을 받았다. 그는 수술이 무사히 잘 끝났기 때문에 환자가 별 탈 없이 회복 중일 거라 생각하고 있었다. 걱정스러운 마음에 급히 달려간 그가 병실로 들어섰을 때는 문병을 온 환자의 가족들과 환자 모두에게 아무 문제가 없어 보였다. 그런데 환자 가족들 중 한 사람이 그에게 침대 밑을 보라며 감정 섞인 목소리로 말했다. 그 가족이 가리킨 곳에는 먼지 타래가 몇 개 보였다. 그 가족은 세계적으로 저명한 외과 의사에게 물었다. "마루 청소도 제대로 못하는 병원에서 어떻게 최상의 치료를 해 주겠다는 겁니까?" 코스그로브는 망연자실했다. 사랑하는 가족이 어려운 수술을 성공적으로 마치고 나왔는데 기껏 먼지 타래 몇 개로 병원 의료의 질을 따지고 있단 말인가? 그는 환자들이 눈앞에서 이해되는, 겉보기에는 사소한 것들에 기준해서 병원이 기울인 모든 노력의 효율성을 판단한다는 사실을 그 자리에서 깨달았다.

나도 이와 유사한 경험을 한 적이 있다. 회진을 돌던 중 어느 환자의 병실에 들어가니 환자 가족 몇 분이 와 있었다. 내가 환자경험 향상을 위해 노력한다는 사실을 알고 있던 그들은 나를 보자 병원 식당에서 기분 나쁜 일이 있었다고 했다. "계산대에서 기다리고 있는데 아무도 신경을 쓰지 않는 겁니다. 도와주는 사람도 없었어요. 돈 받는 사람은 옆 사람이랑 이야기하느라 정신이 팔려 있었고요." 그러자 그 시간에 식당에 있지도 않았던 환자가 한술 더 뜨며 거들었다. "그럼요, 병원 식당에서 그런 식으로 하면 안 되죠." 나는 그전까지 그 환자의 경험이 매우 긍정적일 거라고 생각했었다. 수술 경과는 좋았고, 간호사들과 나도 신경을 쓰고 있었으며, 그 환자도 우리를 볼 때마다 밝아 보였다. 자기 가족이 식당에서 겪었던 나쁜 경험이 환자가 병원에서 지내며 겪는 경험에 대한 인식에까지 영향을 미치는 것일까? 정확한 답은 아무도 모른다. 하지만 그럴 가능성마저 무시해 버린다면 그건 가족이 환자의 인지와 의견에 끼칠 수 있는 영향력을 폄하하는 셈이 된다. 우리 입장에서는 환자와 그 가족이 병실을 벗어난 병원 어딘가에서 겪는 경험도 조사 결과에 영향을 미칠 수도 있다고 인정할 수밖에 없다.

환자가 인지하는 내용은 실제로 의료가 제공되는 내용과 다를 수도 있다. 한 환자는 이런 내용의 편지를 보냈다. "당신들 병원은 정말 형편없더군요. 나를 아프게 했어요." 의료 전문가가 들으면 가슴 아픈 말이 아닐 수 없다. 그런데 불만을 표현한 환자의 진료기록을 검토하고 그 환자를 보살핀 팀과 이야기를 나눠 보면, 결과도 좋았고 모든 절차가 의료 기준에 부합했으며 팀원 모두 우수한 환자경험 전달에 필요 이상의 노력을 기울였다고 생각하는 경우가 종종 있다. 그 환자에게 "아프게 했다."는 것이 무슨 뜻인지 묻자 그는 처음부터 치료를 받아야만 한다는 사실에 실망했기 때문에 그렇게 썼다고 대답했다. 그는 우리가 제공한 치료나 보살핌을 기준으로 판단한 것이 아니었다. 자신이 병에 걸린 환자라는 사실을 놓고 우리를 판단한 것이다. 이건 우리 힘으로 어떻게 할 수 없는 부분이긴 하지만 한편으로는 환자들이 어떤 식으로 생각하는지를 알 수 있는 매우 중요한 부분이기도 하다. 종종 '환자가 생각하는 높은 질'과 '우리가 정의 내린 높은 질'에는 차이가 있다. 환자는 의료의 질을 자신이 해석하는 대로 연관 짓는다. 이것이 그들의 인식을 조종하게 된다.

환자들은 자기가 받은 진료를 어떻게 받아들였는지 규정하기 위해서 서비스의 질과 관련된 경험을 자주 사용한다. 환자들에게 "입원 기간 동안 어떤 점이 당신에게 우수한 경험을 전달했는지" 물어보면 이런 답이 돌아온다. "의사들이 설명을 잘 해 주고 아주 친절했습니다." "간호사들이 신경을 많이 써 줬어요." "건물이 현대식이고 깨끗했어요." 이처럼 특정 항목에 초점을 둔 대답이 종종 나온다.

이렇게 전반적으로 다양한 설명이 나온다는 사실은 또 다른 어려움을 말해 준다. 환자경험에 어떤 의미가 있다면 과연 당신은 조직의 입장에서 그것을 어떻게 정의할 것인가? 그보다 더 중요한 것은 그것을 어떻게 바로잡을 것인가? 환자들은 아주 다양하고 넓은 범위에서 경험을 인식한다. 그런 환자들에게 환자경험에 대한 생각을 한 가지 정의로 표현하라고 하는 것은 이치에 맞지 않는다. 환자경험은 다양한 의미로 해석될 수 있고, 사람마다 다를 수도 있으며, 그들의 인식과 경험에 많은 기반을 둔다. 환자는 지극히 개인적인 관점으로 경험을 규정하는데, 이때 환자에게 좋았던 또는 나빴던

단 하나의 사건이 종종 결정적인 역할을 한다. 그 사건에 대한 기억이 환자의 머릿속을 차지하고 있기 때문이다.

전문가들이 생각하는 환자경험의 정의

의료계를 포함해 전 세계 다양한 업계를 대상으로 고객경험의 이해와 증진에 노력을 기울이고 있는, 포레스터 리서치의 할리 매닝은 고객경험을 이렇게 간단히 정의한다. "고객들이 당신과의 상호작용을 어떻게 받아들이느냐가 관건입니다."[5] 우리에게는 환자가 고객이며, 고객들은 자신이 원하는 방식으로 경험을 정의할 수 있다. 환자경험에 대해 이해와 지식을 갖춘 누군가는 내게 이렇게 말하기도 했다. 환자경험이란 환자가 의료 기관의 환경에서 벗어났을 때 자신의 가족과 친구들에게 하는 말이라고.

《메리엄-웹스터 대학사전Merriam-Webster's Collegiate Dictionary》에 등재된 '경험experience'이라는 단어는 여러 의미를 지니고 있다. 그중에서 이 책의 내용과 가장 가까운 설명을 꼽자면 "사건이나 상황을 직접 인지하는 행동이나 과정"이라 할 수 있다. 또한 "개인적으로 맞닥뜨렸거나 겪었거나 아니면 견뎌낸 어떤 것"[6]도 경험의 또 다른 정의로 볼 수 있다.

컨설턴트들이 환자경험을 언급하고 규정하기도 하는데, 왠지 자신들의 업무를 중심으로 정의하려는 편향적인 시각이 들어 있을 수도 있다는 생각이 든다. 딜로이트 컨설팅Deloitte Consulting LLP이 2009년에 내놓은 백서에서 저자는 "환자경험이란 환자/공급자 관계가 지속되는 기간 전체에 걸쳐 발생하는 (직접적·간접적·임상적·비임상적) 모든 상호작용의 질과 가치"[7]라고 서술했다.

갤럽이 내린 정의는 자신감, 존엄, 자부심, 열정이라는 심리적 요소의 충족에 필요한 욕구와 적극적 참여를 최고의 진료 제공과 결합시키는 데 초점을 두고 있다.[8] 이 정의의 핵심 성분인 적극적 참여engagement가 우수한 환자경험 전달을 위해 필요한 요소임에는 틀림없다. 갤럽의 헬스케어 컨설팅 사업에서는 환자의 참여patient engagement를 주된 관심사로 다루고 있다.

그 외에도, 헬스케어 리더들이 공통적으로 내놓는 진술이나 조사 결과를 바탕으로 한 정의들도 있다. 환자경험 분야에서 사고리더십thought leadership 통합을 위해 노력해 온 베릴 인스티튜트Beryl Institute는 의료 전문가들로 실무 진행 팀을 구성하여 헬스케어 리더들이 공통적으로 이야기하는 환자경험의 정의가 무슨 뜻인지 알아내고자 했다. 그들이 말하는 환자경험은 "한 조직의 문화에 의해 형성되는 것으로, 일련의 진료 과정을 통틀어 환자의 인식에 영향을 끼치는 모든 상호작용"[9]이다. 나는 이렇게 합의를 이끌어 내서 만든 정의가 여러 아이디어를 섞어 놓은 절충안이라 생각한다. 이런 문장은 정말 중요한 무언가를 놓치고 있을 수도 있다. 우리 조직의 수련회에서처럼.

환자경험을 규정하고 고칠 수 있다고 생각하는 개인들의 임의적인 믿음과 더불어 환자경험을 정확히 규정하지 못하는 의료계의 무능력 때문에 환자경험을 이해하고 바로잡는 일이 매우 힘든 상황이다. 나는 예전부터, 클리블랜드 클리닉이 환자경험을 향상시키고자 했다면 먼저 환자경험에 대한 정의부터 내놓았어야 했다고 생각했다. 우리의 노력이 최후의 승리를 거두느냐 마느냐는 "코끼리"에 대한 인식을 조정할 수 있느냐 없느냐에 달려 있었다.

게다가, 환자경험을 바로잡는 일은 병원 운영에 영향을 주기 때문에 절충을 통해 다룰 수 있는 사안이 아니다. 정의를 내리는 일과 관련해서는 현장에서 일하는 사람들뿐만 아니라 변화를 주도하고 관리하려는 사람들에게도 문제가 있다. 모두가 조직을 위해 옳은 일을 하고 싶어 한다. 하지만 명확한 리더십과 지휘가 없으면 환자경험의 '정의가 무엇을 뜻하는지' 종잡을 수 없게 된다. 사람들마다 환자경험은 이런 것이고 이렇게 하면 바로잡을 수 있다고 자기만의 의견을 내놓게 된다. 이는 의사 결정의 마비 상태를 불러오고 변화의 효과는 요원해진다.

CXO 초기 시절, 나는 환자인식^{patient perception}이 곧 환자경험이며 거기에 우리가 영향을 미칠 수 있는 부분은 거의 없다고 생각했었다. 아직도 예전의 나와 같은 생각을 하는 사람들이 많다. 환자들의 인식이 환자경험을 주도한다는 것은 맞는 말이다. 하지만 그 인식을 심어 주고 관리할 수 있는 엄청난 힘을 가진 주체는 바로 의료 공급자와 의료 기관이다.

환자의 과거에 대한 기억이 경험을 인지하는 데 영향을 주는지 알아본 흥미로운 실험이 있었다.[10] 이 실험에서는 환자를 두 그룹으로 나누어 대장내시경을 실시했다. 한 그룹에서는 일반적인 절차를 그대로 따랐고, 다른 그룹에서는 대장내시경을 마치고 내시경을 장 속에 그대로 좀 더 두었다가 시간이 지난 후에 빼냈다. 연구자들은 환자들이 시간이 더 오래 걸린 과정에 더 호의적인 태도를 보인다는 결론을 제시했다. 언뜻 생각하면 뭔가 이상하다. 환자들이 시간이 짧은 과정을 선호해야 정상적이지 않은가? 환자들이 대장내시경을 받는 과정에서 집중했던 부분은 불편함을 가장 덜 느끼는 순간이었고, 그 순간이 대장내시경을 마치고 내시경을 장 속에 그대로 두었던, 의학적으로는 별로 중요하지도 않은 순간이었다. 대장내시경 과정의 마지막 부분이 경험을 받아들이는 환자의 인식을 결정지었던 것이다.

이 실험은 환자가 어떤 과정이 어떻게 진행되었는지를 인식하는 데 결정적인 역할을 하는 특정 사건 내지는 경험이 있음을 보여 준다. 또한 의료진에 의해 전체적인 경험이 영향을 받을 수도 있음을 말해 준다. 환자경험을 규정하는 결정적인 터치포인트$^{touch\ point}$, 즉 환자가 의료진을 접촉하고 경험하면서 느끼는 결정적인 순간들이 있으며, 우리는 그 터치포인트들에 영향을 줄 수 있는 능력을 지니고 있다. 우리가 각 환자에게 알맞은 그 접점이 어디인지를 알 수 있다면 더욱 의미 있는 소통이 가능할 것이다. 의료진과 환자가 교류하는 순간이 특출한 순간이 되도록 우리의 자원과 노력을 기울여야 한다. 매끄러운 과정을 유지하고 터치포인트를 중심으로 노력을 기울이는 일은 달성 가능한 일이다. 이는 환자의 인식뿐만 아니라 우리의 의료 제공 방식에도 영향을 줄 것이다.

클리블랜드 클리닉이 내리는 환자경험의 정의

나는 환자경험의 실제적 의미에 대해서 그리고 그 향상 방법에 대해서 많은 고민을 해 왔다. 무엇이든 환자인식에 영향을 끼칠 수 있다. 따라서 그 어떤 것도 환자경험이라 할 수 있다. 환자가 조직과 의사소통하는 과정에서 생각하고 보고 만지고 느끼고 듣는 모든 것이 환자경험이다. 나는 환자경험에 대해 어떻게 생각하느냐는 질문을 받으면 늘 〈그림 4.1〉처럼 "에피소드$^{The\ Episode}$"라고 적힌 네모 상자를 보여 주며 설명을 시작한다. 상자를 둘러싼 화살표들은 이동 방향을 말하는 것으로, 치료 및 그 전후 과정에 대한 환자의 여정을 보여 준다. 환자경험은 예전부터 그 병원을 어떻게 생각했는지, 접근이 용이했는지 등 어떤 환자가 환자의 입장이 되기 전부터 있었던 모든 것을 망라한다. 환자경험은 환자들이 입원해서 또는 통원하면서 치료를 받는 과정에서 발생하는 것들을 포함한다. 또한 환자경험은 퇴원과 추

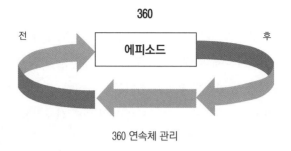

360 연속체 관리

그림 4.1. 환자경험 360

후 관리 등을 포함해 환자를 다시 출발 지점에 설 수 있도록 해 준다는 뜻
도 지닌다. 나는 이런 환자경험을 "360"이라고 부른다. 그리고 이 360을 관
리하는 것이 우리의 임무다.

환자경험의 정의는 의료 공급자의 입장에서 보느냐 아니면 환자의 입장
에서 보느냐에 따라 활용 방법뿐만 아니라 전달 방식도 달라진다. 정의는
내부 지향적(의료 공급자) 관점과 외부 지향적(환자) 입장 둘 다에게 매우 중
요하다.

전략과 전술에 집중함으로써 조직의 발전을 추진하는 데 도움을 주는 내
부 지향적인 정의는, 이해하기 쉬울 뿐만 아니라 병원이 운영에 대해 생각
하고 주도하는 방법에 적용할 수 있어야만 한다. 헬스케어의 여러 다른 우
선 사항을 설명할 수 있어야 하고 직원들이 환자경험에 대해 생각하는 데
도움을 줄 수 있어야 한다.

환자들에게는 그들이 어떻게 받아들이느냐에 따라 그 어떤 것도 환자경
험이 될 수 있으므로 실질적으로 외부 지향적인 정의는 중요성이 덜하고
정확성도 떨어질 수 있다. 환자의 경험은 인식에 의해 만들어지고 환자들

은 그 순간의 경험을 기준으로 정의하려는 경향이 있다. 그들은 보고 경험하는 모든 것들을 이런 형태의 렌즈를 사용해 걸러 낸다. 우리에게는 환자들이 자신의 경험에 대해 어떻게 생각하는지 이해하는 데 도움을 줄 수 있는 일관된 정의가 필요하다. 우리는 환자들이 중요한 것이 무엇인지를 알아내는 데 렌즈의 초점을 맞출 수 있도록 돕기 위해 환자경험에 대한 정의를 내린다.

정말 환자경험이 가장 중요한 것이라면, 우리가 환자들이 보고 경험하길 바라는 것이 무엇인지 생각해 보자. 위와 같은 생각이 어떤 식으로 작용하는지 이해하고, 그 향상 방법에 대해 생각해 보기 위해 우리 자신을 환자의 입장에 놓고 질문해 본다. "우리는 어떤 경험을 하고 싶을까?" 환자들이 어떻게 의료 과정을 거쳐 가는지, 거기에 그들의 감정과 필요까지 포함시켜 생각해 보라. 우리는 환자 포커스그룹^{focus group}*과 환자자문위원회를 활용해 몇몇 분야에서 이를 적용해 보았다. 효과적인 환자경험을 위해서는 과정이 순조롭고 매끄러워야 하며 보통은 환자의 기대를 충족시켜 주어야만 한다.

360 개념에서는 일반적으로 환자의 이동이 종단적^{longitudinal}, 즉 시간의 흐름에 따라 반복적으로 나타난다. 환자는 한쪽으로 들어가서 다양한 (행정적·의료적) 터치포인트에서 접속하고 교류한 다음 반대쪽으로 나온다. 이 기본적인 흐름은 외래환자에게나 입원환자에게나 비슷하다. 환자에게 이상적인 경험이란 각 터치포인트가 효과적이며, 각각의 이동이 매끄러울 때를 의미한다.

이해를 돕기 위해, 매일 밤 라스베이거스의 번화가에서 벌어지는 일을

---

* 특정 주제나 쟁점을 시험하기 위해 표본 집단이 된 사람들의 모임.

생각해 보라. 앞서 언급했듯이, 미라지 호텔 앤 카지노는 정문 앞에서 볼케이노쇼를 펼친다. 저녁 5시부터 11시까지 매시간마다 15분씩 열리는 쇼는 불빛과 음악, 공연, 그리고 불꽃 파편들로 사람들의 기대와 흥분을 고조시키다가 화산 폭발로 마무리된다. 그 공연 하나를 위해 이루어지는 수백 가지의 과정과 무대 뒤에서 일하는 많은 사람들을 인식하지 못한 관광객의 눈에 비치는 현상은 마술이나 다름없다. 나는 처음으로 이 특별한 쇼를 보고 난 다음 날, 볼케이노쇼의 무대 뒤를 둘러볼 수 있는 기회를 얻었다. 담당자가 마법의 커튼을 들어 올리자 뒤에 감춰진 다양한 작업 과정이 드러났다. 그 작업 과정들을 하나로 결합해서 관광객들에게 재생 가능한 경험을 거듭하여 선사하는 것이었다. 미라지 호텔의 볼케이노쇼는 친근하고 황홀한 경험을 전달하기 위해 고안된, 지연이나 거슬림이 없는 실행의 전형이었다.

환자를 보살피는 일은 볼케이노쇼를 만드는 일보다 훨씬 더 복잡하다. 그렇지만 핵심은 똑같다. 우리는 원활한 흐름을 위해 환자들이 (작업 과정이든 정보 통신 기술이든 사람이든) 얼마나 복합적인 지원이 이루어지는지를 보거나 경험하지 못하게 해야 한다. 우리의 시스템상에서 무대 뒤의 상황을 너무 많이 드러내면 환자의 자신감을 약화시킬 수도 있고, 시스템이 비일관적이고 비조직적으로 보일 수도 있기 때문이다. 이상적인 환자경험을 창출해 내기 위해서는 다양한 지식 분야의 많은 의료진과 케어기버들이 필요하다. 이들은 근본적으로 환자인식을 충족할 수 있는 무언가를 전달하기 위해 함께 작동할 수 있는 복합적인 과정을 이용해야 한다. 환자에게는 이 과정이, 경험의 조화를 이끌어 내고 일관성, 탁월한 실행, 매끄러운 이행을 보장하기 위해 지휘자의 손길 아래 아름다운 소리를 창조해 내는 오케스트라의 음악처럼 들려야 한다. 우리가 하는 일에 일관성과 정확성이 결합될 때 최상의 환자경험을 보장할 수 있을 뿐만 아니라 환자의 안전과 높은 질까지도 유지될 수 있다.

환자경험과 관련하여 우리가 직원들에게 바라는 점이 무엇인지 항공을 예로 들어 설명하겠다. 나는 가끔 자가용 비행기를 탄다. 조종실에 앉을 기회도 몇 번 있었기 때문에 기장들이 하는 일에 대해 그나마 좀 아는 편이다. 한번은 비행 전 점검을 마치고 이륙을 바로 앞둔 순간이 되자 기장이 내게 비행 중에 대화가 금지된 순간들에 대해 알려 주었다. 구체적으로 말하자면, 이착륙 순간을 비롯해 특정 순간에는 이야기를 나눌 수 없다는 것이었다. 비행기가 완전히 이륙하고 시간이 어느 정도 지나자 나는 왜 조종실에 그런 빡빡한 규정이 존재하는지 물었다. 그 기장은 비행에서 가장 위험한 이륙과 착륙의 순간에는 온 신경을 집중해야 하기 때문에 다른 데 주의를 빼앗겨서는 안 된다고 했다. 이착륙 순간 외에 비행 중 강한 난기류를 만났을 때도 마찬가지라고 했다. 기장들은 승객과의 대화보다 비행기 조종에 집중한다. 비행기를 타고 가다 보면 난기류를 만나 긴장감이 밀려올 때가 종종 있는데, 조종사들이 왜 아무 문제없다는 방송을 빨리 하지 않는지 궁금했었다. 그 이유는 나의 만족감 충족이 기장의 우선 사항이 아니기 때문이다. 기장의 최우선 과제는 비행기의 안전이다.

전 세계적으로 수십만 명의 종사자들이 일하고 있는 항공 업계의 리더들이 균형을 맞추기 위해 노력하는 공통 요소들이 있다. 고객경험의 관점에서 바라보는 매끄러운 운송 업무 실행, 안전, 그리고 높은 질이 바로 그것이다. 항공사들은 안전 분야에서 일정 부분 놀라운 성취를 이루었는데, 이는 자신들이 하는 일에 대해 고객들이 어떻게 생각할까를 우선으로 고려하는 항공사들의 방식 때문이었다. 항공사들은 무엇보다 안전을 우선순위의 맨 위에 두었고, 그 다음에는 고품질을, 그 아래에는 고객경험을 두었다. 항공 업계에서 말하는 안전한 여행이란 이륙과 착륙의 순간을 의미하고, 고품질 항공 여행은 정시에 이루어지는 이착륙을 말한다. 항공사의 고객경험은 여러분이 개인적으로 정의 내릴 수 있다.

자, 그렇다면 그러한 경험에 영향을 미치는 사람들, 즉 우리의 의료진과 관련하여 환자경험을 어떻게 논의해야 할지 생각해 보자. 환자가 접촉하는 모든 것이 환자의 경험이 된다는 말을 인정한다면, 우리의 직원들이 환자 경험에 대해 생각하는 데 우리가 어떤 도움을 줄 수 있을까? 더 나아가 환자경험을 더 좋게 만들 수 있고, 그 환자경험이 환자 진료의 우수성을 보장하기 위해 우리가 하는 모든 일들과 착 들어맞는다는 사실을 확인하는 방법을 사람들에게 이해시키려면 우리는 어떤 정의를 내려야 할까? 클리블랜드 클리닉에서는 환자경험과 환자만족이 똑같은 말이 아니다. 오히려 우리 병원의 지침인 '환자제일주의' 문화에서 환자경험은 첫째가 안전한 진료 제공, 둘째가 높은 질의 의료 제공, 셋째가 특출한 환자만족 환경, 그리고 마지막으로 가치를 의식하는 환경 또는 '그 외의 모든 것'을 말한다.(그림 4.2)

이 정의가 왜 중요한지 생각해 보라. 헬스케어는 근본적으로 서비스를 제공하는 비즈니스다. 환자들에게 진료를 제공하는 일보다 더 인간적인 접촉이 있을 수 없고 더 개인적인 것도 있을 수 없다. 하지만 여기서 중요한 문제가 있는데, 그것은 바로 이 궁극적인 서비스 제공 비즈니스를 찾는 우리의 고객들이 항상 옳지만은 않다는 점이다. 나는 수술하고 나서 다음 날 병실에 가면 환자에게 침대에서 나와 걸어 보라고 한다. 중요한 복부 수술을 받은 다음 날 환자들은 대개 기력이 없고 통증을 느끼며 움직이고 싶어 하지 않는다. 도저히 못 움직이겠다고 하는 환자들도 종종 있다. 하지만 이건 환자가 선택할 수 있는 문제가 아니다. 나는 환자에게 "그렇군요. 내일 다시 와서 상태를 보도록 하죠."라고 말하지 않는다. 환자에게 간호사들이 침대에

환자제일주의Patients First
• 안전한 진료Safe Care
• 고품질 진료High-Quality Care
• 환자만족Patient Satisfaction
• 고가치 진료High-Value Care

그림 4.2. 환자제일주의 문화

서 일어날 수 있도록 도와줄 거라고 말한다.

이때쯤이면 보통 환자들은 내게 짜증을 낸다. 그때 걷는 것이 왜 중요한지 설명해 주지 않으면, 환자들은 내가 고약한 의사이기 때문에 통증에 시달리는 자신을 침대에서 몰아낸다고 믿으면서 자신의 경험과 인식을 규정하고 만다. 하지만 돌아다니는 것이 합병증을 막기 위해 매우 중요하다는 사실을 알려 주고 안전과 건강 상태에 관련된 문제라고 설명하면 기꺼이 내 말을 따르려는 모습을 보인다. 나는 기대치를 설정한다. 그리고 내 진료와 환자의 경험 규정과 관련해서 환자들을 유도한다. 환자들이 기분 나쁜 상황에서 나에 대해 정의하도록 내버려 두지 않는다. 환자들이 그들의 안전을 챙기는 나의 모습을 기준으로 환자경험을 이해하고 정의 내릴 수 있도록 도와준다.

환자의 권익을 대변하는 사람들 중에는 우리가 환자들이 자신의 경험을 어떻게 정의해야 할지 이해하도록 도와준다는 말에 발끈하는 사람들도 있을지 모르겠다. 하지만, 나는 이를 환자들이 치료에 참여하는 수준을 높일 수 있는 기회로 본다. 우리가 환자들을 위해 하는 모든 일은 중요하다. 하지만 나는 환자들이 자신의 경험에서 가장 중요한 것들이 무엇인지 우선

순위를 매길 수 있는 능력을 키웠으면 한다. 안전은 언제나 만족보다 우선한다. 따라서 우리가 환자들에게 마음에 들지 않을 수도 있는, 혹은 그들의 기분을 상하게 만들 수 있는 부탁을 하더라도 환자들이 그 이유를 이해하는 것이 중요하다.

안전 및 높은 질과 비례해서 만족을 어떤 순위에 놓을 것인지 정의하는 일은 케어기버들에게도 중요하게 작용한다. 나는 이 일에 동참하기를 꺼려하면서 환자경험 향상을 위한 우리의 노력에 의심의 눈초리를 보내는 의사들과 종종 대화를 나눈다. 높은 수준의 의료를 제공하면 그만이지 굳이 "웃어 주고 환자를 기쁘게 해 줘야" 하느냐고 빈정대는 동료들이 있다. 나는 이런 의사들에게 클리블랜드 클리닉이 환자제일주의 문화에서 중요한 점에 대해 어떻게 정의 내리고 있는지 설명하고, 우리의 최우선 사항이 높은 질이 아니라는 점을 분명히 한다. 우리의 최우선 목표는 안전한 진료이고, 그 다음이 높은 질의 진료, 그리고 그 다음이 환자만족이다. 이것이 바로 고가치 진료의 요소들이다.

세계적인 외과 의사가 수술 후 혈전 방지제 투약을 깜빡해서 환자에게 심각한 폐 색전증이 발생한다면 이를 과연 세계 최고 수준의 의사가 집도한 세계 최고 수준의 수술이라고 할 수 있겠는가.

환자경험을 어떻게 정의하고 생각해야 하는지에 대해 우리가 의료진들에게 가르치는 방법은 메디케어가 일반 대중들에게 하는 방법과 비슷하다. HCAHPS를 살펴보면, 단지 환자들이 기뻐했느냐를 묻는 정도로 질문들이 단순하거나 두루뭉술하지 않다는 사실을 쉽게 알 수 있다. 간호사들이 어떻게 소통하는가, 의사들이 어떻게 소통하는가, 우리가 약물 치료에 관해 얼마나 잘 소통하는가 등등 환자소통patient communication과 관련한 질문이 아홉 개나 된다. 만약 환자경험이 환자가 기뻤는지 아니었는지만을 따지는 문제라면 소통에 관해 아홉 개나 되는 질문은 필요 없을 것이다. 이는 환자 경험이 실질적으로 어떻게 의료를 제공하느냐 하는 문제 이상을 의미한다는 점을 보여 준다.

간호사들이 환자의 침상 곁에서 의사소통을 잘할수록 의약품 사용 과오, 욕창, 낙상 등이 감소한다는 사실이 입증되고 있다.[11] 따라서 침상 옆 간호사의 의사소통 능력 향상은 환자안전과 직결되는 문제다. 의사가 환자나 그 가족들과 더 잘 소통하면 할수록 환자들의 치료 순응도가 높아지고, 의사가 간호사들과 더 잘 소통하게 되면 전체적인 의료의 질도 향상된다. 모든 의료진들과 환자들 사이에 의사소통이 더욱 원활해지면 만족감이 더욱 높아지고, 그 높아진 만족감이 환자경험에 직접적인 영향을 준다는 사실에는 의심의 여지가 없다. 그리고 우리가 안전과 고품질 및 만족에 영향을 미칠 때 그 역시 헬스케어의 품질에도 영향을 준다. 내 말의 요점이 바로 이거다. 진료의 경험, 즉 환자에게 의료를 전달하는 방법을 향상시키면 안전, 고품질, 환자만족에 영향을 줄 수 있을 뿐만 아니라 효능과 효율을 높이고 결국엔 헬스케어의 가치를 높이게 된다.

의료 관련 소비자 단체인 립프로그 그룹Leapfrog Group의 최고경영자 레아 바인더Leah Binder는 블로그에 이런 글을 남겼다. "많은 의료 공급자들이, 환자경험을 향상시키기 위해서는 단순히 이 주제에 관한 연구와 몇 가지 정책 실행만으로는 충분하지 않으며 그 이상의 무언가가 필요하다는 사실을 깨닫지 못하고 있다. 공급자들이 환자의 삶에서 차지하는 역할과 자신의 의료 활동의 기본 원칙들에 대해 생각하는 패러다임의 변화가 있어야만 한다."[12] 그녀의 지적을 통해 일원화된 정의를 내리기가 얼마나 복잡하고 어려운지 알 수 있다. 또한 이것이 단순히 환자를 만족시키거나 또는 환자의 인식에 영향을 주는 문제뿐만 아니라 실제로 우리가 의사소통을 어떻게 변형시키느냐, 즉 의료의 제공에 관한 문제라는 사실을 확인할 수 있다.

의사와 간호사를 비롯해 여러 의료진들은 질병에 관한 지식을 쌓고 치료 방법을 알아내는 데 많은 시간을 투자한다. 하지만 환자들에게 그 지식을 더 잘 전달할 수 있는 방법에 대해서 생각하는 데는 얼마나 시간을 투자하고 있을까? 거의 하지 않고 있는 게 현실이다. 전공의들은 자신의 스승이나 멘토를 거울삼아 배워 간다. 자신을 가르치고 지도하는 스승과 멘토를 흉내 내면서 의사소통 스타일, 상호작용 스타일, 그리고 환자를 대하는 전체적인 방법을 습득한다. 우리는 의사소통 기술 같은 기본적인 것들을 가르치기 위해 의학도들 및 전공의들과 더 많은 시간을 보내면서도 정작 환자들과 어떻게 교류할지에 대해 가르치는 일은 등한시하고 있다. 그뿐만 아니라 의사들에게 환자들과 교류하는 더 나은 방법을 가르치는 일에도 전혀 혹은 거의 시간을 투자하지 않으며, 이들에게 도움이 될 만한 학업 과정도 없다. 환자경험에 대한 생각을 명확하고 간결하게 정의 내리고 제공할 수 있어야 조직 내에 있는 모든 의료진을 포함한 케어기버들도 우리가 그들에게 무엇을 기대하는지 정확하게 이해할 수 있다.

종합 요약

일단 환자경험에 대한 정의를 내렸다면, 그 다음에는 그 정의에 따라 환자경험 향상을 위한 실행에 나서야 한다. 하버드 동료 중 한 명이 시카고에서 개최하는 2012 생산운영관리학회Production and Operations Management Society에 나를 초대해 발표를 부탁한 적이 있다. 환자경험 향상을 어떻게 실행했는지 설명해 달라는 부탁이었다. 나는 환자를 중심에 놓는 일에서부터 환자경험을 전략의 1순위로 만드는 일의 중요성, 의료진을 위해 환자경험을 정의하는 일, 효율적이고 책임지는 리더십의 중요성 등에 대해 발표했다.

그러고 나서 어떻게 실행의 틀을 만들어 냈는지 설명했다. 경험 관리를 위해 '360'에 대해 생각해야 한다는 점을 인정한다면, 그 360을 일직선으로 펼쳐 놓을 수 있을 것이다. 우리가 환자들에게 전달하는 모든 것들이 흐름을 따라 연결되어 있다는 관점에서 화살표는 방향을 뜻한다.(그림 4.3) 우리의 과제는 그 연속체를 가로지르면서 일관되고 재현 가능한 방식으로 우리가 하는 모든 일들을 관리하는 것이라 할 수 있다. 모든 환자의 터치포인트는 일관성이 있어야 하고 매끄럽게 흘러가야 한다. 실제로 우리처럼 복잡한 조직에서는 우리가 하는 일 모두가 일관성 있게 전체적으로 이어져야만 한다. 이것이 시스템사고systems thinking의 기본이다. 시스템적 마음가짐으로 문제를 풀 때 우리는 변화나 향상이 후속 과정들의 진행에 미칠 영향에 대해 항상 생각하게 된다.

매끄럽고 연속적인 흐름을 성공적으로 관리하려면 실행을 절차process, 사람people, 환자patient라는 세 가지 중요한 요소로 구분할 필요가 있다. 나는 이를 '3P'라 부른다.(그림 4.4) 첫 번째 'P'는 절차다. 병원은 온갖 절차들로 넘쳐난다. 그러므로 기본적인 병원 절차들이 효율적이고 효과적으로 제 기능을 다하는 데 가장 먼저 신경을 써야만 한다. 그런 다음 자신이 이미 하고 있는 일을 직접적으로 발전시킬 수 있는 추가 절차나 전술에 대해 생각할 수 있다. 두 번째 'P'는 사람, 즉 조직의 근간을 이루는 케어기버들이다. 환자를 중심으로, 환자에게 초점을 맞추는 서비스 지향적인 문화 속에서 의료진들을 관리하고, 그들에게 투자하고, 그들을 성장시키는 것과 관련된 모든 일들을 의미한다. 세 번째 'P'는 환자다. 헬스케어 분야보다 더 많고 더 강력한 고객 파트너십 개발을 필요로 하는 비즈니스는 찾기 힘들다. 우리가 종

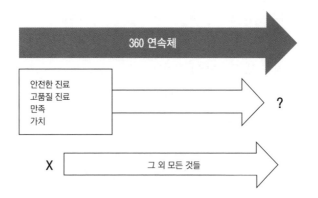

그림 4.3. 360 연속체에서 보는 환자경험에 대한 클리블랜드 클리닉의 정의

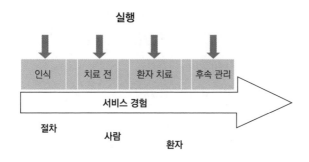

그림 4.4. 우수한 환자경험 시행을 위한 3P 틀

사하는 비즈니스는 사람들을 돕는 일이지만 반대로 그 사람들이 '우리를' 도와줘야 하는 일이기도 하다. 우리 혼자만의 힘으로는 할 수 없는 일이다. 또한 우리 비즈니스에서는 우수한 환자경험이라는 종합적인 목표를 달성하기 위해 환자들과 그 가족들을 교육하고 참여시키고 격려하는 일뿐만 아니라, 그들의 기대감을 관리하는 일도 필수적이다. 당신이 향상 전략과 전술

에 대해 생각하고 재원 마련 방법을 고려한다면, 그것들이 3P의 틀에 어떤 식으로 들어맞는지를 이해하는 것이 중요하다. 그렇게 해야 당신의 생각과 실행을 구축하는 데 도움이 될 것이다.

환자경험은 다른 무엇보다 중요하지만 그렇다고 환자를 기쁘게 하는 일이 전부는 아니다. 환자경험에 대한 정의는 헬스케어 리더들과 직원들이 우선순위에 대해 생각할 수 있는 틀을 제공하는 것이어야만 한다. 항공사와 마찬가지로, 우리도 가장 중요한 요소, 즉 안전한 제품의 전달이 위태로워지는 일이 절대 없도록 해야 한다. 우선순위를 망각할 경우 환자의 경험과 만족을 위해 기울인 우리의 노력은 그 의미를 잃게 될 것이다. 명확한 정의를 전달함과 동시에 실행에 관해 생각할 수 있는 틀도 반드시 제공해야 한다. 언급한 각 전략과 전술이 안전, 높은 질, 만족, 그리고 헬스케어에서 우리가 하는 모든 일을 도모하는 데 어떤 식으로 도움을 주었는지 이 책을 읽어 가면서 생각해 보기 바란다.

이번 장은 다음과 같이 요약할 수 있다.

1. 환자경험은 우리가 환자를 기쁘게 해 주느냐 마느냐의 문제가 아니라 어떻게 진료를 전달하느냐의 문제다. 표준화한 조사에 나온 질문들과 그 범위 정도는 간호사, 의사, 다른 헬스케어 관련자들이 행하는 의료의 제공 절차를 평가하기 위한 것이다. 환자경험이 단지 환자만족도만을 말한다면 그렇게 많은 환자들의 터치포인트를 평가할 필요도 없을 것이다.

2. 환자에게는 무엇이든 환자경험이 될 수 있다. 환자경험은 환자가 보고 만지고 느끼고 듣는 것을 포함해 진료 과정을 통해 접하는 절차뿐

만 아니라, 사람들과의 상호작용과 관련하여 생각하는 모든 것을 포함한다. 그들을 안으로 끌어들이고 그들이 필요한 것을 전달하며 그들을 다시 시작점으로 돌려보내는 것이 우리의 과제다. 그리고 우리는 그것을 "360 관리하기^{managing the 360}"라 부른다.

3. 클리블랜드 클리닉은 안전한 진료, 높은 질의 진료, 그리고 높은 가치의 환경에서 최대한의 환자만족을 전달하는 과정들을 환자경험으로 정의하고 관리한다. 궁극적으로 헬스케어 전달은 서비스업이지만 헬스케어에서는 서비스보다 중요한 안전과 높은 질이 최우선 사항이라는 점을 분명히 해야 한다. 그래야 모든 요소들이 연계되어 있다는 점, 그리고 조직이 직원들과 의료진들에게 우선순위를 명확하게 전달할 수 있다는 점을 확실히 할 수 있기 때문이다.

4. 직원들은 환자경험이 정확히 무엇을 뜻하는지, 그리고 당신이 환자에게 바라는 것이 무엇인지 알 필요가 있다. 환자들 또한 자신들의 경험을 어떤 틀에 맞춰 정의 내려야 하는지에 대해 도움을 필요로 한다. 그래야 왜 특정 행동들이 발생하는지 그 이유를 이해할 수 있기 때문이다. 당신이 적절한 기대치를 설정해서 관리하지 못하면 환자들은 주변 환경에 대한 자신의 이해만으로 당신이 하는 일을 평가하게 될 것이다.

5. 환자경험이나 우리의 전략 실행 능력을 향상시키기 위해서는 우리가 하는 일을 가동시켜 줄 틀이 필요하다. 절차, 사람, 환자라는 '3P 프로세스'를 활용하면, 서로 다른 전술들이 조직의 전략에 어떻게 부합하

는지 관리자들과 리더들이 이해하는 데 도움이 된다. 또한 틀이 마련되어 있으면, 조직의 환자경험 전략이 조직의 종합적인 전략과 얼마나 잘 들어맞는지도 더 잘 이해할 수 있다.

제5장

문화가 중요하다

Culture Is Critical

예전 임원 사무실은 본관 승강기 맞은편에 있었다. 어느 날 승강기를 타기 위해 현관을 걷던 나는 바닥에 흥건한 물을 보았다. 물을 보는 순간 닦을 것이 필요하다고 생각했다. 다른 곳에서 종이 수건을 찾아서 현관으로 돌아오다가 멈춰 서서 사람들의 모습을 지켜보게 되었다. 바닥에 고인 물을 옆으로 피해 가는 사람들도 있었고 훌쩍 뛰어넘어 가는 사람들도 있었다. 모두들 적절한 회피 작전을 쓰고 있었지만 정작 아무도 물을 닦으려는 사람은 없었다. 그 사람들 중에는 의사, 간호사, 행정 직원 등 우리 직원들도 많았지만 모두들 환자에게 해를 끼칠 가능성이 있는 문제를 무시하고만 있었다.

나는 환자경험을 추진해 오면서 혹시 뭔가 남다른 시도를 했었느냐는 질문을 종종 받는다. 그럴 때마다 먼저, 전체적으로 우리를 성공으로 이끌어 준 시행착오 과정을 언급하지만 그에 못지않게 '문화'라고 대답한다. 초기에 나는 문화를 일치시키고 발전시키는 데 관심을 기울였다. 헬스케어에서 문화는 매우 중요하다.

문화는 안전, 높은 품질, 만족 등 헬스케어 내의 모든 것에 영향을 끼치며, 그 점에서는 다른 조직도 마찬가지다. 우리의 가장 중요한 자산을 꼽으

라면 우리가 하는 모든 일을 전달한 책임을 맡고 있는 인재^{人材} 또는 그들의
능력이라 할 수 있다. 하지만 인재가 있다고 해도 환자경험이라는 과제를 막
인수받은 내가 감히 문화적 변화라는 꿈만 같은 운동을 일으키기에는 역
부족이었을 것이다. 사실 초짜나 다름없던 내가, 1921년 설립 이래 클리블
랜드 클리닉을 엄청난 성공으로 이끌어 준 그런 병원 문화에 어떻게 변화
라는 도전장을 내밀 수 있었겠는가? 첫걸음은 별로 미덥지 않았을 것이다.

클리블랜드 클리닉은 오하이오 주 클리블랜드에서 함께 일했던 친구이
자 동료였던 의사 네 명이 설립했다. 그중 세 명은 제1차 세계대전 당시 서
유럽의 전쟁터에서 팀을 이뤄 긴밀히 협조해 가며 환자들을 돌보기도 했다.
그들이 고향으로 돌아왔을 때, 의료 시장의 경쟁은 매우 심했고 팀워크보
다는 개인 위주로 돌아가고 있었다. 더 나은 방법이 있을 거라 믿었던 네 명
의 의사들은 "하나의 그룹으로 행동하고자" 클리블랜드 클리닉을 공동 개
원 형태로 시작하게 되었다.

세월이 흘렀음에도 불구하고 여전히 우리 의사들이 진료를 위해 긴밀히
협조하고 있는 것이 사실이지만, 많은 사람들은 조직이 커지면서 설립자가
가졌던 이상이 점점 사라지고 있다고 느끼고 있다. 클리블랜드 클리닉은 한
지역의 3차의료기관^{tertiary-care specialty referral center}으로 첫발을 내디딘 이후로
그 규모가 점점 커져 오늘날 전 세계에 걸쳐 43,000여 명의 직원을 둔 방대
한 조직으로 성장했다. 의사와 과학자의 수가 3,000명이 넘는다. 여기서 몇
십 년 동안 일하고 있는 의사들은 의료진이 150명에 불과했던 예전에 비해
많은 것들이 달라졌다고 말한다. 우리 병원의 문화는 의사들의 팀워크를
지지하지만, 병원 규모가 커지면서 그 정신도 사라져 갔고 한결같이 환자에
게 집중할 수 있는 근무 인력도 없었다.

또한 내가 처음 CXO 자리를 받아들였을 당시 참여도와 만족도에 관한

조사 결과를 보면, 우리 조직은 직원들이나 환자들을 특별히 잘 대해 준다는 평가도 받지 못했던 것 같다. 임원 리더십 수련회에 참가해서 동료들에게 클리블랜드 클리닉을 설명할 수 있는 단어를 말해 달라고 부탁한 적이 있다. 오랫동안 근무했던 한 의사는 주저 없이 "인색한mean"이나 "악의적인vindictive" 같은 단어를 사용했다. 환자를 중심으로 하는 팀워크 문화에 적절한 단어는 아니었다. 우리는 뛰어난 의료를 제공했지만 이타심으로 환자를 보살피고 대우하는 데는 뛰어나지 '못했다.' 또한 나도 펠로우십 기간에 직접 경험한 바이지만 자기 조직의 사람들을 꾸준히 존중하지 못했다.

코스그로브는 연설하는 자리에서 가끔 이런 농담을 했다. 환자들이 뛰어난 의료 기술 때문에 우리를 찾지만 우리를 그다지 좋아하지는 않는다고. 클리블랜드 클리닉의 재정적 후원자이자 내 환자이기도 한 어떤 사람은 나를 볼 때마다 우리의 문화를 들먹이며 나를 놀렸었다. 그는 우리 병원에서 심장 수술, 전립선 수술, 허리 수술을 모두 받은 사람인데, 자기는 수술이 필요할 때는 훌륭한 외과 의사가 있는 클리블랜드 클리닉을 찾고 인간적인 치료가 필요할 때는 우리의 경쟁 병원에서 일하는 주치의를 찾아간다고 농담 아닌 농담을 던졌었다.

우리 문화는 패가 둘로 확실하게 나뉘어져 있었다. 하나는 대형 공동 개원 형태로 고용된 의사들이고, 다른 하나는 그 밖의 사람들이었다. 의사가 아닌 사람들은 종종 클리블랜드 클리닉이 '의사들의, 의사들에 의한, 의사들을 위한' 병원이라고 빈정대기도 했다. "그 밖의 사람들" 속에는 인원의 약 3분의 1을 차지하는 간호사들처럼 규모가 크고 중요한 이해관계자들의 하위 문화도 포함되어 있었다. 하지만 일반적으로는 의사가 제일이었다. 환자 경험 계획을 시행하면서 초반에 했던 일 중 하나가 건물 가까이에 있는 주차 공간을 모두 환자들을 위해 비워 놓는 것이었다. 즉 의사들은 저 먼 곳에 주차할 수밖에 없었다. 그러자 열이 받은 한 의사가 "아니, 환자우선이 도 대체 무슨 뜻입니까? 그러면 의사들은 마지막이라는 말입니까?"라고 소리 쳤다. 그때 코스그로브는 이렇게 대답했다. "맞습니다."

우리는 그동안 우리 병원의 설립자들이 우수한 의료의 제공을 위해 필요 하다고 믿었던, 소위 고성과 팀high-performing team에서 멀어져 왔다. 1921년 당 시에 고성과 팀이라는 말이 없었던 건 분명하다. 하지만 우리의 역사와 설 립자들의 말을 살펴보면 설립자들이 만들어 내고자 했던 것이 고성과 팀이 라는 데는 의심의 여지가 거의 없다.[1] 설립자들은 팀워크의 중요성을 지지 했다. 다시 말해, 당신의 역할은 중요하지 않지만 전체적인 목표를 위해 당 신이 기여하는 바는 중요하다. 코스그로브는 이 이상을 지켜 가는 것이 자 신의 주요 임무 중 하나라고 자주 강조한다.

우리 문화에서 '우리 아니면 남'이라는 사고 외에도 설립자의 비전을 가로막는 장애물이 또 하나 있었으니 그것은 바로 더 이상 하나의 병원 이 아니라는 사실이었다. 우리는 여러 가지 다른 종류의 헬스케어 시스 템으로 이루어진 지주회사처럼 작동하고 있었다. 우리는 오하이오 주 북 동부 지역에 아홉 개의 커뮤니티 병원을 두고 있는데, 각 병원들은 독립 된 병원 또는 시스템으로 자기만의 문화를 지니고 있다. 우리는 오하이오 의 지역사회 병원들 외에도 플로리다와 캐나다에서 병원을 운영하고 있 고, 아랍에미리트 아부다비에 있는 병원도 관리한다. 우리는 거대한 헬스 케어 시스템으로 성장하는 사이 소도시 가족 분위기의 맛을 잃었다. 코 스그로브가 최고경영자의 자리에 올랐을 때 가장 중요하게 생각했던 일 이 지주회사 형태를 헬스케어 영업회사 형태로 바꾸어 전 지역에 걸친 서 비스와 영업을 통합하는 것이었다. 그것이야말로 진정한 "하나의 클리블 랜드 클리닉One Cleveland Clinic"을 창조해 내는 일이었다. 그리고 그 통합을 이

134

끝어 내기 위해 필요한 일들 중 하나가 문화의 재정렬 내지 문화적 일치
cultural alignment였다.

문화를 정의하기는 쉽지 않다

문화를 구성하는 두 가지 중요한 요소가 있다. 먼저, 조직을 이루는 사람
들이다. 그 다음은 그 사람들이 자기가 하는 일에 얼마나 열정적으로 헌신
하느냐이다. 그저 자기 일을 하고 월급을 받아 가기 위해 출근하는가? 아니
면 뚜렷한 비전과 임무를 염두에 두고 조직을 위해 일할 뿐만 아니라 위대
한 조직을 만들기 위해 자기의 모든 것을 바치면서 자신이 특별한 무언가
의 일부라고 믿고 있는가? 어떤 이들은 이를 적극적이고 자발적인 참여를
뜻하는 '인게이지먼트engagement'라 부르고, 어떤 이들은 '주인의식 문화culture
of ownership'라고도 한다.

많은 직원들이 매일 그저 출근해서 자기 일을 하고 퇴근하는 똑같은 생
활을 반복한다. 이들은 직무 설명서에 나온 내용을 숙지하고 일을 하며, 또
그 일을 능숙하게 해낸다. 하지만 헬스케어에서는 이 정도로 충분하지 않
다. 클리블랜드 클리닉 아부다비의 CEO이자 의학박사인 마크 해리슨Marc
Harrison은 이런 지적을 내놓는다. "나는 사람들이 마치 자기가 회사의 주인
이라는 마음으로, 우리의 성공 가능성에 직접 투자한 사람처럼 매일 출근
하기를 바란다."[2]

주인은 미션, 비전, 가치에 따라 살아간다. 주인은 자신의 일에 관심과 열
정을 보이지만, 그보다 자신이 처한 환경의 주위에 있는 모든 것들을 이해
하기 위해 특별히 더 애쓴다. 스스로 더 높은 수준에 다다르고자 하는 책

임감을 느낀다. 질관리최고책임자이자 의학박사인 마이클 헨더슨은 높은 수준의 환자만족뿐만 아니라 높은 수준의 안전과 질을 달성하는 데 필요한 것이 문화라고 말한다. '주인의식 문화' 속에 살았던 사람이라면 누구나 승강기 앞 현관에 고인 물을 닦았을 것이다. '주인의식 문화'의 고취는 모든 헬스케어가 직면한 과제다.

　나는 조직 문화 전문가도 아니고 조직 문화의 정의나 평가, 또는 변화 방법에 대해 아는 바도 없다. 심지어 이 분야에서 전문가라고 하는 사람들의 말도 다 믿지는 않는다. 소위 '문화' 관련 글들을 보면 '전문가'들도 문화의 정의나 평가 방법에 대해서 서로 다른 의견을 내놓고 있다. 게다가 이 '전문가'에도 여러 유형이 있어서, 문화를 연구하는 사람들도 있고 리더의 입장에서 어떻게 자기 조직의 문화를 발전시켰는지에 대해 글을 쓴 사람들도 있다. 내가 발견한 사실 중 한 가지 확실한 것은 최고책임자가 조직의 문화를 보호하고 정의 내려야 한다는 점이다. 오엠 그룹[OM Group]의 회장이자 최고경영자이며 클리블랜드 클리닉 이사회의 부회장인 조셉 스캐미네이스[Joseph M. Scaminace]는 내게 이런 말을 한 적이 있다. 최고경영자의 자리에 오르고 나서 처음으로 한 일이 조직 발전 관련 외부 컨설턴트를 모두 없애는 것이었다고. "어떻게 리드해야 할지는 내가 알아요. 우리가 성공하기 위해서 필요한 문화는 우리 팀이 정의 내릴 겁니다."[3]

　병원 이외의 대형 기업들은 상의하달식 관리 스타일을 엄격히 따르는 편이다. 미션을 따르고 문화를 관리하는 일은 최고경영자의 책임이다. 하지만 학계에서는 특별하면서도 입김이 센 이해관계자 그룹을 신경 쓰지 않을 수 없다. 대학 교수들은 독립적으로 기능하고 과소평가해서는 안 되는 그룹이며, 문화 변화와 관련해서는 반드시 이들과 상의해야만 한다.

　병원의 리더십은 기업 형태의 권위적 리더십 모델보다는 학계 방식에 더 가깝다. 병원에는 의사들과 간호사들이라는 이해관계자 그룹들이 있기 때문이다. 전통적으로는 지역사회 병원을 정의할 때 삼각형으로 표현하는데, 삼각형의 각 끝은 행정, 이사, 의료진 등 주요 이해관계자를 뜻한다. 간호의 중요성이 점점 커지면서, 이젠 삼각형이 아니라 사각형으로 표현하는 것이 옳다고 하는 사람들도 있다.

그렇다면 클리블랜드 클리닉은 어떤 문화 구조를 지녀야 하는가? 초기 공동 개원 모델에서 온 특성들과 자기들만의 역사적 정체성과 문화를 지닌 지역사회 병원 및 여러 의료 기관에서 온 특성들이 합쳐지면서 독특한 문화적 특성이 생겨났다. 우리 병원에는 의사나 간호사들처럼 규모가 큰 이해관계자 그룹들도 있다. 이들이 추구하는 분야 역시 우수한 임상 능력, 교육이나 연구 등 서로 다르다. 어떻게 하면 문화-변화 프로그램의 틀을 정확히 잡을 수 있을까? 그리고 우리가 바라는 문화는 어떤 것인가?

나는 '문화를 변화시켜라.'와 같은 표현을 좋아하지 않는다. 환자경험에 있어 우리가 하는 모든 일들을 알리는 일은 매우 중요하지만 변화를 달갑게 받아들이는 사람은 아무도 없다. 우리가 환자경험이라는 문화에 대해 생각하기 시작했을 당시 클리블랜드 클리닉은 엄청난 성공을 거두고 있었다. 우리 스스로를 그리고 우리를 그런 성공에 다다를 수 있게 해 준 것들을 기릴 필요가 있었다. 거기에는 사람들이, 특히 의사가 150여 명밖에 되지 않을 때부터 오랫동안 일해 온 의사들이 있었다. 그들은 예전부터 우리의 문화가 딱 좋으니 아무것도 바꿀 필요가 없다고 했다.

우리가 '문화를 변화시키겠다.'고 적극적으로 나왔으면 모두들 등골에 식은땀을 흘리며 아무런 지원도 보내지 않았을 것이다. 〈하버드 비즈니스 리뷰Harvard Business Review〉를 보면 "조직의 면역 체계"에 관한 멋진 글이 있다. 그 글에서는 변화를 공격하는 조직의 행태를 질병을 공격하는 면역 세포에 비교해 놓았다.[4] 많이들 아는 표현이지만, "문화가 전략을 아침 식사로 먹어 치운다.Culture eats strategy for breakfast* "라는 말이 있다. 나는 문화를 변화시키려는 우리의 전략이 클리블랜드 클리닉에 존재했던 문화의 아침거리로 전락하지는 않을까 우려되었다.

나는 현재의 문화가 미래의 문화 구축을 위해 필요한, 단단한 '기반암'의 역할을 한다고 생각한다. 클리블랜드 클리닉의 문화 전체를 정의해 보라고 한다면 감히 어떤 말로 설명할 수 있을지 엄두조차 나지 않는다. 단지 몇 가지 세부 사항, 예를 들어 혁신과 고품질 등을 들어 설명할 수 있을 뿐이다. 우리 문화는, 현재 커다란 성공의 자리에 오르기까지 거의 100년을 거쳐 오면서 겪었던 성공과 실패의 단계들이 겹겹이 쌓인 층이다. 우리는 그 층을 없애고 새로운 문화를 만들기보다 그 층을 기반암으로 삼아 그 위에서 현재의 문화를 향상시켜 나갈 것이다.

여태껏 퇴적되어 이루어진 단단한 기반암 위에 미래의 문화를 쌓아 가는 방법이 문화를 없애거나 바꾸는 것보다 더 실용적이고 정상적인 방법이다. 또는 마음에 들지 않기 때문에 변형시켜야 할 요소들을 찾는 것도 좋은 방법이 될 수 있다. '변형'이나 '발전'이나 결국 '변화'를 뜻하는 단어들이기 때문에 어찌 보면 말장난이라는 생각도 든다. 하지만 문화를 바꾸기보다는 훨씬 더 절묘한 전술을 만들어 낼 수 있다. 우리의 조직 문화는 그 기초가 탄탄하다. 우리는 우리의 정체성을 바꾸려는 게 아니라 우리가 무엇이 되고 싶은가를 결정하고 그 수준까지 발전하고 싶은 것이다. 이것이 우리가 채택한 접근 방식이다. 나는 래드바우드 대학병원의 멜빈 샘솜과 문화 변화

---

* 잘못된 조직 문화 때문에 전략도 소용이 없다는 뜻.

가 어떤 어감을 주는지, 그리고 미래를 구축하는 과정에서 과거를 존중하는 일이 얼마나 중요한지에 대해 환담을 나눈 적이 있다. 그는 변화라는 단어의 사용을 당연히 피해야 한다는 데 동의하면서 "잠행적 문화 변화culture change in stealth mode"5라는 문구를 새로 만들어 냈다. 우리가 클리블랜드 클리닉에서 생각하고 있는 것도 바로 이런 방식이었다.

문화 양성의 어려움은 환자경험 향상의 어려움과 매우 흡사하다. 실제로 이에 대해 정의를 내리거나 영향을 미칠 수 있는 사람이 거의 없다. 우리 리더들 중 한 사람은 "우리가 여기서 어떻게 일하고 있는지"가 곧 문화라고 말하곤 했다. 이는 문화를 지나치게 단순화한 표현이라 생각한다. 그것이 음식을 어떻게 제공하느냐를 말하는 것인가 아니면 어떻게 가운을 세탁하느냐를 말하는 것인가? 그것도 아니면 어떻게 주사를 놓느냐를 말하는 것인가? 우리가 병원에서 하는 일들이 이런 것들 아닌가. 만약 문화란 것이 이 모든 것들을 총망라한다면 과연 우리는 어디에서 시작해야 한단 말인가?

문화에 대한 정의들 중에 내가 좋아하는 두 가지 정의가 있다. 이 두 개의 정의 모두 조직을 정의하는 데 방향성을 제시해 주기 때문이다. 나는 포레스터 리서치가 서비스 조직 문화에 대해 내린 정의가 가장 정확하다고 생각한다. 그들은 문화란 "직원들의 활동이 고객경험 향상에 집중될 수 있도록 해 주는, 누구나 공유하는 가치와 행동 시스템"이라고 했다.6 여기에서 '고객'을 빼고 '환자'를 대입하면, 의료 기관이 왜 존재하는지 뿐만 아니라 그 중심에 누가 존재하고 누가 가장 중요한지를 말해 주는, 어느 의료 기관에도 적용할 수 있는 문화의 정의를 얻을 수 있다. 나는 MIT 슬로언 경영대학원MIT Sloan School of Management 명예교수인 에드거 샤인Edgar Schein이 내린 정의도 마음에 든다. 그는 문화를 "한 조직이 외부 적응external adaptation과 내부 통합internal integration의 문제를 해결해 가면서 습득하며 공유하게 된 기본 전제의 패턴"이라고 정의했다.[7]

이런 정의들을 보면 높은 지식이 요구되는 어려운 주제를 현실적으로 이해할 수가 있다. 헬스케어 리더로서 우리의 목표는 우리의 직원들이 환자를 위해 옳은 일에 집중할 수 있도록 하는 것이다. 즉 환자제일주의 문화를 창출하는 것이다. 환자를 중심에 두자는 문화에 공감하지 않을 사람이 어디 있겠는가?

환자경험에 대한 클리블랜드 클리닉의 정의(안전한 진료, 고품질 진료, 최상의 환자만족, 그리고 높은 가치)를 포레스터 리서치의 정의에 대입하면 다음과 같은 정의를 얻을 수 있다. '헬스케어 문화는 의료진의 활동을 환자경험 향상에 집중시킨다는 공통의 가치와 행동으로 구성되는 시스템이다.' 외부 적응과 내부 통합에 대한 샤인의 가르침을 바탕으로 우리는 기반 구축을 위해 전진할 수 있다.

우리는 환자를 중심으로 문화를 재정렬시켰다. 사람들이 매일 직장에 오는 진정한 이유가 사람들을 돌보기 위한 것이라는 사실을 이해한다면 우리가 환자경험과 문화를 향상시킬 것이라고 믿었다. 그리고 이 궁극의 목표를 향해 추진력을 제공해 줄 요소들이 어떤 것들인지를 알아냈다.

문화는 '적합한' 인재에서 출발한다

인재를 얼마나 잘 선발하고 관리하느냐가 조직의 성공을 좌우한다. 전통적으로 병원들은 업무 처리를 위주로 한 인적자원 전략을 실행했다. HR 부서는 구직 광고를 내고, 지원자들을 선발하고, 고용을 도와주고, 근무시간과 급여를 관리하고, 업무 평가를 실시하고, 인력 관리에 필요한 다른 사무를 처리한다. 1977년 맥킨지 연구McKinsey & Company study 8를 통해 유명해진 "전략적 인재 관리strategic talent management"는 업무 처리 위주의 인적자원 관리와는 사뭇 다른 개념이다. 전략적 인재 관리는 단순한 업무 처리 기능을 넘어 전략적 기능을 하게 된다. 전략적 기능은 "조직 전반에 걸쳐 사람들의 소스를 파악하고, 모집하고, 선발하고, 교육시키고, 개발하고, 유지하고, 승진시키고, 이동시키는 일"9에 조직이 어떻게 영향을 주느냐를 말한다. 인재 관리는 인적자원 프로세스와 전략을 결합해 조직이 목표와 목적에 어울릴 만한 성향을 지닌 사람을 받아들일 수 있도록 만든다. 인재 관리는 조직의 미션, 비전, 가치, 목적을 위주로 인적자원의 기능을 발휘한다. 직원들의 급여를 보장하는 것과는 매우 다른 개념이다.

위대한 기업들은 조직의 문화에 적합한 사람을 찾는 데 많은 시간을 투자한다. 예를 들어, 자포스Zappos에서는 신입 사원 훈련 교육을 마치고 업무를 갓 시작한 직원들 중에서 자진 퇴사를 원하는 직원에게 4,000달러를 일시불로 지급한다. 자포스의 리더들은 퇴사를 원하는 신입 사원이라면 회사에 열정을 쏟지 않을 것이고 그런 사람들은 필요하지 않다고 믿기 때문이다. 자포스의 설립자인 토니 셰Tony Hsieh와 함께 딜리버링 해피니스Delivering Happiness라는 회사를 설립한 젠 림Jenn Lim은 회사가 지향하는 문화를 확실히 보호하기 위해 "천천히 고용하고 빠르게 해고하기"10 철학을 적용한다.

헬스케어 경력을 선택하는 사람들은 대부분 자기와 같은 사람들을 돕겠다는 순수한 열정을 지니고 있다. 정확한 통계자료는 없지만, 내가 생각하기에 우리 고용인들 중 대략 85%는 매일 자신이 하는 일에 온 힘을 쏟는다. 10%는 그 정도까지 의욕이 넘치지는 않지만 그래도 조직의 미션과 중요한 일이 무엇인지를 알고 있는 사람들이다. 나머지 5%는 병원에서 일하든 음식점에서 일하든 전혀 신경 쓰지 않는 사람들이다. 10%에 속하는 사람들은 좀 더 강한 동기를 지니고 일해야 하거나 아니면 헬스케어 분야에서 일하지 않는 게 좋은 사람들이다. 5%에 속하는 사람들은 지금 당장 떠나야 할 사람들이다. 이 15%에 속하는 사람들은 헬스케어에서 일해야 하는 이유를 상실했다. 이들에게 헬스케어는 단순한 직장에 불과하며 다른 사람들을 돌보는 일이 마음에 들지 않거나 최선을 다하지 않는다. 그리고 아마 그런 일이 어울리지도 않을 것이다. 리더이자 관리자로서 우리가 해야 할 일은 10%의 사람들을 끌어올리기 위해 노력하고 5%의 사람들을 배제하는 것이다. 직원몰입도에 관한 연구들 대부분이 지적하는 한 가지 사실이 있다. 참여의식이 없거나 비생산적이거나 어떤 지장을 초래하는 미꾸라지 한 마리가 직장이라는 웅덩이 전체를 흐려 놓는다는 점이다.

과거 클리블랜드 클리닉의 인적 관리 전략은 사람들의 업무 관리에 초점을 맞추고 있었다. 코스그로브는 최고경영자 자리에 오르고 나서 조직의 인적자원 관리가 확 바뀌어야 한다는 사실을 깨달았다. 그는 전국에 걸쳐 인적자원최고관리자를 모집했고 조셉 패튼책Joseph Patrnchak이라는 완벽한 책임자를 찾아냈다. 패튼책은 최근까지 블루크로스 블루쉴드 오브 매사추세츠Blue Cross Blue Shield of Massachusetts에서 일했으며 헬스케어 분야에서 폭넓은 경험을 한 사람이다. 그의 주요 임무는 클리블랜드 클리닉의 인적자원 관리를 단순한 사무 처리 위주에서 전략을 중심으로 돌아가는 운영 체제로 변환시키는 것이었다.

패튼책은 먼저 우리 병원의 인재 관리 주기의 핵심 요소들을 정의하고 기능 분야 주위로 HR 조직을 재정렬하는 일부터 시작했다. 그는 인재인수 부서talent acquisition department*를 창설하고 그동안 사라졌던 학습과 발달 조직을 새로 세웠다. 폭넓은 HR 경험을 지닌 사람들을 모집하고 채용했다.

과거 클리블랜드 클리닉의 고용 전략은 자리를 채울 사람들을 찾는 것, 즉 업무 위주의 선발 방식이었다. 패튼책은 "적합한 사람을 고용"하는 방식을 도입했다. 조직과 일치할 수 있는 지원자인지 우리가 평가했다는 뜻이다. "가장 열정적이고 능력 있는 호텔 전문인만을 선발"[1]하는 리츠칼튼The Ritz-Carlton처럼 우리도 앞서 언급한 85% 그룹에 속하는, 헬스케어와 남을 돕는 일에 열정적으로 헌신하는 사람들을 선발하고 싶었다. HR은 고용 전 심사 방식을 도입하고 지원자들이 팀워크 및 서비스를 비롯해 여러 중요한 조직 임무를 얼마나 좋아하는지 검사하기 시작했다. 이 전술만으로 지원자의 20%를 걸러 냈다.

패튼책은 만족도와 지지도를 향상시킬 수 있도록 직원몰입도 평가와 실행 방안 개발에 착수했다. 그는 "케어기버 셀러브레이션Caregiver Celebrations"이라는 보상 및 인정 프로그램을 적극적으로 폭넓게 활용하고 정착시켰다. 업무만족도를 높이기 위해서는 돈뿐만 아니라 상장, 트로피, 상품권 등 지속적으로 직원들을 인정해 주는 과정도 중요하다는 사실을 리더들에게 납득시켰다. 이런 여러 전술들과 HR 부서의 주요 계획은 우리의 문화 개발 작업에 중요한 역할을 했다. 우리는 적합한 사람들을 찾아내고, 이들이 조직과 자기의 역할에 적응할 수 있도록 이끌어야 하며, 높은 성과를 낼 수 있도록 개발시켜 주어야 한다. 패튼책은 모든 사람들이 단지 직원이 아니라 '케어기버'라는 개념을 누구보다 일찍 받아들이고 지지한 사람이었다.

★ 기업의 인수합병 과정에서 기업뿐만 아니라 인재도 중요한 인수 대상이라는 의미에서 생겨난 말.

우리 모두가 여기 모인 이유는 환자 때문이다

조직에 있는 모든 사람들을 케어기버로 분류하는 일은 우리의 문화를 환자중심 철학과 일치시키기 위해 가장 중요한 첫 단계였다. 처음 CXO가 되고 나서 나는 내 환자들 중 한 명에게 입원 기간 동안 만나는 케어기버들의 이름을 모두 기록해 달라고 부탁했다. 복부 수술을 받고 5일간 무난하게 입원했던 그 여성 환자는 8명의 의사, 60명 이상의 간호사를 비롯해 엄청나게 많은 다른 사람들(청소 담당, 식사 담당, 외과 레지던트, 외과 전임의, 임상병리사, 자원봉사자, 의대생 등등)을 만났다. 그리고 퇴원할 무렵 나를 만난 자리에서는 "어제 새로운 사람들을 세 명 만났는데 이름을 물어보질 못했네요."라고 내게 사과했다.

내 환자를 '돌보는' 사람들의 수를 세어 보니 눈이 휘둥그레질 정도다. 당연히 그 모든 사람들이 진료에 직접 관여한 것은 아니지만 그 직원들 모두가 전체적인 의료의 제공에 있어서 중요한 역할을 맡고 있었다. 직원 각자가 그 환자의 경험에 대한 인식뿐만 아니라 높은 질의 의료 제공과 안전한 진료의 제공 여부에도 영향을 줄 수 있는 위치에 있었다.

내 환자의 입원 생활에 특별한 점은 없었다. 혹시 외과적 합병증이 발생했더라면, 더 많은 전문의 치료, 더 많은 간호, 더 많은 채혈, 그리고 어쩌면 추가 엑스레이에, 더 많은 식사가 필요했을 것이고, 입원 기간 연장으로 방 청소 일수도 늘었을 것이며, 따라서 진료에 중요한 역할을 하고 입원 생활에 영향을 끼치는 더 많은 사람들을 만났을 것이다. 내가 지금 든 예에는 그 환자가 직접 만난 사람들만 포함시킨 것이다. 환자의 가족과 친구들은 그 환자가 전혀 보지 못했던 곳에서, 예를 들어 주차장이나 선물 가게, 복도, 구내식당 같은 장소에서 다른 누군가를 만났을 것 아닌가.

헬스케어에서는 보통 그 사람들이 개별적으로 내리는 문화의 정의에 대해서는 무시한다. 이런 불평들을 들어 본 적이 있을 것이다. "입원 생활 자체는 아주 좋았어. 피 뽑는 사람이 혈관을 제대로 찾지 못해서 여기저기 찔러 놓고 미안하다는 말도 안 했던 것만 빼면." 또는 "간호조무사 한 명이 아주 못되게 굴더라고." 또는 "메를리노 박사님은 아주 좋았는데, 그 레지던트 중에 한 명이 올 때마다 새벽 여섯 시에 불을 켜는 바람에 깜짝 놀라서 깼잖아."와 같은 불평 말이다. 팀워크를 조성하고 각자가 환자를 돌보는 일에 중요한 역할을 하고 있음을 이해하기 위해서는 직원 모두가 '케어기버'라는 개념을 받아들이는 일이 중요하다. 조직에 있는 사람들은 모두가 중요하며 자신만의 역할이 있다. 환자를 중심으로 팀 속에서 함께해야만 한다. 이것이 바로 환자제일주의다.

'케어기빙caregiving, 돌봄'이라는 개념은 그리 복잡한 게 아니다. 당신이 자녀를 키우고 있다면 당신은 케어기버다. 연로하신 부모님이나 병든 배우자가 있다면 당신은 케어기버다. 모든 사람을 케어기버로 간주하는 일은 최고의 서비스 조직에서도 똑같이 하는 일이다. 월트 디즈니에서는 직원들을 "캐스트 멤버cast member, 배우"라 부르고, 리츠칼튼은 직원들을 "신사 숙녀ladies and gentlemen"라고 부른다. 케어기빙은 또한 서비스와 환자만족에만 국한되지 않는다. 환자를 돕는 일은 의사와 간호사만 하는 일이 아니다. 식사 쟁반을 배달하는 사람도 발작을 일으키는 환자를 보면 의사를 불러 환자를 도울 수 있다.

물론 모든 사람들을 케어기버라고 부른다고 해서 모두가 다 똑같다는 뜻은 아니다. 하지만 이 호칭은 모두에게 공통된 목적이 있다는 사실을 보여준다. 또한 우리가 여기에 함께 있다는 사실, 평등이 존재한다는 사실, 누구나 공평하게 대우받아야 한다는 사실을 시사한다. 케어기버들의 높은 참여도를 이끌어 내려면 환자나 다른 직원에 대한 잘못된 행동을 용납해서는 안 된다. 또한 역할에 관계없이 모든 사람들이 자기 일에 책임을 질 때 성공적인 실행이 가능하다. 헬스케어 조직에서 의사 따로, 간호사 따로 이중 잣대를 적용해서는 안 된다. 다른 직원들의 잘못은 용납하지 않으면서 의사니까 괜찮다는 식의 용인은 있을 수 없다. 모든 이들을 케어기버로 호칭하여 대등한 관계를 만드는 일은 목표를 재확인시키고, 직원들에게 매일 출근하는 이유를 근본부터 다시 한번 생각해 볼 수 있는 기회를 준다. 또한 사람들에게 자신이 뛰어난 기능을 수행하는 환자관리 팀에서 한 축을 담당하고 있다는 사실을 깨닫게 해 주는 중요한 역할도 한다. 당신이 클리블랜드 클리닉에서 일하고 있다면 당신은 환자에게 진료를 제공한다는 조직의 미션의 일부가 된다. 따라서 당신은 케어기버다.

조직의 모든 이들을 케어기버로 호칭하는 작업은 순탄치 않았다. 의사나 간호사가 아닌 사람을 케어기버로 부를 수는 없다고 목소리를 높이는 의사도 있었다. 그와는 반대로, 자신은 환자에게 직접적인 영향을 주는 일을 하지 않으니 케어기버가 아니라고 주장하는 직원들도 많았다. 우리는 여러 목소리를 들어 주면서도 꿋꿋하게 버텼다. 패튼책이 종종 지적했듯이 이것은 단순한 호칭의 문제가 아니라 우리가 인재들을 생각하는 방식의 변화와 관련된 문제다. 클리블랜드 클리닉은 오래전부터 의사들을 "전문 직원professional staff"이라고 불렀다. 이 호칭은, 많은 사람들에게 의사나 과학자가 아니면 전문인으로서의 가치를 인정받지 못한다는 느낌을 줬다. 케어기버라는 호칭은 누구나 그 가치를 인정받는다는, 미묘하지만 중요한 메시지를 전달한다.

모두가 목표를 알고 있어야만 한다

케어기빙을 중심으로 한 재정렬은 중요한 목표를 중심으로 가치를 일치시키는 조직의 정렬에도 그대로 적용된다. CXO 초기 시절에 지역사회 병원들을 위한 수련회를 개최한 적이 있다. 모든 리더와 관리자들이 참석한 그 수련회의 목적은 환자경험 향상을 위해 사람들의 적극적인 참여를 이끌어 내자는 것이었다. 서로 어색함을 달래기 위해 퀴즈 쇼인 〈제퍼디Jeopardy〉 형식을 빌려 수련회를 시작했다. 한 테이블에 둘러앉은 대여섯 명의 사람들이 한 팀을 이루고, 각 팀이 돌아가며 〈제퍼디〉의 전광판처럼 생긴 게시판에 나온 문제를 맞히는 것이었다. 그중 한 팀이 '안전' 항목을 선택하자 표지가 넘어가며 '환자를 정확히 규정하시오.'라는 문제가 나왔다. 진행자가 그 팀의 테이블에 앉은 사람들에게 이 문장이 그 병원에 의미하는 바가 무엇인지 아느냐고 물었다. 아무도 대답하지 못했고 다른 팀에게 대답할 수 있는 권한이 넘어갔다. 그러나 역시 아무도 대답하지 못했다. 환자의 정의가 무엇인지, 헬스케어와 어떤 관련성이 있는지 대답할 수 있는 사람이 아무도 없었다. 기가 막힐 노릇이었다. 병원 관리자를 통틀어, '고위 임원진까지 포함해서', 그해 미국 의료서비스 평가 기관인 조인트커미션Joint Commission이 정한 여섯 가지 국가적 환자안전 목표national hospital patient safety goal 12 중 하나를 정확하게 말할 수 있는 사람이 단 한 명도 없다니 말이다.

그 순간 중요한 사실 하나가 번개처럼 뇌리를 스쳤다. 일반 사람들도 위급 상황 시 911을 누르고, 화재 발생 시 승강기 사용을 금하며, 기내 압력 이상으로 산소마스크가 내려오면 어린이를 돕기 전에 자신이 먼저 마스크를 착용해야 한다는 것을 배우면 알 수 있다. 그런데 조인트커미션이 인증한 대형 지역사회 병원의 리더들 중에서 병원 안전에 필요한 핵심 요건 사항을 정확히 규정할 수 있는 사람이 단 한 명도 없다는 사실을 확인한 것이다. 병원 안전의 관리 책임을 맡은 사람이 바로 자신인데도 말이다. 그 사람들이 무능한 탓이었을까? 모르고 있었던 것일까? 병원이 당연히 책임을 져야 할 기본 안전 요건을 무시한 채 매일 출근하고 일하고 있었단 말인가? 꼭 그렇지는 않다.

이 이야기를 내 수술환자의 진료를 돕는 사람들의 숫자와 비교해 보도록 하자. 그 사람들 모두 환자경험뿐만 아니라 높은 질관리와 안전 제공에도 영향을 끼친다.

병원의 최우선 순위가 안전이고 그에 대한 책임은 모든 사람에게 있다는 점에 동의한다면 조직 전체를 안전으로 둘러쌀 필요가 있다. 내 환자를 돌보는 사람들 모두가 개별적으로 안전에 영향을 미쳤을 수도 있다. 외과 의사인 나는 수술 시작 전에 휴식을 취한다는 구체적인 절차를 확실히 지키려 한다. 간호사라면 환자에게 약을 주기 전에 재확인 하는 것이 안전을 지키는 일이다. 급식 관련 종사자는 환자에게 올바른 식단이 제공되는지 확실히 확인한다. 환경미화원은 세균 번식과 낙상 방지를 위해 방을 청결하게 유지하고 정리 정돈에 힘쓴다. 이렇듯 모든 이들이 개인적으로 중요한 역할을 담당하는 동시에 환자를 위해 공동의 역할도 맡고 있다. 우리는 우리가 하는 일 속에서 무엇이 중심인지 주인의식을 가지고 생각해야 하며, 그 말은 곧 환자제일주의를 뜻한다.

혼란에 빠진 환자가 침대를 벗어나려 한다거나 발작을 일으키는 모습을 보면 굳이 의사가 아니라도 뭔가 이상한 점을 눈치 채고 도움을 요청할 수 있다. 병실 바닥에 고인 물을 봤을 때도 마찬가지다. 누구라도 바닥에 흘린 물이 위험을 초래할 수 있음을 인지하고 직접 닦거나 청소 인력을 부를 수 있다. 우리 모두 안전과 관련된 역할을 담당한다.

자, 이제 이 개념을 환자경험의 만족이라는 면에 적용해 보자. 환자와 그 가족들과 교류하는 모든 사람들이 똑같은 예의와 공감과 동정심을 보여야 한다. 우리 모두 친절과 보살피는 마음으로 도움을 줄 수 있도록 노력해야 한다. 병원에 들어서는 모든 사람은 상호 교류라는 기본 체제를 이용해야 한다. 핵심은 모든 사람들이 환자를 중심으로 줄을 맞춰야 한다는 것이다.

우리의 정체성을 표준화하기

문화 구축을 향한 여정에서 클리블랜드 클리닉은 '환자제일주의'라는 모토를 내세워 환자경험을 우선순위의 최상위에 두도록 했고 직원들에게 '케어기버'라는 명칭을 부여했다. 이제 공통된 미션, 비전, 가치를 포함해 다른 필수 요소들을 통합할 시간이었다.

우리가 인수했던 병원들 중에는 원래 우리와 다른 강령과 가치를 지니고 있었던 곳들도 있었다. 통합을 위해서는, 결국 통일된 '하나의 클리블랜드 클리닉'에 대해 생각해야만 했다. 우리 설립자들이 처음에 내세웠던, "아픈 사람들을 위한 더 나은 진료, 그들의 문제에 대한 더 깊은 연구, 그리고 그들을 돌보는 사람들을 위한 추가적인 교육을 제공"한다는 기본 임무가 전체 클리블랜드 클리닉 헬스시스템을 통합하는 미션이 되었다. 코스그로브는 우리의 성공이 설립자들의 미션을 규정하는 것에서 시작된다고 강하게 믿고 있었고, 이는 곧 일부 병원들이 그동안 지니고 있었던 자신만의 강령과 가치를 포기했다는 뜻이기도 했다. 전체 조직의 존재 이유가 명확해지면서 경영진들은 새로운 비전 선언문을 채택해 조직이 더욱 활발하게 환자들에게 집중하도록 만들었고, 그들이 더욱 강력하게 우수성을 추구하도록 했다.

우리는 "환자경험, 임상 결과, 연구, 그리고 교육에서 세계의 선두 주자가 되기 위해 정진하기"를 비전으로 정했다. "네 개의 초석four cornerstones"이라 부르던 질quality, 팀워크teamwork, 혁신innovation, 서비스service의 기존 가치에 진료의 인간적인 면을 나타내는 이타적 마음compassion을 추가했다. 또한 의료진이 일터에서 늘 지켜야 할 품격integrity도 포함시켰다.

우리는 공통의 미션을 확실히 규정하고 새로운 비전을 정하고 가치를 추가하는 작업과 동시에 여러 다른 주요 계획들도 진행해 나갔다. 예를 들어, 품질 향상에 박차를 가해야 할 필요가 있었다. 우리는 헬스시스템 운용의 통합화를 시작하고 있었다. HR 부서에서는 직원 건강관리 프로그램과 참여 기획으로 전 직원들을 변모시키고 있었다. 2009년 가을, 경영진은 한 해를 마무리하는 조직 전체 수련회를 위한 발표를 미리 연습하던 중 그동안의 모든 노력을 이어 줄 수 있는 무언가가 빠져 있다는 사실을 깨닫게 되었다. 우리가 계획했던 프레젠테이션은 왠지 엉성하고 짜임새가 부족했다. 화가 난 최고경영자는 도중에 밖으로 나가 버렸다.

문제점을 파악하기 위해 다 같이 모인 자리에서 정보관리최고책임자인 마틴 해리스C. Martin Harris가 우리의 성과와 작업에 대한 초점을 바꾸기 시작했다. 그는 우리가 환자제일주의를 지향하고 우수한 환자경험이라는 비전을 지니고 있다는 점을 거론했다. 패튼책은 우리의 '가장 중요한 자산'인 우리의 직원들에 대해 언급했다. 그 자리에 있던 모든 사람들이 끼어들어 안전과 고품질 등 중요한 계획에 대해 말하기 시작했다. 해리스는 여전히 우리에게 공통된 주제에 대해 생각해 보라고 했다. 바로 그때 깨달을 수 있었다. 안전, 높은 질, 그리고 환자경험 향상을 향한 우리의 노력이 우리의 케어기버들을 중심으로 이루어진다는 사실을. 우리는 케어기버들의 만족감

과 참여도를 보장하는 데 새로이 초점을 맞추었다. 기업 목표 달성의 핵심
은 적극적이고 자발적인 직원들이었던 것이다. 그제야 우리는 연결 고리를
완성할 수 있었고 우리의 환자(고객)를 대하듯 직원(의료진)을 대해야 한다
는 사실을 마침내 깨달았다.

몇 주 후에 열린 전략 기획 수련회에서 나는 안전, 품질, 환자경험을 향상
하기 위해서는 케어기버들이 참여의식을 지니고 만족감을 느낄 수 있는 문
화를 구축하고 유지해야 한다는 점을 설명했다. 그래야 기업 목표를 달성할
수 있다고 강조했다.(그림 5.1) 그 통일된 메시지는 코스그로브를 비롯해 우
리 리더들의 공감을 샀다. 리더 중 한 사람은 내게 전화를 걸어 핵심을 잘
짚었다고 말해 주었다. 메시지는 단순했고 서로의 연결 고리는 분명했다. 이
로써 클리블랜드 클리닉의 문화 개발이 시작되었다.

코스그로브의 지도력을 바탕으로 우리 조직은 인적자원을 강화하기 위
해 중요한 기초를 다져 나갔다. 인적자원을 이루는 기반 구조를 현대화했

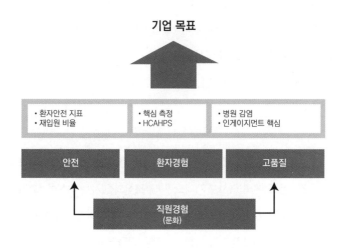

그림 5.1. 케어기버 문화가 우리의 기업 목표 달성을 가능하게 해 준다

고, 직원 개발에 중점을 두었으며, 우리 본연의 임무에 충실하기 위해 서로를 부르는 호칭을 바꾸기 시작했다. 우리는 미션을 보강하고 비전을 강화했으며 기존 가치에 중대한 요소들을 추가했다. 이제 실제로 사람들을 재정비해서 뜻을 하나로 모으는 힘든 과제를 처리할 차례였다.

성공적인 문화 활성화를 위해 필요한 몇 가지 절차를 소개한다.

1. 조직의 통일적인 미션, 비전, 가치가 무엇인지 확실히 밝히거나 새롭게 하라. 미션, 비전, 가치가 조직의 현재 형태나 상태에 딱 들어맞는 것이 중요하다. 기업이 여러 다른 사업 단위로 구성되어 있다면 미션, 비전, 가치를 표준화해야 한다.

2. 당신의 문화를 바꾸려 노력하지 마라. 사람들은 바뀌는 것을 좋아하지 않으며, 현재의 조직이란 실패를 이겨 내고 성공적으로 살아남은 결과물이다. 장기적인 성공을 이어 오는 회사라면 더욱 그렇다. 당신이 바라는 조직 또는 미래 조직의 모습이 어떤 것일지 생각해 보라. 그런 다음 현재 상태에서 당신은 무엇인지, 그리고 당신이 원하는 바를 달성하기 위해 해야 할 일은 무엇인지를 찾아낼 수 있는 전략을 구체화하라.

3. 당신의 노력을 밀어붙이는 데 조직의 유산을 지렛대로 활용하라. 모든 조직은 고유의 역사를 지니고 있다. 조직의 역사는 미션을 실행할 수 있는 힘을 주고 문화 발전에 대한 논의의 시발점이 될 수도 있다. 열정에 불을 붙이고 미래를 위한 로드맵을 만들어 내기 위해 당신 조직의 역사를 이용하라.

4. 성공의 핵심은 사람이라는 사실을 인식하라. 위대한 조직은 자기 사람들을 위해 많은 투자를 쏟아붓는다. 당신이 직원들을 잘 대하고 있는지 확인하라. 직원들의 참여가 조직의 성공과 기업 목표 달성에 힘을 실어 줄 것이다.

5. 다음의 필수적 요소를 포함하는 인재 경영 전략을 실행하라.

- 적합한 사람을 찾아라. 아무나 헬스케어 분야에서 일할 수는 없다. 당신이 찾는 사람이 조직의 문화와 부합하는 사람인지 확실히 하라.
- 새로운 역할, 목표, 조직의 기대 등 광범위한 부분에서 함께 참여하도록 직원들을 탑승시켜라. 자기가 해야 하는 기본 업무뿐만 아니라 문화적 일치를 위해 해야 하는 일도 받아들이도록 하라.
- 당신 직원들의 더 나은 경력 진로를 위해 발전 기회를 부여하라.
- 조직의 "맥박"을 관리하기 위해 참여도를 측정하라.
- 인정과 보상을 통해 사람들이 자신의 가치를 소중히 여길 수 있도록 하고 그 공적을 널리 알려라. 직원들은 자신이 조직을 위해 일을 잘하고 있는지 아닌지 알고 싶어 한다.
- 맞지 않는 사람은 하차시켜라. 조직 또는 조직의 미션을 뒷받침하지 않는, 소속감이 없는 직원 한 명이 전체 부서에 부정적인 영향을 끼칠 수 있다. 소속감을 지니고 열심히 일하는 사람들은 이런 사람들과 함께 일하는 것을 불쾌하게 여긴다.

6. '우리 모두가 이 자리에 함께한다.'는 팀워크 개념을 고취시켜라. 헬스케어에서는 '우리 모두가 케어기버다.' 조직 내에서는 개인의 일이 중

요한 것이 아니다. 각자가 조직의 미션을 뒷받침해야만 한다. 모든 사람들은 자신만의 '고객경험'을 가지고 있다. 이제는 그 범위를 넘어서 모두들 자기 조직이 고객을 위해 전달하려는 것이 무엇인지를 느껴 볼 필요가 있다.

제6장

문화적 일치:
클리블랜드 클리닉 경험

Cultural Alignment: The Cleveland Clinic Experience

환자제일주의를 좌우명으로 삼으면서, 어떻게 하면 우리의 조직 문화에 이 신념을 더욱 튼튼하게 심어 줄 수 있을지에 대한 논의가 이루어졌다. 좌우명을 정하고, 환자경험을 최우선 과제로 삼고, 미션과 비전과 가치를 개정하고, 새로이 환자경험최고관리자를 임명했지만 그것으로는 충분치 않았다. 부서별로 환자경험 향상을 이루었거나 의사 커뮤니케이션 문제를 해결했다는 사례를 몇 가지 들 수는 있었지만, 케어기버들은 환자경험에 동조하지 않았고 환자경험 속에서 '살지' 않았다. 모든 사람들이 환자경험의 중요성을 이해할 수 있게 하려면 특단의 조치를 취해야만 했다. 시스템에 충격을 가할 필요가 있었다. 모두가 함께 열심히 참여할 수 있는 교육 프로그램이 필요했다.

비록 당시에 환자경험에 대한 연구 자료가 많이 부족하긴 했지만, 환자들에게는 어떤 일도 환자경험이 될 수 있다는 정도는 우리도 알고 있었다. 의료서비스가 얼마나 좋았는지, 모든 안전사고 예방 조치가 취해졌는지는 중요하지 않았다. 채혈 담당 의사가 잠자는 환자를 느닷없이 깨웠다거나 간호사가 다른 일에 몰두해 있었다거나 의사가 설명을 철저하게 해 주지 않았을 경우, 환자는 부정적인 생각을 지니게 된다. 모든 사람들이 환자 위주로 돌아가게 하려면 뭔가 극적인 일이 필요했다.

그 '이유'는 분명했다. 초반의 노력에도 불구하고 환자경험 점수는 여전히 형편없었기 때문이다. 환자들의 불평은 끊이지 않았고, 그런 불평들 중에서도 불친절한 태도나 자기가 무슨 진료를 받는지 모르겠다는 지적, 그리고 의료진들끼리의 원활하지 못한 업무 인계 같은 사소한 문제들이 자주 지적을 받았다. 우리 모두가 변화할 수 있는 문화가 필요하다는 압박감이 점점 쌓여 갔다.

사실 우리는 환자중심적인 사고방식에 대해서는 다소 생소한 편이었다. 따라서 클리블랜드 클리닉 전체를 아우를 수 있는 문화 변경 계획을 이끌 만한 경험을 지닌 사람이 아무도 없었다. 2009년 열린 전략 회의에서 우리는 기업 목표 달성을 위해 "자발적으로 참여하고 만족하는" 케어기버 문화를 수립하겠다고 다짐했다. 이는 환자를 중심으로 의견을 일치시키고 보조를 맞춘다는 분명한 의지를 보여 주는 것이었다. 코스그로브가 지난 몇 년간 주장했음에도 불구하고 우리는 막상 변화를 실현하기 위한 아무 조치도 취하지 않고 있었다. 우리는 행동을 미루고 있었고 코스그로브는 좌절했다.

다른 이들에게서 배우다

'문화 일치 교육 프로그램'을 개설하기 위해, 환자경험 팀과 HR 부서는 뛰어난 서비스 제공으로 유명한 조직들을 벤치마킹하기로 했다. 헬스케어는 물론이고 다른 분야의 조직에서도 배울 점을 찾고자 한 것이다. 자연스럽게 숙박 업계 회사들이나 여타 서비스 회사들을 주요 관찰 대상으로 삼았다.

클리블랜드 클리닉의 호텔을 관리하고 있는 인터콘티넨탈 호텔 그룹

InterContinental Hotels Group의 지사장 겸 총지배인인 캠벨 블랙Campbell Black은, 우리가 호텔의 시니어 리더십 팀과 하루를 보낼 수 있도록 허락해 주었다. 그들은 직원들을 어떻게 성장시켰고 뛰어난 서비스 문화를 유지했는지에 대한 속사정을 들려주었다. 블랙은 몇 가지 중요한 점들을 지적하면서 지속적인 교육과 뛰어난 업무 성과를 이룬 개인에 대한 끊임없는 인정을 강조했다. 또한 인터콘티넨탈이 모든 것들을 고객 위주로 일치시키고 있으며 직원들에게 조직의 가치를 추구할 책임을 지운다는 점도 힘주어 말했다.

우리가 찾아간 또 다른 곳은 휴스턴감리교병원이었다. 이곳은 문화 개발에 상당한 노력을 기울이는 병원이다. 지속적인 교육 및 개발 노력의 일환인 "휴스턴 메소디스트 익스피리언스Houston Methodist Experience"라는 프로그램은 직원이 들어오는 순간 시작하여 조직에서 일하는 동안 계속된다. 원장인 마크 붐은 이를 "이사회에서 시작해서 조직 전체로 흘러간다."[1]라고 설명했다. 휴스턴 메소디스트 익스피리언스는 "I CARE"라는 개념에 초점을 맞추고 있다. 여기서 'I'는 품격Integrity을 의미하고, 'C'는 이타적 마음Compassion을, 'A'는 책임Accountability을, 'R'은 존중Respect을, 'E'는 우수성Excellence을 뜻한다. 직원들은 각자가 조직을 위해 하는 일에서 'I CARE' 가치를 구현해야 한다.[2] 휴스턴 메소디스트 익스피리언스는 이런 개념들을 모든 직원들의 내면에 스며들게 하고자 고안한 프로그램이다.

전국에 걸쳐 서비스 부문의 리더들을 벤치마킹하고 토론을 벌이면서 우리는 조직의 문화가 기업의 자산이라는 사실을 분명히 확인할 수 있었다. 그리고 조직의 목표를 달성하기 위해서 다른 주요 자산과 마찬가지로 문화 또한 발전시키고 유지해야 한다는 점도 분명해졌다. 이를 성공적으로 이끈 조직들은 모두 우리가 꿈꾸던 주인의식 문화를 창조해 냈던 것이다. 또한 우리는 일련의 가치들을 고수하는 일이 반복적인 과제라는 사실도 배웠다.

그뿐만이 아니라, 문화적 일치를 위한 노력은 지속 유지 가능성의 문제가 초기에 해결되고 개발을 위한 노력의 일부가 될 때에만 성공할 수 있다는 사실도 알게 되었다. 우리가 벤치마킹했던 프로그램들은 모두 지속적인 성공을 보장하기 위해 장기적으로 운영 및 유지 가능한 요소들을 지니고 있었다. 그 전술에는 일관된 기업 메시지 전달하기와 정기적인 관리자 회의가 포함되어 있었다. 그 외의 유지 가능한 주요 요소로는 참여도 측정과 직원 인정 및 포상 프로그램이 담겨 있었는데, 이는 우리가 급속히 개발하고 있는 중요한 인적자원 프로그램의 하나다.

핵심은 전달 전술에 있다

우리의 프로그램을 디자인하면서 그에 관한 정보를 직원들에게 알려 주는 것이 중요하다고 생각했다. 그래야 직원들이 이를 기억하고 행동의 변화를 일으킬 테니까. 학습 연구에 따르면 사람들은 자기가 읽은 내용의 10% 정도를 간직한다.[3] 통상적인 교습 방법을 통해 이를 50%까지 끌어올릴 수 있다. 하지만 소규모 그룹에서 학습자가 상호작용하고 참여하는 방식을 사용하면, 예를 들어, 시각 교재를 전시하거나 일대일 상호 교류를 용인하거나 서로 자신의 이야기를 나누는 등의 재미있고 유의미한 수업을 만들어 주면 이야기는 달라진다. 즉 사람들은 배운 내용의 95%까지 유지할 수 있고 당신이 바라는 행동 방식을 따를 가능성이 높아진다. 우리의 문화 교육 또한 의미 있고 상호 교류적인 프로그램이 되어야 했다. 그리고 우리의 목표는 단지 새로운 개념을 배우는 것뿐만 아니라, 일을 처리하는 새로운 방식도 취하도록 하는 것이었다.

담당 팀은 "학습지도learning map"라는 시각 전달 도구를 활용해 프로그램을 개발할 것을 추천했다. 학습지도는 내용을 시각 정보로 제시하는데, 소규모 그룹의 대화를 촉진하는 데 효과가 있다는 점이 증명된 바 있다. 학습지도를 활용하자는 발상은 HR 부서 임원인 레지 스토버Reggie Stover에게서 나왔다. 그는 전에 일했던 펩시코PepsiCo에서 유사한 전술을 사용한 적이 있었다. 그는 내가 CXO가 되기 전에 이미 학습지도 개발 작업을 진행하는 중이었다.

처음 학습지도 이야기를 들었을 때는 사실 의심스러웠다. 나는 '문화 변경 전술'에 대해 아는 바가 전혀 없었지만, 왠지 학습지도는 최선의 방법이 될 수 없고 실패할지도 모른다는 우려가 앞섰다. 프로그램에 대한 설명을 듣고 나서도 잘 이해가 되지 않았다. 이런 정도로 우리의 문화를 개발할 수 있다는 생각에도 믿음이 가지 않았고 무엇보다 사람들이 이런 방식에 동의하지 않을 것 같았다. 내 전임자도 학습지도가 마치 보드게임처럼 생겼다며 혹평을 했고 나 역시 속으로 같은 생각을 하고 있었다.(그림 6.1) 43,000명의 직원들을 반나절 동안 앉혀 놓고 보드게임처럼 생긴 이상한 그림으로 환자제일주의에 대해 이야기해야 한다니! 코스그로브에게 도저히 권할 엄두가 나지 않았다.

내가 학습지도에 관해 생각을 바꾸게 된 것은 아덴 브라이언Arden Brion을 만나고 나서였다. 루트Root, Inc.의 사업총괄인 브라이언은 학습지도 기법에서 선구자 역할을 하는 사람으로서 포춘500Fortune500에 이름을 올린 회사들을 비롯해 여러 조직에서 이 기법을 활용해 성공을 거두었다. 브라이언은 학습지도의 개념에 대해 설명해 주었다. 그리고 성공을 거둘 수 있었던 이유 중하나가 학습지도의 상호 교류적 특성 때문이라면서 소규모 그룹 토론을 활성화하기 위해서는 시각적 도구를 사용하는 것이 매우 중요하다고 강조했

그림 6.1. 학습지도

다. 또한 학습지도에는 클리블랜드 클리닉 사람들을 그려 넣어서 직원들이 자기 것으로 받아들이도록 하는 게 중요하다는 점도 덧붙였다. 나는 그때 "우리에 의해, 우리를 위해^{by us, for us}"라는 개념을 처음으로 접하게 되었다. 우리는 학습지도를 활용하기로 결정했다. 상호 교류를 이끌어 낼 수 있을 뿐만 아니라 조직을 위해 중요한 점들을 개발하고, 우리의 기업 목표 달성에 도움이 되는 전술들에 대해 논의하는 과정에 케어기버들의 참여를 이끌어 낼 수 있다고 믿었기 때문이다.

교육 프로그램의 개발을 진행하기 위해서 나와 도나 자벨^{Donna J. Zabell}, 그리고 토마스 버논^{Thomas Vernon}은 함께 팀을 구성했다. 도나는 코스그로브 아래서 심장 수술실의 간호 관리자로 오랫동안 일했으며 현재는 우리 팀의 일원이다. 토마스는 조직의 학습과 개발에 지식을 갖춘 HR 부서 임원이다. 이렇게 셋이서 함께 이 프로젝트를 이끌게 되었다.

루트 팀에서는, 학습지도에 어떤 전략적 테마를 포함시키고 그 정보를 어떻게 담아낼지 결정하기 위해 몇몇 핵심 임원들에게서 조언을 들었다. 코스그로브는 즉시 우리가 왜 환자를 우선으로 여기는지 그 이유를 모든 사람들이 알 수 있도록 하는 데 초점을 맞췄다. 우리는 거기에 우수한 서비스 교육과 실용적 기술 교육도 일부 포함시켰다. 우리는 핵심 요소들을 결정한 다음 조직의 여러 단계에서 뽑은 직원들로 포커스그룹을 조직했다. 루트에서 온 브라이언의 팀은 지도에 담을 내용물을 가장 효과적인 방법으로 전달하고 표현할 방법을 결정하기 위한 토론이 원활하게 진행될 수 있도록 도와주었다. 브라이언 회사의 디자이너들은 포커스그룹을 통해 자료를 얻어내면서 실시간으로 지도를 그려 나갔다. 여기서 중요한 점은 직원들이 직접 참여했다는 사실이다. 참가 직원들은 메시지 전달 방법의 틀을 만들어 냈을 뿐만 아니라 아주 중요한, 예를 들어, 환자경험에 대한 정의와 측정에 대해 논의하는 방법, 환자경험이 중요한 이유, 환자경험과 주요 주제들과의 연관성 같은 안건들도 제시했다.

나는 포커스그룹을 활용한 회의를 통해서 임원의 존재와 후원이 얼마나 중요한지 새삼 깨달을 수 있었다. 나도 원래는 그 회의에 참석하지 않으려 했었다. 내 역할에 대해 확신이 서지 않았고 내가 굳이 필요하다는 생각을 하지 않았기 때문이다. 자벨은 내가 참석하지 않으면 아무도 오지 않을 거라고 했다. "그러면 아무도 이 회의를 진지하게 받아들이지 않을 겁니다. 꼭 오셔서 얼마나 중요한 일인지 말씀해 주셔야만 합니다." 그래도 확신이 없던 나와 자벨 사이에 의견 공방이 오갔다. 자벨이 내게 이번 회의를 성공적으로 성사시키는 것 말고는 다른 방도가 없다고 정중하게 말하는 바람에 나도 그러기로 했다. 그리고 회의 과정을 지켜보며 참석하기를 정말 잘했다는 생각이 들었다. 고위 임원진들과 병원장들, 간호사 리더들을 비롯해서 의료서비스 일선에서 힘쓰는 케어기버들까지 회의실 안에는 다양한 사람들이 모여 있었다. 이들도 처음에는 의심을 품은 사람들이 많았지만, 대화를 나누고 의견을 제시하는 동안 실시간으로 그려지는 지도를 보며 열기가 고조됨을 느꼈다. 사람들은 자발적으로 참여했고 활기가 넘쳤다. 그리고 조직을 위해 제대로 뭔가를 만들어 내겠다는 열정을 모두가 보여 주고 있었다.

모두가 참가해야 한다, 의사들도 빠짐없이

처음부터, 프로그램을 성공시키려면 모든 직원들을 (의사들까지 포함해서) 참가시켜야 한다고 생각했다. 직원들이 행사장에 도착해서 등록을 마치면 한 테이블에 여덟에서 열 명의 다른 직원들과 함께 무작위로 배정된다. 그동안 같은 부서나 비슷한 업무를 통해 익숙한 사람들이 아니라 서로 처음 보는 사람들과 직책이 다른 사람들을 한자리에 앉히기 위해서 무작위로 자리를 배정해야 했다. 어떤 테이블에는 신경외과 의사, 주차 관리원, 간호사, 환경미화원이 함께 앉아 있었다. 나는 종종 클리블랜드 클리닉 경험을 "훌륭한 평등화 연습"이라고 표현한다. 자신이 그동안 조직을 위해 어떤 일을 했는지는 중요하지 않았다. 그날 반나절만큼은 모두가 클리블랜드 클리닉을 위해 일하고 우리의 미션을 지지하는, 똑같은 케어기버일 뿐이었다.

우리는 각 테이블마다 한 명씩 퍼실리테이터^{facilitator, 조력자}를 정해 회의 진행을 도와주고 중요한 안건들을 빠짐없이 다루는 역할을 맡기기로 했다. 세 시간 반 동안, 퍼실리테이터는 〈그림 6.1〉에 나온 각 요소들을 위주로 토론을 안내하게 된다. 퍼실리테이터들은 또한 참가자들의 정서지능^{emotional} ^{intelligence}, 즉 타인의 감정을 이해하고 수용하면서 자신의 감정을 조절하는 능력 격차를 조절하고, 전체적인 대화의 수위를 조절하며, 소극적인 참가자의 의견을 이끌어 내는 역할도 할 것이다. 효율적인 그룹의 참여를 달성하는 데 매우 중요한 역할이라 할 수 있다. 그만큼 충분한 인원의 퍼실리테이터들을 발굴하는 일도 만만치 않다. 처음에는 기획 그룹을 위주로 환자경험센터와 학습 및 수행 능력 개발센터^{Office of Learning and Performance Development} 사람들을 퍼실리테이터로 활용했다. 외부에서 퍼실리테이터를 계약제로 고용할까 하는 생각도 있었지만 "우리 사람들이 우리 사람들을 가르쳐야 한다." 는 신념을 밀고 나가고 싶었다. 우리는 이 프로그램을 점진적으로 진행해 나가면서 참가자들 중에 퍼실리테이터의 잠재력을 갖춘 사람들을 찾을 수 있었다. 결국 다양한 분야와 직책 출신의 사람들 400명을 퍼실리테이터로 교육시키게 되었다. 그중에는 병원에서 "페인터 조$^{Joe\,the\,painter}$"라고 부르던 도장공도 있었다. 그는 오로지 클리블랜드 사람들의 힘으로 만들어 내고 실행한 프로그램에 의해 탄생한 대표적 인물이 되었다.

비용에 관한 문제가 제기되기도 했다. 특히 임원진 회의에서 다소 열띤 토론을 불러일으킨 사안이 생산성 손실이었다. 간호 분야의 리더들은 이 프로그램으로 인한 생산성 저하를 우려했다. 일반적인 측정 방법에 의하면, 모든 직원들의 시간을 반나절씩 뺏는 것은 분명 생산성 저하를 유발하는 일이다. 만약 간호사들이 근무시간 내내 100%의 최대 생산성을 발휘한다면 프로그램을 위한 시간 투자가 업무에 영향을 끼칠 수도 있지만 사실은 그렇지 않다. 이는 의사를 포함해서 조직 전체의 직원들 대부분에게도 적용된다. 한 예로, 외과 의사라고 매일 수술하는 건 아니지 않는가. 출납 담당이나 경비원은 자기 자리를 지키는 시간에 따라 능률을 평가받는다. 그리고 물론, 자리를 비우면 다른 누군가 그 일을 대신해 주어야 한다. 하지만 직원들 대부분의 경우, 네 시간 교육을 받는다고 해서 그 시간 동안 조직 운영이나 생산성에 타격을 받을 가능성은 아주 적다. 프로그램 참가를 관리하려면 여러 면에서 배려와 협조가 필요하긴 하겠지만, 우리는 그래도 운영에 부정적인 영향을 주지 않고 해낼 수 있다고 믿었다. 그리고 실제로 프로그램 참가는 병원 운영이나 실적에 악영향을 주지 않았다. 그해 '클리블랜드 클리닉 경험' 프로그램을 거쳐 간 직원이 43,000명이었고, 환자 수도 역대 손에 꼽을 만큼 많았으며 수입 또한 마찬가지였다. 여전히 비판적인 사람들 중에는 그런 일을 하지 않았으면 환자 수와 수익이 더 오르지 않았겠느냐고 말하는 사람들도 있다. 하지만 나는 프로그램을 실행했기 때문에 그만큼 좋아졌다고 주장하는 쪽이다. 누가 옳은지는 판단에 맡기겠다.

166

또한 프로그램의 성공 여부를 어떻게 평가할 것이냐에 대한 논의도 있었다. 문화 변화(내 표현대로라면 '문화 개발')를 어떻게 측정할 것인가? 매우 힘든 일임에 틀림없다. 환자경험, 불만, 직원몰입도 등 우리가 영향을 끼치고자 하는 사항들은 변화를 보이기까지 1년 혹은 그 이상도 걸릴 수 있다. 또한 문화가 이만큼 수정되었다고 정확하게 수치를 말할 수 있는 계산법도 없다. 따라서 도박적인 면이 분명히 있긴 했다. 우리는 엄청난 프로그램을 시작하려 했고 그 프로그램의 결과는 실제 투자수익률로 따질 수 없는 것이었다. 하지만 이 일이 옳은 일이라는 직감이 들면서 "운에 맡기고 뛰어들어야 한다는 믿음" 같은 것이 있었다. 우리는 결국 참가자들이 이 프로그램을 어떻게 생각하느냐로 성공 여부를 판단하기로 했다. 참가자들은 이 프로그램을 효과적이라고 여길까? 환자경험, 불만, 직원참여도에 미치는 장기적인 영향은 기다리면서 두고 보기로 했다. 이처럼 문화 개발 프로그램을 시작하려는 사람이라면 누구나, 돌아오는 경제적 이익을 따지는 사람들과 다툼을 벌일 수밖에 없다. 단기적인 면에서 경비보다 중요한 일이 있겠는가. 우리는 바로 전해에 유사한 프로그램을 실행해 거둔 어느 정도의 성공을 발판으로 무조건 믿고 뛰어들었다.

사람들에게 옳은 일임을 납득시켜라

의사들도 참여해야 한다고 주장하기는 쉽다. 하지만 그 주장이 옳다고 사람들을 납득시키는 것은 완전히 다른 이야기다. 내가 CXO가 되기 전, 학습지도 개념 제안이 나왔을 때는 의사도 이 프로그램에 참여할 것이라는 상정하에 일을 추진한 것이었다. 학습지도 계획을 지지하고 개발하고 이끌었던 의사가 아닌 사람들도 당연히 의사를 포함시켜야 한다고 믿었다. 하지만 내가 이 일을 맡기 전까지 이 토론에 관여한 의사는 한 명도 없었다. 점차 계획 실행 단계가 가까워지면서 의사 참여에 대한 의견이 관심사로 대두되었다. 그룹 프랙티스를 감독하는 사무실의 리더들 중 일부는 의사의 참여를 완강하게 반대했다. 의사들은 다르며 의사 참여가 생산성에 큰 차질을 불러올 것이라는 것이 그들의 주장이었다. 나는 인사 담당인 조셉 한Joseph Hahn에게 의사들이 참여해야 하는 이유를 설명했다. "가장 중요한 사람들을 빼놓고 문화적 일치를 이루는 것이 무슨 의미가 있겠습니까?" 우리는 다음 날 이 문제를 임원 회의에서 제기하기로 했다. 계획을 계속하느냐 아니면 중지하느냐가 달린 중요한 순간이었다. 임원들 중 반은 의사였다. 그들만 납득시킬 수 있다면 계획을 추진할 수 있다.

그날 퇴근하면서 전체적인 환자경험 프로그램의 앞날이 기로에 서 있다는 생각이 들었다. 조직에서는 학습지도 프로그램 개발에 막대한 투자를 쏟았고 나는 거기에 내 이름을 걸었다. 다음 날 회의에서 임원들의 동의를 받아 내야만 했다. 나는 집에 도착해서 발표 준비를 시작했다. 발표에서 우리가 왜 이 일을 하고 있으며 어떻게 성공을 측정하고 어떻게 실행할 것인지에 대해 처음부터 이야기하기로 마음먹었다. 나는 소그룹 시범 운영을 생각하고 있었다. 한 곳을 정해 효과를 실험해 보자는 것이었다. 내가 그쪽 문화에 가장 편안함을 느끼고 정치적으로도 영향력을 발휘할 수 있는 소화기질환센터를 시범 운영 기관으로 선정할 계획이었다. 나는 밤새 발표 준비를 가다듬었다. 루트의 브라이언과 밤늦게까지 전화로 여러 차례 의견을 나누면서 학습지도 전술에 대해 익히고, 효과를 입증하는 자료를 재확인하고, 학습지도 프로그램을 도입했던 포춘500 선정 회사 리더들의 이야기들을 검토했다. 사람들이 학습하는 방법과 문화 변화 계획의 실패 요인에 관해 모아 두었던 자료들도 연구했다. 다음 날 발표에서는 '왜' 하느냐가 아니라 '어떻게' 하는지 알고 있느냐, 그리고 의사들도 참여하게 만드느냐가 핵심 사항이 될 것이었다. 학습지도 프로그램과 시범 운영 방식이 과연 문화를 일치시키는 최상의 방법이었을까?

다음 날 나는 최선을 다해 주장을 펼쳤다. 왜 해야 하는지부터 시작해서 측정 기준점을 되짚어 주고 어떻게 할지를 설명했다. 발표 말미에 나는 "현재 우리가 문화를 개발하고 유지하기 위해 사용하고 있는 전술들을 소개하겠습니다."라고 말하면서 슬라이드 한 장을 띄웠다. 그 슬라이드엔 '현재 상태'라는 제목만 적혀 있을 뿐, 내용이 전혀 없었다. "아무것도 없습니다." 라는 말과 함께 나는 다음 슬라이드로 넘어갔다. 솔직히 말하면, 충격적인 발언이었다. 자리에 오른 지 넉 달밖에 안 된 사람이 자기보다 더 높은 지위에 있는 사람들을 앞에 두고 그런 말을 하다니! 나 자신도 긴장하긴 마찬가지였다. 하지만 내 말은 사실이었다. 나는 반대 의견이 있으신 분은 말씀해 보시라고 했다. 인사 담당 한은 나를 바라보며 이렇게 말했다. "그런 식으로 말씀하시다니 배짱이 대단하군요!" 물론 나를 비꼬려는 게 아니라 내 의지를 인정한다는 뜻으로 한 말이었다. 아무도 내 말에 반대하지 않았다. 현재 가동 중인 프로그램이 없다는 사실을 모두 알고 있었다. 나는 일단 시범적으로 운영하면서 경과를 두고 보자는 말로 발표를 마쳤다. 그동안 먼 길을 왔다. 과연 이 프로그램이 도움이 될지 판단하기 위해 한번 도전해 볼 만한 가치가 충분했다.

이제 일은 재미있어졌다. 또다시 비용과 생산성 문제가 대두되었고, 의사 측에서 의사 참여를 놓고 격렬한 반대 의견이 쏟아져 나왔다. 코스그로브는 말을 아낀 채 모든 의견들을 들어 주었다. 같은 공간에 있는 나도 그의 마음을 읽을 수가 없었다. 마침내 코스그로브가 책상을 탁 치며 분명히 말했다. "됐습니다. 비용이 얼마가 들지는 알 수가 없겠죠. 하지만 이 일을 하지 않음으로 해서 치러야 할 대가는 얼마나 될까요? 5년 전 우리는 준비가 미흡했을지도 모릅니다. 하지만 오늘의 우리는 과거와 다른 조직입니다. 그리고 이제는 시도해 봐야만 합니다." 그도 의사들이 참여하지 않는 한 어떠한 노력도 의미가 없다고 느끼고 있었다. 코스그로브는 1,000여 명의 사람들이 근무하는 소화기질환센터에서 시범 운영을 허락했다. 그러면서 프로그램 시작 전에 두 가지를 분명히 해야 한다고 했다. 첫째, 의사들은 확실한 지원을 약속해야 할 것이며, 의사들이 프로그램에 공감하는지 확인하기 위해 코스그로브가 선발한 다른 의사들이 참여해서 검사하도록 한다. 둘째, 프로그램의 지속성 여부가 매우 중요하므로 지속 가능성을 증명할 수 있는 증거를 제출한다.

우리는 학습지도를 검토하고 절차를 검사할 10명의 의사들로 그룹을 만들었다. 코스그로브는 프로그램에 가장 회의적인 의사들을 팀원으로 추천했다. 솔직하고 냉정한 피드백을 받고자 하는 마음에서였다. 자벨이 사람들을 한 방에 모았다. 그리고 지도를 보여 주기 전에 내가 먼저 사람들에게 우리가 달성하려는 것이 무엇이고 그 이유가 무엇인지 설명했다. 그런 다음 지도를 보여 주면서 자벨과 버논, 그리고 내가 프로그램에 관해 죽 설명해 주었다. 방 안에 있던 의사들 중에 내가 아는 사람은 거의 없었고 과연 이 프로그램이 어떻게 될지 감을 잡을 수도 없었다. 그런데 놀랍게도 모두들 적극적으로 도와주는 모습을 보였다. 의사들을 여론 주도층으로 여기고 그들의 참석이 성공 여부에 커다란 영향을 미친다는 가능성을 고려해서 메시지를 전달해야 한다는 등 의료진의 참가를 확대시킬 수 있는 방법들을 제공해 주었다. 시범 운영에 참가하는 의사들도 조직 전체에 프로그램 시행 이유를 분명히 전달해야 한다는 의견을 강력하게 제시했다. 장기간 근속한 의사 한 분은 이렇게 말했다. "조직에 이런 뭔가가 꼭 필요했어." 나는 그날 회의를 통해 이 프로그램이 성공하리라는 확신을 가지게 됐다.

그러나 코스그로브가 요구했던 지속 가능성 판단에 대해서는 팀원 중 그 누구도 확신하지 못하고 있었다. 우리는 소화기질환센터에서의 시범 운영을 잠시 미루고 지속 가능성을 다시 검토하기로 했다. 우리가 외부의 도움 없이 그 프로그램을 만들었다는 사실에는 자부심을 느꼈지만 이번에는 공정한 독립적 평가를 받기 위해 외부 컨설턴트 한 명을 참여시키기로 했다. 이틀 동안 컨설턴트를 모셔오는 데 많은 비용이 들었는데도 그 컨설턴트는 포커스그룹의 학습지도 과정을 지켜보기만 했다. 둘째 날이 거의 다 끝나 갈 때까지 아무 말 없이 그저 지켜보고만 있었다. 그러더니 내 옆에 앉아 있던 그가 마침내 나를 보며 말했다. "관리자! 이 프로그램의 지속 가능성을 위한 열쇠는 관리자들이 쥐고 있어요. 관리자들이 이 프로그램을 성공으로 이끌어 줄 겁니다." 조직에는 2,200여 명이나 되는 관리자들이 있었다. 그들의 마음을 움직인다는 건 거의 전 직원의 마음을 움직이는 것이나 다름없었다. 우리는 다시 그림판으로 돌아가 관리자들에게 요구되는 과정 두 가지를 프로그램에 추가했다.(그림 6.2) 첫째는 "솔선수범하기Leading the Way" 다. 이는 클리블랜드 클리닉 경험 학습지도 훈련을 통해 달성하고자 하는 것들을 정확하게 제시하고, 관리자들의 기대를 설정하며, 조직의 탈바꿈을 위해 관리자들의 도움을 구하는 반나절 동안의 관리자 수련회다. 두 번째 모임은 "우수한 성과를 위해 코칭하기Coaching for Outstanding Performance"로 하루 동안 진행하는 수련회다. 여기에서는 학습지도 훈련을 마친 관리자들에게 목표를 재차 강조하고, 참여 전략에 대해 논의하며, 변화를 유지하는 방법을 알려 준다. 이렇게 시작한 관리자 수련회들은 오늘날까지 이어 오는 중요한 리더십 포럼의 모태가 되었다.

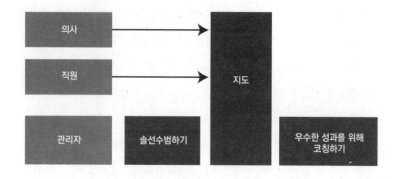

그림 6.2. 클리블랜드 클리닉 경험을 위한 과정 흐름도

의사들로 이루어진 포커스그룹 조성과 지속 가능성을 위해 관리자들을 활용하기로 한 결정을 통해, 우리 팀은 어떻게 프로그램의 의미를 조직에 전달해야 하는지 이해할 수 있었다. 우리는 우리가 무엇을, 그리고 왜 간구 하는지 모든 사람들이 알기를 바랐다. 메시지 전달은 세 그룹을 목표로 하고 있었다. 의사들, 관리자들, 그리고 그 외의 모든 케어기버들이었다. 포커 스그룹 의사들이 조언해 준 대로, 우리는 모든 의사들에게 편지를 보냈다. 그 편지에는 우리가 무슨 일을 하고 있는지에 대한 설명과 조직 전체의 다른 케어기버들이 그들을 리더로 바라보고 있다는 점을 강조하는 내용을 담았다. 관리자들에게는, 그들이 미래의 성공에 필요한 조직 구축에 반드시 필요한 존재라는 메시지를 보냈다. 마케팅 및 홍보 책임자인 폴 맷슨[Paul Matsen]이 이끄는 마케팅 팀은, 케어기버의 역할이 얼마나 힘든 일인지, 하지만 조직을 위해 얼마나 중요하고 반드시 필요한 일인지를 설명하는 내용을 담은 "브랜드북[brand book]"을 만들어 냈다.

문화의 일치를 위해 필요한 그 무엇

전면적인 시범 운영을 마치고 2010년 말, 우리는 클리블랜드 클리닉 경험 프로그램을 조직에 도입했다. 그 전에 모든 직원들에게 브랜드북을 미리 나눠 주어 자신이 하는 일이 얼마나 중요한지 다시 한번 깨닫고, 이 프로그램을 시행해야 하는 '이유'를 분명히 이해할 수 있도록 했다. 모든 관리자들이 "솔선수범하기" 수련회에 참가했다. 최종적으로, 모든 직원들이 네 시간짜리 연수 과정에 참가했는데, 이 과정은 조직의 전체 인원을 환자제일 주의라는 조직의 최우선 항목에 일치시키고자 특별히 고안된 것이었다. 그 프로그램은 우리가 왜 환자제일주의를 원칙으로 따라야 하는지를 설명해 주었고, 역할에 관계없이 클리블랜드 클리닉에서 일하는 사람들은 모두가 케어기버라는 점을 보여 주었다. 조직이 기대하는 서비스 행동을 소개하고 "서비스 회복service recovery*" 프로그램을 선보이는 시간도 있었다. 'H.E.A.R.T' 와 상응하는, 조직의 가치에 대해 토론하는 시간도 가졌다. 직원들에게 가치들 중 하나를 선택하게 하고 그 가치가 클리닉에서의 자기 역할에 있어 왜 중요한지 설명하도록 했다. 연수 과정 말미에는 수료식을 하고 참가자들은 자기 이름과 'caregiver'라는 단어가 함께 새겨진 이름표를 받았다. 그 다음, 최고의 연수 과정인 "우수한 성과를 위해 코칭하기" 역시 모든 관리자들을 위해 실시했다.

클리블랜드 클리닉 경험은 우리 모두가 케어기버라는 개념을 내면화하고 지속적인 노력을 기울이기 시작하는 계기를 마련해 주었다. 클리블랜드 클

---

* 재량권을 가진 현장 직원이 불만족 서비스를 감동 서비스로 전환하는 것.

리닉이라는 이름을 단 모든 의료 기관의 모든 직원들을 연수 과정에 참여시키는 데 1년이 조금 넘게 걸렸다. 설계와 실행에 들어간 비용은 비교적 아주 적었던 반면에 급료 지급에 소요된 비용만 1,100만 달러에 달했다. 이는 연수 일자에 맞춰 수술 일정을 미리 비워 놓아 발생하는 의사의 생산성 손실 같은 기회비용은 포함되지 않은 금액이다.

환자경험이나 불만, 직원참여도 등에 미치는 영향이 즉시 나타나지 않으리라는 점에 대해서는 모두가 동의한 바 있었지만, 그래도 직원들이 이 프로그램에 얼마나 만족하는지 알아보기 위해 설문 조사를 실시했다. 조사는 익명으로 실시했으며 참가자 중 반 정도가 참여해서 다음과 같이 응답해 주었다.

내 업무에 도움이 되리라 여김	87.7%
프로그램 내용이 효율적으로 전달되었음	92.5%
과정에 만족함	85.4%
세계 일류의 진료라는 미션을 지지함	93.8%

우리는 주위에서 들려오는 증명되지 않은 이야기들 말고 직원들의 생각을 직접 눈으로 확인할 수 있는 방법에 대해서도 고민하고 있었다. 그래서 포스터를 제작해 '클리블랜드 클리닉 경험'이라는 제목을 달고 그 아래에 '회의적, 보통, 신뢰'라는 세 개의 칸을 만들었다. 그리고 연수 과정에 도착하는 참가자들에게 자신의 생각대로 파란색 스티커를 붙여 달라고 부탁했다. 과정이 끝난 후에는 녹색 스티커로 의견을 표시하도록 했다. 연수 과정을 시작할 때는 '회의적' 또는 '보통'에 스티커를 붙인 사람들이 대부분이었다. 하지만 과정이 끝날 때쯤 이들 대부분은 스티커를 '신뢰'로 옮겨 붙였다.

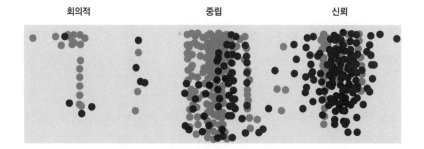

회의적   중립   신뢰

그림 6.3. 경험 전(회색)과 후(검정) 참가자들의 마음 자세

(그림 6.3) 사람들이 프로그램을 '이해했으며' 그 뜻을 함께하고 있음을 보여 주는 훌륭한 시각 자료였다.

우리의 의료진들로부터 프로그램이 아주 마음에 들었을 뿐만 아니라, 환자제일주의를 적극 지지한다는 소리가 수도 없이 들려왔다. 그중에서도 의사들의 참여에 대해 긍정적인 의견이 가장 많았다. "의사들도 이런 걸 하다니 믿기가 힘들더군요." "여기서 일한 지 32년이 됐지만 의사들이랑 뭔가를 해 보긴 이번이 처음이었어요." 직원들은 조직의 발전을 위한 일에 의사들이 자기들과 함께 참석하는 모습을 보고 몹시 흥분하고 감격했다. 의사들 대부분도 다소 긍정적인 태도로 참가했고 격려의 말을 보냈다. 우리는 사람들이 '억지로'가 아니라 '자연적으로' 참여할 수밖에 없는 프로그램을 만들어 낸 것이다. 물론 나도 현실적인 사람이기 때문에 모든 의사들이 이 프로그램을 다 좋아하게 되리라 기대하지는 않았다. 과정을 시작하기 전에는 회의적인 의사들이 대부분이었고 일부는 저항감을 내비치기도 했다. 그랬던 사람들이 프로그램 참가 후 지지하는 모습을 보여 주니 그저 놀라울 따름이었다.

2010년 10월, 조인트커미션이 우리 본원의 재인증을 위해 깜짝 (하지만 우리가 예상하고 있었던) 방문을 했다. 방문 말미에 임원진의 보고를 듣던 평가 담당자는 이렇게 말했다. "여러분은 아름다운 건물에다 최신식 장비를 갖추고 복잡한 질병에 걸린 환자들을 다루고 있군요. 하지만 여러분이 지닌 가장 큰 자산은 바로 여러분의 사람들입니다. 이곳의 사람들은 적극적으로 참여하고 열정이 넘치며 따뜻한 마음을 지니고 있습니다. 축하합니다! 여러분은 세계적 수준의 사람들 덕분에 세계적 수준의 진료를 하고 계십니다!"⁴ 그때는 본원에서 일하는 거의 모든 의사들이 이미 클리블랜드 클리닉 경험을 막 이수한 후였다. 우리가 한 일에 대해 받은 평가들 중에서 단연코 최고의 칭찬이었다.

불가능을 달성하기

클리블랜드 클리닉 경험은 우리의 문화를 바꿀 프로그램으로 자리했다. 우리는 의사들을 포함해 43,000명에 이르는 직원 모두를 성공적으로 이끌었다. 현실 공간에서 반나절 동안 만나면서 모두를 환자제일주의와 더불어 "서비스 수월성Service Excellence"과 같은 조직의 우선 사항을 중심으로 재정렬하도록 했다. 헬스케어 분야에서 이렇게 대담한 행동으로 단번에 문화 일치를 이루어 낸 조직은 우리가 틀림없이 처음일 것이다. 그 규모가 가장 큰 것임은 말할 것도 없다. 나와 대화를 나누는 사람들은 종종 그 규모와 범위에 깜짝 놀라며 묻는다. "전 직원을 다 참여시켰다는 말입니까?" 그렇다, 모두 다 참여시켰다! 헬스케어 리더들은 늘 이런 질문을 한다. "정말 의사들이 그걸 했다고요?" 그렇다, 의사들도 했다!

프로그램의 유지 또한 지속적으로 활발하게 이루어졌다. 새로 오는 직원은 (새로 오는 의사도 포함해서) 누구나 사전 교육의 일환으로 클리블랜드 클리닉 경험을 거쳐 간다. 우리는 지속적으로 대화, 회의, 간행물을 통해서 우리 직원들을 '케어기버'라는 호칭으로 부른다. 클리블랜드 클리닉 경험에서 설명한 대로 기대되는 서비스 행동을 이끌어 낼 수 있도록 만들어 낸 서비스 수월성 프로그램인 "H.E.A.R.T를 통해 교류하기]Communicate with H.E.A.R.T"는 이제 모든 의료진의 업무 수행과 하나가 되었다. 환자경험, 서비스 수월성, 그리고 우리의 가치들은 모든 이들의 연례 직원 업무 평가에 포함된다.

환자중심주의라는 주제를 되새기고 우리의 가치를 강화하기 위해서 2,200명의 관리자들 모두가 네 달에 한 번 리더십 포럼에 참가한다. 이 포럼은 조직 역량 개발을 위해 고안되었다. 우리는 조직원 누구나 이런 특성들을 지니길 기대한다. 모든 관리자는 조직의 역량에 대해 잘 알고 있어야 하고 그 내용을 잘 정리해 놓아야 한다. 이 포럼들에서는 참여, 정서지능, 안전 문화, 지속적인 향상 문화, 가치를 기반으로 한 진료와 변화관리 등을 다룬다. 각 세션은 우리의 문화 이야기와 관련되어 있으며 클리블랜드 클리닉 경험을 통해 소개한 주제들을 완전하게 담아낸다.

지속 가능한 유지 관리 전술과 더불어 클리블랜드 클리닉 경험은 우리가 조직의 발전을 위해 해 온 일들 중에서 가장 중요한 일이라는 것이 내 생각이다. 클리블랜드 클리닉 경험은, 환자중심주의를 달성하기 위해 가장 중요한 요소인 문화를 똑바로 겨냥하고 있으며 환자만족 향상, 안전과 품질 증대의 형태로 나타나고 있다. 이 프로그램이 성공할 수 있었던 것은 조직의 리더십과 헌신적인 태도 덕분이었다. 코스그로브는 내내 우리의 뒤를 든든히 받쳐 주었다. 클리블랜드 클리닉 경험은 또한 모든 이들에게 우리가 환자를 위해 여기에 존재하고 있음을 행동으로 보여 주고 모든 것들을 환자중심으로 정렬시킴으로써 문화를 (바꾸기보다) 원상 복귀시킬 수 있었다. 이처럼 훌륭한 평등화 노력은 우리의 메시지 전달을 위한 발판이 되었고 전진할 수 있는 개발 전술의 출발점을 제공해 주었다.

문화 훈련을 실행할 때에는 다음 사항들을 고려하라.

1. 당신이 성취하고자 하는 것은 무엇이고 그것이 기업 전략과 어떤 연관이 있는가? 우리의 프로그램은 환자만족 향상에 초점을 맞추면서 고객을 중심으로 조직을 정렬시키는 것이 주목적이었다. 당시에는 적절한 목표였다. 문화와 서비스는 물론이고 안전, 고품질, 만족을 포함하는 환자경험의 새로운 정의도 해당 프로그램에 통합될 수 있는 주제였다. 당신의 장기 전략이 무엇을 필요로 하는지 이해하라. 그래야 먼저 당신의 문화를 바로잡고 그 다음에 필요 사항들 주위로 당신의 프로그램을 세울 수 있다.

2. 당신의 목표가 행동을 강의하는 것인지 아니면 변화시키는 것인지를 결정하라. 만약 사람들로 하여금 새로운 행동을 따르게 하려 한다면 당신의 전술은 상호 교류가 가능한 소그룹 훈련으로 구성되어야 한다. 사람들은 교실에서 들은 내용보다 다른 사람들과 대화한 내용을 더 잘 기억한다. 시간과 헌신이라는 측면에서 부담이 크긴 하겠지만 그만한 가치가 있다고 믿는다.

3. 당신의 조직을 중대한 교육 훈련의 장으로 이끌기로 결정하는 순간 사람들은 이런 질문을 하게 될 것이다. "그게 효과가 있을지 어떻게 압니까?" 효과를 보장할 수 없으며 효과를 측정할 수 있는 직접적인 방법도

없다는 것이 내 대답이다. 우리의 경우, 노력을 기울이고 1년 혹은 그 이상이 지나서 성공했다는 것을 알았다. 이런 프로그램들은 운에 맡기고 믿음으로 시작하기도 한다. 하지만 신중하게 구상하고 신중하게 계획해서 성공적으로 실행할 수 있다면, 우리와 다른 사람들이 그랬듯 프로그램의 성공을 맛볼 수 있다.

4. 프로그램의 지속 가능성과 메시지 전달은 당신이 프로그램을 시작하기 전에 확인해야만 한다. 대부분의 노력이 수포로 돌아가고 프로그램의 맛만 보다가 끝나는 이유가 바로 이 때문이다. 당신의 조직이 변화를 유지하는 데 투자하지 않을 생각이라면 아예 처음부터 프로그램에 투자하지 마라. 어차피 아무 소용없을 테니까.

5. 대형 조직들은 문화 중심적이다. 이는 대형 조직들이 외부인과 컨설턴트를 거부한다는 뜻이기도 하다. 우리의 프로그램, 내용, 실행은 모두 우리 조직 사람들만의 힘으로 개발하고 이루어 냈다. 물론 우리도 학습지도에 대해 충분히 생각해 보고 디자인하는 데 도움을 얻기 위해 외부인을 활용했다. 하지만 프로그램은 "우리를 위해 우리가 디자인한 이상" 우리 것이다! 우리가 우리 사람들을 위해 앞장서고 있다는 사실은 조직에 큰 의미를 전달해 준다.

6. 모든 사람들이 참가해야 한다. 의사들도 참가시켜야 한다는 데 대해 많은 반대가 있었다. 만약 의사들이 참가하지 않았더라면 이 프로그램은 실패했을 것이고 나도 프로그램 진행을 권하지 않았을 것이다. 이런 프로그램에서 중요하고 강력한 이해관계자 그룹을 배제하는 일은

있을 수 없다. 가장 강력한 영향력을 지녔다고 생각하는 그룹이 적극적으로 참여하지 않는다면 일치고 정렬이고 무슨 소용이 있겠는가?

제7장

의사들의 참여가 필수다

Physician Involvement Is Vital

나는 자라면서 늘 의사가 되고 싶었다. 까만색 의사 가방도 가지고 있었고 친구들과도 의사 놀이를 하며 지냈다. 동물 인형들의 배를 내가 하도 째고 꿰매고 하는 바람에 안에 들어 있는 솜이 남아나는 일이 드물었다. 나는 알레르기가 심해 한 달에 한 번씩 주치의 선생님을 찾아가 주사를 맞았는데, 그때마다 그 의사 선생님과 그가 사용하는 도구, 책으로 가득한 진료실에 경외감을 느꼈다! 내가 저렇게 많은 책을 과연 읽을 수 있을까 생각하며 놀라워하고 감탄하던 일이 기억난다. 블루칼라 집안인 우리 가족들 중에는 의사가 없었다. 그래서인지 의사들은 모든 걸 다 아는, 절대적인 존경을 받아야 하는 사람으로 생각했다.

의사의 책임감은 막중하다. 그들은 살면서 최악의 순간을 맞이한 사람들을 돌봐 준다. 의사들은 엄청난 양의 정보를 습득하고 환자의 건강과 안녕에 영향을 줄 수 있는 결정들을 내린다. 그리고 환자는 의사가 옳은 일을 할 거라고 믿으며 무한한 신뢰를 보낸다. 때로는 의사가 환자의 가장 사적인 영역을 침범하기도 한다. 마취와 수술 전, 환자는 의사를 비롯해 수술을 담당하는 의료진들이 자신을 다시 깨어나게 해 줄 것으로 믿는다. 의사가 환자의 안전한 의식 회복과 성공적인 수술을 보장하는 성스러운 의무를 행할 때보다 개인의 인권을 침해하거나 더 큰 책임감이 부여되는 경우는 드물다. 이는 심오한, 종종 어려운, 그리고 매우 스트레스가 많은 책임을 동반한다.

의사들은 의술을 행하기까지 오랜 시간 열심히 공부하고 훈련받는다. 나는 의과대학에서 4년, 연구 기간 2년을 포함해서 레지던트로 7년을 보냈고, 펠로우로 1년간 일했다. 독립적으로 환자를 진찰할 수 있기까지 12년의 훈련 기간을 거친 셈이다. 의사가 되기까지 엄청난 희생이 따랐다. 외과 레지던트 시절에는 길고도 험난한 근무시간을 겪어야 한다. 그뿐만이 아니다. 따져 보면 기회비용도 엄청나다. 만약 공부 대신 다른 일을 12년 동안 했으면 어땠을까. 학비 부담금도 만만치 않다. 의과대학을 졸업하면서 20만 달러의 빚을 졌고 아내와 함께 여전히 학자금 대출을 갚고 있다. 의사들은 평균적으로 졸업할 당시 대략 17만 달러의 부채를 안고 있다. 그들 중 20%에 달하는 사람들의 빚은 25만 달러 이상이다.[1]

하지만 이런 희생 뒤에는 커다란 보상이 뒤따른다. 의사라는 직함만으로도 존경과 신망을 받는다. 미국에서 재정적으로 어려움을 겪는 의사는 극히 드물다. 의사가 된다는 것은 괜찮은 보수에 평생직장을 보장받는 것이나 다름없다. 보수가 '괜찮다'고 한 이유는, 일부 전문의들은 돈을 많이 버는 반면에 1차 진료를 담당하는 의사들은 그러지 못한 경우도 있기 때문이다. 미국을 비롯해 전 세계적으로 의사 부족 현상을 맞이하고 있으니 실직에 대한 두려움도 거의 느낄 필요가 없다.

환자들은 의사들이 많은 희생을 감내했다는 사실을 인정하고 존경한다. 의사는 미국에서 가장 존경받고 신뢰받는 직업 중 하나다.[2] 최근의 갤럽 조사에 따르면 가장 정직하고 윤리적인 직업 부문에서 의사가 4위를 차지했다.[3] 환자들과 대화를 나누다 보면 이 결과에 믿음이 간다. 환자들은 내가 의사로서 하는 일을 높이 산다는 말을 자주 한다. 나와 아주 잠시 함께 이 야기를 나누었기 때문에 환자들은 내가 어떤 사람인지 정확히 알지 못한 다. 그러면서도 그들이 그렇게 말하는 이유는 내가 의사이기 때문이다. 의 사라고 하면 쉽게 신뢰를 얻는다. 나뿐만 아니라 전 세계의 의사들이 이와 대동소이한 경험을 하리라 확신한다.

의사들의 추악한 면

하지만 의사들에게는 일반인들이 거의 볼 수 없는 또 다른 면이 있다. 의 과대학에 진학하기 전에 나는 내가 자란 동네에 있는 작은 지역병원 이사 회의 구성원으로 선정된 적이 있다. 그때가 90년대 초반이었으니 병원들 역 시 지금과는 매우 달랐다. 그 병원이 그랬던 것처럼 당시 병원들은 다소 독 립적이었다. 넓은 도심 지구 근처에 있는 지역병원들은 오늘날처럼 대형 시 스템의 일부가 아니었다.

이사회의 동료들은 대부분 나처럼 지역 사업가이거나 공무원이었다. 그리 고 그 병원의 원장을 포함해 의사들도 몇 명 있었다. 그 병원 의사들은 모 두 개인 진료를 병행했다. 이는 전형적인 지역병원 모델로, 여기에는 적당히 독립적이면서 공생 관계인 세 개의 이해관계자 그룹이 있다. 병원을 운영하 는 경영 조직, 관리·감독을 담당하는 이사회, 진료를 담당하는 의료진이다.

오늘날에도 미국 전역에 걸쳐 상당히 존재하는 이런 모델 아래에서는, 환 자가 아닌 의사가 병원의 진정한 고객이다. 애리조나에 있는 어느 병원의 최 고경영자는 내게 병원장의 역할은 의사들을 기쁘게 해 주는 것이라고 했 다. 왜냐하면 진정한 고객은 의사들이기 때문이다. 의사들이 병원에 환자를 데려오기 때문이다. 환자를 끌어모으는 주체가 병원이 아니라는 말이다. 이는 과거는 물론이고 현재까지 존재하는 역설이다. 많은 병원들이 환자를 끌어들이기 위해 개원의들에게 의존하며, 그렇게 온 환자들이 병원의 성공 여부를 결정짓는다. 하지만 병원에서는 의사들이 환자를 끌어들일 수 있도록 하는 그 어떤 방법도 사용할 수 없다. 연방법이 그런 행위를 금지하고 있기 때문이다. 그러므로 이런 상황에서는 시장을 움직이는 주체가 개원의들이 되는 것이다.

나는 이사회의 일원으로서 의사들과 그들의 지식, 조직 관리에 미치는 영향력에 깊은 인상을 받았다. 이사회의 동료들이 의사들의 의견을 따르는 모습을 지켜보는 일은 흥미로웠다. 의사 그룹의 리더가 한마디 하면 그 말은 곧 법이나 다름없었다. 이사회에는 사업적으로 큰 성공을 거둔 사람들도 있었지만 의사들의 의견에는 감히 반기를 들지 못했다. 환자와 의사 사이에 오가는 교감에 나쁜 영향을 줄 수 있다는 의사의 말 한마디는 모든 이들의 기를 꺾어 놓았다. 진료를 직접 담당해 보지 않은 사람의 말은 의사의 말을 반박할 만한 신뢰성을 담고 있지 못했다. 의사들의 박식함은 종종 병원의 중요한 결정까지 좌우했다. 내게는 병원에서 의사들이 휘두르는 힘과 비밀스런 정치권력을 일찍이 맛볼 수 있던 시간이었다.

우리 이사회에서 임신 관련 결과에 대해 관심을 갖게 되면서 의사들이 힘을 사용하는 전법이 확실히 드러났다. 산부인과에서는 진료의 질을 측정하는 중요한 기준 중 하나가 제왕절개 후 자연분만Vaginal Birth After Cesarean section, VBAC 비율이다. 이전에 제왕절개를 통해 아이를 낳은 경험이 있는 환자에게 다음 출산 시 당연히 제왕절개를 권하는 것이 아니라, 가능하다면 자연분만을 시도할 것을 권해야 한다. 반복해서 제왕절개를 받을 경우 산모에게 상당한 위험이 따르고 합병증 발생, 장기 입원, 더딘 회복뿐만 아니라 두말할 필요 없이 더 많은 비용이 발생할 가능성이 높다.

산부인과 의사 입장에서는, 제왕절개가 더 편하고(한밤중에 분만을 돕기 위해 병원으로 달려갈 일도 없고) 수입도 높다. 자연분만보다 제왕절개 분만 시 더 많은 돈을 받기 때문이다. 당시 산부인과 의사들 사이에서는 제왕절개 분만 비율이 매우 높은 반면에 VBAC 비율은 질적인 면에서 기준에 훨씬 못 미치고 있었다. 하지만 우리와 경쟁 관계에 있던 일부 지역병원들에는 VBAC 비율이 이보다 훨씬 더 낮은 의사들도 있었다. 그러던 중, 경쟁 병원 한 곳의 원장이 이 현상에 대해 의사에게 책임을 묻기 시작했다. 의사들은 당연히 이를 마음에 들어 하지 않았고 이런 책임에서 면제될 수 있는 우리 병원으로 몰려들기 시작했다. 이들을 승인하기 위한 이사회에서 나는 몇몇 의사들에게 왜 오랫동안 경쟁 병원에서 일하다가 병원을 옮기기로 마음먹었는지 물었다. 한 사람은 자신의 역량 확대를 위해서라고 답했고, 또 한 사람은 더 나은 병원에서 일해 보고 싶었다고 대답했다. 제왕절개나 제왕절개 후 자연분만에 관한 질문에 대해서는 "환자를 위해 옳은 결정을 내릴 수 있는" 자율성을 강하게 주장했다. 비의료인이 말로 이들을 이길 수는 없는 노릇이었다.

나는 그 의사들이 병원을 옮긴 진짜 이유가 무엇인지 이사회 멤버들 대부분이 알고 있었다고 생각한다. 자기들의 VBAC 비율이 형편없었고 경쟁 병원에서 감시를 강화하니까 도피처를 찾아 탈출한 것이라는 사실을 말이다. 이 의사들은 경제 논리와 정치 논리로 게임을 하고 있었다. 자기에게 높은 질을 요구하는 기준을 들이대면 환자들을 다른 병원으로 데려가면 된다는 생각이었다. 이를 입증할 방법은 없을뿐더러 자격을 갖춘 의사를 거부하는 것은 위험한 일이었다. 하지만 더욱 중요한 사실은, 우리 역시 더 많은 환자들을 데려와서 더 성공적인 병원으로 만들어 줄 수 있는 의사들을 원했다는 점이다. 이런 모델에서는 의사가 고객이라는 점을 잊지 말아야 한다. 우리가 이 의사들이 그들의 고객인 환자들을 데려오기 원했다는 사실 역시 마찬가지다. 이 의사들은 자기들이 원하는 바를 얻기 위해 자신의 힘을 지렛대로 우리를 받침대로 사용했다. 그리고 그 방법은 옳지 않았다! 하지만 그들의 요청대로 이루어졌다.

나는 또한 외과 레지던트와 펠로우를 거치면서 의료계의 추악한 면을 직접 목격했다. 병원 경영진들과 의사 지도부가 발 벗고 나서서 무법한 의사들을 보호하는 모습을 볼 수 있었다. 인턴과 레지던트 과정이 얼마나 힘든지에 대해서는 많이들 들어봤을 것이다. 임상 현장에서 많은 것들을 배우는 동시에 환자들도 돌보느라 일에 쫓기고 시간에 쫓기는 생활의 연속이다. 하지만 의사의 지도 교육을 받는 레지던트들이 얼마나 심각한 괴롭힘을 당하는지에 대해서는 많이 알려진 바가 없다. 소리 지르고 고함치기, 욕하기, 전공의들에게 멍청하다고 말하기, 심하게 놀려대기, 다른 전공의나 간호사, 심한 경우에는 환자와 가족들 앞에서까지 업신여기기 등 가해행위는 다양한 형태로 나타난다. 괴롭힘은 물리적 폭력으로 이어지기도 한다. 어떤 의사들은 수술실에서 물건을 집어던지기도 하는데 심지어 다른 의료진들을 향해 던지기도 한다. 내가 인턴이었을 때, 한 외과 의사는 수석 전공의의 멱살을 잡아 문에 밀어 버리는 폭력을 사용했다. 의료계에서 아주 유명하고 글도 많이 쓰는 의사들 중에도 언행이 아주 못된 사람들이 있다. 인턴이나 레지던트만 이런 비열한 행동의 희생자가 되는 것은 아니다. 간호사들이나 헬스케어 팀의 다른 사람들도 종종 괴롭힘의 대상이 되곤 한다.

운이 좋게도 나는 물리적 폭력을 당해 본 적은 없다. 하지만 나와 동료들이 경험했던 '스승'들에 의해 행해지는 다양한 가해행위는 뻔히 알면서도 무시되고 만다. 해당 과의 과장에 의해서. 레지던트 시절 경험했던 가해 행위는 늘 이런 말로 흐지부지 처리되었다. "그래도 그 사람이 훌륭한 외과 의사 아닙니까." 수술실이나 병실에서 의사의 거만하고 교만한 행동에 항의하는 환자에게 간호사는 이렇게 말한다. "그래도 아주 실력 있는 의사 선생님이시잖아요." 수많은 레지던트들과 간호사들이 지속적이고 반복적으로 괴롭힘을 당하고 있는데도 의사들은 아무 일 없다는 듯이 의료 행위를 계속한다.

요즘은 잘못된 행동에 대해 감시하고 책임을 지게 하는 시스템이 예전에 비해 좋아졌다고 생각한다. 그리고 그것이 사실이기를 바란다. 리더들은 이런 행동을 더 철저히 관리·감독하고 있으며, 일부 병원에서는 잘못된 행동들이 보고되었을 때 동료들로 구성된 윤리위원회에서 이를 평가하기도 한다. 그러나 당신도 알다시피, 모든 가해행위가 다 보고되는 것은 아니며 이런 위원회를 운영하지 않는 병원들이 더 많다. 의사 지도부에 속한 사람이라면 누구나 이런 가해행위가 여전히 발생하고 있다는 사실을 알고 있을 것이다.

2014년 1월, 〈AP〉는 몬태나 주 쉘비의 한 의사가 수술을 늦춰 달라는 부탁을 거절해 다른 일정들이 모두 취소되는 일이 발생했고, 이에 병원이 그 의사가 병원 운영에 지장을 초래했다는 이유로 해당 의사의 임상 권한을 박탈했다고 전했다.[4] 또한 그 의사는 여직원에게 자기가 전자의무기록 시스템의 문제점을 고치는 데 도움을 주지 않으면 죽여 버리겠다고 협박했다고 한다.

최근 한 연구에 따르면 의과대학 학생들 대부분이 어떤 형태로든 괴롭힘을 당한다고 한다.[5] 더 심란한 사실은 가해행위가 분명하게 숨김없이 드러나는 것이 아니라 "직원들에게 수치심을 주고 그들의 자존감을 훼손하는 미묘한 상호작용"[6], 즉 사회학자들의 표현을 빌리자면 "마이크로 어그레션 micro-aggression*"인 경우가 많다는 점이다.

이는 의료계 어디에서나 일어나는 일이다. 동료나 아랫사람을 향한 의사의 가해행위는 비일비재하다. 이유를 불문하고 옳지 못한 행동이다. 의사로서 뛰어난 기술이 있다고 해서 잘못된 행동을 용인받는 일은 없어져야 한다. 안전하고 질 높은, 그리고 효율적인 진료를 전달하기 위해서는 적절한 행동과 뛰어난 기술 모두 요구된다.

괴롭힘이나 학대 행위를 일삼는 의사는 환자를 위험에 처하게 만들며 기술이 좋아도 이런 의사들은 만나지 않는 것이 환자에게 더 좋다. 이런 행동들은 환자에게 불안한 환경을 조성한다. 의사가 분노를 통제하지 못하고 가학적 행동을 일삼으면 환자가 위험에 처했을 때 헬스케어 팀이 대담하게 소신을 표현할 수 있는 능력이 저하된다. 레지던트 시절 내 동료들 중 한 명은 수술 도중 밖으로 나와 버렸다. 수술실에서 계속해서 구박을 받는데 별다른 보호책이 없었기 때문이다. 나는 그 친구가 맞서서 행동을 취한 것이 잘한 일이라고 생각한다. 그는 이렇게 말했다. "나는 속절없이 당하기만 했다. 내 일을 할 수가 없었다. 나에게도 그리고 환자에게도 좋지 못한 상황이었기 때문에 밖으로 나올 수밖에 없었다." 부서 사람들 모두 그가 용기 있는 행동을 했다고 생각했지만 그 친구를 괴롭힌 의사에게는 어떠한 조치도 취해지지 않았다. 우리 모두 괴롭힘과 학대에 맞설 수 있는 용기를 지녀야 하지만 현실적으로 직원들과 아랫사람들은 앞으로 나서길 두려워하고 헬스케어 분야의 리더들은 단호한 행동을 취하길 꺼려한다. 잘못된 행

---

* 일상적이고 사소하게 다른 사람에게 모욕이나 차별을 가하는 행위.

동을 밝히고 책임 있는 행동을 요구한 내 동료는 우리 모두를 위해 본보기로 삼아야 한다.

나는 이 일을 하면서 수백 명의 의사들을 만나 봤다. 그들은 놀라울 만큼 능력 있는 사람들이었다. 그들은 환자와 동료들을 진심으로 위하고 옳은 일을 하고자 집중하면서 팀을 위해 헌신하는 사람들이었다. 하지만 나는 지역병원 이사회 시절과 외과 의사로서 훈련을 받던 시절을 통해 비밀리에 행해지는 의사들의 문화에 대해서도 중요한 교훈을 얻었다. 이런 의사들의 옳지 못한 문화는 헬스케어의 정의를 훼손하고 다른 의사들에게 해를 끼치고 있다.

이를 해결하지 못하면
환자경험도 바로잡지 못한다

"의료계의 문제점은 나 같은 사람, 바로 의사들입니다." 보스턴에 있는 파트너스 헬스케어 시스템Partners HealthCare Systems의 네트워크 대표를 지냈으며 여론조사 업체인 프레스 게이니Press Ganey Association, Inc.의 최고의료책임자인 토마스 리Thomas H. Lee가 했던 말이다. 리는 '의사 참여physician engagement'에 이해가 뛰어난 세계적인 전문가다. 그는 2010년 〈하버드 비즈니스 리뷰〉에 기고한 "의사를 리더로 바꾸어 놓기Turning Doctors into Leaders"에서 의사들이 직면한 과제에 관해 설명했다. 이제 우리는 중요한 조직의 변화를 추진하는 데 의사들의 도움을 필요로 하고 있으며 의사들은 그런 새로운 의료계에 적응하는 데 어려움을 겪고 있다는 것이었다.[7] 그는 의사들을 뒷받침하는 기본 원칙이 탄탄하다는 점을 인정한다. 하지만 의사들이 중요한 발전의 길을 열어 주는 리더가 되기 위해서는 다르게 생각하고 다르게 행동해야 할 필요가 있다고 말한다.

의사 참여에 관한 상황이나 주제가 환자경험 향상과 무슨 연관이 있을까? 간단히 말해, 의사들의 리더십과 참여 없이는 환자경험 향상이 불가능하다. 환자경험을 바로잡기 위해서는 의사와 '반대 입장'에 있는 사람들을 이해하고 그들에게 말을 걸어야 한다.

그들은 의사가 되기 위해 상당한 희생을 감수했을 뿐만 아니라 의사가 되어 의술을 펼치면서는 막중한 책임감과 스트레스를 어깨에 짊어지고 있다. 이런 환경 속에서 의사는 독특한 부류로 구분되며, 그렇기 때문에 우리는 그들을 인정해 주어야 한다. 그러나 위선은 반드시 밝혀내야 한다. 그리고 효율적인 진료 제공에 필요한 문화를 촉진하기 위해 우리가 기울이는 노력에 일부 불량 의사들이 가하는 위험을 완화시켜야만 한다. 사람들을 돌보기 위해 헌신하는 겉모습을 한 꺼풀 벗기면 불량 의사들의 속에는 종종 이기심과 욕심과 위험한 행동이라는 암류가 흐르고 있다. 의사를 향한 환자의 무조건적인 존경과 칭송만 난무할 때, 이런 의사들의 태도와 행동은 의료계를 위협하고 왜곡시키게 된다. 우리는 또한 의사들이 훈련받는 과정에서 부족한 부분을 반드시 찾아내서 그들이 앞장서 나가는 능력을 키울 수 있는 방안을 마련해 주어야만 한다.

의사들이 앞장서야만 한다

환자경험을 탈바꿈시키기 위한 노력에 끌어들이기 가장 힘든 이해 집단이 누구였냐는 질문을 흔히 받는다. 의사들이라는 뻔한 대답을 듣기 위한 유도 질문이나 다름없다. 내 대답을 들은 사람들의 반응은 한결같다. 고개를 끄덕이며 "그럴 줄 알았어."라는 투로 말한다. 병원 리더들과 대화를 나눌 때마다 이 질문이 나오고 상대방의 반응은 늘 똑같다. 의사들은 스스로 환자경험 향상을 위한 노력에 앞장서야 함에도 불구하고 실제로는 관여 또는 참여에서 자주 발을 뺀다.

일반적으로 의사가 아닌 사람들은 의사들을 떠받든다. 그래서인지 이들은 의사가 중요한 환자경험 프로그램에 참여하지 않는 것에 대해서도 다양한 변명으로 감싸고돈다. "의사들은 엄청 바쁜 데다가 신경 써야 할 더 중요한 일들이 많잖아요. 의사들한테 시간은 금이니까 우리가 괜히 이런 일로 부담을 주면 안 되죠. 의사들은 똑똑한 사람들이기 때문에 그게 중요하다는 것도 알고 있지만 그래도 우리가 의사들을 대신해서 앞장서야죠." 더러는 의사들이 자리에는 참석하지만 실제로 뭔가를 바로잡는 일에 적극적으로 도움을 주지는 않는다고 인정하는 사람들도 있다.

이런 변명들은 받아들일 수 없다. 의사가 적극적으로 참여하고 앞장서는 데 도움을 주지 않는 한, 안전과 질, 그리고 환자경험을 향상시킬 수 없을 뿐만 아니라 우리가 필요로 하는 헬스케어 문화를 탈바꿈시키고 발전시킬 수도 없다. 오늘날 병원들에 가해지는 압박의 무게를 생각할 때 의사들의 도움 없이는 성공할 수 없다는 것이 진리다. 아무리 힘들더라도 의사들의 참여와 관련한 문제에는 정면으로 맞서야 한다. 100년 전 의사들이 개별 환자들에게 미쳤던 영향력이 강력했던 만큼이나 오늘날 의사가 환자경험에 끼칠 수 있는 영향력은 막강하다. 당신이 환자 주위의 모든 것이 환자경험이라는 점을 인정한다면, 그리고 클리블랜드 클리닉이 내린 정의(가치를 중심으로 돌아가는 헬스케어 문화를 만들기 위해, 환자경험에는 어떻게 만족스러운 환경에서 안전하고 높은 질의 진료를 전달하느냐도 포함된다는 정의)를 받아들인다면, 당신은 우리가 지속적인 최고경영자의 리더십 없이 환자경험을 향상시킬 수 없듯이 의사들의 참여 없이는 환자경험이 향상될 수 없다는 사실 또한 받아들여야만 한다. 설사 당신이 환자경험이란 오로지 만족, 환자를 기쁘게 해주는 일과 관련 있다고 믿는다 해도 마찬가지다.

의사들이 '할 일이 많다'거나 '똑똑하니 이 일의 중요성을 알 것'이라는 말은 적절하지 못하다. 이런 말들은 마치 환자경험 계획에 미치는 의사들의 영향력이 그리 대단하지 않다는 말처럼 들릴 수도 있다. 하지만 의사들은 환자와 조직의 다른 의료진들 둘 다에게 엄청난 영향력을 행사하고 있으며, 아랫사람들은 의사들을 리더로 바라본다. 의사는 다른 사람들의 존경을 한 몸에 받는 위치에 있으며 환자와 그 가족들은 의사의 말 한마디, 행동 하나에 매달린다. 의사가 개별적으로 환자경험에 미치는 영향은 그 누구의 영향력과도 비교 불가하다. 환자인식과 서비스에 가장 강력하고 효과적인 영향을 끼치는 사람들이 바로 의사들이다. 나는 '서비스 회복'을 가능하게 해줄 가장 강력한 도구가 우리의 의사들이라는 주장을 종종 펼친다. 의사들은 환자에게 어마어마한 영향을 끼칠 수 있다. 의사 참여의 또 다른 이점은 일단 진정으로 참여하고 나면 그 이후에는 의사들이 환자경험 노력의 성과를 보장해 줄 수 있는 강력한 파트너가 되어 준다는 점이다.

리더십에 도달하기

의사들의 참여를 이끌어 내기 위해서는 헬스케어에서 의사들이 차지하는 중요성과 그들이 환자와의 관계에서 수행하는 특별한 역할을 인식하는 것이 중요하다. 헬스케어 팀의 어느 누가 제공하는 진료보다도 의사가 하는 일이 더 중요하다는 점에 대해서는 나 역시 일말의 의심도 갖고 있지 않다. 하지만 의사들의 역할이 다르다는 점은 인정해야 한다. 대부분의 의사들은 돕고 싶어 하지만 부탁을 받지 못했거나 의미 있는 참여를 하지 못하는 경우가 종종 있다. 코스그로브와 리는 의사들 모두가 "공유하는 숭고한 목표에" 참여할 필요가 있다고 주장한다. 요컨대 "조직 공통의 목적을 추구하기"[8] 위해 의사들이 도움을 주도록 만들어야 한다는 말이다. 나는 개인적으로 핵심적인 의사 리더들 거의 모두에게 우리 환자들을 위해 환자경험을 향상시키는 데 도움을 달라고 부탁했었고, 싫다고 말한 의사는 단 한 명도 없었다. 리더들의 참여를 의무 사항으로 만들면 부탁 같은 건 할 필요가 없지 않느냐고 말하는 이들도 있긴 하다. 나는 그 말에 동의하지 않는다. 왜냐하면 지금 우리가 이야기하는 사람들은 독특한 이해관계자 집단이기 때문이다. 꼭 기억하라. 의사들은 의료 기관의 엔진이며 그들의 시간은 존중받아야 마땅하다.

의사들이 환자경험의 정의와 그것이 그들에게 어떤 의미가 있는지 이해하는 데 도움을 주기 위해서 실용적인 내용이 담긴 프레젠테이션을 첫 단계로 활용하는 것이 좋다. 처음에 나는 부서별로 열리는 회의에 의사들과 자리를 함께했다. 그리고 환자경험이 중요한 이유와 개선 방안에 대해 고급 언어를 써 가며 연설했다. 하지만 당시의 연설은 효과를 보지 못했다. 실제로는 알맹이가 빠진 연설이었기 때문이다. 전략도 없었고 권장하는 전술도 없었다. 게다가 발표 내용을 뒷받침해 줄 수 있는 실질적인 자료도 없었다. 나는 그저 우리 병원의 전체 HCAHPS 점수가 낮다는 사실을 알려 주었을 뿐이다. 그리고 당시에는 그런 점수가 지역 환경에 어떻게 적용되는지, 의사들이 어떻게 점수에 영향을 끼칠 수 있는지에 대한 이해도 부족했었다.

발표를 듣는 의사들의 얼굴에는 의심이 역력했다. 의사들 대부분이 그저 내 비위를 맞춰 주며 예의상 관심을 표하는 정도였다. 몇 가지 쉬운 질문을 던지고 난 다음에는 자기들이 도와줄 수 있는 것이 정확하게 무엇이냐고 물었다. 그들은 내 말을 거부하고 있던 것이 아니다. 확실히 이해하기 위해서 내 말을 분석하려고 노력했던 것이다. 의사들은 중요한 안건을 놓고 해석하고 이해하도록 훈련을 받은 사람들이니 말이다. 당시 내 발표에는 실체가 없었다. 나는 대형 비행기를 만들었지만 그것은 의사들과 함께 타고 날 수는 없는 종이비행기에 불과했다. 의사들의 반응을 보고 나서, 자세한 정보를 제공하고 원하는 사항을 정확하게 전달할 수 있어야 의사들의 참여를 이끌어 낼 수 있다는 사실을 깨달았다. 이것이 바로 변화관리의 기본 개념이다.

그런데 당시 내 발표 내용 중에서 확실하게 의사들의 관심을 끌었던 부분이 하나 있다. 그것은 바로 메디케어의 병원가치기반구매HVBP 프로그램을 이야기할 때마다 내용을 이해하는 의사들이 거의 없었다는 것이다. 나는 안전 지표, 질 핵심 측정, 환자경험 HCAHPS 자료 등 당시 메디케어가 목표로 삼고 있는 내용들을 자세히 보여 주는 슬라이드를 만들었다. 그리고 이전에 "정보 보고 기반 보상pay-for-reporting"으로 불렸던 프로그램에 대해 설명했다. 앞으로는 질 핵심 측정과 HCAHPS 자료의 자율적인 제출을 통해 병원의 의료서비스 질을 평가하고, 메디케어를 통해 병원이 국가에서 지불받게 되는 총 의료비의 2%가 이 과정에서 삭감될 수 있다고 설명했다. 그리고 이는 향후 특정 기준 조건을 모두 충족하는 병원에게만 인센티브를 지불하는 성과연동 지불제도pay-for-performance로 바뀌게 될 것이라고 설명했다. 이 부분에서 의사들은 모두 귀를 기울이고 있었다. HVBP 프로그램에 대해 전혀 모르는 의사들이 많은 것이 분명했다.

헬스케어 환경이 어떻게 변하고 있으며 그 변화하는 환경을 관리함에 있어 왜 의사들의 역할이 필수적인지를 교육시켜야 할 필요가 있다는 사실을 알게 되었다. HVBP 정보는 의사들에게 직접적인 영향을 끼쳤다. 이것은 그저 병원에서 실시하는 또 다른 계획 중의 하나가 아니라 의사들에게 개인적으로 영향을 미치게 될 문제였다. 내가 발표를 끝내자, 늘 청중의 듣는 모습을 주시하는 인사 담당 조셉 한이 마음에 와 닿는 내용이라며 공감을 표했다.

나는 프레젠테이션 내용을 바꿔, 의사들이 병원 환경에서 의사소통을 얼마나 잘하고 있는지와 관련하여 환자들이 주로 받는 질문 세 가지를 보여주기로 했다. 이 부분에서 의사들은 바짝 정신을 차리고 집중하기 시작했다. 나는 의사들에게 정부가 지원하는 설문 조사 방식에 대한 이해나 지식이 부족하다는 것을 곧 깨달을 수 있었다. 의사들의 의사소통 능력을 측정하기 위해 환자들에게 어떤 식의 질문으로 설문 조사를 벌이는지 그들은 모르고 있었다. 그뿐만 아니라 최종적으로 자신의 성과가 온라인상에 올라가고 그것이 진료비 지급과 관련이 될 수도 있다는 점도 모르고 있었다. 의사들뿐만 아니라 나 역시 정신이 번쩍 드는 정보였다. 의사들의 참여를 이끌어 내는 가장 중요한 방법 중 하나는 그저 새로 펼쳐질 환경과 앞으로 의사들이 개인적으로 어떤 식으로 평가받게 될지를 교육시키는 것이었다.

이에 대해 우리 병원에 고용된 의사들과 개원의들의 반응은 비슷했다. 이 정부 프로그램이 무엇을 뜻하는지, 의사들에게 개인적으로 어떤 영향을 끼칠지 두 그룹 모두 숙지하지 못하고 있었다. 클리블랜드 클리닉에 고용된 의사들은 명확한 보고 체계를 따르고 있었기 때문에 그나마 이해를 하는 편이었지만 그래도 이들을 교육시키고 참여를 이끌어 내기 위해서는 시간과 노력이 필요했다. 병원이 고용한 의사들에게 무엇인가를 부탁했을 때 그 사람들이 벌떡 일어나서 대환영할 것이라고 생각하는 사람이 있다면 그 사람은 의사 문화에 대해 아무것도 모르는 사람이다. 개원의들과 마찬가지로 고용 의사들도 별도로 교육시키고 참여시킬 필요가 있다.

개원의들의 참여를 이끌어 내는 일은 다소 힘들었다. 내가 처음 환자경험 최고관리자가 되었을 때 지역병원 의사들을 초대해 저녁을 먹으며 환자경험에 대해 이야기한 적이 있었다. 그 자리에서 환자경험이 무슨 뜻이고 왜 중요하며 어떻게 측정되는지 설명하고 우리 모두에게 책임이 따른다는 점을 설명했다. 우리 병원에 고용된 의사들에게 했던 발표와 비슷한 내용이었다. 우리는 입원환자의 경험을 측정하는 HCAHPS 자료에 관해 많은 이야기를 했다. 개원의들도 그들의 행동을 통해 분명히 점수에 영향을 주게 된다. 그럼에도 점수 측정은 병원 단위로 이루어질 뿐 개인별로 이루어지지는 않았기 때문에 의사들에게 개별적인 책임은 주어지지 않았다. 한번은 식사 중에 유명한 개원의 한 명이 이런 말을 했다. "저는 HCAHPS에 신경 쓰지 않습니다. 그건 선생님의 문제지 제 문제가 아니죠." 당시는 2009년도였고 내가 무슨 말을 할 수 있었겠는가? 그 의사의 말이 맞다. HCAHPS는 병원의 문제였고 우리가 의사 개인에게 어떤 책임을 지울 수 있는 방도는 없다고 봐도 무방했으니까. 사실은 그 의사가 자기 환자와 어떤 식으로 의사소통했는지가 HCAHPS 점수에 포함되기 때문에 병원의 운영 책임으로만 볼 문제는 아니다. 하지만 제대로 성과를 내지 못한 불이익은 개원의가 아닌 병원이 받는다.

다음 만남에서 우리는 개원의와 환자 사이에 의사소통을 향상시키기 위한 노력에 대해 다루었다. 고용 의사들을 위한 의사소통 향상 프로그램을 개발했는데 개원의들에게도 발전 기회를 주기 위해 그 프로그램을 제공하고 싶다고 했다. 이번에도 예전의 그 의사가 끼어들었다. "다른 경쟁 병원에 가면 다들 와서 제 팔짱을 끼면서 뭐 도와줄 것 없느냐고 합니다. 그런데 선생님 병원은 올 때마다 품질 측정이니 뭐니 하면서 사람을 못살게 구시는군요." 그러면 우리가 환자를 위한 질관리보다 의사들 기분을 맞추는 일에 먼저 신경을 써야 한다는 말인가. 터무니없는 소리였다! 어쨌든 그날의 대화가 우리 앞에 놓인 어려움을 대변하고 있었다.

하지만 개원의들이 처한 현실은 변하고 있다. 메디케어에서는 의료의 질 보고와 투명성이라는 형식을 빌려 강력한 수단을 강구하고 있다. 이를 통해 병원들이 의사들의 성과에 더욱 열심히 관여하게 만들 것이다. 의사들에게는 의료의 질과 환자경험에 대한 내용이 대외적으로 공개되고 그것이 의료비 상환금과 관계있다는 것만 걱정할 문제가 아니다. 앞으로는 결과, 불만, 행동, 환자경험이라는 네 가지 핵심 분야에서 의사들이 더 많은 책임을 지게 될 것이다.

의사들의 세상이 바뀌고 있다

과거 양을 기준으로 하던 세상에서는 더 많은 수술을 하고 더 많은 환자를 진찰해서 돈을 받았다면, '질'을 기준으로 하는 요즘 세상에서는 의사와 병원이 환자를 얼마나 잘 관리하느냐에 따라 보상을 받는다. 이런 변화에서는 결과를 관찰하는 일이 중요하다. 현재는 특정 의사가 얼마나 잘하고 있는지에 대한 자료가 거의 없는 실정이다.

하지만 점차 더 많은 자료들을 수집하게 될 것이고, 결과적으로 의료의 제공을 얼마나 잘하고 있는지에 대해 의사들이 책임을 지게 될 것이다. 기대 이하의 결과물을 내놓는 의사는 돈을 잃게 될 것이고, 성과에 따라 그들의 평판이 정해질 것이며, 병원에서 안전과 질에 대한 책임을 의사에게 물을 것이고, 이에 따라 조직의 제재를 받게 될 것이다.

관리·감독 기관들은 환자의 말에 귀를 기울이면서 병원과 의사에 대한 불만을 조사하고 있다. 내가 있는 오하이오 주에서는 보건국이 환자의 불만을 적극적으로 조사한다. 오하이오 주 보건국 또는 메디케어 & 메디케이드 서비스 센터Centers for Medicare & Medicaid Services, CMS에 익명의 환자로부터 의사에 대한 불만이 접수되면 그 병원은 불시에 조사를 받을 수도 있다. 불만의 진위 여부를 떠나서, 조사를 받는 병원은 다른 부분의 문제점을 드러낼 수도 있고 그러다 보면 진료비 상환을 위해 충족시켜야 하는 최저 기준인, 병원의 메디케어 참여 조건Medicare Conditions of Participation이 위태로워질 수도 있다. 의사 한 명의 행동 하나 때문에 병원의 메디케어 참여 자체가 무산되는 위험을 맞을 수도 있다는 말이다. 조직의 관점에서는 도저히 용납할 수 없는 일이다. 이제 병원이 취할 수 있는 다른 방도는 없다. 낮은 질과 파탄적 행동으로 인해 병원 전체가 심각한 위험에 처할 수도 있기 때문이다.

이 새로운 환경은 의사와 병원을 그 어느 때보다 더 가깝게 묶어 준다. 의사와 병원은 높은 성과를 내기 위해 서로에게 의존하고 생존을 위해 함께 일해야만 한다. 의사들이 이 사실을 더 일찍 깨달을수록 (그리고 우리가 의사들을 우리 편으로 끌어들여 도움을 받기 위해 더 노력할수록) 의료 개혁의 험난한 파고를 성공적으로 헤쳐 나갈 확률이 높아진다.

나는 의사들에게 환자경험에 주의를 기울이는 것이 왜 중요한지를 슬라이드로 보여 주며 발표를 끝내곤 한다.

1. 그것이 옳은 일이다.
2. 당신과 당신의 가족도 그런 대우를 받고 싶어 한다.
3. 환자는 그것을 통해 의료의 질을 인식한다.

4. 그것이 환자를 중심으로 하는 진료의 기초다.

5. 정부.

　나는 다섯 개의 항목 중에서 '그것이 옳은 일이다.'를 항상 첫 번째에 놓는다. 굳이 다른 이유가 필요한가? 그래도 믿지 못하고 의심하는 사람들을 위해 '정부'를 맨 마지막에 놓는다. 옳은 일이기 때문에 환자경험을 향상해야 한다는 주장을 따를 수 없다면, 그래, 뭐 좋다. 하지만 이젠 정부가 나서서 환자경험이 중요하고, 당신이 환자경험을 향상시켜야 할 책임을 져야 한다고 말하고 있음을 알아야만 한다.

　앞서 언급했던 그 개원의는 이제 우리의 가장 강력한 지지자이자 환자경험의 신봉자가 되었다. 그가 이렇게 바뀐 이유는 우리의 권유나 설득 때문이 아니다. 우리가 교육에 기울이는 노력을 받아들이고 그 중요성을 깨달았기 때문이다. 우리가 그를 중심축으로 인정하면서 그 의사는 적극적인 참여자가 되었다. 그 의사처럼 영향력 있는 동료 리더들을 찾아내고 어떤 일들이 일어나고 있는지 이해할 수 있도록 도움을 주면 환자경험 향상을 위한 전쟁에서 강력한 동맹국 결성을 이끌어 낼 수 있다.

　나는 의사들과 의료 시장의 변화에 대해 이야기할 때마다 여전히 "그것이 옳은 일"이고 "그들과 그들의 가족도 그렇게 대우받길 원할 것"이라고 말한다. 하지만 가끔 끝까지 고집을 부리는 의사들에게는 분명히 말해 줄 수밖에 없다. 미국의 헬스케어 시스템이 적용되지 않는 별나라에서 의료 행위를 하고 싶은 게 아니라면 똑바로 알아 두는 편이 좋을 거라고 말이다. 나는 우리가 환경에 맞춰 중요한 변화를 성공적으로 이끌어 냈고 의사들의 참여를 독려하기 위해 그들을 '불타는 플랫폼' 위에 세우고 혁신을 위해 뛰어내릴 수밖에 없도록 만들었다고 믿는다. 의사들이 이런 환경의 변화가 자신의 개인적인 이익에 어떤 영향을 미치게 될지 이해하는 데 도움을 주는 방법은 중요한 참여 전술 중 하나가 된다.[9]

투명성은 의사의 참여를 이끌어 내는 강력한 도구다

투명성은 미국 헬스케어의 얼굴을 바꾸고 있는 강력한 도구이지만 의사들에게는 그다지 익숙하지 않은 단어라 할 수 있다. 현재 의사 각각의 소통 측정 평가가 다소 불분명하듯 개별적인 의사들의 결과도 마찬가지다. 하지만 정부에서 병원들과 의사들에 관한 자료를 더욱더 많이 수집하라고 병원들을 밀어붙이고 있는 상황에서 의사소통의 결과와 성과는 온라인에 게시되고 모든 사람들에게 공개될 것이다. 메디케어에서 개발하고 있는 개별적 의사 측정 평가는 평판의 위험성과 재정적 페널티를 초래할 것이다. 이런 환경의 변화는 고용된 의사나 개원의 구별 없이 미국 내 거의 모든 의사들에게 압박을 가하게 될 것이다.

환자들과 업체들 그리고 의료보험을 관리하고 비용을 집행하는 주체들이 의사의 성과를 쉽게 들여다보고 더 잘 분석할 수 있게 될 것이고, 이는 헬스케어의 컨슈머리즘consumerism*으로 이어질 가능성이 크다. 환자들은 의사의 성과 점수에 근거해서 자신이 원하는 진료를 선택할 것이다. 자료를 대중에게 공개하고 이를 진료비 환급액에 연계시킨다면 의사들의 행동과

---

* 소비자의 권리를 회복하고 강화하기 위해 1960년대부터 미국에서 전개된 운동으로 소비자중심주의 또는 소비자주권운동이라고 한다.

의사—환자 관계의 본질 자체가 급격히 변할 것이다. 자신의 성과가 국가 표준 점수와 비교되고 이에 따라 평판도 영향을 받게 되므로 의사들은 어쩔 수 없이 자신의 성과를 모니터링하게 될 것이다.

의사 관련 자료의 투명성을 제고하기 위해 선구적인 노력을 쏟는 곳이 있다. 헬스그레이즈Healthgrades는 환자가 의사와의 경험을 별 하나에서 다섯 개까지 등급을 나누어 표시하는 방식으로 정보를 제공하는, 온라인 등급 조사 기관들 중 하나이다. 이 방법은 본질적으로 편향적인 시각을 제공할 가능성이 있다. 아무나 의사를 평가할 수 있고 심지어 사적으로 의사에게 유감이 있는 사람도 평가에 참여할 수 있기 때문이다. 그래도 등급은 모든 사람들에게 공개된다. 이제 헬스그레이즈는 단순히 환자의 피드백을 수집하는 단계에서 벗어나 여러 기관에 정보를 요청해 의사의 학력, 수상 경력, 구사 가능 언어, 범죄 기록, 전문의 자격 사항, 자격증, 제재 기록, 의료 과실 등에 관한 자료를 수집·작성하고 있다. 그뿐만 아니라 헬스그레이즈는 환자가 치료를 받을 수 있는 의료 기관 및 받아들여지는 보험의 종류 등의 정보도 제공한다.

대중에게 정보를 공개하는 데 있어 어려움 중 하나는 종종 대중들이 그런 정보를 입수할 수 있다는 사실 자체를 모른다는 것이다. 메디케어에서 온라인으로 병원 자료를 제공한다는 사실을 아는 헬스케어 소비자들은 거의 없다. 매사추세츠 헬스 퀄리티 파트너스Massachusetts Health Quality Partners 연합은 이 문제를 해결할 수 있는 흥미로운 방법을 찾아냈다. 2012년 컨슈머 리포트Consumer Reports 기관과 손을 잡고 환자들이 매사추세츠 의사들의 진료 행위에 매긴 등급과 관련해 특별 보고서를 만들어 내기로 한 것이다.[10] 약 64,000명의 성인들을 대상으로 설문 조사를 벌여 840여 곳 이상의 의료 기관에서 행한 진료 경험 자료들을 모았다. 환자들은 환자와의 의사소통, 진료 연결, 환자의 의료 기록에 대한 숙지 상태, 진료 예약의 용이성, 직원들의 태도 등을 기준으로 병원의 등급을 매겼다. 이 보고서 작성을 주도한 이들은 다양한 이해관계자들의 협력을 주장했지만 실제 의사들은 이런 투명성 제고를 달가워하지 않았다. 의사들 모두가 높은 점수를 얻은 건 아니었으니까. 어떤 이들은 세탁기나 믹서 같은 제품과 의료를 어떻게 동일한 비주얼 프레젠테이션 시스템(하비 볼스Harvey Balls)을 사용해 표현할 수 있냐며 문제를 제기하기도 했다.

메디케어는 일반인들에게 일종의 명의 검색Physician Compare 사이트를 제공한다. 이 사이트는 개별적 의사의 진료 관련 안전도, 의료의 질, 경험에 대한 자료를 제공하고자 만들어졌다. 이는 의사들의 공개 보고 양상을 바꾸어 놓을 것이다. 왜냐하면 메디케어에서 보고 내용, 공개 방법, 참가 인원 등을 포함해서 자료를 수집하는 기준들을 설정할 것이기 때문이다. 메디케어 환자를 다루는 의사들은 모두 여기에 참가하게 된다. 간단히 말해, 모든 의사들이 여기에 포함된다고 보면 된다. 게다가 재입원 감소, 가치기반구매 등 메디케어의 다른 프로그램들과 함께, 보고 여부는 진료비 환급금과도 연계될 것이다. 다시 말해 참가하지 않는 의사들은 경제적 불이익을 당하게 된다는 뜻이다.

클리블랜드 클리닉은 조직 향상을 도모하기 위해 상당한 수준의 자료 투명성을 유지하고 있다. 우리 병원에 고용된 3,200명 전부는 환자들의 피드백에 대해 완전히 투명하게 노출되어 있다. 그들은 입원환자들이 커뮤니케이션에 대해 어떻게 생각하는지에 대한 다양한 자료들을 받게 된다. 여기에는 불만의 건수와 종류, 환자들의 실제 언급 내용들이 포함되며, 외래환자들이 작성한 점수들도 일부 포함된다. 3개월에 한 번씩, 모든 의사들은 공개적으로 부서별 목록을 받는다. 그리고 자신뿐만 아니라 모든 동료들의 자료까지도 볼 수 있다. 대형 의료 기관에서 완벽하게 투명성을 보장하는 것이 쉬운 일은 아니지만 이는 매우 중요한 일이다. 자료 투명성 유지는 직원들이 개인의 발전을 추구하는 데뿐만 아니라 전국적으로 변화하는 환경에 대비해 준비를 갖추는 데도 도움을 주는 중요한 도구가 되고 있다. 나는 우리가 환경의 변화를 훌륭히 소화해 내고 있으며 이런 변화를 혁신의 발판으로 활용해 의사들의 참여를 이끌어 내고 있다고 믿는다.

의사가 필수지만
다른 사람들도 그만큼 중요하다

환경 변화에 대해 논하다 보면 의사들은 곧바로 자기들이 퍼즐의 핵심 조각이라는 점을 지적한다. "의사가 없으면 헬스케어도 없으므로 사람들은 우리에게 주의를 기울이는 편이 좋을 것이다."라는 어떤 의사의 말이 이를 대변한다. 그 의사의 말이 맞다. 하지만 조금만 돌아보면, 간호사가 없어도 헬스케어가 존재할 수 없음을 금방 알 수 있다. 실제로 많은 것들과 여러 다른 사람들이 없으면 오늘날의 헬스케어도 없다. 의사들은 중요하다. 헬스케어의 엔진이라고도 한다. 하지만 다른 부품들 없이 엔진 하나만으로 비행기를 떠울 수는 없다. 의사들의 일치와 참여를 이끌어 내기 위해서는 그들의 중요성을 인정해야 한다. 하지만 그들에게 의사가 만사가 아니며 '엔진'이라고 해서 원하는 대로 말하고 행동할 수는 없다는 현실을 깨우쳐 주는 일 또한 필요하다.

의사들의 의견은 반드시 필요하고 우리는 그들의 말을 받아들여야 한다. 그러나 의사에게도 참여하고 들어 주고 행동을 조심해야 할 책임이 있다.

그들의 조직을 지원하는 데 필요하다면 말이다. 그리고 조직의 성공을 위해 생산적인 참여자가 되어야 할 책임도 있다. 또한 의사들은 타인의 감정을 이해하고 수용하며 자신의 감정을 조절하는 능력을 유지해야 한다. 헬스케어 분야에서는 비임상 부문의 리더들뿐만 아니라 임상 부문에서 의사가 아닌 리더들도 의사들의 의견과 제안을 따르는 경향이 있다. 회의할 때 내가 아주 싫어하는 모습이 있다. 어떤 동료 의사는 자기가 잘 알지 못하거나 아예 알지도 못하는 것들에 대해서도 이것저것 떠들어 대는 반면에 비임상 부문의 리더들은 침묵을 지키고 있는 모습이다. 그런데 회의가 끝나고 나올 때면 비임상 부문의 리더들이 그 의사의 뒤에서 수군거린다. 이런 식의 참여는 어떤 의미도 없다! 비임상 부문의 리더들과 의사가 아닌 임상 부문의 리더들도 공개적으로 의사의 말에 의문을 제기할 수 있는 용기를 갖춰야 한다.

우리가 의사들을 특별한 존재, 존경할 만한 자격을 갖춘 존재로 받아들이고자 한다면 그들에게 무언가를 요청할 수도 있어야 한다. 의사들은 환자들과 직원들에게 미치는 영향이 큰 만큼 스스로뿐만 아니라 동료들의 행동에도 더 높은 잣대를 들이대야만 한다. 의사들과 의사 리더들은 자기의 동료들이 책임지고 옳은 일을 하도록 해야 한다. 예를 들어, 괴롭힘이나 따돌림을 용납해서는 안 된다. 의사는 환자, 학생, 간호사뿐만 아니라 헬스케어 분야의 다른 사람들에게도 본보기가 되어야 한다. 의료를 제공하는 의사들이 올바른 모습을 보이지 못하면 사람들이 의사들에게 보내는 신뢰 역시 무너질 것이다.

의사들은 또한 자신들이 다른 리더들에게도 부지불식간에 영향을 끼치고 있다는 사실을 알아야만 한다. 의사 면허가 헬스케어 조직의 관리 능력까지 저절로 보장해 주는 것은 아니다. 리더십 팀은 모든 사람들이 논의 과정에 자신만의 관점을 제공해 준다는 점을 종합적으로 인정해야 한다. 어느 특정 그룹이 회의를 지배하도록 내버려 두어서는 안 된다. 최근에 고민거리가 하나 생겼다. 내 동료이자 중요한 최고관리자 중 한 명에게서 의사가 아니라는 이유로 의사들이 자신을 존중해 주지 않는다는 느낌을 받는다는 이야기를 들었기 때문이다. 이런 분위기는 전혀 바람직하지 못한 것이다. 성공을 위한다면 더더욱 그렇다.

의사들의 참여를 이끌어 내기 위해서는 병원 리더들의 실질적인 노력이 반드시 필요하다. 의사들이 병원 전략에 얼마나 잘 참여하는지에 대해 외부 의료 기관의 비임상 리더들과 이야기를 나눈 적이 있었는데 이들은 의사들의 참여의식이 저조하다며 상당한 불만을 표했다. "뭔가 수술실에 영향을 주는 결정을 내리기만 하면 의사들은 늘 반대만 하는 것 같다니까요. 아무도 지지해 주는 사람이 없어요." 나는 그 리더들에게 어떤 식으로 의사들과 협의했고 어떤 식으로 의사들의 참여를 독려했는지 물었다. 이들은 중요한 회의마다 핵심적인 역할을 하는 의사 리더들을 초대했지만 제대로 참석한 의사가 없었다고 했다.

알고 보니 이들은 회의를 아침 늦게 열었다고 했다. 그때는 이미 대부분의 의사들이 수술 일정을 시작했을 때였다. 환자 수에 따라 생계가 좌우되는 개원의라면 회의 때문에 수술 일정을 다시 잡거나 시간을 몽땅 비울 수도 없는 노릇이었다. 또한 이 리더들은 중요한 결정을 검토하는 회의에는 의사들을 참여시키지 않았다. 이런 회의야말로 정말 중요한 자리인데도 말이다. 이들이 말하는 소위 중요한 회의란 이미 내린 결정을 의사들에게 통보하는 자리에 불과했던 것이다.

의사들의 참여를 성공적으로 이끌어 내고 싶다면 중요한 토론이 이루어지는 자리에 의사들을 참석시켜야만 한다. 진정으로 중요한 자리에는 참여시키지 않고 이미 결정이 다 된 자리에 부르는 형식적인 방식으로는 의사들의 참여를 유도할 수 없다. 전략을 성공적으로 시행하고 싶은 병원이라면 의사들을 자리에 불러 앉혀야 하는데, 이를 위해서는 의사들이 스케줄상 겪는 어려움에 대해 약간의 타협이나 존중을 보여 주어야 한다.

클리블랜드 클리닉에서 의사들의 참여를 이끌어 내기 위해 사용했던 효과적인 전술 중 하나로 얼리어답터early adopter들을 찾아내 그들을 새로운 계획의 실행에 앞장서는 지지자로 활용하는 방법이다. 얼리어답터들은 주위에서 일어나는 일들에 관심을 갖고 당신이 성취하고자 하는 것이 무엇인지 이해한다. 이들은 먼저 손을 들어 자청하고 나서는 사람들이거나 환자경험의 부수적인 프로그램에 특별히 관심을 갖는 사람일 수도 있다. 이 외에 존경받는 사람을 찾아내는 일도 중요하다. 자청해 나서는 사람 모두가 계획 실행에 앞장설 만한 충분한 위치에 있는 것은 아니다. 의사 문화에서 충분히 존경받는 사람, 롤모델이자 지지자로 발전할 수 있는, 심지어 낯익고 친숙한 인물을 찾을 수 있다면 의사들의 마음을 사는 데 중요한 역할을 할 수 있다. 우리는 다양한 계획을 실행함에 있어 똑같은 사람들을 선택해 도움을 받는 편이다. 하지만 참가할 의사들을 넓은 범위에서 찾는 것이 중요하다. 경험 또한 중요하다. 시간이 너무 많이 남는 초보 의사나 은퇴 시기가 다가옴에 따라 임상 실무를 줄여 가는 의사를 선택하는 것은 좋지 않다. 우리는 바쁜 임상의사이면서 현장에서 일하는 의사라는 조건을 모두 충족하는 의사를 찾는다. 이런 의사들은 동료들로부터 가장 큰 존경을 받는 위치에 있으며 임상 부문에 대해 훨씬 더 현실적인 시각을 지니고 있다.

우리는 우리가 환자경험 속에서 시행하는 모든 일들에 의사들이 전념할 수 있도록 노력했다. 옴부즈맨 부서와 상의하고 의사소통 기술을 가르쳐 주면서 의사들을 부서별 팀에 관여하도록 했다. 우리는 환자경험과 관련된 것이라면 무엇이든, 가능한 한 자주, 어떤 프로그램을 앞장서서 추진하는 데 도움을 주는 일이나 조직 내 다른 사람들에게 그 중요성을 알리는 일에 의사들을 활용한다. 이 방법은 우리 사무실에서 개발해 낸 것이 아니다. 대부분의 중요한 계획을 실행할 때 우리 조직이 따르는 최선의 실행 모델이다. 클리블랜드 클리닉에서는 모든 의사 결정 상황에서 의사들이 역할을 담당하도록 한다. 리더십의 위치에 있는 의사들을 다 합치면 300명 이상이 되는데, 이는 전체 의사의 10%에 달하는 수치다. 하지만 많은 의사들을 참여시킨다고 해서 모든 의사들이 새로운 프로그램이나 전략 구상을 진정으로 받아들인다고 확신할 수는 없다. 이 일에는 시간이 필요하고 의사 결정의 투명성과 진정한 지도력이 요구된다. 의사들을 자리에 불러 모으는 것만으로는 충분하지 않다. 의사들이 토론에 뛰어들어야 하고 중요한 결정을 내리는 데 핵심적인 역할을 해야만 한다.

전체적으로 보면 의사들은 똑똑하고, 확신에 차 있으며, 의욕적이고, 투지가 넘칠 뿐만 아니라 자료와 목표를 중시하고, 환자들에게 옳은 일을 하는 데 집중한다. 의사들 중에 사람들을 보살피겠다는 절대적인 소망 없이 의료계에 입문해 히포크라테스 선서를 한 사람은 거의 없다. 의사들은 끊이지 않는 호기심을 평생 학습으로 채워 나가는 사람들이다.

내가 의과대학에 지원할 당시 경험 많은 의사 한 분이 해 주신 조언이 있다. 그는 내게 탐구와 발견이라는 끝없는 여정에 대비하라고 일러 주었다. 그의 조언은 언제까지나 내 마음을 사로잡아 내가 하는 일을 더 잘할 수 있게 해 주고 다른 이들을 도와줄 수 있게 해 줄 것이다. 그의 말을 들으면서 마치 내가 이제 막 웅대한 모험을 향해 나서는 사람처럼 느껴졌었다. 그리고 이제 나는 환자경험이라는 모험을 하고 있다.

나는 의사들이 의료 관련 경험을 쌓고 성숙해지면서 의학 지식에 대한 평생 탐구를 이어 가지만 종종 대인 관계나 환자 관계 능력을 키우는 데는 실패하고 있다는 생각을 자주 한다. 이런 말을 하는 이유는 보고 느낀 바가 있기 때문이다. 의학 과정에 비해 전문성 개발에 관한 교육과정이 부족하다. 또한 대인 관계나 환자 관계와 관련된 상황이 증가하고 있는데도 불구하고 전문 자격증 취득 시 이에 대한 평가는 전혀 의무화되어 있지 않다. 더욱이 의사 커뮤니케이션 영역과 관련해서 전국 HCAHPS 자료를 보면, 입원환자 만족 부문에서 80점 점수가 백분위등급 50에 속한다. 다시 말해, HCAHPS 점수로 평가받은 의사들의 반이 'C' 또는 그보다 못한 등급을 받았다는 뜻이다. 이 사실을 어떻게 받아들여야 할까? 의사들에게 발전 가능성을 바라는 자체가 잘못됐다고 말하는 사람들도 많다. 하지만 클리블랜드 클리닉을 비롯해 다른 조직들의 자료는 이 주장이 옳지 않음을 보여 준다.

의사들과 의사 리더들에게 환자경험의 중요성을 이해시키기 위해서는 시간은 물론이고 반복적이고 지속적인 교육 및 합의 형성이 필요하다. 이제는 우리 의료진들 누구에게나 물어보아도 놀랄 정도로 많은 사람들의 입에서 환자경험의 중요성이 저절로 나올 것이다. 한 사람도 빠짐없이 그렇다고는 말 못해도 대부분이 환자경험을 위한 노력이 옳은 일이라는 데 동의할 것이다. 그리고 환자경험이 조직을 위해 중요하다는 점 역시 모든 이들이 알고 있을 것이다.

헬스케어의 미래가 오늘날 병원들에게 어떻게 영향을 미칠지 모르는 상황 또한 의사들에게 직접적인 영향을 주고 있다. 클리블랜드 클리닉에서 전문직 관리 담당 이사직을 맡고 있는 로버트 쿨톤Robert Coulton은 20년 넘도록 의사들의 그룹 프랙티스를 관리해 오고 있다. 헬스케어에서 일어나는 변화를 바로 옆에서 지켜보는 셈이다. "지금이 의사들에게는 힘든 시기입니다.

의사들의 진료에 큰 영향을 주는 일들이 많기 때문입니다." 의사 세계에 엄청난 파괴의 바람이 불어닥치면서 불안과 동요를 일으키고 있다. 하지만 우리는 의사들이 이 시기를 헤쳐 나가는 데 도움을 주는 헌신적인 동료의 역할을 해 줄 때에만 헬스케어에서 문화 개발을 추진하고 환자중심의 진료 향상을 위한 변화를 이끌어 낼 수 있다. 많은 사람들은 지금의 이 어려운 시대가, 의사들이 앞장서서 이끄는 데 도움을 주도록 그들을 격려하고 용기를 주기에 그 어느 때보다 적절한 시기라고 보고 있다.

의사 출신이 아닌 리더들을 위한 조언은 아래와 같다.

1. 의사들에게 도움을 구하고 정확히 어떤 방식으로 도움을 원하는지 명확하게 설명하라. 의사들도 같은 일원으로 움직여야 한다는 막연한 기대는 하지 마라. 의사들은 참여하는 방법을 몰라서 또는 비의학적인 프로그램에 관여해서 무시당할지도 모른다는 생각에 참여하지 않는 경우가 종종 있다. 환자경험 전달 방법의 향상이라는 '숭고한 목표'에 일조하고 있다는 마음을 느끼게 해서 의사들을 참여시키도록 하라.

2. 주위 상황에 관해 의사들을 교육시킴으로써 이제 그들에게 다른 방도가 없다는 점을 일깨워 주어라. 오늘날은 그 어느 때보다도 의사들에게 영향을 미치는 요소들이 엄청나게 많다. 규제 부담이 증가하고 더 높은 투명성과 더 많은 개인적 책임감을 요구하고 있다. 의학계의 향상을 위해 이런 상황 변화는 중요한 일이지만 의사들에게는 어려움을 준다. 왜냐하면 의사들은 이 상황을 어떻게 헤쳐 나가야 하는지 모르고 있으며 심지어 이 변화가 자신에게 어떤 영향을 끼치게 될지 전혀 알지 못하는 의사들도 많기 때문이다. 의사들을 교육시키고 그들

이 의학계의 비즈니스적인 면을 이해하고 이런 변화를 관리할 수 있
도록 도와주어라.

3. 자료를 활용하라. 안전, 질, 환자만족과 관련해서 당신이 수집한 정보
를 최대한 의사들에게 제공하라. 환자들이 하는 모든 말을 그대로 의
사들에게 전하라. 환자들이 자신들에 대해 어떻게 생각하고 무슨 말을
하는지 의사들이 알아야 한다. 자료를 활용할 때는 모든 의료진들이
알 수 있도록 투명하게 하라. 이것은 의학계의 미래의 모습이다. 의사
들이 이런 환경에 빨리 노출되면 될수록 점차 증가하는 투명한 헬스케
어 환경을 수용할 수 있다.

4. 의사들을 당신의 파트너로 만들어라. 당신이 전략, 목표, 안건을 설정
하는 과정에서 의사들의 도움을 부탁하라. 의사들을 회의에 초대하는
것만으로는 참여를 이끌어 낸다는 보장을 할 수는 없다. 의사 결정 과
정에 의사들이 참여하고 당신만큼 기초 정보에 접근할 수 있도록 확
실히 조처하라.

5. 의사들이 행정 기능에 참여하고 협조하면서 직면하는 어려움을 인정
하라. 관리자들은 자기 일정에 유연성을 발휘할 수 있다. (나도 관리자
의 입장에서 그렇다.) 의사들은 진료를 해야 하는데 우리는 그들의 진정
성 있는 참여가 필요하다. 따라서 의사들의 일정을 조정해 줄 필요가
있다. 개원의들에게 무진료는 무수입을 뜻한다. 그들의 시간을 흔쾌
히 사 줄 수 있다는 마음 자세를 지녀라. 병원에 고용된 의사들은 생
산성 저하라는 부담을 느끼므로 그들이 행정에 들이는 시간을 보호해

주어야 한다.

6. 의사들이 환자들에게 끼치는 영향력을 존중하고 의사들이 다른 직원들과 다르다는 사실을 인정하는 한편 헬스케어 팀에서는 의사만큼 다른 사람들도 중요하다는 사실을 일깨워라. 의사들은 환자와 가족들에게 막대한 영향력을 끼치기 때문에 그만큼 우리는 의사들에게 더 높은 수준의 행동과 프로 의식을 요구할 의무가 있다.

의사 출신 리더들을 위한 조언은 다음과 같다.

1. 사실이다. 당신들의 참여 없이는 불가능하다. 하지만 당신 마음에 들지 않는다고 해서 뭔가를 마음대로 조정하고 방해하거나 또는 바꿀 수 있다는 뜻은 아니다. 감성 지능을 키워라. 그리고 말하기보다 듣는 연습을 하라. 당신의 이야기를 들려줄 수 있도록 팀플레이 기술과 비즈니스 기술을 발전시켜라.

2. 그 안에서 늘 당신만 가장 똑똑한 사람인 것은 아니다. 자기 분야에서 전문성을 발휘하는 간호 리더들과 비임상 부문 리더들도 당신만큼 똑똑하고 중요하다. 그들을 인간적으로 대우하고 그들이 받은 훈련과 교육을 존중하는 마음을 가져라. 그리고 당신이 의사이기 때문에 많은 사람들이 당신을 존경한다는 사실을 깨달아라. 그렇다고 우월감을 남용하지는 마라. 대신 줄여 가라. 당신의 의견이 의사들이 아닌 시스템에 맞춰지도록 분명히 하라. MBA를 마쳤다고 해서 바로 비즈니스 전문가가 되지는 않는다. 당신은 의술을 행하기까지 10년이 넘는 기

간 동안 교육과 훈련을 받아야 했다. 당신 조직의 재무 담당 최고책임자 또한 그 자리에 오르기까지 당신만큼 오랜 기간이 걸렸다.

3. 당신은 전혀 생각하지 못했던 곳에 와 있다. 헬스케어의 진정한 변화가 바로 여기에서 일어나고 있고 그 변화들 중 많은 부분이 당신에게 개인적으로 영향을 줄 것이다. 그 변화를 잘 헤쳐 나갈 수 있는 방법은 간호를 비롯해 다른 전문 분야의 동료들과 긴밀하게 협조하는 방법뿐이다.

4. 의사 리더들은 스스로를 감시하고 통제해야 한다. 어디에 문제가 있는지 당신은 알고 있다. 따돌림이나 괴롭힘은 용납할 수 없으며 막아야 한다. 우리는 또한 자기 가족을 절대 맡기고 싶지 않은 의사가 누구인지도 안다. 왜 그런지 그 이유를 스스로 물어보라. 그런 의사들이 일반 환자들은 잘 볼 수 있을까? 당신의 동료들이 환자에게 끼치는 영향력을 적절하게 사용하고 있는지 확인하라.

5. 관리자 위치에 있는 의사들은 변절자가 아니다. 관리자의 일은 힘들다. 그들을 존중하라.

제8장

환자들의 생각을 알고 싶다고?
물어봐!

Want to Know What Patients Think? Ask!

2010

년 12월, 나는 어느 사망한 환자의 남편에게서 편지 한 통을 받았다. 그는 편지에 병원이 자신의 아내를 저버렸다고 적었다. 그리고 봉투 안에 딸의 결혼식에서 부부가 함께 찍은 사진을 동봉했다. 심장이 덜컥 내려앉았다. 사진 속의 아름다운 부부의 모습을 보다 우리가 뭔가를 놓친 것은 아닌지, 중대한 의료 과실 때문에 치료를 제대로 하지 못하고 그 환자를 죽음으로 내몬 건 아닌지 두려움이 몰려들었다. 그의 아내는 유방암 판정을 받았지만 치료를 잘 받고 완쾌했었다. 몇 년이 지나 암이 재발했고 다시 치료와 관리가 이어졌다. 그리고 마지막으로 다시 암이 찾아왔을 때는 적극적인 치료에도 불구하고 결국 병원은 근치를 포기하고 말았다. 그녀는 완화의료를 받기 시작했고 집으로 돌아가 호스피스의 도움을 받았다. 환자는 탈수증으로 다시 입원했고 나흘 후 결국 사망했다.

그녀의 마지막 소원은 집에서 가족들이 지켜보는 가운데 평온한 죽음을 맞이하는 것이었다. 우리는 그녀가 마지막 소원을 이룰 수 있도록 도와주지 못했다. 인생의 마지막 3일을 병원에서 보낼 필요가 없었는데 말이다. 그녀와 그녀의 남편은 보는 사람마다 집에 가야 한다고 말했다. 아무도 그들을 도와주지 못했다. 그들은 의사에게, 간호사에게, 사례 관리자^{case manager}와 사회복지사에게 말했다. 집에 가고 싶다고. 하지만 퇴원 준비를 도와준 사람은 아무도 없었다. 그뿐만이 아니라 아무도 그녀에게 통합된 의료서비스를 제공하지 못했다. 그녀에게 더 이상의 치료는 아무 희망도 주지 못했다. 그녀는 집에서 가족과 함께하고 싶어 했다. 우리는 의학적 치료가 아니라 그녀에 대한 인간적 치료에서 실패했다. 우리는 환자를 의학적으로 치료하려고만 했지 거기에 환자의 감정적 요소와 정신적인 요소를 더해 주지 못했다. 우리가 그녀를 저버린 이유는 아무도 환자나 가족의 말을 들어 주지 않았기 때문이다. 모든 사람들이 자기 '업무'에만 정신을 쏟고 있었고, 전체적으로는 우리가 여기 있는 근본적인 이유, 환자를 우선으로 한다는 목표를 무시하고 말았다.

아직도 내 책상 한편에는 그 편지와 사진이 놓여 있다. 나는 그 편지와 사진을 볼 때마다 환자를 치료하는 일이 단순히 병을 고치는 일이 아니며 우리가 하는 모든 일의 중심에 환자가 자리하는 조직이 되어야 성공할 수 있다는 사실을 되새긴다. 그 편지와 사진은 우리가 여기에 있는 이유와 우리가 매일 환자들을 위해 하는 일의 목표에 대해 상기시켜 준다.

서비스 기업의 90%가 고객들이 원하는 바를 알고 있지만 실제로 자신들이 옳은지 확인하기 위해 시간을 내고 자원을 투자하는 기업은 전체의 10%에 불과하다는 소리를 들은 적이 있다. 이는 흥미로우면서도 충격적인 통계가 아닐 수 없다. 서비스 비즈니스를 이끄는 사람들 대부분은 시장과 고객을 이해하고 있다고 말할 것이다. 장담하건대 이들이 말하는 건 탄탄한 시장 점유율과 매출 성장을 뜻하는 것일 게다. 만약 이 회사들이 충심으로 '고객의 니즈^{customer needs}'를 목표로 연구하고 조사한다면 얼마나 더 큰 성공을 거둘 수 있을지 상상해 보라.

의료인들(의사, 간호사, 관리자)도 돌아봐야 할 부분이 있다. 우리는 환자에게 중요한 것이 무엇인지 정확하게 알고 있다고 생각한다. 환자의 침대 곁에 서서 그들이 뭘 해야 할지 정확하게 말해 주고 우리 생각에 그들이 듣고 싶은 말을 해 준다. 좀 지나친 표현처럼 들리기도 하지만 그렇다고 의사가 환자와 소통하지 않고 일방적으로 환자 위에 군림한다는 말은 아니다. 하지만 한번 생각해 보라. 대부분의 경우에, 의사들은 환자의 환경을 엄격하게 지배 내지 통제하고 환자들은 의사의 말에 이의를 제기하기 어렵다.

대부분의 의료진들은 자기가 무슨 일을 어떻게 해야 하는지를 정확히 아는 상태에서 하루하루 일한다. 간호사는 계속해서 환자의 방을 들락거리면서 혈압, 맥박, 호흡수, 체온을 확인하고 약을 전달하고 회진을 돈다. 그 모습을 보고 있으면 놀라울 정도다. 효율적이고 신속하고 완벽한 행동이 마치 물 흘러가는 듯하다.

우리가 환자와 의사소통하는 방식은 우리가 훈련을 통해 배운 기능적인 면이 크다. 그리고 효율적으로 일하고 재빨리 많은 정보를 얻어 내야 한다는 요구를 따르다 보니 우리가 교류하는 상대가 '사람들'이라는 사실을 깜박하고 만다. 환자들이 진정으로 원하는 바가 무엇인지 또는 환자들이 중요하게 생각하는 것이 무엇인지 제대로 귀를 기울이지 않는다. 환자제일주의란 "고통을 함께 나누는 마음, 감정이입, 그리고 환자 개인이 표현하는 선호, 욕구, 가치에 대한 반응의 수준"[1]을 아우르는 것이다. 우리는 종종 의료의 제공이 단순한 의술이 아니라는 사실을 잊어버리거나 심지어 깨닫지 못한다. 의료의 제공은 의술뿐만이 아니라 정신적이고 감정적인 보살핌을 포함한다. 환자의 니즈를 전인적全人的으로 해결해 주는 것이다.

다음 장면을 상상해 보자. 어느 일요일 오후, 당신은 집에서 당신이 하고 싶은 일을 하고 있다. 아이들과 놀아 줄 수도 있고 스포츠 경기를 보고 있을 수도 있으며 아니면 저녁을 준비하는 중일 수도 있다. 그때 갑자기 두통이 찾아오더니 어지러움을 느끼기 시작한다. 잠시 두통이 가라앉은 사이 앉기 위해 소파로 걸어가다 보니 어지러움이 심해지고 거의 정신을 잃을 뻔하기도 한다. 그러고 나서는 곧 괜찮아져 그날은 별 탈 없이 지나간다. 하지만 월요일 아침에 당신은 주치의에게 전화를 건다. 주치의는 다음 날로 진료 약속을 잡아 주지만, 이때쯤 증상이 호전된 당신은 약속 취소를 잠시 고민한다. 화요일에 의사가 당신을 진찰하고 이상한 점을 발견하지 못한다. 하지만 확실히 하자는 뜻에서 당신에게 CT촬영을 받으라고 지시한다. 수요일, 당신은 CT촬영을 받고 출근한다. 그날 오후, 주치의가 검사에 대해 의논할 게 있다며 전화를 한다. 목요일 오전, 병원에 찾아간 당신에게 의사는 검사 결과가 좋지 않다며 뇌에서 혹 같은 것이 발견됐다고 한다. 모든 것이 얼어붙는 듯하다. 갑자기 본능적인 반응이 튀어나온다. 곧 토할 것 같다. 혼란스럽다. "뇌에 혹이? 그게 무슨 말이야?" 주치의가 뇌종양일 가능성이 있다고 한다.

금요일, 당신은 신경외과 의사를 만나고 그 의사는 다음 월요일에 조직 검사 일정을 잡아 준다. 주말 내내, 당신은 뇌종양에 걸려 죽어 가는 자신의 모습을 떠올린다. 하지만 혹시 양성 종양일지도 모른다는 한 가닥 희망의 *끈*을 놓지 않는다. 드디어 월요일이 오고 당신은 조직 검사를 받은 다음 회복실에서 깨어난다. 아내가 옆에서 걱정과 두려움이 가득한 눈빛으로 당신을 바라보고 있다. 당신은 여전히 통증을 느끼고 있고 마음은 혼란스러운 상태다. 두어 시간이 지나자 의사가 들어오더니 당신에게 조직 검사 결과 뇌종양 중에서도 가장 악성인 다형성교모세포종glioblastoma multiforme이라는 진단이 내려졌다고 전한다. 당신의 인생은 영원히 바뀐다. 한 주 만에 평소의 '일상'에서 새로운 '일상'을 살게 되면서 당신이 하는 모든 일, 모든 생각, 모든 경험이 새로운 정의를 맞이하게 되었다. 이제 당신의 초점은 하나로 모아진다. 생존.

이 상상은 환자의 피드백과는 아무 관계가 없지만 들어 주기와 이해하기의 중요성을 말하기 위해 꺼낸 것이다. 이런 끔찍한 상황에서 당신이라면 무슨 생각을 하겠는가? 세상은 멀쩡히 돌아가는데 집에서, 차에서, 병원에서 당신의 머릿속은 온통 암에 대한 생각뿐이다. 환자들이 겪는 것이 바로 이런 것이다. 그들의 모든 행동, 반응, 상호 교류에 이 생각이 들어앉아 있다. 그럼에도 우리는 환자들이 마음속으로 무슨 생각을 하고 있는지 이해하지 못한다.

클리블랜드 클리닉은 여섯 가지 중요한 환경 속에서 다양하고 종합적인 조사를 통해 환자들의 피드백을 수집한다. 여섯 가지 환경은 입원, 통원, 응급, 정신의학, 소아청소년, 가정 의료를 말한다. 이 조사들 중에서 두 가지는 HCAHPS와 재택건강관리 CAHPS^{Home Health Care CAHPS}로, 보건의료 연구 및 질 관리청^{Agency for Healthcare Research and Quality}에서 개발한 표준화된 도구이자 HVBP^{병원가치기반구매}의 일부이다. 세 번째 조사는 클리니시안 & 그룹^{Clinician and Group CAHPS} 조사로 통원 환경에서 사용하는 표준 도구인데 현재는 책임진료기구^{ACO}에서 활동하는 의사들에게만 의무적으로 시행하고 있다.

랜드 연구소^{Rand Corporation}의 인증 작업을 포함한 광범위한 실험을 거쳐 HCAHPS 도구들이 개발되었다.[2] 2005년, 국립의료질포럼^{National Quality Forum}은 HCAHPS 도구를 공개적으로 지지하고 나섰다.[3] 미국 메디케어 & 메디케이드 서비스 센터^{CMS}는 HCAHPS 도구에 세 가지 목표를 설정했다.

먼저, 고객에게 중요한 주제와 관련해 객관적이고 효과적으로 병원들을 비교할 수 있도록, 설문 조사는 환자가 진료를 어떻게 인식했는지에 대한

자료를 생산해 낼 수 있는 방식으로 제작한다. 둘째, 설문 조사 결과의 공개 보고는 병원들이 의료의 질을 향상시킬 수 있는 새로운 유인책이 되도록 한다. 셋째, 공개 보고는 공공투자의 대가로 제공된 병원 의료의 질의 투명성을 제고함으로써 헬스케어의 책임감을 향상시키는 역할을 한다. 이 세 가지 목표를 염두에 두고 CMS와 HCAHPS 프로젝트 팀은 다양한 절차를 통해 설문 조사의 신뢰성, 유용성, 현실성을 보장하고자 했다.[4]

CAHPS 도구들이 완벽하다고 할 수는 없으며, 오히려 향상 과정을 밀어붙이기 위해 병원에서 필요한 세분화된 자료를 수집하는 데 방해를 준다는 비판도 있다. 그뿐만 아니라, 설문 조사들이 환자들에게 진정으로 중요한 점들이 무엇인지 구별할 수 있는 능력을 키워 주지는 않은 채 환자만족 인식만을 평가한다는 목소리도 있다.

또한 HCAHPS 설문 조사는 결과에 편차를 초래할 수 있는 환자의 중증도를 정확히 반영하여 보정할 수 있는 방법이 확립되어 있지 않다. 클리블랜드 클리닉은 환자들을 질병의 심각성에 따라 계층화했을 때 설문 조사 결과가 상당히 달라질 수 있다는 사실을 확인했다. 중증 질환을 가진 환자들일수록 입원 환경에 더 박하게 점수를 주는 경향이 있다는 사실 말이다. 더 많이 아픈 환자를 둔 병원들일수록 더 낮은 점수를 받고 환자인식에 영향을 끼치는 것이 무엇인지 결정하는 데 더 큰 어려움을 겪을 수도 있다는 뜻이다.

여러 연구에서 특정 그룹의 환자들이 병원의 점수를 다르게 매기고 있음을 보여 준다. 예를 들어, 만성질환 악화로 입원한 환자들은 계획된 수술로 입원한 환자들에 비해 입원 환경에 대한 인식이 좋지 않다.[5, 6] HCAHPS 설문 조사 기법에서 수술환자 입원 시 받은 설문 조사가 하향 보정되는 이유가 바로 이 때문이기도 하다.[7] 비록 도구들이 현재는 완벽하지 않지만 계속 발전하는 중이다. 일부 제한적인 면이 있긴 하지만 이 도구들과 자료들은 실질적으로 성과 향상을 추진하고 모니터링하는 데 효과적으로 사용할 수 있다. 우리 조직이 확실히 증명한 바와 같이.

환자들은 자신의 성격, 가치, 기대에 근거해 경험을 판단하려는 경향이 강하다. 헬스케어는 매우 감정적이고 개인적인 경험이 관여하는 곳이다. 그러니 우리의 감정과 성격이 우리의 인지에 영향을 끼치지 않을 수가 있겠는가? 나는 최근에 건강상의 위기를 경험했던 친구와 저녁을 먹었는데, 그녀는 자신의 주치의를 극찬했다. 그 친구는 주치의가 얼마나 좋았는지 강조하면서 그 의사가 재능이 뛰어난 사람임이 분명하다고 했다. 나는 그걸 어떻게 아느냐고 물었다. 그녀는 그 의사가 냉정을 유지했고, 간단명료했으며, 효율적이었고, 시간을 내서 분명하게 설명해 주었다고 말했다.

내 친구는 매우 똑똑하고 박식한 데다가 교양 있는 헬스케어 소비자이다. 나는 그녀에게 어떻게 그 의사가 '좋고' '재능 있는' 사람인지 알 수 있었느냐고 캐물었다. 그녀는 앞서 했던 설명을 다시 하고는 그 의사를 전에 만났던 의사와 비교했다. 그녀는 예전의 의사를 좋게 보지 않았고 그 의사의 의사소통 방식도 마음에 들어 하지 않았다. 그녀는 예전의 의사가 사소한 이야기를 늘어놓으면서 시간만 낭비했다고 생각하고 있었다. 그녀의 말은 이랬다. "나는 그 사람이랑 엮이는 관계 같은 건 싫어. 그냥 자기 할 일만 하는 게 좋지."

나는 그런 진료 특성과 그 의사가 '좋고 능력 있는지' 아닌지의 판단과는 별 관계가 없다고 말했다. 내 친구는 그러면 의사가 좋은지 아닌지를 소비자가 어떻게 결정하냐며 내게 따져 물었다. 나는 단언하듯 말했다. "내 말이 바로 그 말이라니까!" 우리는 확신을 가지고 의료의 질을 평가할 방법이 거의 없을 때 우리가 이해하는 속성들로 기준을 삼는다. 내 친구는 개인적인 취향에 따라 자신의 인식과 그 의사의 진료 형태를 근거로 주치의를 판단했다.

환자들은 우리가 하는 일 또는 우리가 전달하는 서비스를 이해하지 못하는 단순한 소비자다. 내 친구처럼 그렇게 교육을 많이 받은 사람들도 의학적으로는 수준 높은 헬스케어 전문가가 아니다. 비전문가도 며칠 동안 질병에 대해 연구할 수는 있다. 하지만 치료를 제공하는 의사는 순식간에 대화를 주도하고 환자가 모르는 점들을 설명할 수 있다.

환자는 우리가 하는 일과 자기가 이해하는 것을 대비해 가며 우리의 효율성을 측정한다. 다른 말로 하자면, 대체 측정 지표proxy measure를 활용한다. 대체 지표는 환자가 이해하는 것 그리고 중요하다고 생각하는 것으로, 환자는 대체 지표를 기본으로 우리의 효율성을 재단한다. 내 친구는 자기가 중요하다고 생각하는 자신과의 상호작용을 바탕으로 주치의 진료의 질을 판단했다.

클리블랜드 클리닉은 오랫동안 표준화된 설문 조사 자료를 사용해 환자 경험이라는 먼 여정을 지나 왔다. 하지만 우리가 빠뜨린 것은 없는지, 더 노력해야 하는 부분은 무엇인지 스스로에게 종종 묻는다. 환자 대체 지표의 중요성에 대한 이해를 높이기 위해 우리는 2012년에 두 가지 연구를 의뢰해 안목과 식견을 높이고자 했다.

본원에서 퇴원환자들의 반 정도를 대상으로 무작위 HCAHPS 설문 조사를 실시했다. 그리고 첫 번째 연구를 위해서, HCAHPS 설문 조사를 받지 않은 나머지 반 정도의 퇴원환자들 중 900명을 무작위로 골라 표본조사를 했다. 우리는 그들에게 메디케어에서 하는 방식 그대로 HCAHPS 설문 조사를 실시한 후에 각 질문마다 그렇게 대답한 이유를 물었다. 그들의 생각이 어떤 식으로 대답에 영향을 주었는지 알고 싶었기 때문이다.

두 번째 연구로는, 입원환자 병동의 한 층에서 문화인류학적 관찰조사법Ethnographic research을 실시했다. 문화인류학적 관찰조사법은 대상의 일상으로 들어가 가공되지 않은 환경에서 사람들과 과정을 관찰하는 방법이다. 입원환자 서비스 경험에 어려움을 겪고 있던 우리는 이런 형태의 연구를 통해 무슨 일이 일어나는지 더 잘 이해하고 우리가 놓치고 있는 점들을 더 잘 파악해 필요한 향상 부분을 실행하는 데 도움을 받을 것이라 생각했다.

네 명의 연구원들이 입원 병동의 한 층에 약 6주간 머물렀다. 그러면서 124명의 환자들과 그 가족들을 인터뷰하고, 병원을 돌아다니는 환자들을 따라다니며, 의료진들과 이야기를 나누고, 서비스를 제공하는 직원들과 환자들의 상호작용을 관찰했다. 또한 병원 치료와 관련해서 환자와 가족들 그리고 직원들에게서 그들이 보고 생각한 것들을 수집했다.

위의 두 연구는 환자인식에 대한 계량적 분석quantitative analysis과 우리 조직과 진료의 등급뿐만 아니라 그러한 인식과 등급이 나오게 된 환경의 질적 분석에 관한 정보를 제공해 주었다. 전체적인 결과는 이해가 되면서도 놀라웠다.

"환자들은 더 많은 존중을 바란다." 우리가 내린 초기 결론이었다. 사실 이런 결과가 나왔을 때 나는 우리가 그동안 돈만 낭비한 게 아닌가 싶어 걱정이 앞섰다. 이 정도는 헬스케어에 있는 사람이면 누구나 다 아는 사실이기 때문이었다. 하지만 이 결과의 속뜻을 알고 보면 그리 간단하지만은 않았다. 환자들은 단순히 의사와 간호사에게서만 더 많은 존중을 원하는 것이 아니었다. 환자들은 헬스케어 환경에서 만나는 모든 사람들로부터 더 많이 존중받고 싶어 했다. 게다가 이런 마음은 더 세분화되었다. 단지 존중의 문제가 아니었다. 실제로는 환자가 아닌 한 개인으로서 인정받고 싶었던 것이다.

병원에서 환자들은 예전에 전혀 알지도 못하던 사람들과 상호작용하면서 그들에게서 집중 공세를 받는 셈이다. 환자들에게는 모든 이들이 이방인이다. 그나마 가장 친숙한, '절친'이라고 할 수 있는 사람이 주치의와 간호사이다. 사실 환자 입장에서는 입원하기 전에 만나 본 유일한 사람이 의사인 경우가 많다. 그 외에 환자가 만난 모든 사람들(많은 사람들)은 기본적으로 전혀 모르는 사람들이다.

독실을 사용하지 않는 환자는 만나는 사람들의 숫자도 늘어난다. 예를 들어, 당신이 병원 2인실에 입원했다고 하자. 당신은 당신을 돌봐 주는, 전에 한 번도 보지 못했던 사람들만 해도 얼마나 많은 사람들을 만나겠는가. 그런데 거기에다 옆 침대에 있는 환자와 그의 가족, 친구, 의료진 등 낯선 사람들까지 만나야 하는 간접적인 상호작용까지 해야 한다. 환자가 바라는 것은 이 모든 사람들에게서 인간으로 존중받는 것이다.

환자는 마치 수감자와 같다는 말을 들은 적이 있다. 다행스럽게도 나는 재소자가 되어 본 적은 없지만 이 말이 무슨 뜻인지는 충분히 이해된다. 환자와 수감자의 유사점에 대해 생각해 보자. 둘 다 건물로 이송된다. 당신은 진정 그곳에서 머무르고 싶은가? 말도 안 된다. 우리는 당신의 옷을 벗기고 가운을 주면서 손목에 밴드를 채운다. 그리고 작은 방에 모르는 사람들과 함께 당신을 집어넣는다. 당신이 할 수 있는 일은 별로 없다. 우리는 당신이 알지 못하는, 게다가 마음에 들지 않을 수도 있는 이방인들과 함께 있는 당신에게 이래라 저래라 한다. 우리는 당신에게 형편없는 음식을 제공한다. 당신은 오랜 기간을 지루하게 특별히 하는 일도 없이 보내야 하며 마음대로 떠날 수도 없다. (뭐, 떠날 수는 있을 지도 모른다.) 게다가 당신은 겁에 질린다.

우리는 헬스케어에서 일하는 모든 사람들이 환자들과 그 가족들을 한 개인으로서 존중심을 지니고 대하도록 확실히 할 필요가 있다.

환자들은 다양한 대체 측정 지표를 사용해 우리를 판단한다. 게다가 특정한 대체 측정 판단 하나가 환자들이 받는 모든 진료에 대한 의견에 부정적인 영향을 끼치기도 한다. 의사와 간호사의 의사소통이 한 예가 될 수 있다. 의사가 오전 6시에 회진을 돌고 당일 계획에 관해서 이야기하면 환자는 당연히 그날 근무하는 간호사들도 그 계획을 알고 있으리라 믿는다. 환자가 간호사에게 오전 8시에 무엇을 할 것인지 물었는데 간호사가 대답하지 못한다면 환자는 마땅히 이를 너그럽게 받아들이지 못하고 "서로 말도 나누지 않는 의사와 간호사가 무슨 수로 높은 질의 진료를 제공하겠다는 거야?"라고 생각하게 된다. 그 환자는 의사소통의 상호작용을 대체 측정 지표로 삼아 병원이 얼마나 잘 돌아가는지를 판단한다.

대체 측정의 또 다른 예는 주위 청결도이다. 병실에 먼지가 있다거나 지저분해 보이거나 관리가 부실해 보이면 환자와 가족들은 병원이 높은 질의 진료를 제공할 수 있을까 하는 의문을 품게 된다. "방 하나도 깨끗하게 못하는 사람들이 수술은 제대로 할 수 있겠어요?" 헬스케어 환경에서 환자와 가족들이 보고 듣는 것이 자기들이 중요하다고 믿는 것(때로는 자신의 가치)과 어긋나면 이는 전체 진료 내지는 조직을 바라보는 시각에 직접적으로 영향을 끼친다. 1년 365일 먼지 한 톨 없이 집안을 깨끗하게 유지하기 위해 열심히 일하던 가정주부가 지저분한 병실에서 지내야 한다면 얼마나 질색하겠는가.

정말 이해하기 힘든 결과이긴 하지만, 환자들은 또한 케어기버들이 행복하기를 바란다. 환자경험 운동에 비판적인 사람들은 이를 두고 자기들 말이 옳았다고 주장할지도 모른다. "거봐, 환자를 기쁘게 해 주기만 하면 된다니까. 환자경험을 말하는 사람들이 잘못 짚은 거야. 그 사람들은 질을 어떻게 평가하는지도 몰라요. 우리가 진료를 얼마나 잘 전달하는지와는 아무런 상관도 없는 걸로 이상한 기준을 세워서 사람을 몰아붙인다니까." 이 비평가들의 말은 틀렸다. 이 말은 케어기버들의 행복에 관한 문제가 아니다. 우리가 환자들 앞에서 어떻게 행동하고 환자들이 의료진의 행동을 어떻게 받아들이느냐의 문제이다. 만약 내가 병실에 들어가면서 심란한 모습, 슬픈 표정 또는 부정적인 태도를 보인다면 환자들은 여러 가지 반응을 보일 수 있다. 어쩌면 자기들이 뭔가 잘못했다고 생각할지도 모른다. "내가 의사 선생님 기분을 나쁘게 했나? 그래서 나한테 화가 난 건가?" 환자는 의사에 비해 아주 낮은 자세를 취한다. 대부분은 의사나 간호사에게 이의를 제기하기를 두려워한다. 뭔가 부정적인, 자신이 다른 대우를 받을 빌미를 제공할 만한 행동이나 말은 두려워서 하지 못한다.

한 번은 리더십 팀이 회진을 돌다가 나이 많은 남미 여성이 입원한 병실에 들어가게 되었다. 우리는 병원 생활이 어떤지 물었다. 처음에는 아무 이상이 없는 듯 했는데 우리가 질문을 던질수록 그 환자는 점점 속상해하더니 결국 울음을 터뜨리고 말았다. 무슨 일이 있느냐는 질문에 그녀는 "그 사람, 그 사람"이라고 했다. 그 환자는 케어기버들 중에 한 명을 아주 두려워했다. 자신에게 못되게 굴고 무시하고 아주 부적절한 말을 던지는 케어기버를 말하는 것이었다. 이동하는 데 도움이 필요했던 그 환자가 변기에 앉아 있는데 그 케어기버가 그녀에게 자기가 도와주지 않으면 하루 종일 변기에 앉아서 못 나올 것이라고 농담처럼 말을 던진 것이었다. 그 환자는 두려움을 드러내고 싶지 않았다. 괜히 그 케어기버가 복수를 가하거나 아니면 다른 케어기버들을 회유해서 자기에게 차별 대우를 하게 만들지는 않을까 두려웠기 때문이다. 나는 그 말을 들으면서 속이 뒤집히는 것 같았다. 농담이었든 아니든, 그 케어기버의 말은 매우 부적절했다. 내 생각으로는 환자를 방치하는 것이나 다름없었다. 우리는 즉시 그 상황에 대해 다루면서 환자의 불만과 고충을 접수했다. 앞으로 그 무례한 케어기버가 환자를 대할 기회는 전혀 없을 것이다.

케어기버의 부정적인 표현은 환자들이 자신의 상황이나 진료에 혹시 무슨 이상이 있는 것은 아닌지 우려하는 상황을 초래할 수도 있다. "메를리노 선생이 혹시 나에게 뭔가 숨기는 건 아닐까? 걱정스러운 표정이던데. 뭔가 잘못되고 있는 건 아닐까?" 내가 앞서 예를 들었던 뇌종양 환자가 이런 상황을 맞이했다고 치자. 그 환자는 병상에 앉아 자기에게 무슨 일이 벌어질 것인지에 온 신경을 쏟고 있을 것이다. 상황이 심각하면 심각할수록 환자와 그 가족들은 더 열심히 시각적으로 그리고 언어적으로 단서를 찾고자 매달린다. 자신이 처한 상황을 이해하기 위해 우리의 입에서 나오는 말을 확대 해석한다.

나도 개인적으로 환자의 입장에 처해 본 적이 있기 때문에 이런 심정을 누구보다 잘 이해한다. 아내 에이미와 나는 2010년에 교통사고를 당했다. 운전하면서 문자를 주고받던 한 여성이 속도를 줄이지 못하고 우리 차를 정면으로 들이받는 사고가 발생한 것이다. 그나마 튼튼한 차량에서 안전띠를 매고 있었고 에어백이 작동했으니 망정이지 하마터면 목숨을 잃을 뻔한 사고였다. 그 당시 상황이 지금도 선명하다. 충돌이 발생할 때 나는 아내가 있는 오른쪽으로 고개를 돌리며 팔로 아내를 감싸려고 했다. 그리고 운전대 에어백이 부풀어 나오면서 내 왼쪽 가슴과 목, 얼굴을 쳤다. 다행히 우리 부부는 심각한 부상을 당하지는 않았다. 나는 아내가 차 밖으로 나오도록 도와주고 상대방 차량의 운전자를 확인했다. 여전히 휴대전화를 손에 움켜쥔 그녀는 어안이 벙벙한 채 울고 있었지만 부상은 없는 듯했다. 여전히 사고 현장에 있던 나는 그제야 통증을 느끼기 시작했다. 목의 왼쪽 부분이 부어오르면서 순식간에 침을 삼키기가 어려울 정도가 되었다. 증상은 점차 심해지고 있었다. 구급대원들이 도착했으나 우리는 병원으로 가지 않겠다고 했다. 우리도 의사였으니 이 정도면 괜찮다고 생각했다. 마침 사고 지점은 우리 집에서 멀지 않았고 친절하게도 집까지 경찰의 호위를 받으며 갔다.

나는 우리 지역의 1급 외상센터인 메트로헬스 메디컬센터에서 외과의로 일하면서 외상 환자들을 다루어 봤기 때문에 이런 부상에 대해서는 익숙한 편이었다. 내가 겪던 증상으로 볼 때 큰 위험은 없어 보였다. 단지 경동맥 박리 또는 동맥류 부상을 입었다면 뇌로 가는 동맥에 이상이 생겨 피 공급이 제대로 되지 않아 뇌졸중 또는 심각한 경우에는 사망에 이를 수 있었다. 목에 직접적인 충격이 오는 경우 종종 발생하기 때문에 바로 그런 생각이 들었다. 집에 도착해서 아내에게 병원에 가서 확인해 보는 것이 좋겠다고 설득했다. 물론 겉으로는 별일 아니라는 듯 행동했다.

나는 차를 몰고 병원으로 갔다. (추천할 만한 일은 아니다.) 가는 길에 친구이자 옛 동료였던 제프리 클라리지^{Jeffrey A. Claridge}에게 전화했다. 그는 메트로헬스의 외상, 중증, 화상 부서의 책임자이다. 메트로헬스는 오하이오 주 북동부에서 유일한 1급 중증외상센터이며 클리블랜드 클리닉도 회원으로 가입한 노스이스트 오하이오 트라우마 시스템^{Northeast Ohio Trauma System}의 일부이다. 내가 의심하고 있었던 외상으로 인한 경동맥 박리처럼 아주 심각한 부상을 처리하기에 적격인 병원이다. 다행히도 그날 밤에 그는 당직이었다. 나는 그에게 내 증상을 설명했고 그도 우려를 표했다.

병원으로 가는 데 30분이 걸렸고 목 부위 CT 동맥조영술을 실시하기까지 또 30분이 걸렸다. 심각한 부상이 아닐까 하는 두려움을 느끼기 시작할 때부터 CT 이미지를 보는 순간까지 내 머릿속에는 한 가지 생각뿐이었다. 응급 수술을 받아야 하는 건 아닐까? 뇌졸중이 오는 건 아닐까? 이러다 죽는 건 아닐까?

진단을 받기 전까지 병원에서 보냈던 시간은 거의 기억나지 않는다. 그러나 클라리지가 내 증상에 대해 꼼꼼하게 질문하고 내 목을 검사하던 일, 내가 열심히 보고 들으면서 제발 그의 입에서 아무 일도 아니라는 말이 나오기를 기다렸지만 아무 말도 듣지 못했던 일은 생생하게 기억난다. 나는 혹시라도 그가 "너무 많이 알아도 탈이야."라는 듯 씩 웃어 주지 않을까 그의 얼굴을 열심히 들여다보았지만 허사였다. 내 모든 인생, 인간으로서의 내 자신, 내가 했던 모든 생각들이 급박하게 생명을 위협받는 상황 앞에서 무너져 내리고 있었다.

CT 스캔 모니터에 나온 이미지를 보며 아무 이상이 없다는 사실을 알고 안도의 한숨을 쉬던 일이 기억난다. 그 순간 내 인생도 제자리를 찾았고 불안과 두려움은 사라졌다. 이것이 바로 우리 환자들이 자신이 처한 환경을 이해하고 판단하는 방식이다.

환자들은 무슨 일이 일어나는지 알고 싶어 한다. 너무 간단한 말처럼 들린다는 걸 나도 안다. 헬스케어에 있는 모든 사람들도 환자가 진료 계획과 그에 따른 조치에 대해 알 필요가 있다는 사실을 이해한다. 하지만 환자가 정보를 간절히 원하는 마음은 훨씬 더 구체적이고 종합적이다. 기억하라. 병원에 오는 모든 환자들의 머릿속에는 자신에게 무슨 일이 벌어지는지에 대한 생각밖에 없다. 의사가 오전 일곱 시에 들어와서 환자에게 흉부 엑스레이 촬영이 필요하다고 말하고 환자가 오전 아홉 시에 방사선과에 다녀오면 그 환자는 결과에 대해 알고 싶어 한다. 점심시간까지 의사가 결과에 대해 아무 언급이 없으면 환자는 하루 종일 앉아서 생각에 잠긴다. "의사 선생님이 결과 확인하는 걸 잊었나? 말하지 못할 정도로 검사 결과가 나쁜 건가?"

다시 한번 말하지만 환자는 무슨 일이 벌어지고 있는지 걱정하면서 시간을 보낸다. 우리가 환자의 인식을 관리할 수 있는 정보를 제공하지 않으면 환자들은 자기만의 생각으로 답을 만들어 낸다.

환자들은 헬스케어라는 강을 건너면서 걱정하고 무서워한다. 어떤 이들은 극심한 공포에 사로잡히기도 한다. 주위에는 불안감을 야기하는 요소가 산재해 있으며 환자들은 아주 작은 일에도 두려움을 느낀다. 또한 환자들은 혼란스럽고 자신에게 무슨 일이 일어나고 있는지 몰라 매우 불안해한다. 그때 우리가 다른 케어기버들과 충분히 의사소통하지 못하거나 조화를 이루지 못하면 이런 상황은 더욱 악화된다.

우리가 연구에서 알아낸 사실들 중 마지막 핵심 포인트를 말하자면, 환자들은 환자가 되고 싶어 하지 않는다. 나는 콘퍼런스에 갔다가 참가자들에게 한 가지 제안을 한 적이 있다. 승자에게는 값비싼 경품이 준비되어 있다고 했다. 슬라이드 화면에 개인용 제트기를 보여 주면서 참가자들에게 재빨리 손들 준비를 하라고 했다. 가장 먼저 손을 드는 사람에게 상을 준다는 말에 모두들 준비 자세를 갖추는 모습이 우스웠다. 나는 참가자들에게 클리블랜드 클리닉이 미국 최고의 심장 전문 센터를 갖추고 있으며 치료 결과 또한 다른 어느 곳보다 우수하다고 말하면서, 가장 먼저 손을 드는 사람에게 개인용 제트기로 클리블랜드 클리닉에 데려가 심장 수술을 받게 해 주겠다고 했다. 물론 모든 비용은 무료로. 얼마나 멋진 조건인가! 세계에서 가장 뛰어난 시설과 결과를 자랑하는 곳에서 무료로 수술해 준다니 말이다. 나는 참가자들에게 빨리 손을 들라고 부탁했다. 아무도 손을 들지 않았다. 아무도 환자가 되고 싶지 않았기 때문이다.

아무도 환자가 되고 싶어 하지 않는다는 사실은 헬스케어에서 불변의 진리라 할 수 있다. 우리의 고객이 되고 싶어 하는 사람은 아무도 없다. 클리블랜드 클리닉이 실행한 연구는 환자들의 생각과 경험을 모아 놓은 보물 상자나 다름없다. 케어기버들에게 연구 결과에 대해 물어보면 동의하지 않는 사람은 한 명도 없을 것이다. 하지만 우리는 그들에 대해 생각하지 않고 신경 쓰지 않는다.

우리의 도전(우리의 책임)은 조직에 있는 모든 사람들이 자기와 반대편에 있는 것이 어떤 것인지를 확실히 이해하도록 만드는 것이다. 이번 장을 시작하면서 내가 했던 말을 생각해 보라. 대부분의 조직들은 자기의 고객을 진정으로 이해하기 위한 시간을 내지 않는다. 하지만 좀 더 세부적으로 들어가 그 사람들의 입장에서 생각해 보면, 환자들이 어떻게 생각하는지 우리가 물어본다면, 우리의 일을 인도해 줄 수 있는 극도로 중요한 정보를 찾아낼 수 있다.

아무도 환자가 되고 싶어 하지 않는다는, 또는 의료인을 찾아오고 싶어 하지 않는다는 사실만큼이나 중요한 사실은 아무도 병원으로 다시 돌아오고 싶어 하지 않는다는 점이다. 나는 염증성 장질환, 특히 크론병에 걸린 사람들을 많이 본다. 크론병은 확실한 치료법이 없는 만성질환으로 증상이 거의 나타나지 않는 사람에서부터 증상의 악화와 재발이 반복되면서 몇 차례 입원을 해야만 하는 사람까지 있을 정도로 환자에 따라 그 증상이 매우 다양한 병이다. 병원에 다시 입원해야 한다는 말을 들으면 환자들은 불안과 두려움 속에서 전전긍긍한다. 우리는 이들이 겪는 외상 후 스트레스 장애가 얼마나 심각한지 제대로 깨닫지 못하거나 인정하지 않는다.

환자들을 이해하는 데 도움을 받기 위해 클리블랜드 클리닉이 했던 것처럼 굳이 전문 조사 기관에 의뢰하지 않아도 된다. 무엇보다 시간을 내서 그들이 하는 말을 진정으로 들어 주고 이해하는 것이 중요하다. 환자들의 말 속에 충분한 정보가 들어 있기 때문이다. 환자들은 매일 우리에게 무언가를 이야기하지만 우리는 종종 그 이야기들을 듣지 못하고 환자경험 향상을 위한 지식을 얻을 기회를 날리고 만다. 조금만 더 시간을 내서 인간으로서의 환자들에 대해 알아 간다면 더 나은 관계를 구축할 수 있음은 물론이고 우리 자신도 더 나은 의료진이 될 수 있다.

　의료 기관들은 편지, 설문 조사, 개인적인 상호 교류 등을 통해 많은 정보를 얻는다. 우리는 이런 자료들을 연구하고 환자들이 하는 말을 받아들여야 한다. 말이라는 것이 많아 봐야 결국 말만 많아지는 것이지 자료가 되지는 않는다는 우스갯소리를 하는 사람도 있다. 하지만 그렇지 않다! 많은 표현과 개인적인 이야기들은, 철저하게 평가하고 그 지역의 환경적 맥락에서 사용하고 다른 자료들과 융합해서 활용하면 아주 강력한 힘을 발휘한다. 예를 들어, 우리 병원 의사들 중 한 명은 수술 후에 환자를 보러 오지도 않고 만나도 잠깐밖에 시간을 내주지 않으며 질문도 잘 받아 주지 않는 등 무례한 태도로 일관한다는 말을 환자들에게서 들었다. 여덟 명의 환자들이 짧은 기간 동안 한 명의 의사에 대해 유사한 내용의 발언을 했다는 사실만으로 자료의 유효성을 단정할 수는 없다. 하지만 어떤 상황이었는지 이해할 수 있을 만큼 상당히 설득력이 있는 것만은 사실이다

　그 의사는 환자들의 지적을 접하고 의료 행위를 향상시킬 수 있는 상담을 받았고 그 후에는 그에 대한 부정적인 언급이 사라졌다. 말을 그대로 전하는 피드백은 조심스럽게 활용해야만 한다. 한 명의 환자가 불만을 표출했다고 해서 그 의사를 나쁜 의료인이라고 비난해서는 안 된다. 게다가 환자가 상황을 인식하는 데 영향을 주는 당시만의 특별한 과정이 있을 수도 있다. 환자들이 여러 의사들로 구성된 팀의 치료를 받는다고 가정해 보자. 그러면 어떤 의사는 다음 날 볼 수 있지만 특정 과정을 담당한 의사는 다음 날 환자를 만날 일이 없을 수도 있다. 이는 그 의사가 환자를 회피한다는 뜻이

아니라 환자가 어떤 의사를 보게 될지에 대해 우리가 제대로 의사소통하지 못했음을 의미한다. 양적 자료는 전체적인 시각에서 활용되지만, 하나의 코멘트는 적절하게 평가할 경우 '절호의 기회'가 될 수 있다.

수치로 결과를 보여 주는 양적 자료만으로는 해석이 매우 제한적이다. 수년간 우리는 "원하는 시간에 예약appointment when wanted"이라는 만족도 측정을 실시했다. 새로운 전술을 시도하고 새로운 정책을 채택하고 관리자들에게 책임을 묻기도 했다. 그러나 병원 접근성 향상을 위해 상당히 노력했음에도 불구하고 전혀 점수를 올리지 못했다. 우리 기관과 의료인들에 대한 환자들의 평가는 좋아지고 있는 반면에 병원 접근에 대한 인식은 달라질 기미가 전혀 보이지 않았다.

결국 자료와 환자들의 코멘트를 깊이 들여다보게 되었다. 거기서 우리는 원하는 시간에 잡는 예약보다 예약 담당 직원의 행동과 의사와의 접촉이 더욱 중요하다는 사실을 알아냈다. 만약 예약 담당 직원이 도움을 주고 공손한 태도를 보이면 전체적인 경험에 대한 환자들의 평가가 아주 높았다. 마찬가지로, 환자와 의사의 상호 교류가 긍정적이면 그 점이 만남에 대한 전체 평가에 영향을 미쳤다. '원하는 시간에 예약'은 환자들에게 진정으로 중요한 점이 무엇인지 정확히 집어내지 못하고 있었다. 중요한 점은 언제 예약을 잡느냐가 아니라 예약 담당 직원과 의사와의 긍정적인 접촉이었던 것이다.

헬스케어에서 환자들에게 나쁜 경험을 유발하고 그들을 불쾌하게 만들 수 있는 일들은 얼마든지 일어날 수 있다. 하지만 환자경험 향상과 높은 질의 의료를 제공하는 것에 엄청난 영향을 줄 수 있는 요인들을 조절하기 위해 우리가 할 수 있는 일들도 많다. '원하는 시간에 예약'은 환자들에게 그리 중요하지 않은 요인을 측정하고자 했던 하나의 사례라 할 수 있다. 진정으로 중요하게 여기는 요인의 밑바탕에는 각 접점에서 만나는 사람들과의 상호 교류가 있었던 것이다. 이런 작은 차이를 더 잘 이해하기 위해 자료를 활용하고, 적절한 측정 방법을 사용하고 있는지 확인하고, 그 측정 방법의 효과성을 검사하는 일 모두 우리가 올바른 정보를 관찰하고 있는지 확인하는 데 필수적이다.

환자들에게 중요한 것이 무엇인지 알아내는 가장 좋은 방법은 환자들에게 물어보는 것이다! 무슨 대답이 나올까 두려워하지 말라. 환자의 제안이나 코멘트 하나가 당신 조직의 발전에 중요한 밑거름이 될지도 모른다. 클리블랜드 클리닉은 환자들에게 중요한 것이 무엇인지 더 잘 이해하기 위해 여러 다양한 전술을 활용한다. 몇 년 전에, 우리는 환자의 목소리 자문위원회Voice of the Patient Advisory Councils, VPACs를 만들었다. 이런 위원회를 설립해 운영하는 기관들이 점차 늘어나고 있다. 환자들은 VPACs를 통해 잘못된 점들을 바로잡는 데 도움을 줄 수 있는 피드백을 제공할 수 있게 되었다. 본원의 규모가 상당한 관계로 우리는 대부분 대형 센터들을 위주로 VPACs를 조직했다.

이런 그룹들은 우리가 환자들에게 중요한 것을 제대로 이해하고 있는지 확인하고 우리의 생각이 정상 궤도에서 벗어날 때 바로잡을 수 있도록 도움을 준다. 우리는 VPACs의 조언을 받아 일부 대기실의 외관과 느낌을 새롭게 바꿨고 입원 안내도 환자 친화적으로 개발했다. 또한 그룹 회원들은 우리의 '야간에 조용한 병원' 점수가 왜 낮은지 알아내는 데도 도움을 주었다. 환자들은 간호사의 활동으로 인해 수면을 방해받아서라기보다는 복도에서 발생하는 소란이나 다른 환자들이 만들어 내는 소음 때문에 병원이 조용하지 않다고 생각했다. VPACs가 이 사실을 확인시켜 준 것이다.

한번은 소화기질환센터 VPACs가 화장실에 대해 논의하는 것을 들은 적이 있다. 소화기계 질환을 앓는 환자들에게는 화장실이 상당히 중요한 문제가 된다. 여러 층에서 화장실 청결 문제가 대두되었고 우리는 화장실이 전체적으로 더러워서 문제가 된 것으로 생각했다. 하지만 근본적인 문제는 화장실이 주는 느낌이었다. VPACs 회원들은 화장실이 실제로 더러워서가 아니라 불의 밝기가 약하고 변기가 엉성하게 배치되었기 때문에 지저분해 보인다는 사실을 확인했다. 우리는 조명과 변기 배치를 바꿨고 그 이후로 청결 점수가 올라갔다.

그렇다고 아무나 자문위원회에 들어갈 수 있는 것은 아니다. 의료진이 선정한 후 면접을 통과한 환자들만이 환자의 목소리 자문위원회에 참여할 수 있으며 최소한이지만 참여 요건을 갖춰야 한다. 우리는 어떠한 의견이나 제안도 받아들이지만 되도록 참가자들이 함께 일하면서 각자의 의견을 하나의 목소리로 모아 건설적인 피드백을 제공하도록 권장하고 있다. 또한 논의 주제에도 일정한 제한을 두고 있다. 자문위원회는 발전을 위한 토론의 장이지 개인의 불만을 토로하는 곳이 아니기 때문이다. 그 외에도 실행 가능성이 희박한 제안은 삼가도록 하고 있다. "모든 사람들에게 개인 방을 제공할 수 있게 병원을 새로 지어야 한다."와 같은 제안은 간단히 말해 비현실적이고 건설적이지도 않다.

또한 VPACs가 성공하기 위해서는 조직과 최고위 리더들의 참여가 필요하다. 간 이식 전문 외과 의사이자 소화기질환센터 센터장인 존 펑[John J. Fung]은 모든 VPACs 모임을 관장한다. 이렇게 눈에 띄는 노력을 보이면 VPACs 회원들도 병원 리더들이 자기들의 의견을 신경 쓰고 있고 고위층에서도 자기들이 내놓은 의견을 다룰 것이라고 생각하게 된다.

실용주의

우리는 끊임없이 '환자제일주의'를 추구하고 환자들이 원하는 바를 이해하고자 노력해야 하지만 한편으로는 헬스케어 분야에서 직면하는 어려움에 대해 현실적인 태도를 취해야만 한다. 우리의 조직을 포함해 전반적으로 헬스케어 분야에서는 환자제일주의라는 추가 잘못된 방향으로 과하게 올라갔었다. 이제 그 추가 제자리를 찾아 내려오는 과정에서 오히려 반대 방향으로 너무 치우쳐 올라가지 않도록 우리 모두 확실히 해야 한다. 늘 환자를 지상의 목표로 삼고 환자경험의 전략적 우선순위에 대해 고민해야 하지만, 그러면서도 효율적인 진료 제공에 따르는 현실과 어려움들을 마음에 새기고 그 어려운 현실을 환자들이 원한다고 우리에게 말해 주는 것들과 비교·검토할 수밖에 없다.

설문 조사를 많이 한다고 해서 더 나은 환자중심의 진료가 이루어진다고는 할 수 없다. 비합리적이거나 실행 비용에 비해 결과가 별다른 의미가 없는 조사들은 오히려 사람들을 혼란스럽게 만들기도 한다. 예를 들어, HCAHPS 설문 조사에 상징적으로 등장하는 질문처럼, 밤에 병원이 조용하기를 기대하는 것은 합리적인가? 병원들, 특히 대형 연구 기관들은 이 부분에서 좋은 평가를 받는 데 어려움을 겪고 있다. 솔직히 말하자면, 정숙이라는 단어와 관련해서 환자들이 원하는 것이 무엇인지 모르겠다. 환자들이 말하는 정숙은 최소한의 방해를 말하는 것인가? 환자들은 충분한 숙면을 기대하는 것일까? 원래 병원은 조용한 곳이 아니라는 사실을 우리는 인정해야만 한다. 병원의 환자들은 충분한 숙면을 취할 수 있을 거라 기대하지 않는 게 좋다.

마찬가지로, 전국적으로 면회 시간 제한을 폐지하려는 움직임이 있다. 환자와 가족들은 사랑하는 사람을 언제든 보고 싶을 때 볼 수 있기를 원한다. 이 말에 동의하지 않는 사람은 거의 없을 것이다. 하지만 밤에도 면회 시간을 제한하지 않는 것이 병실을 나눠 쓰는 환자의 사생활과 편안함을 고려할 때 합당한 것일까? 환자들이 가장 많이 하는 불평 중에 하나가 옆 환자와 관련된 소음이다. 내가 알기로 미국 병원의 총 병실 중에서 2인실이 60%를 넘게 차지한다. 그렇다고 2인실 이상을 갖춘 병원을 다 허물고 1인실만 있는 병원으로 새로 지을 수는 없는 노릇이다. 우리는 면회 시간에 제한을 두지 않고 환자들이 언제든 가족이나 친구들과 함께 시간을 보낼 수 있도록 허락한다. 그러고는 병원이 조용하냐고 물어본다. 체계적인 사고의 결여에서 나오는 질문이 아닌가. 자유로운 면회 시간이라는 좋은 아이디어가 밤에 병원의 소음을 야기할 수도 있다. 따라서 설문 조사에 포함시키기에는 적절하지 못한 질문이라고 할 수 있다.

잘못된 정보를 제공할 수 있는 질문을 너무 많이 제기하거나 묻다 보면 의도하지 않은 결과가 나오기도 한다. 2013년, 클리블랜드 클리닉은 오하이오 주 의사협회Ohio State Medical Association와 손잡고 오하이오 의사들이 통증 관리에 대해 어떤 시각을 지니고 있는지 알아보는 설문 조사를 실시했다. 설문에 응답한 1,100명의 의사들 중 98%가 병원에서 통증 관리와 관련된 환자경험 점수 향상을 위해 의사들에게 점점 더 많은 압박을 가하는 것으로 믿는다고 답했다. 74%는 일반적으로 미국 의사들이 통증을 치료하기 위해, 특히 환자경험 점수를 높이기 위해 규제 약물을 과잉 처방하고 있다는 데 동의했다. 이는 환자에게 위험을 초래할 수도 있는 매우 우려스러운 결과다. 헤로인 남용이 처방 마약 남용과 연관성이 있다는 증거가 많아지고 있다. 세계 인구의 4.6%를 차지하는 미국인들이 전 세계에 공급되는 마약성 진통제의 80%를 이미 소비하고 있다. 미국은 사람들에게 통증이란 언제나 치료할 수 있는 것이라는 기대를 심어 놓았다. 이런 환경에서 환자들에게 의사들이 제대로 통증을 치료했느냐고 묻는 것은 잘못된 일인지도 모른다.

환자만족 관련 설문 조사는 환자의 인식까지도 측정한다. 앞서 언급했듯이, 환자들은 자신의 개인적인 환경과 연결시켜서 경험을 인식한다. 우리에게 사용을 요구하는 많은 정형화된 설문 조사들은 환자가 가진 만성질환의 심각성이나 우울증 여부 같이 중요한 환자 요인을 제대로 고려할 만큼 정교하게 만들어지지 않았다. 만성질환의 심각성이나 우울증 여부는 모두 환자가 치료를 인식하는 데 영향을 끼치는 중요한 요인인데도 말이다. 한 연구에 따르면, 병원에 입원한 만성질환자의 30% 정도가 우울증의 가능성이 있다고 한다.[8] 클리블랜드 클리닉에서는 HCAHPS 자료를 환자의 병세 및 자가 보고한 우울증과 관련하여 분석해 보았다. 만성질환이나 우울증이 없는 비교적 건강한 환자들과 비교해 보니 만성질환이나 우울증을 앓는 환자들 또는 만성질환과 우울증 모두를 앓고 있는 환자들이 HCAHPS의 모든 부문에서 상당히 낮은 점수를 준 것으로 나타났다. 이 결과는 우리로 하여금 자료를 어떻게 해석하고 받아들여야 하는지 생각하게 만든다. 또한 우리 병원의 시설과 병원이 전달하는 환자중심 진료에 대해서도 우리가 정확하게 파악하고 있었는지 생각하게 되는 중요한 계기를 마련해 준다.

환자들의 이야기를 전하라

환자들은 저마다 사연을 지니고 있고 우리는 시간을 내서 그 이야기를 들어 줄 필요가 있다. 환자들이 어려운 시기를 헤쳐 나가는 것을 도와주면서 우리는 통찰력을 키우게 될 것이다. 휴스턴감리교병원의 마크 붐은 환자가 쓴 편지를 통해 환자의 이야기를 들려주면서 이사회를 시작한다. "우리가 여기에 있는 이유를 다시 한번 생각하게 해 줍니다. 그리고 우리 조직에 관해서도 배우게 되죠." 내가 환자 남편의 편지와 사진을 책상 위에 두는 이유도 그 때문이다.

의료 전문가인 우리들은 자신이 환자가 원하는 바를 정확히 알고 있다고 스스로를 설득하는 데 뛰어나다. 어쨌든 우리는 의료계의 전문가니까. 게다가 우리는 환자의 입장에 처했던 경험도 있다. 이 두 가지 이유만으로도 우리는 스스로 가장 잘 알고 있다는 믿음에 빠진다. 하지만 환자들을 진정으로 이해하기 위해서는 피드백 활용과 자료를 분석하는 접근 방식이 반드시 필요하다.

당신의 사람들은 고객이 무슨 생각을 하는지 알고 있는가? 당신은 현장에서 제기되는 문제들을 파악하고 꿰뚫고 있는가? 당신은 모든 사람들이 다 알 수 있도록 그 정보를 나누어 주는가? 만족도 설문 조사는 중요한 자료를 제공하고, 조직들은 특정한 관심 분야를 측정하기 위해 그 자료들을 활용해야 한다. 하지만 일어나는 상황을 정확히 파악하기 위해서는 현장의 고객들, 우리 경우에는 환자들과 직접 만나고 대화를 나누는 것이 훨씬 중요하다. 클리블랜드 클리닉은 자료에 관심을 기울이면서 중요한 전략적 변화와 뜻깊은 조직의 발전을 이끌어 냈다.

다음은 핵심 고려 사항들이다.

1. 의료 전문가는 헬스케어의 리더이자 소비자이므로 환자에게 무엇이 최선인지 알고 있다는 편견을 버려라. 종종 우리는 반대편, 즉 환자가 된다는 것이 무슨 뜻인지를 망각한다. 정확한 이해를 위해 가장 확실

하면서도 유일한 방법은 환자들에게 물어서 무엇이 중요한지를 알아
내는 것이다.

2. 정형화된 설문 조사에 나온 결과가 환자의 생각을 온전히 대변해 주
지는 않는다. 환자가 들려주는 일화는 조직에 발전의 기회를 제공하는
매우 강력한 발언이 될 수 있다. 시간을 내서 환자와 가족들에게 중요
한 것이 무엇인지 물어보라.

3. 환자들이 목소리를 낼 수 있는 자문위원회를 구성하고 '소비자들의 의
향'을 파악하는 동시에 환자들의 생각을 이해할 수 있도록 그들을 정
기적으로 만나게 하라. 반드시 고위 리더들이 참석해 충분한 상징성을
지니도록 하고 위원들의 제안을 실천에 옮기는 방법으로 환자들의 활
동에 힘을 실어 주어라. 환자들은 조직의 고위층과 직접적인 연락을
취할 만한 자격이 있다.

4. 환자들은 우리의 고객이 되고 싶어 하지 않는다는 점을 기억하라. 환
자들은 종종 인생에서 가장 힘든 시기에 우리를 찾는다. 환자들은 정
교하거나 복잡한 소비자가 아니기 때문에 대체 측정 지표를 사용해 우
리를 평가한다. 환자들은 작은 것들도 중요하게 받아들이며 세부적인
사항들을 이용해서 진료 제공의 효율성을 판단한다.

5. 모든 환자는 저마다의 사연을 지니고 있으며, 이 사연을 조직 전체의
케어기버들에게 전달하는 것은 그들에게 헬스케어에서 일하는 이유
를 상기시켜 줄 수 있는 강력한 방법이다. 조직 전체가 환자의 편지나

이야기를 공유하는 기회를 자주 갖도록 하라. 환자의 이야기로 회의를 시작하고 그 정보가 이사회까지 확실히 전달되도록 하라. 조직의 미션을 지원하는 이사회 역시 케어기버이니까.

제9장

실행이 답이다

Execution Is Everything

환자경험최고관리자^{CXO}가 되고 얼마 지나지 않아 쓰디쓴 경험을 통해 겸손해야 한다는 것뿐만 아니라 전략을 말하는 것과 전략을 실행할 수 있는 능력을 갖추는 것의 차이점을 배우게 되었다. 어느 날 병원 업계 신문을 읽다가 당시 부각되고 있던 환자경험 분야에 관한 기사를 보고 놀랐다. 기사에 클리블랜드 클리닉에 관한 내용이 전혀 없었기 때문이다. 미국 병원들 중에서 최초로 환자경험 전담 부서를 두고 CXO를 고용한 우리 병원이 말이다. 나는 우리가 성공적으로 앞으로 나아가고 있다고 믿고 있었다. 당시 나는 이 신문사에 전화를 걸어 뭔가 뉴스거리를 제공해 주어야겠다는 오만한 생각에 빠져 있었다. 우리가 누군가. 우리는 클리블랜드 클리닉이고 사람들은 우리가 하는 일에 대해 알고 싶어 할 것임에 틀림없었다.

나는 기자에게 전화를 걸어 다음번 기사에 우리 프로그램의 진행 상황을 소개하는 내용을 써 줄 수 있는지 물었다. 그 기자는 내게 현실의 쓴맛을 보여 주었다. "저도 클리블랜드 클리닉은 압니다. 그 부서에 대해서도 알고요. 그러니까 선생님이 CXO란 말씀이시죠? 선생님이 하신 일 중에서 실질적으로 환자경험을 향상시킨 일이 뭐가 있죠?" 나는 우리의 전략에 대해 설명하면서 우리가 환자경험에 대해 어떻게 생각하는지 말해 주었다. 그러자 그 기자가 바로 받아쳤다. "선생님 병원은 점수가 형편없던데! 아니 그런 병원에서 하는 일을 누가 알고 싶어 하겠어요? 점수가 좋아지면 그때 전화 주세요." 그녀의 말이 전적으로 옳았다. 나는 실제로 효과를 발휘하는 무엇인가를 가지고 있다는 게 얼마나 중요한지에 대해 소중한 가르침을 얻었다. 브랜드 인지도, 올바른 전략, 좋은 아이디어가 있어도 성공적인 실행이 뒤따르지 않으면 모두가 헛수고에 불과할 뿐이다.

'환자우선'을 지상 최대의 목표로 삼고, 이미 이것저것 들어 있는 전략의 목록들 맨 위에 환자경험을 올려놓기는 쉽다. 그러나 본격적으로 달라붙어서 실행에 옮기는 일은 완전히 별개의 문제이다. 우리는 타오르는 플랫폼뿐만 아니라, 열정적인 사람들도 있었고 뭐가 중요한지에 대해 합의도 한 상태였다. 하지만 나는 어디서 어떻게 시작해야 할지 전혀 감을 잡지 못하고 있었다. 내게는 멘토도, 롤모델도, 코치도 없었다. 참고서도 없었고 전술과 실행에 대해 깨우침을 얻을 수 있는 기사도 없었다. 우리는 아직 절차process, 사람people, 환자patients라는 '3P' 요소에 대한 개념도 정확히 걸러 내지 못하고 있었다.

헬스케어 분야 종사자들에게 이런 이야기를 하면 그들도 실행이 얼마나 어려운 단어인지에 대해 절대적으로 공감한다. 환자와 가족 중심의 환경을 따라야 할 필요성을 알면서도 일을 추진하는 과정에서 종종 좌절감을 맛보기 때문이다. 다른 병원 사람들에게 이야기하다 보면 이런 질문을 가장 많이 받는다.

"어디서부터 시작해야 하는 겁니까?"

의학계에 돌아다니는 농담 중에 의사는 생각하는 훈련을 받는 게 아니라 해결하는 훈련을 받는다는 말이 있다. 글쎄, 나는 훈련을 제대로 받지 못했나 하는 생각이 들기도 했다. 어떤 업계에서든 임무를 완수했을 때 추앙을 받는다. 내 동료이자 친구인 하버드 경영대학원 교수 아난스 라만^{Ananth Raman}은 이 중요한 가르침을 내게 확실히 알려 준 사람이다. 나는 CXO 자리에 오른 지 얼마 지나지 않아 아난스를 처음 만났다. 그는 환자경험의 신봉자로 클리블랜드 클리닉이 환자경험에 기울이는 노력들에 대해 연구하고 있었다. 그는 평생을 공장 운영에 관해 공부하면서 생산에서 인적 요소를 배제했을 때 더 작업의 효율성이 높아지는 점에 대해 연구했다.

아난스는 헬스케어가 더 효율적이고 세심한 배려가 깃든 상품(헬스케어 제공)을 만들기 위해서 사람을 필요로 하는 비즈니스라는 점을 인정했다. 우리는 환자경험이 무엇을 의미하고 조직에 얼마나 큰 가치를 부여하는지에 대해 오랜 시간 대화를 나눴다. 환자경험이 환자들에게 얼마나 중요한지 그리고 환자경험 향상이 헬스케어에 얼마나 큰 변화의 바람을 몰고 올 것인지에 대해 이야기했다. 그때마다 그는 과연 어떻게 목표를 실행할 수 있을지 생각해 보라며 나를 채찍질했다. "제임스, 어떻게 고쳐 나가실 겁니까? 어떻게 향상시킬 겁니까? 전술은 뭡니까? 환자경험이 중요하다는 사실에는 모두가 공감하고 있지만 실제로 어떻게 실행하실 겁니까?"

뭐라고 대답하기 힘든 질문들이었다. '환자경험 작전'을 이끌 임무를 부여받은 사람들은 운영 경험이 부족하고 운영에 대한 통제력이 거의 없는 경우가 많기 때문이었다. 조직의 변화라는 책임감은 막중하지만 막상 실행에 필요한 자원은 거의 없는, 이름만 수장인 경우가 많았다. 힘든 작전임에는 틀림없었지만 그렇다고 불가능한 작전은 아니었다. 여러 분야의 지도자들로 연대를 결성하는 능력이 작전의 성공 여부에 큰 영향을 끼칠 것이었다. 프로젝트를 시작해서 앞으로 이끌기 위해서는 합의와 동의가 필요하다. 이게 그리 쉬운 일은 아니다. 하지만 우리의 목표가 '환자우선'이라는 점을 기억하라. 사람들을 더 잘 보살펴 줄 수 있는 방법을 찾는 것을 목표로 내세우면 사람들의 동참을 이끌어 내기가 훨씬 더 쉬워진다.

내가 클리블랜드 클리닉의 환자경험 계획을 떠맡았을 때 딱 이랬다. 내게 주어진 자원은 소수의 직원들, 그리고 43,000명이 속한 조직을 바꿔야 한다는 임무였다. 43,000명의 인원들 속에는 의사들, 간호사들, HR 부서 직원들처럼 큰 목소리를 내는 이해관계자 그룹들도 있었다. 내가 병상 옆에서 벌어지는 일을 바꾸고 싶으면 간호사들과 협상을 벌여야 했다. 교육 훈련이나 문화에 관한 변화를 다룰 때는 HR 부서 직원들과 상의를 해야 했다. 음식 서비스나 주차, 청소 등 환자관리에 영향을 주는 문제는 운영 부서에 배당된 권한이었다. 각 분야의 리더들은 자신이 정한 우선순위에 따라 문제를 다루었다. 중간 운영 리더들이 환자경험 어젠다를 진행하는 데 어려움을 겪는 이유가, 작전에 적합한 수장을 선택하는 것이 중요한 이유가 바로 이 때문이다. 만약 간호사가 환자경험을 이끈다면 그에겐 강력한 의사 파트너가 필요하다. 마찬가지로 의사 리더는 간호사 파트너가 필요하다. 비임상 운영 분야의 리더라면 강력한 의사와 간호사 둘 다 필요하다.

내가 처음 CXO가 되었을 때, 우리는 작전 실행을 위한 전술은 고사하고 성공적으로 실행한다 해도 무엇이 어떻게 달라질지조차 설명할 수 없던 상태였다. 그뿐만 아니라, 환자경험에 대한 정의가 사람마다 각양각색이었던 만큼 향상 방안도 제각각이었다. 어떤 사람들은 스마일 캠페인을 벌이자고 했고, 또 어떤 이들은 비임상 분야에서 일하는 사람들이 매일 환자를 방문할 필요가 있다고 했다. 다양한 아이디어가 끊임없이, 질릴 정도로 많이 쏟아져 나왔다. 나는 도대체 어디서부터 아니면 무엇부터 시작해야 할지 감도 잡지 못한 채 머리가 마비될 정도였다. 그리고 "낮게 달린 과일low-hanging fruit*" 을 따자고 하거나 "초반에 승부수를 거는 것"이 어떠냐는, 내가 아주 싫어하는 표현이나 제안도 있었다. 결국 모든 사람들이 나를 바라보며 묻는 질문은 이것이었다. "지금 뭘 하시는 건가요? 하시려는 게 뭔가요? 우리가 어떻게 도와드리면 되나요?" 발전을 기대하는 마음들은 뜨거웠다.

게다가 당시 클리블랜드 클리닉은 한창 중요한 조직적 통합에 노력을 기울이고 있던 상황이었다. 근본적으로 우리는 조직의 다양한 부분들을 모두 합쳐 통합된 의료 시스템을 만들기 위해 노력하는 병원 지주회사였다. '기업' 전반에 걸쳐 어떤 식으로 영향을 끼치고 어떻게 실행할지에 대한 답이 없는 아이디어를 제안할 수는 없었다. 어떤 제안을 할 때마다 혹시 기업이라는 단어를 깜박하고 사용하지 않으면 사람들은 나를 마치 기업의 뜻도 모르는 사람으로 치부했다. 이사회에서 함께 일하던 동료는 내게 공개적으로 이런 말까지 했다. "제임스, 통합 의료 시스템에서 전략이 뭘 의미하는지 전혀 모르고 있구먼."

나는 재앙의 한가운데에서 꼼짝달싹 못하고 있었다. 권한도 없는 상태에서 뭔가 해야 한다는 압박이 밀려왔고, 경직된 생각에 사로잡힌 입김 센 동료들과 중요한 것이 무엇인지에 대해 협상을 벌여야만 했다. 일을 맡고 처음 몇 달간은 온몸의 기운이 다 빠져나가는 것 같았다. 다행히도 나의 상사인 코스그로브는 아주 능숙한 최고경영자였다. 그는 내게 이렇게 말해 주었다. "나는 당신 편입니다, 제임스. 여유를 가지고 해결해 나가도록 하세요." 내게 숨 쉴 공간을 마련해 준 그의 말이 고마웠다.

---

* 큰 노력 없이 쉽게 성취할 수 있는 목표나 방안.

결국 처음에는 기업 전체적인 계획이라는 느낌을 주지 않는 작은 계획부터 시작해서 효과가 있는지 알아보는 것이 가장 좋은 방법이라고 생각했다. 어떤 과나 부서처럼 작은 환경에서 실행해 가면서 나중에 전 기업으로 규모를 확대해 나가면 될 일이었다. (기업은 무슨 기업. 환자경험은 국지적으로 낮은 단계에서 주도하는 것이다!) 그리고 무언가를 기업 전반에 걸쳐 실시하기 전에 부서별 단계에서 벌어지는 일들을 더 잘 이해할 필요가 있었다.

그래서 시작한 것이 바로 이것이었다. 우리는 HCAHPS에서 가장 형편없는 점수를 받은 부서를 찾아낸 다음 팀을 만들었다. 팀은 간호 관리자, 환자경험센터 대표 직원, 의사 대표, 환경 서비스에서 나온 감독관, 그리고 사회복지사와 사례 관리자처럼 진료 부문 간 조정에 관여하는 사람들로 구성했다. 이 팀은 일주일에 한 번, 한 시간 정도 만나 환자들의 불만을 야기하는 문제들을 찾아내기 위해 논의했다. HCAHPS 자료를 검토하고 환자 및 직원들과 이야기를 나눴다. 실시간 자료를 수집하고 기회를 찾아내서, 가능하면 찾아낸 문제를 신속히 해결하는 것이 이 팀의 목표였다.

이 팀은 몇 군데 개선이 필요한 부분들을 신속히 찾아냈다. 내시경을 받아야 하는 환자들이 많았는데 병원에서는 내시경을 받을 환자들에게 금식을 시킨다. 그런데 내시경 검사가 허용 가능한 수준 이상으로 자주 연기되면서 환자들은 먹지도 못하고 무작정 기다려야만 했던 것이다. 게다가 검사가 바로 다음 날로 잡히면 계속 금식을 해야 했기 때문에 환자의 불만은 더욱 커졌다. 때로는 내시경 검사가 늦어지는 바람에 퇴원까지 늦어지는 일도 있었다. 이것이 바로 팀이 찾아낸 운영 개선의 기회이자 환자만족도 향상의 기회였다.

해당 부서의 환자들은 의학적으로 복합적인 문제를 안고 있는 경우가 대부분이었기 때문에 환자가 퇴원하기까지는 진료의 조정과 연계가 상당히 중요했다. 따라서 사회복지사와 의료 코디네이터 간에 협력이 필수적이었지만, 주간 회의를 하다 보니 이 두 사람이 서로 적대적 관계에서 의사소통도 제대로 하지 않고 있음을 알 수 있었다. 서로를 얼마나 싫어했는지 복도에서 마주치는 것조차 피하려 들었다. 당연히 진료 조정에 문제가 생길 수밖에 없었다. 게다가 간호 관리자는 서류 작업 등을 하느라 혼자 사무실에서 지내는 시간이 많아서 정기적으로 직원이나 환자들을 둘러보지 못하고 있었다. 그뿐만 아니라 의사들과 간호사들이 진료 계획에 대해 의논하는 모습도 보기 힘들었다.

일주일에 한 번, 한 시간 동안 옹기종기 모여 논의하면서 이 작은 팀은 다양한 기회를 찾아냈다. 그중에는 손쉽게 고쳐 나갈 수 있는 문제도 있었고 시간과 노력을 요하는 문제도 있었다. 간호 관리자가 사람들을 만나는 일에 더 많은 시간을 보내도록 하기 위해서는 그녀의 상사가 그녀에게서 새로운 가능성과 기대를 설정하고 시행하는 일이 필요했다. 사회복지사와 의료 코디네이터에게는 심각한 대화를 통해 각자 직무상의 책임을 상기시키고 팀워크에 참여해야 하는 책임감을 일깨워 주면서 서로 협력 관계를 유지하게 만들었다. 해당 부서와 내시경에 관해서는 먼저 문제가 무엇인지를 파악하고 원활한 연계가 이루어지도록 스케줄 조정을 실행했다.

이렇게 크지 않은 부서를 대상으로 한 프로젝트를 통해 '빠른 승리'를 거두고 어느 정도 '낮게 달린 과일'을 따먹는 데도 성공했다. 문제 해결을 위해 둘러앉아 논의를 시작한 지 한 달이 지나자 해당 부서의 HCAHPS 점수가 그 어느 때보다, 우리 병원 역사를 통틀어 최고를 기록했다.(그림 9.1) 기분이 좋은 정도가 아니었다. 대박을 맞은 느낌이었다. 이 시범 사업은, 현장 케어 기버들의 힘으로 얻어 낸 간단한 해결책이 실제로 HCAHPS 점수 결과에 영향을 줄 수 있다는 사실을 증명해 주었다.

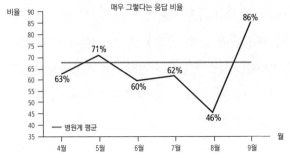

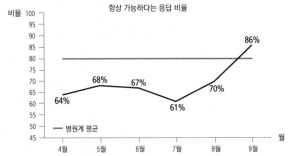

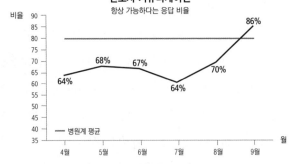

그림 9.1. 부서 프로젝트를 통한 '빠른 승리'

경영진에게 이 프로젝트와 점수 상승에 대해 설명하자 최고회계책임자인 스티븐 글래스는 나를 보며 "이건 정말 중요한 의미를 담고 있는 겁니다."라고 말해 주었다. 코스그로브도 그 말에 동의했다! 우리는 스스로 환자경험에 상당한 영향을 줄 수 있음을 확실히 보여 주었다.

이 작은 초기 프로젝트들은 우리가 소규모 시범 사업에 대해 중요한 교훈을 얻는 계기를 마련해 주었다. 하지만 다음 단계는 기업 전반에 영향을 줄 수 있는 무언가를 시행하는 일이었다. 전에는 하나의 부서에서 환자경험에 관한 모임을 실행하면서 성공을 거둘 수 있었다. 이 전술을 다른 부서들과 병원으로 확장하려 하자, 증거가 있는데도 과연 이것이 최상의 전술인지에 대해 말이 많았다. 환자경험 모임은 의무가 아니라 옵션이 되었다. 부서마다 간호 관리자며 의사 리더, 다른 케어기버들을 참여시키기 위해 그들을 구슬려야 했다. 조직 전체에서 실행하기에는 아직 우리의 능력이 완전히 갖추어지지 않았던 것이다. 따라서 우리가 거둔 것은 부분적인 승리였다.

우리는 이 초기 프로젝트를 통해 병원 절차와 전술에 대해서도 배울 수 있었다. 병원은 온갖 절차들로 넘쳐난다. 말 그대로 수천 가지의 상호 연관된 시스템과 절차를 통해 헬스케어라는 복잡한 상품을 만들어 내는 것이다. 어떤 환자경험 '해결책'을 찾아내고자 할 때는 먼저 기본적인 병원 절차들이 정상적으로 작동하고 있는지 확인해야만 한다. 이 절차들은 효율적으로 돌아가면서 소기의 목적을 달성하는 것이 일반적이다. 하지만 많은 절차들이 공유되지 않은 채 독자적으로 진행된다. 한 가지 절차를 담당하는 직원은 다른 절차가 내놓는 결과에 대해 전혀 알지 못한다. 시스템들은 서로 의사소통이 이루어지지 않으며 함께 작동하도록 제작되지 않았다.

간호사나 환자에게 알리지도 않은 채 내시경이 연기 또는 취소되는 일은 하나의 사례에 불과하다. 간호사들은 내시경 관련 업무와 관련해 할 수 있는 일이 아무것도 없는데 막상 환자에게는 자신들이 나쁜 소식을 알려야 한다며 불만을 토로했다. 병원은 절차에 따라 돌아간다. 절차가 삐걱되거나 (내시경 일정) 다른 절차와 원활하게 맞지 않으면(내시경 파트와 간호 파트의 업무 조정) 시스템이 무너지는 결과가 발생한다. 아무리 미소를 많이 띠고 서비스 수월성 관련 전술을 실행해도 환자들의 경험은 나아지지 않는다. 무너진 절차를 바로 세워야만 한다.

잘못된 절차들을 집어내서 수정하기란 쉽지 않은 일이다. 또한 관리자가 책임감이 부족하거나 무능력할 때 절차가 무너지는 일이 발생하므로 경영진의 용기도 필요하다. 환자가 선택한 음식과 병원이 전달한 음식이 다르다면 바로잡아야 한다. 환자가 예약을 잡기 위해 전화를 했는데 계속해서 대기음만 들려온다면 이 또한 고쳐야 할 문제이다. 서비스 수월성 전략으로 덧대서 보충하고 더 정중하게 사과하고 임시방편으로 가린다고 문제가 사라질 거라 생각하면 오산이다. 무너진 부분을 바로 세우고 잘못된 관리자는 교육을 시키든지 교체해야 한다. 미봉책으로 문제를 해결할 수는 없다.

부서별 또는 업무별 장벽이 낮아지고 병원 절차들이 제 기능을 한다는 확신이 어느 정도 들면, 이제는 변화를 불러오기 위해 무엇을 실행해야 할지에 대해 생각해야 할 때다. 이는 우리로 하여금 '최선의 실행 모델'이라는 주제와 이전 실험에서 얻었던 가르침에 대해 생각하게 해 준다. 절차들 중에는 최선의 실행 모델 또는 모범 사례라 할 만한 좋은 절차나 전술들이 있다.

최선의 실행 모델이란 "다른 방법을 사용했을 때보다 더 나은 결과를 지속적으로 낳으며 기준점이 되는 방법 또는 기법"을 말한다. 또한 "최선의 실행 모델은 개선이 이루어지면 더 나은 모델로 진화할 수도 있다."[1]

최선의 실행 모델이라면 당신의 환경에서 확장이 가능하고 목표를 달성하는 데 도움이 되는 정도여야 한다. 실행 모델을 다른 분야에서 실행했을 때 지속적인 발전이 가능했었나? 그리고 지속 기간은 얼마나 되었나? 어떤 실행 모델을 더 넓은 분야에서 실행하기에 최선이라고 말할 수 있기 위해 얼마 동안 효력을 발휘해야 하는지에 대해서는 의견들이 다르다. 나는 3~6개월이면 된다고 생각한다. 그리고 최선의 실행 모델이 실제로 더 나은 결과를 만들어 내는지 당신이 알 수 있도록 결합된 측정 기준이 있어야 한다.

최선의 실행 모델을 가려내는 일은 환자경험 향상 프로그램에서 중요한 요소이다. 모든 것을 다 시도해 볼 수는 없는 노릇이다. 그러니 광범위한 영향력을 지닌 모델을 선택해야 한다. 간호사의 매시간 회진, (혹자들이 말하듯) 목적의식이 있는 매시간 회진은 최선의 실행 모델의 한 예이다. 이는 간호사가 한 시간마다 환자 병실에 들어가 체크리스트를 확인하는 일이다. 체크리스트에는 일반적으로 다음과 같은 질문이 포함된다.

1. 화장실을 사용해야만 합니까?
2. 통증이 있습니까?
3. 자세를 바꿀 필요가 있습니까?
4. 소지품을 더 가까이 두고 싶습니까?
5. 다른 필요한 것이 있습니까?

이 실행 모델은 환자만족도 점수를 높이고, 간호사 호출 장치 사용을 줄일 뿐만 아니라, 낙상 위험과 욕창 발생을 줄이고,[2] 의약품 사용 과오를 줄이기 위해 실행되었다. 분명한 점은 이 최선의 실행 모델이 환자안전, 의료의 질 그리고 만족도에 영향을 주었다는 사실이다. 조직에 안겨 준 이익이 상당하다고 할 수 있다.

클리블랜드 클리닉에서 매시간 회진은 산발적으로 이루어졌었다. 매시간 회진을 규칙적으로 실시하는 층들의 HCAHPS 점수를 평가해 보니 성적이 더 좋았다. 우리 지역병원들 중 한 곳의 경우에는 간호 관리자의 HCAHPS 점수가 계속해서 90퍼센타일을 기록했는데 규칙적인 매시간 회진 덕분에 이렇게 높은 점수를 받은 것으로 확신하고 있다.

현재 간호부원장으로 근무하는 켈리 핸콕은 심장혈관병원에서 일할 당시 실험 프로젝트를 도입하는 데 동의했다. 그녀는 몇몇 부서들을 선정해 간호사들에게 매시간 회진하도록 지시했다. 우리는 퇴원환자들에게 입원 당시에 관해 설문 조사를 벌이면서 간호사들이 매시간 병실을 찾았는지 묻는 질문을 추가했다. 일반적인 HCAHPS 형식을 빌려 간호사가 매시간 방문을 '항상', '대개', '가끔' 했는지 아니면 '전혀' 하지 않았는지 물었다. 90일간에 걸쳐 4,000명의 환자들을 대상으로 설문 조사를 실시하고 자료를 수집했다.

결과는 인상적이었다. 〈그림 9.2〉에서 보듯이, '항상' 간호사들을 보았다고 응답한 환자들에게서는 HCAHPS 간호 부문의 점수가 90퍼센타일을 기록했다. '대개'에서 '전혀'로 갈수록 점수는 낮아졌다. 목적의식이 있는 매시간 방문이 점수에 상당한 영향을 끼쳤다는 점에는 의심의 여지가 없다고 봐도 무방할 것이다. 핸콕의 시험 프로젝트는 간호 교과서에 나온 내용이 현장에서 그대로 반영된다는 사실을 증명해 주었다. 간호 부문에 대한 향상이 얼마나 고무적이었던지 코스그로브는 모든 부서의 간호사들을 매시간 회진하도록 했다. 환자를 돌보는 일과 조직에 상당한 영향을 끼친, 전례 없는 조치였다. 간호사의 매시간 회진은 우리가 어떻게 최선의 실행 모델을 선택하고, 어떻게 부분적으로 시험하고, 그 효과를 확인한 후에 어떻게 조직 전체

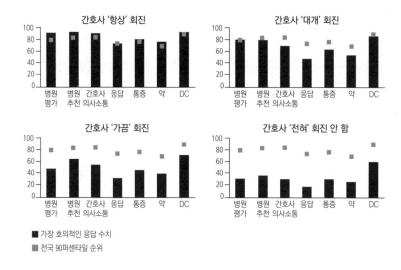

본원

간호사 '항상' 회진

간호사 '대개' 회진

간호사 '가끔' 회진

간호사 '전혀' 회진 안 함

■ 가장 호의적인 응답 수치
■ 전국 90퍼센타일 순위

그림 9.2. 간호사의 매시간 회진과 HCAHPS 점수

에 실행했는지를 보여 주는 하나의 사례다.

회진이 이루어지고 있음을 확인하기 위해 우리는 환자들을 대상으로 계속해서 설문 조사를 실시했다. 그리고 침상 간호를 담당하는 간호사들에게 환자 병실에서 진행 상황 확인서를 작성하도록 요구했다. 간호 관리자들은 정기적으로 담당 부서의 상황을 감사했다. 간호사의 매시간 회진은 환자만족도는 물론 환자의 안전과 의료의 질에도 영향을 끼친 최선의 실행 모델로 모든 병원에서 규칙적으로 실행할 만한 모델이라 할 수 있다.

우리는 시험 프로젝트를 하면서 주요한 이해관계자들의 협력이 얼마나 중요한지에 대해서도 소중한 가르침을 얻을 수 있었다. 핸콕은 처음부터 시험 프로젝트를 지원했고 환자경험 향상을 위한 우리의 노력에 동참했다. 당시에 그녀는 전체 간호 분야 중에서 작은 부분만을 책임지고 있는 사람이었지만 그녀의 리더십과 협조가 없었다면 시험 프로젝트는 성공하지 못했을 것이다. 일단 HCAHPS 점수를 통해 얼마나 많은 부분들이 향상될 수 있는지 증명되자 조직의 다른 부서들도 실행에 반대할 수만은 없었다. 환자경험을 향상시키고자 하는 리더들은 성공하고 싶다면 핸콕처럼 중요한 역할을 하는 이해관계자들의 협조와 노력을 이끌어 내야 한다.

환자경험의 문제점들을 공략하는 우리의 방법도 서서히 정교해지고 있었다. 소규모 프로젝트들의 시험 운영을 성공적으로 이끌어 냈고 중요한 이해관계자들이 누구인지도 파악하면서 차근차근 성공을 향해 나아가고 있었다.

2013년이 되면 HCAHPS 점수는 보상과 연계될 것이고 우리는 이것이 얼마나 중요한 역할을 하게 될지 알고 있었다. HCAHPS 질문들은 다음의 핵심 영역으로 정리된다.

1. 간호사 커뮤니케이션
2. 의사 커뮤니케이션
3. 병원 직원들의 대응
4. 통증 관리
5. 약에 대한 정보 소통
6. 퇴원 정보
7. 병원 환경의 정숙도와 청결도
8. 평판 관련 측정

이 영역들을 통해 환자경험 향상을 위해 초기에 기본적으로 어떤 측정 목표를 잡아야 하는지 점수를 설정할 수 있게 되었다. 병원 운영에 관여한 사람이라면 말 그대로 수백 가지의 측정 방법이 있다는 사실을 안다. 환자 경험 한 분야만 하더라도 다양한 설문 조사를 통해 묻는 질문이 100개가 넘는다. 하지만 리더인 우리 입장에서 그 모든 것에 집중하라고 할 수는 없다. 그 대신 가장 중요한 것들에 대해서는 확실히 해 두어야만 한다.

우리는 각 영역별로 특정 영역에 영향을 줄 수 있는 모든 프로젝트와 활동을 망라해 HCAHPS 향상 팀을 구성했다. 각 팀은 프로젝트 관리자가 이끌도록 했고 조직 전체에서 다양한 사람들을 포함시켰다. 우리는 팀이 기업을 대표한다는 점을 분명히 했다. 영역 관련 프로젝트가 팀의 지원을 받지 않으면 공식적인 프로젝트로 인정하지 않고 자원도 지원하지 않기로 했다.

야간 정숙도 향상 팀은 "HUSH^{Help Us Sustain Healing}"라는 규약의 원안을 만들었다. 내용은 다음과 같다.

1. 사람들에게 정숙을 상기시키는 안내문을 병동에 부착하기.
2. 8시가 되면 환자와 방문객들에게 이제는 야간 시간이므로 휴식을 취하는 다른 환자들을 배려해 달라는 안내 방송하기.
3. 병동의 조명 줄이기.
4. 일부 병실의 문 닫기.
5. 환자와 방문객들에게 환자들의 회복에 신경을 써 주고 특정 시간 이후에는 목소리를 낮추고 텔레비전을 꺼 달라는 요청을 담은 교육 자료 배포하기.

HUSH 프로그램에서는 또한 각 간호 병동마다 팀 리더를 정해 전술을 진행하도록 했다. 더불어 프로젝트 리더들은 각 층마다 위의 내용을 잘 따

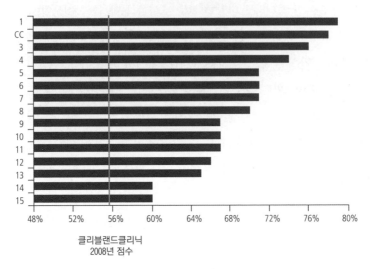

청결점수
병원 비교 2012년 7월~2013년 6월
상위 USNWR 병원들

클리블랜드클리닉
2008년 점수

그림 9.3. 청결 점수 향상

르고 있는지 감독했고 각 층에서 나는 소음을 녹음해서 이를 제공했다. 이 자료는 즉시 간호 관리자와 HUSH 지지자들에게 다시 전달됐다.

HCAHPS를 영역별로 나누어 각 운영 부분에 걸쳐 책임감을 분배하는 일도 가능해졌다. 이와 관련된 좋은 사례가 청결 분야다. 병원 청소를 담당했던 환경서비스[EVS] 팀이 청결 점수를 책임지고 나섰다. 모든 EVS 케어기버들은 자기 업무가 HCAHPS 점수와 환자경험에 어떤 식으로 영향을 줄수 있는지에 대해 교육받았다. 부서의 HCAHPS 점수들은 EVS 케어기버들에게 정기적으로 배포되었다. 클리블랜드 클리닉의 청결 점수는 상당히 높아졌고 〈그림 9.3〉에서 보듯 다른 대형 의료 기관들 중에서 선두를 달리게 되었다.

환경서비스 분야 임원이자 혁신적인 리더인 마이클 비스니스키^{Michael}
Visniesky가 앞장선 가운데 EVS는 케어기버들의 참여를 촉구하기 위해 표어
들을 내걸고 대회를 개최하는 등 활력 넘치고 적극적인 팀이 되었다. "언제
나 청결^{Always Clean!}"이라는 문구가 새겨진 배지도 제작했다. 하지만 메디케어
에서, 환자들에게 '언제나^{always}'라는 단어의 사용을 금했기 때문에 "우리의
목표: 항상 청결!^{Our goal: Clean at all times!}"이라는 새로운 문구를 만들었다. 어느
날 리더십 회진을 돌던 나는 간호 부서 청결을 담당하는 EVS 케어기버에
게 그녀의 정확한 역할이 무엇이냐고 물었다. 그녀는 "제 일은 우리 환자들
을 도와줌으로써 우수한 환자경험을 보장하는 것입니다."라고 대답했다. '직
원몰입도'란 바로 이런 것을 두고 하는 말이다.

때로는 안 될 때도 있다

아이디어라고 해서 모두가 좋은 것만은 아니다. 기업 전체에 걸쳐 실행하
기 전에 아이디어의 유용성을 미리 파악할 수 있으면 좋으련만, 때로는 별
다른 효과를 기대할 수 없다는 사실을 깨닫기 전에 이미 전술을 완전히 구
사해 버리는 경우도 있다. 과연 어떤 프로그램이 가치를 더해 줄 것이냐 마
느냐를 확실히 알아보는 것이 중요하며, 효과를 얻지 못하는 프로그램이라
면 필요한 경우 힘들지만 그만둬야 할 때도 있다.

나는 "서비스 네비게이터^{service navigators}"라는 프로그램을 이어받아 시행한
적이 있다. 이 프로그램은 비임상 분야에서 열두 명의 직원들에게 입원환자
병동의 특정 층을 책임지도록 하는 것이었다. 이들은 매일 환자들을 둘러

보며 필요한 모든 것들이 갖추어져 있는지 확인하는 업무를 배정받았다. 예를 들어, 의사를 만나지 못하고 있다고 불평하는 환자를 만나면 서비스 네비게이터는 의사를 호출해 준다. 환자가 퇴원 수속 준비에 도움이 필요하다면 담당 네비게이터가 사회복지사나 의료 코디네이터에게 연락해 준다. 만약 환자가 여분의 베개나 담요를 필요로 하면 필요한 물품을 구해 준다. 통증을 느끼는 환자에게는 간호사를 찾아 준다.

이 서비스 네비게이터들은 전문 자격증이 있는 것도 아니고 임상 실무자라고도 할 수 없었기 때문에 이들이 할 수 있는 일은 가장 기본적인 비임상적 활동뿐이었다. 하지만 이들은 작은 세부적인 사항들을 많이 해결해 주었고 케어기버들 사이의 간격을 메꿔 주는 역할을 했다.

처음에는 이런 추가적인 도움들이 환자경험을 크게 향상시킬 것이라 믿었다. 하지만 우리는 곧 네비게이터들이 있는 층이나 없는 층이나 별 차이가 없다는 사실을 깨닫기 시작했다. 서비스 네비게이터 프로그램은 전에 입원환자 병동을 대상으로 실시했던 시험 프로그램이 성공한 듯해서 다시 만든 것이었다. 우리는 시험 프로그램을 실시하면서 프로그램 실행 이전과 이후에 HCAHPS 점수를 평가해 보았다. 입원환자 만족도 점수가 눈에 띄게 향상되었다. 점수가 높아진 이유가 네비게이터 프로그램 덕분이라고 생각한 우리는 본원 대부분의 부서에서 이 프로그램을 채택하도록 했다. 2년 정도 적극적으로 프로그램을 실행했다. 그런데 다른 부서들의 입원환자 만족도 점수는 시험 프로그램 실행 부서의 점수만큼 많이 올라가지 않았다.

네비게이터들의 활동을 평가해 보니 그들이 환자들을 둘러본 것은 맞았다. 하지만 어느새 사이비 프로젝트 관리자로 변모해 부서의 여러 다른 업무까지 맡아 하고 있었다는 것이 문제였다. 네비게이터들 중 한 명은 치료견을 데려오는 여성 자원봉사자의 안내자 겸 도우미 역할을 하고 있었다.

그 자원봉사자는 도우미가 필요 없었는데도 말이다. 당연히 그 네비게이터의 일은 많아졌다. 어떤 네비게이터들은 다른 케어기버들과 같은 역할을 하면서 그저 추가 인원으로 부서에 '묶여' 있었다. 정리하자면, 네비게이터들이 정작 환자들을 둘러보는 일에는 시간을 덜 들이면서 환자경험 향상에 직접적으로 영향을 주지 않는 일에는 더 많은 시간을 쏟고 있었던 것이다.

우리는 한 부서를 반씩 나누어 비교 시험해 보았다. 한쪽 반에서는 네비게이터가 매일 환자를 둘러보면서 모든 환자 관련 사안들을 파악해 나가도록 했다. 다른 반에서는 비슷한 처지의 환자들에게 비슷한 서비스를 제공했지만 네비게이터는 두지 않도록 했다. 나중에 양쪽의 HCAHPS 점수를 비교해 보면 확실한 결과가 드러날 터였다. 우리는 두 달에 걸쳐 시험 프로젝트를 실시하면서 매주 환자들의 피드백을 점검했고 HCAHPS 결과들을 조심스럽게 확인했다.

담당 네비게이터는 다양한 서비스들 사이에서 벌어진 간극을 잘 메워주었다. 환자들은 의료서비스 제공자들과 더 자주 대화할 필요가 있었고 깨끗한 침대보를 가는 일처럼 필요로 하는 서비스도 다양했다. 네비게이터들은 환자들과 가족들과 좋은 관계를 구축했다. 팀에서는 믿음직한 팀의 일원으로 인정받았고 일을 깔끔하게 마무리한다는 평도 받았다. 그러나 HCAHPS 점수는 변하지 않았다. 서비스 네비게이터가 제 역할을 충분히 해냈는데도 입원환자들의 병원 평가에는 아무런 영향도 주지 않았던 것이다.

프로그램을 접어야 했다. 열두 명의 인원을 정리하는 일은 힘든 결정이었지만 조직을 위해서는 옳은 결정이었다. 관리자들과 리더들은 '좋은 아이디어'에 감정적으로 집착하는 경향이 있다. 일단 프로그램을 시작한 이후에는 멈추는 것이 쉽지 않으며 특히 인원 해고가 따르는 일에는 더더욱 그렇다. 서비스 네비게이터들은 멋진 사람들이었다. 온 힘을 다해 열심히 열정적으로 사람들을 돌보았다. 네비게이터를 두었던 모든 부서의 관리자들은 이들이 팀에서 보석 같은 존재로, 의료 제공에 있어 소중한 역할을 해냈다고 생각했다. 나도 전적으로 동의한다. 하지만 네비게이터들은 뚜렷한 결과를 이끌어 내지는 못했다.

이들을 내보내겠다는 말을 들은 관련 부서 책임자들과 관리자들은 불만을 드러냈고 몇몇은 화를 내기도 했다. 환자들에게 그토록 '필수적인 서비스'를 없앤다는 말에 충격을 받았고 믿을 수 없다는 반응을 보였다. 많은 이들이 이제 해당 부서의 HCAHPS 점수가 급락할 것으로 예상했다. 어떤 이들은 내 앞에서, 또 어떤 이들은 내 뒤에서 비난을 가했다. 네비게이터들이 해당 부서 리더들의 마음을 빼앗을 정도로 일을 잘한 것이 틀림없었다. 그런 사람들을 내보내야 하는 내 마음도 편하지는 않았다. 모든 사람들이 내게 네비게이터들 없이는 환자 보살핌에 문제가 생길 것이라고, 더 중요한 건 HCAHPS 점수가 곤두박질칠 거라고 경고했다. 솔직히 나도 혹시 사람들 말대로 되면 어떡하나 걱정하지 않았다면 거짓말이다. 당시를 돌이켜 보니, 간호부원장 딱 한 사람만 내 결정을 지지하고 나섰는데, 그것도 내 결정이 옳다고 생각해서가 아니라 그동안 쌓아 온 우정 때문이었다.

열두 명이 모여 있는 방에 들어가 해고를 통보하기가 얼마나 힘들었는지 모른다. 2011년 1월, 우리는 서비스 네비게이터 프로그램을 중단했다. 이 프로그램 없이 HCAHPS 점수가 어떻게 될지 기다리던 2개월 동안 나는 가시방석에 앉은 기분이었다. 하지만 무거운 압박감 속에서도 나는 우리의 조사 결과를 믿었다. 우리의 결정이 옳았다는 것이 증명되었다. 우리는 3개월 동안 전에 네비게이터를 두었던 층들을 대상으로 조사해 봤지만 점수는 내려가지 않았다. 사실은 점수가 올라갔다. 모든 이들이 서비스 네비게이터 프로그램을 환자경험에 엄청난 영향을 주는 소중한 프로그램이라고 생각했지만 실제로 둘 사이에는 아무런 상관관계도 없었던 것이다.

그 경험을 통해 나는 환자경험 관련 전술 실행과 관련해서 세 가지 중요한 교훈을 얻었다. 첫째, 희소한 기업 자원을 보존해야 한다는 것이다. 네비게이터들은 자기 부서에서 환자경험 향상을 밀고나가는 데 도움을 주는 여러 다양한 역할들을 떠맡았다. 그 역할들 중에는 환자경험 향상을 위한 기업 비전의 일부라기보다는 부서 수준에서 중요하다고 생각하는 업무 활동들이 많았으며, 네비게이터들은 자원이었다. 이는 앞서 예로 들었던 '코끼리 묘사하기'를 생각나게 한다. 나는 아이디어를 낸 사람에게 결코 그의 아이디어가 나쁘다는 말은 하지 않을 것이다. 하지만 전략상 중요하지 않은 작전을 수행하기 위해서 넉넉하지 못한 기업 자원을 투입할 생각은 전혀 없다. 우리는 네비게이터 프로그램의 사용을 위해 HCAHPS 자료를 일반적인 측정 기준으로 사용했다. 하지만 이 프로그램이 실제로 효과적인지 평가하기 위해 진척 상황을 알 수 있는 프로세스 지표를 포함시키지는 않았다.

두 번째 중요한 교훈은 조직 전체를 대상으로 실행하기 전에 반드시 프로그램을 주의 깊게 검사해야 한다는 점이다. 서비스 네비게이터 시험 운영은 대단한 역할을 해낼 것처럼 보였지만 큰 무대에서 재평가를 받을 때에는 기대했던 역할을 해내지 못했다.

셋째, 자료를 제공할 수는 없지만 이번 실험은 내게 환자경험의 의미를 확인시켜 주었다. 여러 절차와 운영은 효율적으로 기능해야 한다. 환자들은 약간씩 모자라는 부분을 채워 주고 아쉬운 부분들을 도와줄 수 있는 사람이 옆에 있다는 게 좋았을 수도 있다. 그러나 네비게이터가 효율적인 의료 제공의 근본적인 대안이 될 수는 없는 일이다. 네비게이터가 삐걱대거나 무너진 절차들을 받쳐 주는 목발 역할을 한 것은 맞다. 환자들은 회진을 돌지 않는 의사를 대신 불러 주는 네비게이터에게 고마움을 느꼈을 것이다. 하지만 그렇다고 이것이 의사소통을 제대로 하지 않은 의사 커뮤니케이션 관련 HCAHPS 점수에 미치는 악영향까지 막아 주지는 못했다. 마찬가지로, 지저분한 병실을 보고 네비게이터가 EVS 팀을 불러 즉시 청소를 하게 했다고 해서 애초부터 방을 청결하게 유지해야 하는 일을 근본적으로 대신할 수는 없다. 환자들은 네비게이터들이 일을 처리해 주기 이전 상황에 근거해서 설문 조사에 정확히 응답했다. 간단히 말해, 네비게이터들은 원래 제대로 돌아가야 하는 절차들 사이에서 발생하는 빈틈을 메워 주는 보조자였던 것이다.

환자경험에 영향을 주는 전술들은 많다. 각 전술은 최선의 실행 모델이어야 하고 쉽게 이해할 수 있는 것이어야 한다. 관리자들이 프로그램의 채택과 사용을 모니터할 수 있는 명확한 프로세스 지표가 있고 특정 부문의 결과에 지속적으로 영향을 줄 수 있는 것이어야 한다. 또한 높은 곳에 오르려면 낮은 곳부터 올라야 한다는 점, 순서대로 일을 진행해야 한다는 점을 기억하는 것도 중요하다. 모든 프로그램을 무조건 기업 전체를 대상으로 실시할 수는 없다. 대규모 조직에서는 전체를 대상으로 실행하기가 힘들뿐더러 실패할 경우 그에 따르는 비용도 막대하다. 어떤 일을 실시할 때는 먼저 소규모로 현장 부서에서 실험해 보고, 효과가 있으면 나머지 조직에서도 효과가 있을지 판단한 다음에 실행 규모를 결정하도록 하라.

일찍부터 협력자를 찾아내는 일도 중요하다. 당신이 환자경험 책임자라고 해서 모든 사람들에게 이것저것 해 보라고 지시할 수 있는 것은 아니다. 초반에 핸콕의 협력과 도움이 없었더라면 오늘날 클리블랜드 클리닉의 환자경험 사례도 이렇게 큰 성공을 거두지는 못했을 것이다. 당시 그녀는 간호를 총괄하는 위치에 있지도 않았지만 대단한 존경을 받고 있었고 내가 아는 어떤 사람보다 간호 업무에 대해 잘 알고 있었다.

향상이나 개선이라는 단어가 대규모 조직에서 벌어지는 변화만을 뜻하는 것은 아니다. 종종 향상은 작은 일에서도 일어난다. 성적이 가장 나빴던 부서에서 실행했던 시험 프로그램 하나를 통해 우리는 내시경 일정과 기본적인 케어기버들의 커뮤니케이션이 환자경험에 얼마나 큰 영향을 미치는지 깨닫지 않았던가. 일상적인 업무 절차들이 끼치는 영향에 대해 조사하고 판단하는 것이 중요하다.

유효한 실행을 위해 필요한 측정 지표

클리블랜드 클리닉 같은 기관으로 하여금 우수한 환자경험의 지속적인 달성이 얼마나 중요한지를 기꺼이 받아들이게 하려면 전술만으로는 충분하지 않다. 우리는 데이터에 따라 돌아가는 헬스케어 조직이다. 어떤 것이 전략적 우선순위에 올라 있다면 그것을 지원하고 유지할 수 있는 측정 지표가 필요하다. 우리도 초반에는 환자경험 관련 자료에 주의를 기울이는 사람이 거의 없었다. 실행을 제대로 하기 위해서는 수집한 자료를 경영의 모든 단계들에 배포해야 한다.

우리는 진료 과정에서 많은 자료를 수집했고, 그 자료들이 관리를 통해 확실하게 아래로 전달되도록 만들어야 했다.(그림 9.4) 전략적 의사 결정에 영향을 줄 수 있는 자료들은 전술적으로 최선의 실행 모델을 지원하며 변화를 이끄는 현장 직원들에게 영향을 끼친다. 전략적 자료는 모든 고위 임원진들이 이해하고 따를 필요가 있는, 기업의 전체적인 목표가 된다. 결론적으로 임원들은 자기 성적에 책임을 져야 하니까. 간호사의 매시간 회진

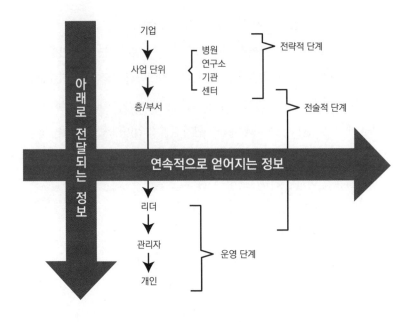

그림 9.4. 관리를 통한 정보의 수직 하강 전달

같은 최선의 실행 모델을 지원하는 것은 전술적 자료다. 정보는 기업의 전 부서에 전파해서 관리자들이 이를 따르고 현장 간호사들과 공유할 수 있도록 한다. 의사소통 점수를 정기적으로 의사들에게 전달하는 일은 운영 자료를 공유하는 하나의 사례라 할 수 있다. 이는 개인별 업무 수행 개선을 위한 것이다.

환자경험에서 변혁적인 업무 수행 향상을 꾀하기 위해서는 조직이 전략적 우선순위를 설정하고, 목표를 정하며, 각 관리자들에게 측정 지표와 자료를 제공해야 한다. 관리자는 환자경험 향상을 추진하는 주체이기 때문에 자신의 역할이 조직의 목표와 어떻게 연계되는지 이해할 필요가 있다. 모든 관리자들에게 자료를 공급할 때는 사람들이 자기 일에 어떤 책임이 따르는지 인식할 수 있는 기준이 마련되어 있어야 한다.

　새로운 전술 실행에 필요한 자원이 지속적으로 줄어든다는 사실을 고려하면 현명하게 문제에 접근하지 않을 수 없다. 클리블랜드 클리닉에서는 시스템을 통해 고도의 '환자 흐름$^{patient\ flow}$' 정보를 분석하고 있다. 이는 최고의 영향력을 발휘하기 위해서는 어떤 부분의 개선을 공략해야 하는지에 대해 더 잘 이해하기 위한 것이다. 프로젝트는 다양한 분야와 업무 기준에 영향을 줄 수 있는 것을 선택해야만 한다. 예를 들어, 우리는 향상을 위한 타깃으로 HCAHPS 점수를 선택했지만 우리가 그동안 실행했던 많은 프로그램들이 입원환자 환경을 넘어 다른 부분에도 영향을 끼쳤다. 의사의 커뮤니케이션 향상은 입원환자와 통원환자와의 의사소통에 광범위한 영향을 끼쳤을 뿐만 아니라 간호사를 비롯한 다른 케어기버들과의 의사소통에도 영향력을 발휘했다. 만약 한 가지 측정 기준만을 따라 너무 깊이 들어가게 되면 더욱 광범위하게 진료를 변화시킬 수 있는 능력을 잃게 될 것이다.

　이번 장의 내용을 다음과 같이 요약할 수 있다.

1. 환자경험의 중요성을 말로 전하는 것도 중요하지만 실질적인 성공을 위해서는 실행이 뒤따라야 한다. 실제로 실행에 옮기고 성과 측정을 통해 향상된 결과를 보여 줄 때 환자경험 개선을 위한 결의가 단순히 보여 주기 위한 캠페인이 아니었음을 입증할 수 있을 것이다.

2. 프로젝트의 성공적인 운영을 위해서는 중요한 역할을 하는 이해관계자들과 협력 관계를 구축해야 한다. 환자경험은 조직 내의 모든 부분들을 총망라한다. 우리의 목표가 환자(고객)를 중심으로 한 조직의 재정렬이었다는 것을 기억하라. 실행을 성공적으로 마무리하기 위해서

는 조직 전반에 걸쳐 리더들의 지원을 받아야 하며, 기꺼이 도울 마음이 있는 이해관계자들과 강력한 팀을 구성하는 능력을 갖추면 새로운 업무들을 실행하는 데 도움이 될 것이다. 새로운 계획을 실행할 때는 광범위한 지원을 이끌어 내라. 하지만 상사와의 친밀성을 이용하고 필요한 경우 리더들이 지시하게끔 만들어라.

3. 먼저 병원에서 흔들리는 기본 절차들을 보수하라. 미봉책으로 새로운 업무를 만들어 내거나 새로운 전술을 실행하는 것은 시간과 돈의 낭비일 뿐 문제를 해결해 주지 못한다. 사람들은 이미 모든 일이 잘 돌아가고 있다고 추정하면서 향상을 위해서는 새로운 것을 시도하는 방법밖에 없다고 어림짐작하는 경향이 있다. 그 생각은 틀렸다.

4. 당신의 병원이 한 곳이든 백 곳이든 관계없이 초기에 성과를 거둘 수 있는 소규모 프로젝트로 시작하라. '기업적'이라는 생각에 집착하지 마라. 새로운 일을 펼치면서 실험을 거치지 않는 회사의 연구 기관이나 연구 개발실은 단 한 곳도 없다. 병원도 다르지 않다. 먼저 작은 규모로 시작해 효과가 있는지 보고, 결과가 좋으면 얼마나 큰 효력을 발휘했는지 측정하고, 실행 절차가 특정 기간, 예를 들어 3개월에 걸쳐 지속 가능한지 알아본 후에 규모를 얼마나 확장할 것인지 결정하라.

5. 최선의 실행 모델을 찾아내라. 다른 병원 환경에서 증명된 최선의 실행 모델을 연구하고 시도하기 전에 아무 프로그램이나 선정해서 돈과 시간을 낭비하지 마라. 사람은 제각각 환자경험에 대한 정의를 내리고 개선 방안에 대해서도 다른 의견을 지니고 있다. 이미 좋다고 알고 있

는 방법을 실시하면서 그런 말과 의견에 현혹되지 않도록 하라. 간호사의 매시간 회진처럼 효과가 뛰어난 프로그램들이 있다. 이 프로그램은 전 세계 모든 병원에서 실행해야 하는 최선의 실행 모델이기도 하다.

6. 다른 사람들에게서 배워라. 클리블랜드 클리닉처럼 대규모의 성공적인 조직들은 주로 좋은 아이디어란 조직 내에서 나온다고 믿는다. 이는 잘못된 생각이다! 우리의 최고경영자는 "자신이 뿜어낸 매연을 다시 들이마시는 일이 없도록 하자."는 말을 종종 한다. 우리는 우리보다 규모가 작은 병원들로부터 그리고 우리와 전혀 다른 업종에 있는 회사들로부터 많은 것들을 배웠다. 주위를 둘러보라. 훌륭한 아이디어들이 넘쳐난다.

7. 측정 또는 점검할 수 없는 좋은 아이디어를 폐기할 수 있는 용기를 가져라. 프로그램 중단은 쉬운 일이 아니다. 리더와 관리자들은 자신이 탄생시킨 "자식"에 애착을 갖게 된다. 게다가 일자리를 잃는 직원들이 생겨날 수도 있다. 가끔은 짓는 것보다 허무는 것이 더 힘들 때가 있다. 프로그램 폐지를 거부하는 사람들 중에는 자료를 조작해 실패를 성공으로 포장하려는 사람들도 있다. 당신의 프로그램을 평가할 때 객관적이고 비판적인 태도를 견지하고, 아무런 효과도 내지 못하는 프로그램이 분명하다면 프로그램을 폐지할 때도 흔들리지 마라.

제10장

헬스케어에는
서비스 수월성이 필요하다

Healthcare Requires Service Excellence

당신은 상점이나 단골 음식점의 서비스 카운터에서, 마치 모든 사람들이 당신을 무시하는 듯한 분위기 속에서 혼자 멀뚱하게 서 있었던 적이 몇 번이나 있는가? 최근에 대형 전자 제품 매장에 갈 일이 있었다. 물건을 둘러보는 나를 지나치는 직원들 대부분이 내게 뭐 필요하신 게 있냐며 물어 왔다. 물건을 고르고 계산대로 가니 계산 담당인 젊은 여성이 스마트폰에 문자를 입력하고 있었다. 그녀는 내가 물건을 두고 바로 앞에 서 있었는데도 문자를 계속했다. 이윽고 문자 입력을 마치고 전화기를 내려놓은 그녀는 나를 의식하거나 심지어 쳐다보지도 않은 채 금전등록기에 가격을 입력했다. 그러는 사이 상점에 출근한 한 직원이 내 뒤로 지나갔고 그 여직원이 그에게 큰소리로 물었다. "야, 론! 어디 갔었어? 별일 없었니?" 그 여직원은 그제야 나를 쳐다보더니 현금을 낼 것인지 카드를 사용할 것인지 물었다.

우리 조직의 모든 사람들이 고객을 알아봐 주고, 고객이 필요로 할 때 고객을 도와주려고 노력하는 일은 매우 중요하다. 이런 상호작용은 첫인상에 있어 중요한 역할을 하며 상당히 좋은 인상을 남기게 된다. 그리고 우리가 신경 쓰고 있음을 보여 준다. 앞부분에서 군이 의료 전문가가 아니어도 케어기버가 될 수 있다고 했다. 그뿐만 아니라 환자들에게 친절하게 대해 주거나 환자들이 병원에서 길을 찾는 것을 도와주는 일은 반드시 의료 전문가가 아니어도 할 수 있다. 환자들은 병원 직원들의 기분 나쁜 행동 때문에 따로 스트레스를 받지 않아도 이미 자신이 헬스케어 서비스를 필요로 한다는 자체만으로도 충분히 스트레스를 받고 있다.

여느 대형 의료센터나 종합병원과 마찬가지로 클리블랜드 클리닉에서도 복도를 따라 길을 찾는 것이 쉽지는 않다. 병원 본원에 시델 & 아놀드 밀러 별관Sydell and Arnold Miller Family Pavilion을 증축하고 얼마 지나지 않은 2008년에 우리는 "빨간 코트Red Coats"라는 프로그램을 만들었다. 이 프로그램에서 일하는 남자와 여자들은 고객 서비스를 잘 이해하는 사람들로 병원 전역에 위치하면서 사람들의 길 안내를 돕는 역할을 했다. 길을 잃은 듯하거나 필요한 서비스를 받기 위해 어디로 가야할지 모르는 사람들이 보이면 빨간 코트가 달려가 도움을 주었다. 이 프로그램은 환자와 직원들에게 큰 호응을 얻었고, 우리는 빨간 코트 덕분에 환자들과 지속적인 관계를 유지하게 되었다는 말도 종종 듣는다. 건물 내에서 길 찾기가 아주 편해졌다.

특별 훈련을 받은 안내자들을 두는 방법이 매우 효과적인 것은 사실이다. 사실 우리의 목표는 환자와 그 환자가 대동하는 친구나 가족들이 우리의 시설에 있을 때 언제든지 모든 케어기버들이 그들을 반겨 주고 도와주도록 하는 것이다. 병원에 둘 수 있는 빨간 코트 인원은 한정적일 수밖에 없으므로 모든 사람들이 도와주는 일에 앞장서도록 해야 한다. 모든 케어기버들에게는 환자들에게 오래도록 긍정적인 인상을 남길 수 있는 기회가 있다.

웃음만으로는 서비스 수월성이 불가능하다

병원은 호텔 같아야 한다는 말이 나는 정말 싫다. 병원은 호텔이 아니다. 누군가 새벽 세 시에 객실에 들어와 당신을 아프게 하는 (예를 들어 피를 뽑는) 그런 호텔은 들어 본 적도 없다. 또한 내가 보통 호텔에 묵을 때는 휴가를 보낼 때처럼 기분이 좋을 때이다. 하지만 병원에 온 사람들은 그다지 행복해하지 않는다. 그리고 호텔과 달리, 종종 환자들이 싫어하는 일을 하면서 그들을 기쁘게 해 주기 위해 부가적인 서비스를 제공할 수도 없다. 그러나 환자경험 컨설턴트인 미카 솔로몬^{Micah Solomon}이 지적하듯, 헬스케어는 "친절이나 환대로 치유하는 곳^{healing with hospitality}"[1]이 되어야 한다. 솔로몬은 또한 헬스케어 업계가 "배타적 특성 때문에 현재 상태가 스스로 유지·강화되도록 한다……다른 말로 하자면, 의료인들과 의료 기관들은 자기들끼리만 서로 비교하며 지낸다."고 말한다. 다른 사람들에게서 무언가를 배우기가 힘들어진다는 말이다. 우리가 하는 일을 발전시키기 위한 목적이라면 숙박업이나 음식업 등 서비스 업계에서 배우지 못할 이유가 없다.

나는 리츠칼튼 호텔에 묵기를 좋아한다. 좀 비싸기는 하지만 우리가 복도를 지날 때마다 직원들이 미소 지으며 인사하는 모습이 보기 좋다. 내가 혼자 우두커니 서 있으면 늘 누군가가 다가와 필요하신 일이 있느냐며 묻는다. 보통 남자들이 그렇듯, 나도 길을 잃었다거나 필요한 것이 있다는 말을 잘 하진 않는다. 조금은 성가실 때도 있지만 그래도 그런 대우가 좋게 다가온다. 리츠칼튼 호텔에서 길을 잃은 적도 없고 화장실이 어디 있는지 몰라서 헤맨 일도 없으며 뭔가를 요구한 적도 없다. 나는 억만장자가 아닌 관계로 그런 류의 서비스와 대접은 받고 싶지 않다.

리츠칼튼을 비롯해 훌륭한 서비스 조직들은 모든 직원들이 고객들을 알아주고 도와주게 하는 데 뛰어나다. 우리는 이를 "서비스 수월성service excellence"라고 부른다. 뭐라고 설명하기가 애매하긴 한데, 일단 영국 워윅 대학교Warwick University의 경영 관리 교수였던 故 로버트 존스턴Robert Johnston의 설명을 들으면 감을 잡는 데 도움이 될 것 같다. 그는 "서비스 수월성은 눈에 잘 띄면서도 찾기 힘들다. 우리는 언제 훌륭한 서비스를 받았는지 알고 있으며, 그보다는 다소 자주, 언제 받지 못했는지도 알고 있다."²고 말한다.

헬스케어 분야에서 우리가 생각하는 서비스 수월성이란 "지속적으로 환자의 기대를 충족시키고 감당할 수 있는 서비스 제공자의 능력으로, 서비스 수월성이 헬스케어의 우선순위 중 맨 위에 자리해야 한다. 그러면서 최고의 헬스케어 시스템들은 전문적(임상적) 서비스 수월성과 뛰어난 개인 서비스를 겸비한다."³

클리블랜드 클리닉은 '임상적' 수월성을 갖추고 있다. 이제는 '서비스' 수월성을 구축하고 유지해야만 한다. 서비스 수월성 관련 프로그램은 고객을 접하는 시점에서 대본에 적힌 문구나 행동을 완벽하게 따라 한다고 해서 성공할 수 있는 것이 아니다. 조직 내 모든 사람들이 모든 터치포인트에서 행동 기준의 기본 세트를 이해하고 계속해서 전달하는 체계를 확립해야 성공할 수 있다. 예를 들어, 모든 사람들이 환자나 가족들에게 길을 잃었는지 물어보고 안내해 줄 필요는 없다. 하지만 케어기버들에게 우리의 환자와 가족들이 어떻게 행동하는지 관심을 기울이도록 가르치는 것, 그래서 만약 환자가 길을 잃은 듯 보이면 케어기버가 도움을 제공하는 것은 체계의 일부라 할 수 있다. 모든 사람들이 의무적으로 웃음을 띠고 걸어 다니면서 환자들에게 인사를 하라고 말하고 싶지는 않다. 하지만 우리 케어기버들이 복도에서 지나치는 사람들을 알아봐 주었으면 좋겠다. 내 친구에게서 "도마뱀의 뇌lizard's brain"라는 단어를 들은 적이 있는데, 이는 행동이나 반응이 반사적이고 본능적이라는 뜻이다. 서비스 수월성도 그래야 한다.

좋은 서비스 수월성 전략은 환자의 기대 수준을 충족시키기 위해서도 반드시 필요하다. 환자는 불안이나 두려움과 함께 우리가 자신을 보살펴 줄 것이라는 기대를 품고 병원에 들어온다. 이때 서비스를 제대로 제공하지 못하면 환자는 우리가 자신을 돌보지 않는다는 느낌을 받는다. 우리가 환자의 기대 수준에 미치지 못하면 환자는 우리가 자신을 동정하지 않는다는 인상을 받게 된다.

어느 날, 회진을 돌던 코스그로브와 두 명의 임원진이 병실에 들어가 환자에게 어떻게 지내는지 물어보았다. 환자는 진료에 대해 상당히 긍정적으로 대답했다. 그런데 그날 동행했던 수간호사가 환자에게서 뭔가 주저하는 듯한 느낌을 받고 혹시 마음에 걸리는 게 있느냐고 물었다. 그러자 그 환자가 코스그로브를 보며 이렇게 말했다. "저기, 코스그로브 선생님, 제가 베트남 참전 용사인데 암으로 죽어 가고 있습니다. 이런 사람에게는 '선샤인sunshine'이라는 호칭보다는 좀 더 존중하는 마음이 담긴 호칭으로 불러 줬으면 하는데요. 게다가 코스그로브 선생님, 혹시 보셨는지 모르겠지만 저는 흑인입니다. 그러니까 제게 선샤인이라는 호칭은 인종 모욕이라는 말입니다!"

두말할 필요 없이, 충격을 받은 코스그로브는 그 자리에서 사과했다. 그 또한 베트남전에 참전했던 코스그로브는 그 환자의 말에 진심으로 공감하고 존중해 주어야 한다고 생각했다. 그 환자는 병원에서 자신을 '선생님sir'으로 불러 주기를 원했다. 그가 너무 많은 걸 요구하는 것일까? 그가 겪었던 일은 보통 사람의 경험과는 완전히 다른 것이었다.

그 환자에게 선샤인이라는 호칭을 사용해 기분을 상하게 한 사람은 물리치료사였다. 우리는 그녀의 상사와 함께 그녀의 행동을 점검했으나 그 물리

치료사는 단순히 성격이 남다른 사람일 뿐이었다. 어느 간호사의 말을 빌리자면 그저 "유쾌, 통쾌, 상쾌한, 필요할 때 내 가족을 돌보아 주었으면 하고 바랄 정도의 사람"이었다. 알고 보니, 선샤인은 그 물리치료사가 자주 즐겨 사용하는 단어들 중 하나였을 뿐 악의가 있었다고는 할 수 없었다. 하지만 두 사람 사이의 상호작용을 통해 발생한 것은 전형적인 기대-경험의 불일치였다. 환자는 자신이 원한 것과 다른 것을 받았기 때문에 화가 났던 것이다. 또한 이 상황을 통해, 아무리 진료가 완벽하게 이루어져도 사소한 상호작용 하나 때문에 환자는 우리 조직을 불편함을 주고 무례를 범하는 존재로 정의할 수 있다는 사실도 알게 되었다.

이 글을 읽으면서 뭐 그런 호칭 하나 때문에 환자가 병원에게 책임을 묻는지 이해할 수 없고 그런 문제로 병원이나 의료 기관이 평가받아서는 안 된다고 생각하는 사람들도 있을 것이다. 나도 그 생각에 반대하지는 않는다. 호칭보다는 높은 질의 의료를 전달하는 일이 더 중요하다. 하지만 환자의 마음 상태가 전체적인 건강 상태에 중요한 역할을 하고 그렇기 때문에 작은 일에도 신경 써야 한다는 점 또한 인정한다. 우리는 이미 스트레스 상황에 처한 환자를 짜증 나게 하거나 불편하게 만드는 상황이 없도록 해야 한다. 환자를 위해 무엇이 옳고 그른지 판단하는 일이 우리의 몫이 되어서는 안 된다. 그 환자는 자신을 존중해 주는 진료를 원했다. 단지 국가를 위해 봉사했기 때문만이 아니라 우리에게 인종에 대한 문화적인 세심함을 기대했기 때문이다. 이것은 특별한 남자(참전용사)이자 암으로 죽어 가는 동료인 한 인간을 위해 우리가 지켜 주어야 할 최소한의 도의였다.

별다른 의도 없는 사소한 말이나 행동이 사람의 화를 불러일으키기도 한다. 나도 격식을 싫어하는 사람이고 대부분의 환자들이 나를 메를리노 박사가 아닌 제임스라고 불러도 좋지만 누군가 나를 애칭으로 부르는 것은 정말 싫다. 나는 '스위티sweetie'나 '허니honey'라는 말을 들으면 아주 불쾌해진다. 물론 사람들이 자기를 어떻게 불러 주길 바라는지 예측할 수 없고 어떤 호칭을 싫어하는지 다른 사람들의 마음을 읽을 수도 없는 노릇이다. 사실은 마음을 예측할 필요도 읽을 필요도 없다. 사람들에게 화를 촉발하는 요소들을 피해 가는 체계를 교육시키면 되기 때문이다. 환자의 이름을 모르거나 뭐라고 불러야 할지 모를 때는 '선생님sir'이나 '사모님ma'am' 같은 말이 적절한 표현이 될 수 있다. 적절하게 보편적인 호칭을 사용하면 기대에 크게 어긋날 일은 없다. 만약 환자의 이름을 알거나 환자가 원하는 호칭을 알면 그것이 기준이 될 것이다. 그리고 아주 쉬우면서도 나쁘지 않은 방법이 있는데, 환자에게 "제가 어떻게 불러 드리면 좋으시겠어요?"라고 물어보면 된다. 죽어 가는 흑인 참전 용사와 물리치료사 사이에서 있었던 사건은 서비스 수월성 관련 프로그램과 행동 기준이 어떤 식으로 도움을 줄 수 있는지를 보여 준다.

사과하는 방법도 중요하다

'서비스 회복'이나 사과하고 수정하는 방법 또한 서비스 수월성 전략에서 없어서는 안 될 중요한 부분이다. 실수가 발생했음을 인지하고 그 실수에 대해 사과하고 더 나은 방향으로 일을 처리하는 것은 좋은 고객 서비스를 위해 반드시 필요하다. 서비스 업계라면, 음식에 머리카락이 들어갔을 때 무료 디저트를 제공하거나 식당에서 기다리는 시간이 길어지면 무료 음료를 제공하는 정도를 흔히 생각할 수 있다. 하지만 현실에서는 서비스 회복에 관한 이론과 작용 원리가 훨씬 더 정교하고 복잡하다. 우리가 일하는 헬스케어 분야에서는 '서비스 뇌물'을 준다고 해서 병이 낫는 것은 아니다. 우리가 할 수 있는 일은 문제를 수정하는 것, 그렇게 함으로써 사람들로 하여금 우리가 마음 써서 돌보고 있다고 느끼게 만드는 것뿐이다. 서비스 회복은 미안하다는 말로만 해결할 수 있는 것이 아니다.

 서비스 실패를 경험하면 화가 난다. 화가 나는 정도는 상황에 따라 다르다. 공항에서 탑승을 기다리고 있는데 갑자기 비행기가 취소되었다면 화가 많이 날 것이다. 그에 비해 테이크아웃 커피를 마시다가 직원이 내가 주문한 커피와 다른 종류의 커피를 준 걸 알았을 때는 화가 덜 날 수도 있다. 하지만 두 경우 모두 불쾌하긴 마찬가지다. 그 불쾌함이나 분노의 수위는 갑자기 치솟다가 수평을 유지하기 시작한다. 분노는 안정세를 유지하다가 마침내 가라앉는다. 그렇다고 해서 우리가 그 일을 망각하고 지난 일로 덮어두기만 한다는 뜻은 아니다. 단지 고조됐던 분노가 그 상태로 계속 유지되지는 않는다는 뜻이다. 일반적으로 화를 불러일으킨 사건이 발생한 직후, 불만이 상승하거나 최고점에 도달한 순간에 사과할 경우 그 사과는 묵살되기 쉽다는 사실이 입증된 바 있다. 사과를 전달하는 사람이 상대방의 말을 진심으로 듣고 있지 않다는 인상을 주기 때문이다. 그렇지만 우리가 실수를 저질렀다는 사실을 인식하는 행동을 하면, 즉 감정이입을 해서 사과를 전달하면 서비스 회복이 훨씬 더 효과적이고 고객도 사과를 진심으로 받아들일 확률이 높아진다고 알려져 있다. 분노-적대감 곡선(그림 10.1)에서 이를 보여 준다.[4]

 확실한 서비스 회복 전략을 두는 것은 그 자체로도 옳은 일이지만 브랜드를 보호하는 데도 도움을 준다. 어바우트페이스AboutFace의 최고경영자인 페이지 홀Paige Hall은 서비스 실패가 발생했을 때 적절하게 서비스를 회복하면 그 조직에 대한 고객의 만족도가 예전보다 더 높아진다고 밝힌 바 있다.[5]

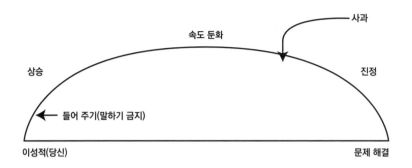

그림 10.1. 분노 - 적대감 곡선

서비스 회복에서 중요한 점은 단지 사과가 아니라 문제를 바로잡기 위해 적절한 행동을 취하는 것이다.

헬스케어에서는 이런 서비스 회복이 특히 중요하다. 왜냐하면 진료와 관련해서 환자가 불만을 표명complaint하면 메디케어에서 이를 고충 제기grievance로 받아들이고 이는 다시 병원에 대한 메디케어의 인증에 영향을 주기 때문이다. 그러한 불만 표명들이 기록으로 남아 메디케어의 감사 때 활용된다. 하지만 한 가지 알아 둘 점이 있다. 만약 문제를 바로 해결하면 그 불만은 고충 제기로 기록될 필요가 없다.

예를 들어, 어떤 환자가 정맥주사 부위에 통증을 느껴서 그 간호사에게 이를 알리고 간호사가 이 문제를 해결해 주면 이것은 고충 제기가 아니다. 그러나 환자가 불만을 표명했는데도 문제가 해결되지 않아 감독관이 개입해 문제를 해결해야 했다면, 이는 고충 제기라 할 수 있다. 메디케어의 방침은 상식을 기반으로 한다. 병원에서는 실수와 불만이 발생할 기회가 얼마든지 있다. 현장 직원들에게 즉시 문제를 해결하고 사과할 수 있는 기회를 주는 것은 상식에 속한다. 메디케어는 아주 터무니없는 문제나 겉으로 드러나

지 않는 문제에 집중한다는 방침을 유지하고 있다. 학대, 방치, 사기처럼 특정 유형의 불평은 예외적이지만 일반적으로는 즉시 문제를 인식하고 해결책을 제공할 경우 고충 처리 접수로 이어지지는 않는다. 따라서 좋은 서비스 회복 전략을 지니고 모든 케어기버들에게 전략 적용 방법을 교육시키는 일은 환자를 위해서도 병원을 위해서도 좋은 일이다.

H.E.A.R.T.로 의사소통하라

리츠칼튼 호텔이나 월트 디즈니 같은 조직이 지닌 전설적인 서비스 문화는 전략적 의도와 포괄적인 전술의 산물이다. 물론 전 직원들이 정기적으로 참여해야 하는 교육 및 개발 프로그램도 포함된다. 우리는 클리블랜드 클리닉이 서비스 수월성과 관련된 전략 및 전술, 그리고 교육 프로그램이 필요하다는 사실을 알고 있었지만 몇 가지 어려움에 봉착했었다. 첫째, 우리는 헬스케어 고객들이 늘 옳지만은 않다는 뉘앙스를 담은, 헬스케어 환경과 헬스케어 근무자들에게 적합한 프로그램을 원했다. 둘째, 과거에도 유사한 전략을 실행하기 위해 산발적인 노력이 있었지만 전략을 유지시켜 줄 수 있는 프로그램의 부재로 실패를 맛보았기 때문에 이번에는 이 문제를 바로잡고 싶었다. 셋째, 우리의 문화를 수용하기 위해 "우리를 위해 우리가 개발한" 프로그램을 원했다. 마지막으로, 불만 표출이 고충 제기로 이어지는 일을 피하기 위해 서비스 회복을 향해 나아가는 데 확고부동한 지지를 보내 줄 수 있는 전술들이 필요했다.

클리블랜드 클리닉 경험 프로그램을 만들어 내기 위한 노력의 일환으로 직원 포커스그룹은 환자들에게 다가갈 수 있는 최선의 실행 행동 모델에 관해 대화를 나눴다. 그리고 서비스 수월성을 위한 중요한 요소들을 다음과 같이 도출해 냈다.

1. 누군가를 만나면 당신이 누구이고 당신의 역할은 무엇인지 설명하라.
2. 10/4 규칙을 활용하라. 10피트^{약 3미터} 거리에서 눈을 마주치고 미소 짓는다. 4피트^{약 1.2미터} 거리에서 상대방에게 시선을 유지하면서 따뜻하게 맞아 준다.
3. 환자의 이름을 모를 때는 '선생님^{sir}이나 사모님^{ma'am}'으로 불러라.
4. 상대방이 원하는 호칭을 알면 그 호칭으로 불러라.
5. 할 일을 명확하게 전달하라. "저는 여기 (   )하기 위해서 왔습니다."
6. 우려 요인을 해결해 주겠다고 말하고 적절한 담당자에게 그 이야기를 전하라.
7. 경청하라. 상대방이 하는 이야기에 온전히 귀를 기울여라. 상대방의 말을 이해했다는 것을 확인시켜 주기 위해 당신의 언어로 바꿔서 반복해 주어라.
8. 공감을 표현하라. 환자의 입장에서 생각하도록 하라.
9. 최소한의 예의를 갖춰라. '부탁한다^{please}'는 말과 '고맙다^{thank you}'는 말을 사용하고 다른 사람들을 위해 문을 열어 주어라.
10. 환자의 요구를 미리 예상하고 요청이 없어도 도움을 제공하라.
11. 사람들에게 감사의 뜻을 전하라.

위에 적은 11가지 사항들이 클리블랜드 클리닉에서만 특별히 주장하는 핵심 사항은 아니다. 단지 우리 직원들이 환자들뿐만 아니라 서로에게 표현해야 하는 중요한 점들을 정리한 내용이다. 각 항목은 문명사회의 일상 행동을 보여 주는 상식에 속한다. 환자들 및 동료 케어기버들과 상호 교류하면서 위의 사항들을 지켜 나가는 데 반대할 사람이 과연 있을까?

클리블랜드 클리닉 경험 프로그램의 소집단을 통해 43,000명의 케어기버들에게 우리가 바라는 서비스 수월성 행동 기준을 제시하게 되었다. 이어서 우리는 그 내용들을 요약해서 "마음으로 스타트하라^{S.T.A.R.T with Heart}" 고객 서비스 교육 프로그램에 포함시켰다.

Smile	미소 짓고 반갑게 맞아라. (선생님/사모님 또는 원하는 호칭 사용)
Tell	자기 이름과 역할을 말해 주어라.
Actively	적극적으로 듣고 공감하는 태도를 보이며 도와주어라.
Rapport	친밀감과 관계를 구축하라.
Thank	상대방에게 고마움을 표현하라.

클리블랜드 클리닉은 예전에 이미 케어기버들이 개발한 "마음으로 응답하라^{Respond with H.E.A.R.T.}"라는 상호 보완적인 서비스 회복 모듈을 사용하고 있었다.

Hear	이야기를 들어 주어라.
Empathize	공감하라.
Apologize	사과하라.
Respond	반응하라.
Thank	환자에게 감사하라.

직원들은 모두 클리블랜드 클리닉 경험에 참가하면서 행동에 관한 교육

을 받아야 한다. 그리고 서비스 수월성 프로그램은 자동적으로 지속된다. 사람들을 한 번 교육시켰다고 해서 그들의 행동이 완전히 바뀔 거라 기대할 수는 없다. 우리는 단기성 재교육 과정을 실시하는 것보다는 서비스 수월성 문화를 구축해 직원들이 서로의 행동을 응원하고 감시할 수 있기를 바랐다. 그래서 실시한 것이 "마음으로 코치하라Coach with H.E.A.R.T." 프로그램이다. 이 프로그램은 선정된 케어기버들을 코치로 임명해 H.E.A.R.T. 행동과 서비스 회복 사례를 찾아 나서도록 하고, 이를 잘 지키는 사람들을 칭찬하고 힘들어하는 사람들은 돕도록 한 것이다. 관리자나 임원이 아닌 사람도 코치가 될 자격이 있다. 옳은 일을 하고 훌륭한 문화를 개발하는 데 관심이 많은 동료 직원이라면 누구나 코치가 될 수 있다.

'마음으로 코치하라' 프로그램은 상대방에게 비평이나 비하 없이 발전 지향적인 지지를 해 준다는 점에서 중요한 역할을 한다. 우리는 전술 실패가 징계나 처벌로 이어지는 환경을 만들고 싶지 않았다. 서비스 수월성은 교육과 유지를 필요로 하며, 코칭 프로그램은 옳은 행동과 바른 말의 사용을 권장하기 위해 개발된 것이다. 우리는 사람들이 자기 일에 대한 타고난 열정과 흥미 그리고 헌신을 보여 주길 원했으며 조직 전체가 우리 체계를 중심으로 움직이기를 원했다. 서비스 기준에 부합하지 못하는 직원들을 바로벌하는 것은 바람직한 행동이 아니었다. 누구에게나 안 좋은 날, 아픈 날이 있다. 또 어떤 말이나 행동에 자극을 받아 선을 넘는 날도 있다. 우리는 사람들이 서로 돕고 응원하고 또 배울 수 있는 환경을 구축하고 싶었다. 그리고 코칭 프로그램은 그런 환경을 구축하는 데 도움을 주었다.

'마음으로 스타트하라S.T.A.R.T. with Heart', '마음으로 응답하라Respond with H.E.A.R.T.', '마음으로 코치하라Coach with H.E.A.R.T.' 프로그램이 모두 모여 종합적으로, "마음으로 교감하라Communicate with H.E.A.R.T."라는 서비스 수월성 관련 프로그램 묶음을 구성하게 되었다. 이는 헬스케어 근로자들이 헬스케어 환경에서 일하는 동료들을 위해 개발한 서비스 수월성 관련 프로그램이다. 전 세계에 있는 모든 클리블랜드 기관에서 45,000명이 넘는 전현직 직원들이 H.E.A.R.T. 프로그램을 통해 교육을 받았다. 중동의 클리블랜드 클리닉에서도 이 프로그램을 성공적으로 도입해 실행했으며 15곳이 넘는 다른 헬스케어 조직에서도 이 프로그램을 실시하고 있다. 소도시에서 공무원들을 대상으로, 라스베이거스의 카지노 두 곳뿐만 아니라 가정보건 사무소에서도 이 프로그램을 실행하고 있으며, 클리블랜드시교육청Cleveland Metropolitan School District에서도 직원들을 대상으로 프로그램 사용을 도입해 성공을 거두기 시작했다. 헬스케어 분야 외의 조직들과 일하면서 얻은 다양한 의견들을 반영하면서 프로그램을 강화할 수 있었다. 또한 이 프로그램이 다른 환경에서도 적용 가능하고 규모 조절이 가능한 프로그램이라는 사실도 확인할 수 있었다.

우리는 계약직 직원들에게도 유사한 프로그램을 제공하고 있다. 환자와 가족들은 음식 서비스 직원이나 주차 관리 직원이 클리블랜드 클리닉의 정직원이 아니라는 사실을 모른다. 병원에서 직접 월급을 받는 직원이나 고용 대행 기관에서 월급을 받는 직원이나 고객의 눈에는 모두 케어기버로 보이기 때문이다. 계약직 직원들도 다른 사람들과 마찬가지로 반드시 조직의 우선순위에 따라 일하고 서비스 수월성 프로그램을 교육받아야 한다. 운영 책임자인 윌리엄 피콕William M. Peacock III은 매년 협력 업체의 리더들을 모아 세미나를 연다. 세미나 진행 내용 중에는 우리의 환자우선 철학과 우리가 비즈니스 협력 업체에 바라는 기대에 대해 의논하는 시간을 포함시킨다.

우리의 서비스 수월성 프로그램은 대본대로 미리 짜 놓은 프로그램이 아니다. 고객들은 앵무새 같은 기계적이고 타성적인 대응에 속을 만큼 바보가 아니다. 이런 식의 반응에는 인간적인 면도 진정성도 없다. 대신 우리는 직원들에게 진정한 상호 교류가 이루어질 수 있는 체계를 제공한다. 우리는 직원들에게 'H.E.A.R.T.'를 소개하면서 누군가 이 체계를 자신에게 활용하는 모습을 상상해 보고 어떤 식으로 전달하면 좋을지 생각해 보라고 요청한다. 우리도 이 프로그램이 완벽하지 않다는 사실을 알고 있다. 그래서 매년 '마음으로 교류하라' 프로그램을 강화시키고 발전시킬 수 있는 환경을 찾아낸다. 우리는 모든 사람들이 본능적이고 반사적으로 행동할 수 있도록 그들의 머릿속에 '도마뱀의 뇌'를 심어 주기 위해 노력하고 있다.

성공적인 서비스 수월성은 아무런 준비도 없이 뚝딱 이뤄질 수 있는 것이 아니다. 다른 사람들 및 환자와 동료 둘 다에 대한 애정, 동정, 헌신으로 가득한 사람들이 있어야 한다. 서비스 수월성 관련 프로그램을 성공적으로 실행하기 위해서는 이 책의 앞부분에서 언급했던 전략적 인재 관리 인프라가 필요하다. 올바른 사람들을 찾아내서 우리의 가치에 맞는 사람들을 걸러 내고 자신의 행동에 책임을 지도록 하는 일 모두가 서비스 수월성의 성공을 위해 반드시 필요하다.

교차 교육과 평가를 위해서 우리는 프로그램에 "마음으로 쇼핑하라Shop with H.E.A.R.T."라는 암행 평가mystery shopping* 요소를 더했다. 여러 군데 매장을 둔 대형 조직들의 경우에는 다른 지역에서 일하는 동료들을 모르기 때문에 담당 직원을 보내 평가하기가 쉽다. 우리는 관리자들과 리더들을 대상으로 미스터리 쇼핑에 대해 교육시킨 후 현장 직원들의 응대 상태를 경험하라고 보냈다. 미스터리 쇼퍼들은 '마음으로 시작하라'에 사용한 체크리스트를 활

---

* 조사원이 손님으로 가장하고 해당 매장의 고객 서비스를 평가하는 행위.

용해 바로 현장 직원들의 점수를 매겼고 담당 관리자에게 피드백을 전해 참고하도록 했다. 이 방법은 우리가 정한 체계가 다른 환경에서 어떻게 사용되고 있는지 관리자들이 보고 판단하는 데 도움을 준다. 또한 직원들이 환자들에게 사용하는 다양한 전달 기법에 대해 돌아볼 수 있는 값진 기회도 제공한다. 우리는 또한 "직원 미스터리 쇼핑" 프로그램도 도입했다. 케어기버들이 자신의 경험에 대해 직접적으로 피드백을 주도록 하는 프로그램이다. 전혀 관계도 없는 외부인이 헬스케어의 안내 데스크를 뚫고 지나가기란 쉬운 일이 아니다. 하지만 실제로 환자가 되어 본 직원이라면 자신이 개인적으로 겪은 일들을 전달할 수 있다. 우리는 이 암행어사들에게 좋은 점과 나쁜 점을 기록해 보고하도록 하고 그 피드백을 관리자들과 현장 직원들에게 제공한다.

서비스 수월성에는 책임감이 필요하다

견고한 서비스 회복 전략은 케어기버들의 행동을 위한 전술 체계뿐만 아니라, 일관성과 신뢰성을 보장하기 위해 필요한 코칭과 미스터리 쇼핑 요소까지 총망라한다. 나는 비행기를 탈 일이 있을 때 주로 한 곳의 항공사만을 이용한다. 그 항공사가 우수한 고객 서비스를 제공하기 위해 어떤 노력을 기울이는지 잘 알기 때문이다. 하지만 그 항공사 직원들도 실수할 때가 있다. 그 항공사만 애용하다 보니 그때그때마다 직원들의 서비스 차이가 보이기도 한다. 승무원들이 아주 친절한 날이 있는 반면에 어떤 날은 그렇지 못하다. 보통은 기장이 이륙 전에 간단한 안내 방송을 하고 비행을 시작하면 승객들에게 환영 인사를 하는데 가끔은 방송을 잊을 때도 있다. 나는 비행기 안에서 약간 긴장하는 스타일이다. 그래서 기장이 안내 방송을 잊으면 혹시 다른 것도 잊지는 않았을까 걱정이 되기도 한다. 직원들에게 서비스 수월성 관련 기준을 가르쳐 주었다고 해서 끝나는 문제가 아니다. 일관성과 신뢰성을 유지하기 위한 전술이 반드시 있어야 한다.

서비스 실패는 장기적으로 부정적인 영향을 끼치기도 한다. 서비스 실패가 반복되면 환자들은 이 조직이 개선의 가능성이나 여지가 없다고 믿게 된다.[6] 헬스케어 환경에서는 견고한 서비스 회복 전략을 활용하지 않는 것이 일반적이다. 하지만 서비스 수월성은 비용이 많이 들지 않고 쉽게 실행할 수 있는 프로그램으로, 조직을 바라보는 고객의 시각에 커다란 영향을 끼칠 수 있고 메디케어 고충 처리 접수 건수를 줄이는 데 도움을 줄 수도 있다.

환자가 늘 옳은 것은 아니다

헬스케어 서비스 수월성 전략은 우리가 환자를 기쁘게 해 주지 못하는 순간까지 담아낼 수 있어야만 한다. 헬스케어는 근본적으로 서비스 비즈니스지만 그렇다고 고객이 늘 옳은 것만은 아니다. 어느 날 코스그로브가 쇼핑을 하던 중 한 여성이 다가오더니 그에게 물었다. "클리블랜드 클리닉은 왜 제 예약을 안 받아 주는 건가요?" 당황한 코스그로브는 일단 사과한 다음 자기가 알아보고 담당자가 연락하도록 하겠다고 약속했다. 그 여성이 그 자리에서 사실대로 밝히지 않은 부분이 있는데, 그것은 바로 뮌하우젠 신드롬 바이 프록시Munchausen syndrome by proxy를 앓고 있다는 사실이었다. 뮌하우젠 신드롬 바이 프록시는 정신 질환의 하나로, 관심을 끌기 위해 돌보는 아이의 증상이나 질병을 과장 또는 날조하는 아동 학대를 말한다. 이 질환은 철저한 관리를 필요로 하며, 미성년자가 관련된 경우에는 법원에서 감독을 명령한다. 환자경험의 추악한 면이자 바람직하지 못한 모습이다. 이들이 의료서비스를 받으려면 반드시 보호자와 동행해야 한다. 병원에서 '추방당해' 의료서비스 제공을 거부당한 환자들도 많다.

환자의 헬스케어 접근을 제한하거나 환자를 내보내고 접근을 막는 일은 바로 쉽게 처리할 수 있는 일이 아니다. 옴부즈맨/고객관리 부서^{Ombudsman/Patient Relations Department}에서만 그 일을 처리할 수 있으며 환자와 조직을 보호하기 위해 엄격한 가이드라인이 적용된다. 우리는 환자에게 옳은 일을 하고자 모든 노력을 기울이고 있으며, 이를 확실히 하기 위해 조직에게 부담을 지우고 있다. 이에 저항하는 환자들은 목소리를 높이고 위협적으로 행동하기도 한다. 우리는 포괄적인 서비스 수월성 교육 프로그램을 통해 직원들에게 힘든 상황에서도 침착함을 유지하고 항상 환자와 의사소통하며 환자의 품위를 지켜 주고 존중하라고 가르친다.

어느 날 병원에서 환자를 보고 있는데 조수가 와서 임원실 로비에 이상한 환자가 있다며 알려 주었다. 그 환자는 목청이 터져라 고함을 지르면서 옷을 벗어 버리겠다고 위협하고 있었다. 처음에는 나 말고 이 일을 처리할 사람이 없나 하는 생각에 웃음이 나왔다. 환자경험은 내 담당이로구나! 급하게 나가 보니 행정 직원들과 경찰이 와서 그 환자를 말리고 있었다. 그는 클리블랜드 클리닉이 자기를 죽이려 한다고 소리치면서 '윗사람'을 만나게 해 달라고 했다. 우리는 그를 진정시키고 도울 수 있는 방법을 찾기 위해 옴부즈맨 사무실로 데리고 갔다. 그 환자는 지금 당장 수술하지 않으면 목숨이 위험한데 자꾸 수술 일정이 연기되고 있다고 주장했다. 자신의 수술이 자꾸 연기되는 이유를 모르겠으며 결국 보험이 없기 때문에 병원에서 차별 대우를 하고 있다고 믿고 있었다.

환자들의 불평을 살펴보면, 모든 이야기에는 세 가지 입장이 들어 있다. 환자의 입장, 조직의 입장, 그리고 실제로 있었던 사실. 때로는 진실을 가려내기가 까다롭다. 이 환자의 경우에는, 병원의 입장이 환자의 주장과 아주 달랐고 좀 더 진실에 가까웠다. 그의 진료기록은, 마치 자신과 조직을 지키기 위해 노력하는 케어기버들이 제출한 소송 의견서 같았다. 그 환자는 병원의 요구에 불응하고 예약을 지키지 않고 직원에게 협박을 가한 기록을 갖고 있었다. 그 환자가 말한 자신의 상태는 맞는 말이었다. 하지만 이틀 전에 잡힌 수술 일정을 본인이 지키지 않고 이제야 갑자기 나타나서 즉시 수술해 달라고 요구하는 행동은 옳지 못했다. 담당 외과 의사도 외출 중이었다. 게다가 그 환자는 수술 중에 무슨 일이 생기면 큰일 날 줄 알라며 수술팀과 마취 팀에게 신체적 위협을 가했던 사실도 숨겼다. 담당 외과 의사는 내게 전화를 걸어 자기는 그 환자를 수술할 수 없다고 했다. 자신도 매우 화가 난 상태여서 냉정을 유지하기가 힘들고 그 환자가 병원에서 벌인 행동에 대해서도 걱정이 된다고 했다.

환자가 케어기버에게 신체적 위협을 가하는 이런 상황에서는 병원이 환자를 추방할 수 있는 권한이 있다. 수술 팀이 이 환자의 이전 행동 때문에 마음이 어지러운 데다가 이번 사건으로 안전에 위협을 느끼고 있을 가능성은 충분하다. 우리가 환자를 진정시키고 모두 마음을 가라앉힌 상태에서 어떤 조치를 취해야 할지 고민하고 있을 때 담당 외과 의사가 다시 내게 전화를 걸어왔다. "그렇다고 수술을 안 할 수는 없습니다. 이대로 그냥 보내면 그 환자는 죽을지도 몰라요. 어차피 수술은 해야 하고, 그 수술을 제일 잘할 수 있는 사람들이 우리니까 우리가 마무리하죠." 그 의사의 말이 우리의 존재 이유에 대해 모든 것을 말해 주고 있었다. 환자를 우선으로 여기고 세계 최고 수준의 의료를 전달한다는 것 말이다. 그 환자는 우리 병원에서 수술을 받았고 수술 결과도 좋았다. 도움을 필요로 하는 한 사람을 우리가 도와주었다는 것보다 더 중요한 것은 없었다. 비록 그 환자는 우리가 끝까지 그의 품위를 지켜 주고 존중하는 마음으로 치료를 담당했다는 것을 깨닫지 못했을 테지만.

사람들은 헬스케어 제공이라는 비즈니스가 얼마나 힘든 일이 될 수도 있는지 알지 못한다. 전 세계에 걸쳐 헬스케어 전문가들은 매일 큰소리와 위협의 대상이 되고 심지어 신체적으로 학대당하기도 한다. 특히 정신과나 응급실에서는 이런 일이 빈번하게 일어난다. 나는 레지던트 시절, 술에 취한 외상 환자에게 가슴을 걷어차인 적이 있다. 내 동료 의사는 환자가 던진 휴대전화에 맞아 얼굴이 찢어지는 상처를 입었다. 정신과 병동에서 근무하는 간호사는 환자에게 얼굴을 할퀴이는 봉변을 당하기도 했다. 사람들에게 진료를 제공하는 과정에서 이런 어처구니없는 일들이 매일 발생한다. 따라서 우리는 깨달아야만 한다. 비록 끊임없이 환자중심의 의료를 전달하고 싶은 마음은 굴뚝같아도 때로는 불가능할 수밖에 없다는 사실을.

감정이입에 대해 논하라

서비스 수월성을 가르치는 일은 쉬울지 모르나 어느 조직이든 실제로 그 행동을 지켜 나가기는 힘들다. 앞선 사례에서 설명했듯이, 행동을 유지시키기 위해서는 사람들에게 계속 상기시켜 주고 우리가 매일 직면하는 복잡한 면들에 대해 알려 주어야 한다. 헬스케어 분야에서 지속성을 유지하기란 감정적인 면에서 매우 힘들 수 있다. 이럴 때 도움이 되는 방법 중 하나가 '감정이입^{empathy}'에 대해 이야기하는 것이다. 우리는, 우리가 도와주는 사람들과 다를 바 없는 사람들이다.

클리블랜드 클리닉은 환자경험 향상에 노력을 기울이기 시작했던 때부터, 내 선임 CXO 때부터 늘 조직 전체에 더 광범위하게 감정이입을 시도하고자 힘썼다.

감정이입이라는 개념을 정확히 이해하기는 어렵지만 그래도 헬스케어에서 종사하는 사람들이라면 이것이 중요하다는 사실은 이해한다. 사람마다 감정이입의 의미에 대한 해석이 다를 수 있다. 이 말을 연구하는 사람들이 내놓은 기준적인 정의들이 있긴 하지만 그 정의들이 누구에게나 이해되지는 않을 때도 있다. 감정이입은 내재적 구조의 한 예이다. 즉 감정이입은 사람들로 하여금 존재한다고 믿어지는 것이자 사람들이 접했을 때 확인 내지 증명할 수 있는 것이지만, 정확히 감정이입이 무엇인지 또는 무엇을 뜻하는지 설명하기는 어려운 것이다. 또한 감정이입이 천성적으로 타고 나는 것인지 학습 가능한 것인지 아니면 둘 다인지에 대해서도 의견이 분분하다.

헬스케어에서 가장 많은 오해를 받고 있는 단어가 아마도 감정이입이 아닌가 싶다. 또 가장 남용하는 단어 중에 하나이기도 하다. 헬스케어 리더의 입장에서 우리는 케어기버들이 다른 사람들의 감정을 느끼고 이해하는 능력을 지니고 표현하기를 바란다. 우리는 늘 감정이입에 대해 이야기하지만 헬스케어 분야 종사자들 대부분이 감정이입을 접해 본 적이 없다. 우리는 코스그로브가 하버드 경영대학원 학생인 카라 메도프 바넷와 중요한 만남을 가졌던 이후로(제3장 참조) 클리블랜드 클리닉에서의 감정이입에 주력해 왔다. 그녀가 우리의 대화에 시동을 걸었다고도 할 수 있다. 우리는 어떻게 하면 감정이입을 더 잘 전달할 것인지, 더 잘 가르칠 것인지, 그리고 우리의 케어기버들에게 공감적 이해력을 키워 줄 것인지를 알아내야 했다.

감정이입을 잘하기 위해서는 자기 자신의 모습을 볼 줄 알아야 한다. 코스그로브는 다니엘 골먼Daniel Goleman이 처음 사용한 '감성 지능emotional intelligence'7 개념을 오랫동안 지지해 왔다. 그는 성공적인 리더십을 위해 필수적인 요소가 지적 능력이나 근면이 아니라, 개인의 행동과 믿음이 의사 결정과 상호 교류에 어떤 영향을 미치는지 이해하는 능력이라고 주장했다. 조직 전체에 감정이입을 심어 주려는 우리의 노력을 이어 나가기 위해서는, 우리 케어기버들이 감성 지능에 대해 이해하고 그들이 환자와 동료 케어기버들과 상호 교류하는 데 감성 지능이 어떻게 적용되는지를 알아야 한다.

우리는 감정이입을 위해서는 감성 지능이 필요하다는 주제를 관리자 교육 훈련 포럼에서 집중적으로 다루기로 마음먹었다. 우리는 1년에 두세 번씩 대략 2,200명의 관리자 모두를 소집해 교육 훈련 과정을 연다. 대화를 부드럽게 이끌어 내기 위해 비디오처럼 뭔가 감정이입을 보여 줄 수 있는 것으로 시작한다. 나는 비디오를 비롯해 감정이입을 표현하기 위해 제작한 자료들을 많이 보았다. 그중에서 특히 내 눈길을 끈 것이, 시카고에서 열린 혁신 콘퍼런스에 참여했다가 보게 된 칙필레Chick-fil-A*의 직원 교육용 비디오였다. 칙필레는 우수한 고객 만족도와 가치에 대한 헌신으로 정평이 나 있는 회사다. 직원들이 가족과 함께 시간을 보낼 수 있도록, 가장 바쁘다고 할 수 있는 일요일에 매장을 열지 않는다니 얼마나 확고한 신념이란 말인가. 칙필레는 한 매장을 배경으로 그곳의 손님들과 직원들의 개인 사정을

---

* 미국의 닭고기 요리 전문 프랜차이즈.

비디오에 담았다. "누구에게나 자기만의 이야기가 있다.Every Life Has a Story"는 것이 그 비디오의 제목이자 핵심이다. 그 비디오는 대부분의 고객들과 동료 직원들이 모두 각자의 어려움과 싸우고 있다는 점을 보여 주면서 "누구에게나 자신이 접하는 사람들에게 멋진 경험을 줄 수 있는 기회가 있다."[8]는 것을 말하고 있다.

그 비디오는 바로 내 마음을 사로잡았다. 감정이입의 정수를 보여 주는 영상이었기 때문이다. 우리도 환자들과 케어기버들의 이야기를 담을 수 있는, 이와 유사한 방법이 뭐가 있을까 하는 고민을 하게 됐다. 환자와 환자를 보살피는 사람들의 생활에 관한 이야기를 담아내면 훨씬 더 강력한 메시지를 전달할 수 있지 않을까? 나는 칙필레 비디오를 다른 팀원들을 비롯한 클리블랜드 클리닉 전체에 보여 주었다. 처음에는 비디오를 보고 나와 다른 생각을 하는 사람들이 많았다. 비디오를 보고 우리와 연결 고리를 찾기 힘들다고 하면서 비디오 내용이 너무 어둡다고 했다. 내가 생각했던 것이 바로 그것이었다. 우리가 일하는 분야가 늘 만족과 기쁨이 넘치는 곳은 아니니까.

나는 미디어제작 담당인 수 안드렐라Sue Andrella와 마주 앉아 사람들의 이야기를 담아내는 비디오 활용에 대해 대화를 나눴다. 안드렐라는 창의성이 뛰어난 직원들로 구성된 팀의 리더로, 그녀의 팀이 만들어 낸 환자 이야기를 담은 영상물은 다양한 리더십 행사에서 사용되고 있었다. 나는 그녀에게 칙필레 비디오를 보여 주고 내 생각을 말해 주었다. 안드렐라는 그 비디오를 한 번도 본 적이 없었지만 이미 나와 같은 생각으로 감정이입을 보여 줄 수 있는 비디오 제작에 대해 생각하고 있었다. 그녀의 팀은 작업에 착수했다. 안드렐라와 나는 영상을 어떻게 이끌고 나갈지 의논했고 줄거리와 촬영 방법에 대해 실랑이를 벌였다. 그리고 복잡하고 다사다난한 병원 시스템 속에서 어떻게 강력한 환자 이야기를 녹여낼 수 있을지를 놓고 씨름했다. 진짜 환자를 써야 하나? 아니면 배우를 고용해야 하나? 환자와 케어기버를 함께 등장시켜야 하나? 그 둘의 연관성을 표현해야 하나? 어떤 음악을 사용할 것인가? 음성을 삽입해야 하나? 영상 제작에 들어가기 전 안드렐라와 그녀의 팀원들과 나는 최종 스크립트 검토를 위해 모였다. 나는 스크립트를 가볍게 훑어본 후 말했다. "그냥 시작합시다." 나는 창작과는 거리가 먼 사람인 데다가 스크립트만으로는 머릿속에 그림이 그려지지 않았다. 나는 안드렐라 팀의 작품을 이미 봐 왔기 때문에 일단 제작에 들어가면 훌륭한 작품이 나오리라는 것을 알고 있었다. 몇 달 동안 촬영과 수정 작업을 거친 후에 안드렐라가 전화를 했다. 1차 편집본이 완성됐다는 것이었다. 나는 영상물을 봐야겠다는 생각에 작업실로 갔다. 비디오는 기술적으로 마무리가 부족한 부분이 있기는 했지만 영상물제작 팀이 크게 한 건 해낸 것이 분명했다. 비디오를 상영하는 동안 가슴이 찡해서 아무 말도 못하고 조용히 지켜보기만 했다. 어린 소녀가 치료견을 쓰다듬고 있고 그 옆에 "마지막으로 아버지를 방문할 겁니다."라는 자막이 나오는 장면에서는 감정을 주체하지 못하고 결국 눈물을 흘리고 말았다. 내가 비디오에 등장하는 인물들을 보면서 느끼는 감정은 불쌍함이 아니었다. 그들이 느끼는 감정을 나도 느끼고 있었다. 대부분의 상황에서 감정이입이 이루어지고 있음을 느꼈다. 정말 묘한 느낌이라고나 할까! 사람들을 영상 속 등장인물들과 동일시하게 만들 수 있는 도구를 우리가 개발해 낸 것이다.

1월에 있을 포럼을 준비하면서 나는 비디오 1차 편집본을 사무실에 보관하고 있었다. 어느 날 코스그로브가 내 사무실을 찾았다. 그도 내가 이번 프로젝트를 진행하고 있다는 것을 알고 있었다. 나는 그에게 영상을 미리 보겠느냐고 물었다. 코스그로브는 비디오를 다 보고 감동을 받았는지 한

동안 말없이 있다가 이렇게 말했다. "와, 정말 감동적입니다!" 그는 최고경영자가 연례 보고를 하는 '스테이트 오브 클리블랜드 클리닉State of Cleveland Clinic' 행사에서 비디오를 소개하기로 결정했다.

우리가 제작한 "감정이입: 환자 치료와 인간적 소통Empathy: The Human Connection to Patient Care" 영상은 유튜브를 비롯해 여러 소셜 미디어와 인터넷 사이트에서 볼 수 있다. 상업적인 목적으로 이용하지 않는 한 누구나 우리의 영상물을 사용할 수 있도록 했다. 현재까지 200만 명 이상이 우리의 비디오를 시청했고 병원들을 포함해 500곳이 넘는 사업체에서 직원들의 업무 적응 지원 프로그램이나 교육 훈련에서 우리 비디오를 사용하고 있다고 알려 왔다. 지금도 거의 매주 여러 병원에서 교육 훈련에 이 비디오를 활용하겠다고 알려 온다. 2014년, 나는 캘리포니아 주 애너하임에서 열린 병원목회자협회 Association of Professional Chaplains 모임에서 500여 명을 대상으로 연설하면서 발표 초반에 그 영상을 보여 주었다. 발표가 끝나자 참가자 중 한 명이 마이크를 잡고는 "메를리노 선생, 우리도 이 비디오를 본 적이 있습니다. 이런 비디오를 제작한 클리블랜드 클리닉에게 모두를 대신해서 감사드립니다. 이 영상이 더 좋은 헬스케어를 만드는 데 도움이 되리라 생각합니다."라고 했다. 나는 아무 말도 할 수 없었다. 우리 직원들에게 감정이입에 대해 알리고자 내부 교육용으로 제작한 간단한 영상이 선풍적인 인기를 끌며 전 세계 헬스케어로 퍼져 나갈 줄은 상상도 못했다. 2014년에 안드렐라 및 그녀의 팀과 나는 비디오 제작의 공로를 인정받아 엑설런스 최고경영자 상CEO Award of Excellence을 받았다. 이 상은 1년에 한 번씩, 클리블랜드 클리닉의 가치를 발전시키는 데 혁혁한 공을 세운 팀에게 수여하는 상이다. 그 비디오는 단순한 메시지로 강력한 힘을 발휘한다. 우리의 환자와 동료, 그리고 우리 자신의 삶에서 많은 것들이 우리가 하는 일에 영향을 준다. 각자가 개인적으로 어떤 영향을 끼칠 수 있는지를 깨닫고 다른 사람에게 감정을 이입하면 환자를 돌보는 일에서 최고가 될 수 있다.

우리는 공감이입 제2탄 "환자: 두려움에 빠진 연약한 존재Patients: Afraid and Vulnerable"라는 공식 제목의 비디오를 제작했다. 이 비디오에서는 환자의 입장에 처했던 우리 병원의 직원들이 직접 자신의 이야기를 들려주며 케어기버들의 감정이입이 얼마나 중요한지를 근본적으로 보여 주고자 했다. 이 비디오 역시 유튜브에서 찾을 수 있다.

서비스 수월성과 감정이입은 고객이 있는 비즈니스라면 어디에나 적용이 가능하다. 고객의 관점을 이해하는 데 시간을 할애하고 반드시 전문적이고 예의와 존중이 깃든 상호 교류가 발생하도록 하라. 조직의 모든 사람들이 '도마뱀의 뇌'를 장착하고 자연스럽게 이를 행할 수 있어야 한다. 헬스케어 전달 과정에서 비교하기 힘들 정도의 스트레스를 받기 마련이므로, 우리는 매일 우리의 역할을 재차 이해하고 되새길 필요가 있다. 감성 지능은 다소 새로운 개념이긴 하지만 우리의 본질적인 편견을 진심으로 이해하고 내 자신을 버린 채 우리 환자와 고객들이 겪고 있는 상황을 헤아리고 이해하기 위해서 반드시 필요한 능력이다. 감성 지능과 감정이입을 케어기버들에게 가르치는 일이 가능할까? 이건 선택의 문제가 아니라 필수 조건이다.

이번 장은 다음과 같이 요약할 수 있다.

1. 모든 서비스 업계는 견고한 서비스 회복 전략을 실행해야 한다. 당신이 제품을 배달하든 서비스를 전달하든 상관이 없고, 그 대상이 누구이든 상관이 없다. 서비스 수월성은 당신의 고객들에게 예의와 존중을 갖춘 대우를 보장해 준다. 좋은 서비스 수월성이란 그저 미소, 감사의 말, 정해진 문구만으로 이룰 수 있는 것이 아니다. 사람들이 지속적으로 서비

스를 전달하고 조직의 성공을 위해 필요한 관계를 구축해 나갈 수 있는 견고한 전술 체계다.

2. 서비스 수월성 관련 전략에는 서비스 회복 전술이 반드시 포함되어야 한다. "죄송합니다."라는 말 뒤에는 과학적인 원리가 숨어 있다. 병원에서 서비스 회복 전략은 있으면 좋은 정도가 아니라 환자들의 불만과 고충 접수 건수를 줄이는 역할도 한다. 병원의 모든 직원들은 서비스를 회복하고 사과하는 적절한 체계를 알고 있어야 한다.

3. 감정이입에 대해 이야기하고 가르치는 것은 직원들이 우리가 하는 일의 반대편에 서 있는 사람들을 이해하는 데 도움을 주는 중요한 역할을 한다. 감정이입은 환자가 경험하는 불안과 스트레스 때문에 헬스케어에서 특히 중요하지만 고객이 있는 비즈니스라면 어디에서나 적용할 수 있다. 고객의 경험을 더 잘 이해할수록 더 좋은 서비스를 제공하는 데 도움이 된다.

4. 환자들이 항상 옳은 말을 하고 적절한 행동을 한다고는 할 수 없다. 우리는 최선을 다해 사람들을 도와야 하지만 때로는 어쩔 수 없을 때가 있다. 환자들의 불평 중 실제로 일어난 일과 그들이 일어났다고 믿는 일 사이에 차이가 있을 수 있다는 점을 인식하라. 환자들의 불평을 모든 각도에서 주의 깊게 조사하고 전체적인 상황을 이해하도록 하라.

5. 감성 지능을 가르쳐라. 감성 지능은 중요한 개념이다. 당신이 각 상황에 어떻게 반응하고 대응하는지를 자각하고 다른 사람들이 어떻게 반

응하고 대응하는지를 이해하는 것은 더 나은 작업환경 창출에 도움을 줄 뿐만 아니라 동정심과 자비가 깃든 진료를 제공하는 데도 필수적이다.

제11장

의사들은
의사소통 능력을 개선해야 한다

Doctors Need to Communicate Better

오즈본 보덴^{Osbourne Bodden}은 케이맨 제도^{Cayman Islands}에 살고 있다. 그는 거의 평생을 금융서비스업에 바쳤으며 미국에서 손꼽히는 대형 회계 법인에서 일하기도 했다. 얼마 전에 은퇴한 그는 어머니가 하시던 사업을 물려받아 운영하고 있다. 제4회 케이맨제도 헬스케어 콘퍼런스^{Cayman Islands Healthcare Conference}가 열리기 전날 밤, 나는 사업가들이 주최한 조촐한 저녁 식사 자리에 초대받아 그들과 환자경험에 대해 이야기를 나눌 기회가 있었다. 나는 보덴과 그의 아내 옆에 앉아 대화를 나누는 즐거움을 누릴 수 있었다. 보덴은 최근 돌아가신 어머니에 대한 이야기를 내게 해주었다. 그는 자신의 어머니가 "억척스러운 여성"이었다면서 자기 의견이 강하고 끝맺음이 확실한 분이였다고 했다. 그러면서 어머니가 자기를 키운 이야기며 어려움 속에서 고생한 이야기들을 들려주었다. 보덴의 어머니는 1955년에 작은 사업을 시작해 성공시키면서 케이맨 제도에서 최초의 여성 사업가 중 한 사람이 되었고 86세까지 사셨다. 보덴은 계속해서 어머니의 헬스케어 경험에 대해 말을 이었다. 어느 날 어머니는 몸이 아픈 걸 느끼고 혹시 암에 걸린 건 아닌지 두렵다며 아들에게 무서운 심정을 털어놓았다. 어머니와 가깝게 지내던 보덴은 어머니를 책임지고 돌봐야 했다. 어머니를 병원에 모시고 간 보덴은 의사에게 부탁했다. 바로 이야기를 꺼내면 어머니가 놀라실 것 같으니 차근차근 적응하면서 깨달을 수 있게 이야기를 빙빙 돌리면서 천천히 꺼내 달라고 말이다. 불행하게도, 그 의사는 보덴의 말을 귓등으로도 안 들었는지 불쑥 본론을 꺼내 버리고 말았다. "암에 걸렸습니다. 바로 치료를 받으셔야 합니다."[1]

보덴은 당시 상황을 이렇게 설명했다. "어머니가 그 자리에서 얼어 버리시더군요. 그 말을 듣고 싶어 하지 않으셨는데. 어머니는 그 병원을 나와서는 다시는 그곳에 돌아가지 않았습니다." 그의 어머니는 치료를 위해 쿠바로 갔다. 그녀는 미국에서 만났던 의사보다 쿠바의 의사에게서 훨씬 더 인간적인 대우를 받는 것 같다는 이야기를 했다. 그녀는 마이애미에 있는 침례교병원Baptist Hospital에서 치료를 받다가 고향으로 돌아와 세상을 떠날 때까지 지냈다.

보덴은 케이맨 제도의 평범한 사업가가 아니다. 그는 의료, 스포츠, 청소년, 문화를 담당하는 장관으로 제도를 바꿀 수 있는 위치에 있는 리더다. 그는 식사 자리에서 이런 말을 했다. "헬스케어는 사람들과 가족들을 상대한다는 사실을 우리가 보지 못하고 있는 것 같아요. 질병을 치료하는 것뿐만 아니라 영혼도 치유해야 한다는 점을 놓치고 있다는 말입니다." 외국에 나가서 평범한 저녁 식사 자리에서 이런 이야기를 듣는 것도, 보덴이 말했던 의사가 플로리다 웨스턴에 있는 우리 시설에서 일한다는 사실을 알게 된 것도 특이한 경험이었다. 하지만 그가 해 준 이야기는 어디에서나 들을 수 있는, 세계 각지의 헬스케어에서 매일 벌어지는 그런 내용이었다.

의사와 환자 사이의 의사소통을 놓고, 의사가 스스로 생각하는 커뮤니케이션과 환자가 판단하는 의사의 커뮤니케이션 사이에는 엄청난 간극이 있다. 전문가의 입장에서 볼 때 우리 의사들의 커뮤니케이션에는 문제가 많다. 의사에게 환자와 커뮤니케이션을 잘하고 있느냐고 물으면 아주 잘하고 있다고, 환자와 끈끈한 관계를 유지하고 있다고 많이들 대답할 것이다. 하지만 이는 일부 의사들에게 해당되는 말일 수는 있어도 대부분의 의사들에게 적용할 수 있는 말은 분명 아니다.

우리는 3개월 동안 본원의 환자들에게 서면으로 의견을 작성하게 해서 이를 평가해 보았다. 의사에 관한 540개의 의견들 중 거의 절반이 부정적인 내용이었고, 그 부정적인 의견들 중 4분의 3 정도가 의사 커뮤니케이션에 관한 내용이었다.(그림 11.1) 환자들은 의사들의 이타심 부족, 불충분한 설명, 건성으로 듣기, 간호사나 케어기버들과의 원활하지 못한 업무 연계 및 의사소통을 공통적으로 지적했다. 가장 거슬리는 점으로는 '나쁜 태도'를 꼽았다.

3개월 동안 실시한 평가의 반이 부정적인 내용을 담고 있다면, 뛰어난 의사소통 전문가라고 자처하던 의사들의 믿음은 도대체 무엇이란 말인가? 이런 차이가 발생하는 이유는 환자와 있었던 일에 대해서 환자의 직접적인 피드백을 의사가 받아 보지 못했기 때문일 수도 있다. 이런 종류의 피드백을 의사에게 직접 전달하는 의료 기관은 거의 없다. 또 다른 이유로는, 효과적인 커뮤니케이션이 자신의 중요한 책임의 일부라는 사실을 의사들이 받아들이지 않기 때문이기도 하다. 보복을 당할지 모른다는 두려움, 상처를 줄 수 있다는 걱정 등 다양한 이유로 환자들은 의사들에게 직접적으로 부정적인 의견을 전달하고 싶어 하지 않는다. 그러나 환자가 편안함을 느끼거나 (더욱 중요한 것은) 익명성이 보장된다고 느끼면 주저함은 사라지고 솔직한 응답을 내놓는다.

의사와 환자가 만나는 진료실을 들여다보면 커뮤니케이션의 격차에 대해 잘 알 수 있다. 환자는 처음으로 진료실에 들어서면서 종종 자신의 상태에

환자의 의사 평가

반반
9%

긍정적
48%

부정적
43%

대상 인원수: 540명

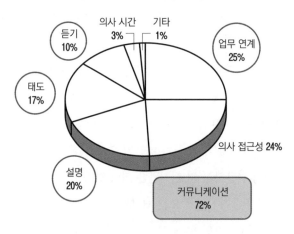

개선 기회
의사 커뮤니케이션 관련 평가 내용

듣기
10%

의사 시간
3%

기타
1%

업무 연계
25%

태도
17%

의사 접근성 24%

설명
20%

커뮤니케이션
72%

그림 11.1. 개선을 위한 지적 및 기회

대해 설명하고 싶어 한다. 의사가 환자의 문제가 무엇인지 묻고 설명을 구
하면 또는 환자에게 '주요 호소 증상'에 대해 설명할 수 있는 기회를 주면,
환자들은 힘을 얻고 의사가 자신의 말을 열심히 들어 준다고 생각하게 된
다. 〈미국의사협회저널Journal of the American Medical Association, JAMA〉[2]는 이 문제에 대

해 다음과 같은 연구 결과를 내놓았다. 이 연구에서는 전문의 자격을 갖춘 1차 진료의사 29명을 대상으로 의사-환자 간 대화 264건을 조사했다. 의사가 환자의 주요 호소 증상에 대해 묻고 설명을 구한 경우는 대화의 75%에 해당했고, 환자가 대답을 끝까지 마칠 수 있었던 경우는 28%에 불과했다. 환자가 대답을 끝까지 마치지 못한 경우를 살펴보니 대화 시작 후 23초만에 의사가 중간에 개입하는 것으로 밝혀졌다. 환자의 주요 호소 증세, 저자에 따르면 환자의 현안을 묻는 행위는 의사-환자 커뮤니케이션의 첫 번째 단계이다. 다른 분야에 비해 더욱 환자중심의 진료가 이루어진다고 할 수 있는 1차 진료에서도 기준 이하의 결과를 보였다.

모든 책임을 의사들에게 돌릴 수는 없다. 자신의 기억에만 의존하는, 또는 당시 불안했거나 약물의 영향을 받았을지도 모르는 환자의 상황 해석에도 문제가 있을 수 있다. 질문하기를 주저하거나 의사의 말에 반대 의견을 표하지 못하는 상황도 환자에게 영향을 주었을 수 있다.

나는 이 이론을 직접 실험해 보기로 했다. 내가 먼저 20명의 환자들을 방문하고 10분이 지난 후에 의대생 한 명을 다시 그 환자들이 있는 병실로 보냈다. 그 의대생은 환자들에게 질문을 던졌다. "메를리노 선생님이 말씀하신 오늘의 진료 일정을 기억하십니까?" 20명의 환자들 중 계획을 제대로 설명한 사람은 반도 되지 않았다. 환자들은 의사의 이름처럼 간단한 것을 기억하는 데도 어려움을 겪는다. 데이비드 롱워스David L. Longworth는 클리블랜드 클리닉 메디슨 인스티튜트Medicine Institute의 책임자이자 전문 인력 관리 부서의 부책임자이다. 그는 외래 클리닉의 레지던트들의 행동을 지도하는 책임을 맡고 있다. 롱워스는 환자들의 기억력에 문제가 있으며 환자와는 명확하게 의사소통해야 한다는 점을 레지던트들에게 자주 확인시켜 준다. 그는 레지던트와 함께 병실에 들어가 환자에게 자신을 소개하면서 성

과 이름을 말해 준다. 그리고 병실을 나올 때쯤에 자신의 이름이 무엇이었
는지 기억하느냐고 환자에게 다시 묻는다. 그의 이름을 기억하는 환자는
반도 되지 않는다.[3]

의사에게 환자경험이란 의사소통 능력을 뜻한다

내가 환자경험최고관리자[CXO] 업무를 맡게 된 2009년에 우리 본원의 의사
커뮤니케이션 부분은 미국 전체의 병원들 중에서 14퍼센타일을 기록하고
있었다. 이 점수는 HCAHPS의 다른 평가 영역의 점수들과 비교해도 가장
형편없는 수준에 속했으며, 특히 우리 지역병원에 있는 개원의들의 점수가
유독 저조했다. 의사 커뮤니케이션의 향상이 시급했다. 이 정도면 더 이상
떨어질 곳도 없으니 이제 올라갈 일만 남아 있었다.

앞에 언급한 대로, 가장 먼저 사용한 전술 중 하나는 우리 점수를 의사
들에게 보여 주어 측정 과정과 자료에 익숙하게 만드는 일이었다. 우리는 병
원 입장에서 생각하는 성과 수준에 대해 모두가 의견을 공유하도록 했다.
어떻게 질문이 만들어지고 환자들이 어떤 식으로 응답을 하는지, 그리고
메디케어에서 설문 조사 점수를 매기고 결과를 배포하는 방법 체계를 설명
해 주면서 설문 조사 과정에 대해 이야기했다. 부서별 회의, 직원 회의, 리더
십 회의에서 의사들에게 이야기했고 개원의들과 함께 저녁 식사 자리도 마
련했다. 그러면서 알게 되었다. 자기들이 하는 일이 어떻게 측정되고 있는지
기본적으로 알고 있는 의사가 없다는 사실을. 조사 내용에 의사가 환자들
과 어떻게 커뮤니케이션하는지 평가하는 질문들이 포함되어 있다는 사실
은 차치하고 HCAHPS 조사가 무엇인지조차 아는 의사가 거의 없었다. 하

긴 나도 CXO 면접 자리에 나가기 전까지 환자들에 의해 의사 커뮤니케이션이 평가받는다는 사실을 몰랐긴 마찬가지였으니까.

반드시 의사들에게 자료를 전달해야 했다. 코스그로브는 최고경영자가 되기 전 흉부외과를 이끌던 시절에, 오하이오 주 북동 지역에 걸쳐 클리블랜드 클리닉의 심장 수술 프로그램을 통합하는 임무를 맡게 되었다. 심장외과 전문의들을 함께 모아 의술의 표준화를 이끌어 내기란 절대 쉬운 일이 아니었다. 그때 코스그로브가 활용한 것이 자료의 투명성이었다. 그는 의사들의 개인별 프로그램 수행 자료를 있는 그대로 부서 전체에 공개했다. 누구든지 다른 사람의 작업 수행 성과를 볼 수 있도록 한 것이다. 누구보다 데이터에 신경을 많이 쓰고 천성적으로 경쟁심이 강한 심장외과의들의 성격을 알고 있었던 코스그로브는 개인별 점수를 개선 도구로 활용하려는 계획이었다. 그리고 그 계획은 맞아떨어졌다.[4]

코스그로브는 의사들에게 자료를 제공함으로써 의사들이 HCAHPS 평가 절차에 익숙해지고 커뮤니케이션 향상에 도달하는 시간을 절약할 수 있다고 생각했다. 그래서 병원 내의 모든 의사들에게 개인 자료를 배포하기로 결정한 것이었다. 우리는 HCAHPS 점수를 백분위 점수로 바꿔 의사들이 전국의 다른 동료 의사들과 비교해 어떤 수준에 있는지 이해할 수 있도록 했다. 게다가, 병원가치기반구매 프로그램에서도 백분위 등급을 사용해서 성과를 발표하기 때문에 일관성을 제공할 수 있다는 면도 있었다.

나는 이런 식의 자료 공개가 논란을 불러올 수도 있고 의사들이 이런 방법을 싫어하지 않을까 하는 생각에 효과에 의심을 갖기도 했다. 코스그로브는 점수를 있는 그대로 즉시 공개하기를 원했다. 나는 그가 "점수를 라운지마다 게시하세요!"라고 했던 말을 기억한다. 하지만 나는 좀 더 차근차근 일을 풀어 갔으면 했다. 모임을 통해 교육이 이루어지고 있었지만 여전히 환자 커뮤니케이션과 관련해 개인별로 평가받는 사실은 물론이고 HCAHPS에 대한 개념도 제대로 파악하지 못한 의사들이 대부분이었다. 하지만 나는 코스그로브의 설득에 넘어갔고, 우리는 의사들에게 개인별 점수를 동료 의사들의 점수와 함께 발표했다. 이와 동시에 의사들에게 측정 과정에 대해 교육을 실시하는 대대적인 작전도 실시했다.

의사들에게 개인별 점수를 공개하면서 우리도 커뮤니케이션 스킬을 평가하기 위해 사용하는 과정에 대해서 많은 것들을 배울 수 있었다. 커뮤니케이션 점수를 환자경험과 관련한 주요 자료로 활용하는 우리 입장에서는 의사들이 HCAHPS 설문 조사 과정에 대해 어떻게 생각하고 있는지 더 잘 이해하고 싶었다. 우리가 예상했던 대로, 자료가 공개되자 의사들은 조사 과정과 자료에 훨씬 더 많은 관심을 보이기 시작했다. 의사들은 자료를 해석하는 많은 훈련을 받았고 자신의 의료 행위를 발전시키는 방향으로 자료를 활용하는 데 뛰어난 사람들이었다. 관심과 더불어, 전화와 이메일을 통해 불만과 원성이 쏟아졌다. 의사들은 다음과 같은 부분을 가장 많이 언급했다.

1. 자료를 얻을 수가 없다.
2. 비교 자료가 없다.
3. 기준이 너무 높다.
4. 표본 크기가 작다.
5. 필요한 지원을 받지 못하고 있다.
6. 다른 사람들이 점수에 영향을 끼친다.
7. 나는 환자를 많이 보기 때문에 점수가 낮다.
8. 내가 더 나아지도록 도와주는 사람이 아무도 없다.

이런 말을 들으면 이런 변명거리라도 들이대고 싶을 때가 있다. "이봐요, 자료는 자료일 뿐이고 우리가 절차를 바꿀 수는 없는 노릇이라고요. 이건 정부가 나서서 하는 일입니다. 우리가 손댈 수 있는 부분이 없어요. 우리는 전달자에 불과하니 우리에게 뭐라고 하지 마세요." 하지만 의사들이 직면한 문제를 해결하는 일이 중요하다는 사실을 알고 있었기에 각 불만에 대한 응답을 준비했다. 우리는 의사들의 이해와 참여가 필요했고, 그들의 걱정을 무시하는 방법으로는 이해와 참여를 얻을 수 없었다.

처음 두 개의 질문은 기본적으로 고려 대상에서 제외되었다. 이제는 자료를 배포하고 있으니까. 그 다음, 90퍼센타일을 기준으로 선택한 이유는 메디케어에서 미국의 모든 병원과 의사를 비교하는 기준으로 90퍼센타일을 삼고 있기 때문이다. 또한 90퍼센타일이라고 하면 'A'를 뜻한다. 결국 우리 조직이 달성해야 할 점수이기도 했다.

표본 크기가 너무 작다는 의견은 분명 일리가 있는 비평이다. 메디케어가 병원에 요구하는 조사의 숫자도 통계학적으로는 근거가 없다. 우리는 의사들과 리더들에게 숫자 자체에만 신경 쓰지 말고 숫자가 나타내는 전체적인 흐름을 보도록 권유한다. 만약 어떤 의사가 1분기에서만 10퍼센타일을 받았다면 이 점수가 정확하지 않을 수도 있다. 하지만 3분기, 4분기까지 계속 똑같은 점수로 꼴찌를 한다면 분명 그 의사는 의사소통 능력을 향상시킬 필요가 있음을 말해 준다.

"다른 사람들이 점수에 영향을 끼친다."는 코멘트는 중요한 의미를 담고 있다. HCAHPS의 커뮤니케이션 영역은 환자의 퇴원과 연관이 있다. 어떤 환자가 입원에서 퇴원하기까지 한 명의 의사에게만 진료를 받았다면 누구에게 책임이 돌아가는지가 명확하다. 하지만 보통은 여러 명의 의사들이 병원 환자들을 돌본다. 내가 환자를 돌본다고 하지만 그 과정에는 인턴, 레지던트, 동료 의사들도 동참하게 된다. 여러 문제점을 안고 있는 환자라면 아마도 여러 명의 의사들이 진료에 참여했을 것이다. 그러므로 다른 사람들이 내 점수에 영향을 끼친다는 말은 사실이다. 하지만 그렇기 때문에 이 분야에서 높은 점수를 얻기 위해서는 개인의 업무 수행보다도 팀워크가 필요한 것이다. 나는 의사들에게 점수를 매기는 절차는 메디케어 & 메디케이드 서비스 센터에서 결정하기 때문에 우리가 어떻게 할 수 있는 부분이 아니라는 점을 말해 준다. 그러나 환자를 돌보는 데 도움을 줄 사람을 결정하는 일은 우리가 선택할 수 있는 문제이다. 따라서 우리에게는 의료진들을 살피고 점검해야 할 의무가 있다. 만약 협진 의사나 레지던트가 환자와 의사소통을 제대로 하지 못하면 이는 담당 의사의 HCAHPS 점수에 반영되므로, 어쩌면 다른 협진 의사를 선택해야 할 수도 있다.

의사들에게 이를 확인시켜 주기 위해 이 과정에 대해 교육할 때, 내가 31명의 환자에게서 받은 HCAHPS 점수를 공개했다. 31명 중에서 7명은 내가 맡았던 환자이기는 했지만 당직 시 입원했거나 또는 담당 의사인 내 동료가 떠나가 있는 동안 잠시 돌보았던 환자들이었다. 그 31명의 환자들에게서 내가 받은 커뮤니케이션 점수는 50퍼센타일이었다. 그런데 원래 내 환자가 아니었던 7명의 점수를 제외하면 내 점수는 99퍼센타일로 급등했다. 내가 이렇게 점수를 공개하는 이유는 내가 잘났다는 게 아니라 현실이 그렇다는 점을 보여 주기 위해서다. 입원환자를 돌보는 일은 단체 운동과 같다. 우리에게 함께 일하면서 팀을 살펴야 할 의무가 있다는 말이다.

많은 의사들이 너무 많은 환자들을 보는 바람에 커뮤니케이션 점수가 낮아졌다고 불평하기도 한다. 일을 많이 할수록 점수는 낮아질 수밖에 없지 않느냐는 주장이다. 클리블랜드 클리닉 본원에는 뚜렷한 목표를 지니고 많은 환자들을 돌보는 의사들이 넘쳐 난다. 많은 환자를 보는 의사일수록 결과도 더 좋다는 연구 결과도 많이 있다.

우리는 이 주장에 대해 조사해 보았다. 상대적으로 같은 업무를 하는 의사들을 대상으로 성과 자료를 비교한 것이다. 클리블랜드 클리닉의 심장외과는 전 세계에서도 가장 크고 가장 많은 환자들을 다루는 곳이다. 그 다음으로 많은 환자를 보는 의료 기관의 환자 수가 클리블랜드 클리닉 심장외과 환자 수의 반도 안 될 정도이니 그 규모를 상상할 수 있을 것이다. 각 심장외과 전문의는 상대가치점수$^{relative\text{-}value\text{-}unit,\ RVU}$ 5에서 상당히 높은 생산성을 기록하고 있다. 간단히 말해, 이 분야에서 일하는 10명의 전문의들은 자기 분야에서 최고라고 할 수 있고, 환자들의 특징도 비슷하며, 엄청나게 높은 질의 기준에 따라 일하면서 병원에서 비슷한 수준의 지원을 받고 있다. 이 전문의들 대부분이 커뮤니케이션 영역에서 뛰어난 점수를 받았지만 두어 명은 그러지 못했다. 비록 소규모의 분석이었지만 생산성이 매우 높은 의사들이 우수한 커뮤니케이션 능력도 갖추고 있음을 증명하는 사례임은 분명했다.

심장외과 전문의들과 그들의 리더들은 일찍부터 환자경험 계획을 받아들였다. 시델 & 아놀드 밀러 심뇌혈관 센터장인 브루스 라이틀$^{Bruce\ Lytle}$은 종종 수술이 끝나면 환자의 가족을 자신의 사무실로 초대해 그들의 궁금증이 다 풀리고 편안함을 느낄 때까지 대화를 나눈다. 그는 내게 흉부외과 회의에 참석해서 발표해 달라는 부탁을 했고 나는 거기서 의사들의 이름을 가린 채 커뮤니케이션 점수를 보여 주었다. 두 명을 제외하고는 모두 90퍼센타일의 점수를 받았다. 발표가 끝나자 라이틀이 내게 말했다. "누가 낮은 점수를 받았고 왜 그런 점수를 받았는지 여기 있는 사람들은 다 알고 있습니다. 오늘부로 그들도 틀림없이 달라지겠죠!" 낮은 점수를 받은 두 명의 의사는 정기적으로 회진을 돌지 않았고 그 점이 점수에 반영되었다고 라이틀은 믿고 있었다. 그 일이 있고 나서 그 두 명의 의사는 정기적으로 회진을 실시했고 그들의 커뮤니케이션 점수도 올라갔다. 이는 낮은 단계에서의 의사 리더십을 보여 주는 훌륭한 사례이자 정기적인 회진처럼 간단한 전술이 얼마나 의미 있는 변화를 불러올 수 있는지 보여 주는 사례이기도 하다. 또한 그 일을 계기로 그 센터장과 학과장은 책임감을 받아들이고 커뮤니케이션 점수를 높이기 위해 노력을 기울일 수 있었다.

HCAHPS 점수와 관련한 의사들의 불만 중 마지막인, 발전을 도와줄 조력자가 없다는 이야기는 특히 중요하게 다뤄야 할 사항이었다. 우리가 점수에 관한 논의를 시작하면서 의사들은 개선을 위해 활용할 수 있는 전술을 제공해 달라고 부탁했다. 의사 커뮤니케이션에 관해 학술적인 면에서 접근한 자료들도 있긴 했지만 그보다는 우리 의사들 중에서 높은 점수를 받은 의사들이 직접 밝히는 성공 비결이 가장 좋은 조언이 되겠다는 생각이 들었다. 이들이 내놓은 비결 중에는 일반 상식 수준으로 많은 의사들이 활용하는 내용들도 있었다. 결국 중요한 점은 환자와 의사소통하는 과정에서 모든 사항들을 꾸준하게 사용해야 한다는 것이었다. 그들이 말하는 비결의 내용은 다음과 같다.[6]

1. 자기 자신을 소개하라. 환자와 가족들에게 누가 진료를 담당하는지 말해 주어라.
2. 환자에게는 '선생님sir' 또는 '사모님ma'am'이라는 호칭을 사용하고 이름을 알면 이름을 사용하라.
3. 간호사와 함께 회진을 돌고 진료 일정을 논의하라.
4. 환자와 가족이 진료 계획을 이해하는지 확인하라.
5. 환자의 기대치를 설정해 주고 관리하라.

6. 환자 질문에 답해 주어라.

7. 간호사나 레지던트처럼 환자 인지에 영향을 줄 수도 있는 다른 사람들을 참여시켜라.

8. 환자의 사생활을 존중하라.

9. 환자는 당신이 어떻게 보이고 무슨 말을 하는지에 근거해 판단한다는 점을 인지하라.

10. 가능하다면, 대화에 환자의 가족도 포함시켜라.

11. 환자와 방문객들에게 어떤 대우를 받고 있는지, 필요한 것은 없는지 물어보아라.

12. 통증 관리에 대해 이야기를 나누어라.

우리 팀은 또한 의사들을 위해 의사들이 제작한 종합적인 커뮤니케이션 지침서를 만들었다. 제작 과정에 50명의 봉직 및 개원 의사들이 참여하면서 서로 다른 의료 환경과 각기 다른 전문 분야에서 일하는 사람들의 의견을 참조해 정보의 균형성을 꾀했다. 이 지침서에는 사용이 편리한 체크리스트들이 간단한 제안과 함께 포함되어 있으며 깊이 있는 연구를 위한 폭넓은 자료들도 들어 있다. 바쁜 일정에도 정보 제공에 참여한 임상의사들과 그들이 제공한 실용적이고 유용한 내용 덕분에 이 지침서는 현장에서 일하는 의료진들에게 신뢰성을 안겨 주기에 충분했다.

의사소통 능력을 발전시켜야만 한다

그러나 HCAHPS 자료를 공개하고 측정 방법에 대해 의사들을 교육시키고 커뮤니케이션 지침서를 배포하는 것만으로는 충분하지 않았다. 의사들은 우리 조직을 이끌어 가는 엔진이자 끊임없는 투자를 필요로 하는 중요한 자산이다. 우리에게는 의사들의 커뮤니케이션 향상을 도와주어야 할 책임이 있었다. 하지만 이미 존경받는 위치에 올라선 의사들에게 환자들과 커뮤니케이션을 더 잘하는 방법을 가르치는 일은 쉽지 않았다.

CXO 초년 시절, 인사 담당인 조셉 한과 나는 어떻게 이를 교육시킬지에 대해 수많은 대화를 나눴다. 교육의 성공을 위해서는 상당한 노력과 헌신이 필요한 일이었다. 교육의 가치에 대한 의사들의 이해와 동참이 필요했지만 반발과 비난이 뒤따를 것이 분명했다. 교육 프로그램은 신성한 의사-환자 관계에 직접적으로 영향을 미치게 될 것이다. 나는 이 일이 환자경험을 위한 우리의 노력 중 가장 힘든 일이 될 것이라고 생각했다.

한과 나는 마침내 몇 가지 기본 규칙을 설정했다. 일선에서 일하면서 존경받는 의사들이 앞장서도록 했다. 이 일을 이끌 의사는 리더십에 있는 의사도 아니고 초년병 의사나 말년 의사도 아니었다. 또한 기획단은 우리 계획을 믿고 따르는 사람과 우리의 계획에 회의를 품은 사람들을 모두 포함시켜야 했다. 찬성과 반대가 균형 있게 섞여야 더욱 활발하고 성공적인 프로그램을 만들 수 있었기 때문이다.

뛰어난 성과를 내는 세계적으로 저명한 의사들의 마음을 붙잡을 수 있으려면 실용적으로 상호작용이 이루어지는 프로그램이어야 했다. 환자와의 의사소통 방식뿐만 아니라 의료 행위의 향상 측면에서도 중요한 내용을 담은 프로그램을 만들어야 했다. 교육은 의사의 상호작용 및 커뮤니케이션에 대한 환자의 인식 개선만큼이나 의사들의 능률과 효율 향상에도 중요한 역할을 해야 했다. 우리는 어떻게 완벽한 최종 프로그램을 만들 수 있을지에 대해서는 잘 모르고 있었지만 경험 많은 의사들을 한방에 몰아넣고 강의

하는 방식이 효과를 보지 못하리라는 것은 알고 있었다.

우리는 간호사 교육에서 중요한 교훈을 얻은 바 있다. 간호사 경력이 없는 전문가도 간호사들을 가르칠 수는 있지만 간호 활동 분야는 가르칠 수 없다. 신뢰성이 떨어지기 때문이다. 간호 활동의 기준에 관해서는 간호사만이 간호사를 가르칠 수 있다. 의사라고 다를 게 있겠는가? 이 프로그램은 동료들 속에서 신임을 얻고 있는 현직 의사가 이끌고 교육을 실시해야만 했다. 미국 전체적으로 보면 의사가 아닌 사람(간호사, 사회복지사 등등)이 의사 커뮤니케이션 향상에 도움을 주는 프로그램도 있긴 하지만 우리 프로그램에서는 의사에게만 일을 맡기기로 했다.

만약 의사가 아닌 사람이 환자와의 의사소통 능력에 대해서 내게 이러쿵저러쿵하면 나는 잘 받아들이지 못할 것 같다. 그 사람이 나와 다른 시각과 전문성을 갖추고 있을 수는 있다. 그럼에도 내가 동료 의사들에게 했던 경험으로 볼 때, 나 역시 환자를 진료하고 환자에 대해 궁극적인 책임감을 느껴 보고 의학적·감정적으로 환자경험을 맛보았던 사람의 말이 귀에 더 잘 들어올 것 같다. 우리는 의사들이 이끄는 조직이며, 다른 모든 의사들이 지켜보고 있기 때문에 우리의 리더들은 관계 중심적인 능력을 발휘하는 사람이어야만 한다. 또한 우리 팀은 교육을 받으면서 의사들과 다른 케어기버들 사이에서 발생할 수 있는 권력 격차를 방지하기 위해 세심한 노력을 기울였다.

우리는 이런 이유로 의사들을 위한 교육을 시작하고 싶었고, 우리가 필요로 하는 리더의 자질을 클리블랜드 클리닉 멜렌 다발성경화증 센터^Mellen Center for Multiple Sclerosis의 신경과 전문의이자 신경윤리학자인 애드리안 보이시^Adrienne Boissy에게서 발견했다. 그녀는 스태프와 레지던트 커뮤니케이션 향상 프로젝트를 비롯해서 몇 가지 프로젝트를 성공시킨 경험이 있었다. 그녀는 환자의 참여와 커뮤니케이션에 열의를 보였고 클리블랜드 클리닉 내에서 상당히 존경받는 의사였다. 2010년 여름, 한과 나는 보이시에게 조사와 벤치마킹, 설계를 담당할 다른 의료진들을 포함한 팀을 구성해 이끌어 달라고 부탁했다. 그리고 의료진의 의사소통 능력을 향상시킬 수 있는 실험 프로그램의 개발도 요청했다. 그녀는 제안을 받아들이면서 한 가지 조건을 내세웠다. 교육의 결과가 HCAHPS 점수 향상과 연결되지는 않을 것이라는 전제였다. HCAHPS 질문들이 진정한 의사-환자 관계를 담아내지 못하고 있고, 오해의 소지가 있는 숫자 때문에 의료진들이 바로 행동을 교정하지는 않을 것이라는 말이었다. 보이시는 커뮤니케이션 교육과정이 점수에 얽매이기보다 의료진의 뛰어난 활동을 포착해 내고 그들의 경험과 통찰력을 활용하는 데 주안점을 두어야 한다고 믿고 있었다. 그러면서 환자인식의 향상만큼이나 의사의 의료 활동에도 중요한 일이라고 설득력 있는 주장을 펼쳤다. 우리도 그녀의 말에 동의했다.

의사소통 교육은 실용적이어야 한다

우리의 요구는 구체적이었다. 프로그램은 이론에 바탕을 두고 운영할 수도 있었지만, 한편으로는 의사들이 새로운 기술을 활용할 수 있도록 실용적이어야 했고 대화를 통한 교수법도 사용해야 했다. 프로그램은 모든 분야의 의사들에게 환자와 마주치는 어떤 환경에서도 적용될 수 있어야 했고 바쁜 의사들에게 어울리는 내용을 전달해야 했다. 효율적인 기술을 이미 갖고 있는 의사나 의사소통에 어려움을 겪는 의사 모두에게 교정이라는 느낌을 주지 않으면서도 도움을 줄 수 있는 프로그램이어야 했다. 많은 의사들이 프로그램의 필요성을 절감하지 못하는 상황에서 얼마만큼의 신뢰도와 활용도를 전달하느냐가 관건이었다.

보이시는, 저명한 암 전문의 티모시 길리건Timothy Gilligan, 호스피탈리스트 벨레즈V. J. Velez, 심장내과 전문의 데이비드 테일러David Taylor, 간 이식 전문의 데이비드 포크트David Vogt, 신장병 전문의 사울 누르코Saul Nurko, 그리고 임상심리사이자 클리블랜드 클리닉 러너 의과대학Lerner College of Medicine의 커뮤니케이션 스킬 책임자인 에이미 윈도버Amy Windover를 팀에 합류시켰다. 팀원들은 서로 다른 전공 분야에서 일하고 경력도 7년에서 30년까지 다양했다. 팀원들은 모두 활발한 활동을 펼치는 의사였으나 모두가 프로그램의 필요성을 절감하고 성공을 예상한 것은 아니었다. 사실 보이시는 "교육 퍼실리테이터education facilitators"들을 채용할 때 그들이 커뮤니케이션 능력 향상 교육에 관심이 있는 사람들인지 아닌지는 신경 쓰지 않고, 조직과 자기 분야에서 존중받는 인물들을 일부 선발했다. 그래야 그들이 투자하는 조언과 지식을 통해 지지자와 회의주의자들이 어떻게 프로그램을 받아들이고 반응하는지를 이해할 수 있다는 중요한 이유 때문이었다.

팀은 다양한 커뮤니케이션 모델과 프로그램들을 검토한 후에 결국 "네 가지 습관 모델Four Habits Model"7에 초점을 맞췄다. 리차드 프랭클Richard Frankel과 테리 스타인Terry Stein이 개발한 네 가지 습관 모델은 실증적인 효과를 인정받았으며, 특히 외래환자 환경에서 임상적 만남을 위한 체계를 만들어 냈다고 평가받고 있다.

우리는 미국 헬스케어 커뮤니케이션 협회American Association for Communication in Healthcare, AACH의 소개를 받아 의사-트레이너를 고용했다. 그리고 그가 여섯 명의 임상의사들에게 퍼실리테이터 교육을 통해 다른 의사들을 가르칠 수 있는 능력을 키워 주도록 했다. 각 임상의사는 노력의 첫발을 내딛고 핵심 팀을 형성하는 데 유용한 교육을 거의 일주일 내내 받았다.

퍼실리테이터 양성이 끝나자, 우리는 네 가지 습관 모델을 우리 조직과 의료진들에 더욱 어울리는 모델로 발전시켰다. 그리고 향후 퍼실리테이터와 의사 참가자들을 위한 교육 프로그램을 우리의 상황에 딱 들어맞도록 개발했다.

우리는 의사들에게 관계 중심의 커뮤니케이션 기술을 가르칠 수 있도록 "헬스케어 커뮤니케이션 기반 다지기Foundations of Healthcare Communication, FHC"라는 일일 과정을 고안해 냈다. 두 명으로 이루어진 한 팀이 8~10명의 그룹을 교육시키는 과정이다. FHC 과정은 학습자 중심으로 진행되며 표준화 환자standardized patients[8]들과의 연습 혹은 상호간 연습을 통한 의사소통 기술 연마에 집중한다. 하루 일정을 소화하면서 수준이 점점 높아지기 때문에 퍼실리테이터들은 의사 개인별로 필요한 정도에 맞춰 지도를 이어 간다. 이 과정을 이수한 의사들은 실제 의료 활동에서도 적용할 수 있는 내용을 배웠다고 평하고 의심을 품었던 의사들도 새로운 기술을 습득하게 되었다고 인정한다.

하루 과정을 시작해서 끝낼 때까지 퍼실리테이터들은 참가자들에게 알맞은 학습 기회를 주기 위해 열심히 노력한다. 모델링, 소규모 및 대규모 그룹 퍼실리테이션, 녹화 영상 평가, 표준화 환자와 실생활 각본을 통한 기술 연습 등 다양한 교육 전략을 사용한다. 또한 이 과정에서는 권위적인 교수법을 강요하는 것보다는 동료들의 피드백과 자기 자신을 둘러보는 데 많은 부분을 할애하고 있다.

우리는 신중하게 새로운 퍼실리테이터들을 선발하고 의도적으로 다양한 분야의 전문가들과 다양한 관점 및 의료 경험을 포함시키고자 한다. 그리고 나중에 동료들의 커뮤니케이션 코치로 활동할 수 있을 만한 대상자를 찾는다. 아무나 원한다고 다 퍼실리테이터에 적합한 사람이 될 수는 없다는 사실을 우리는 일찌감치 알고 있었다. 우리는 종종 리더십 팀원들에게 잠재 퍼실리테이터들이 어떤 사람들인지 만나 보고 그들의 상사와 동료들과도 이야기해 보라고 권한다.

이해관계가 첨예하기 때문에 퍼실리테이터 대상 인력은 우리의 의사들로 제한한다. 학습자들의 성향도 고려해야만 한다. 권위주의적인 방법을 선호하는 사람들이 있는가 하면 육성 프로그램 스타일을 더 좋아하는 사람들도 있다. 경험 많은 의사 퍼실리테이터들은 통솔력이나 장악력이 뛰어난 반면 상대적으로 젊은 사람들은 유연성과 열정 면에서 좋은 모습을 보여 준다. 가능하면 강사와 학생을 같은 전문 분야에서 일하는 사람끼리 묶으려 한다. 예를 들면, 외과의가 외과의를 가르치는 식이다. 이제 갓 레지던트를 마친 소아과 전문의가 20년 경력의 베테랑 심장 전문의에게 커뮤니케이션 향상 방법에 대해 지도하는 일은 절대 일어나지 않도록 한다. 신임 소아과 전문의와 베테랑 심장 전문의 둘 다에게 전혀 도움이 되지 않기 때문이다. 동료들끼리 짝을 지어 주면 경험 많은 의사들도 교육 과정을 쉽게 무시해 버릴 수가 없다. 이는 팀에서 고안해 낸 아이디어 중에서도 최고라고 할 만한 아주 멋지고 성공적인 아이디어로, 프로그램의 목표 달성에 반드시 필요한 요소라 할 수 있다.

FHC 프로그램을 진행해 나가면서 중요한 점이 결여되어 있다는 사실을 파악한 우리는 "커뮤니케이션의 관계, 확립, 개발, 참여 모델Relationship, Establishment, Development, and Engagement(REDE) Model of Communication"이라는, 우리만의 체계를 새로이 계획하고 실행했다. 이 모델은 순응도 향상과 의료 과실 감소는 물론 의사들의 참여와 만족을 이끌어 내기 위한 핵심 요소들을 활용하여 확실하게 관계 구축에 집중한다. 이 모델은 헬스케어 관계가 환자와 의사 모두에게 상호 유익하다는 점을 고려하고 있으며 의사들의 욕구에도 관심을 주는 것이 중요하다는 점을 인정하고 있다. REDE 모델은 임상적 만남 내내 감정이입이 이루어지도록 권장하며, 입원환자 및 통원환자 모두에게 활용할 수 있을 만큼 신축적이다.

처음에는, 전문의들을 다루기 전에 전공의들을 빠짐없이 교육시켜야 한다는 압력이 있었다. 하지만 보이시는 급하게 나서지 않았다. 그렇게 하면 저항이 심해지고 프로그램의 지속이 불가능해질지도 모른다고 주장했다. 교육받은 전공의를 효율적인 의사소통을 하지 못하는 교육받지 않은 전문의와 함께 보내면 교육을 망칠 것이라고 강조했다. 롤모델이 될 사람이 먼저 교육을 받아야 한다는 논리였다. 이제는 전공의와 전문의 모두 통과의례로 일일 커뮤니케이션 교육을 받는다.

연구에 따르면 의료 제공자와 환자 사이에 커뮤니케이션이 잘 되면 환자 만족도[9], 환자의 심리적 스트레스[10], 환자의 치료 협조도 및 순응도[11], 환자의 건강 결과[12], 의료 과실 및 사고[13] 개선에 도움을 줄 뿐만 아니라 놀랍게도 의사만족도[14]에도 긍정적인 영향을 준다고 한다. 입원환자 및 통원환자가 평가한 커뮤니케이션 점수와 관련해서 FHC 교육을 받은 의사의 커뮤니케이션 점수는 상당히 올라갔고 그 상태가 유지되었다.

클리블랜드 클리닉은 의료 과실에 대비하는 보험에도 가입되어 있고 능력 있는 법률지원 팀도 소유하고 있으며 의료 과실 및 위험과 관련해 지출되는 비용은 매우 적다. 뛰어난 커뮤니케이션 기술을 지닌 의사들이 전체 의사들과 비교해서 불만 건수가 매우 낮다는 사실은 교육의 중요성이 더욱 강조되는 부분이다.

실제로 교육을 받은 의사들이 직접 전하는 이야기는 교육의 중요성을 알리는 데 가장 큰 역할을 한다. 의심하고 심지어 적대적인 감정을 지녔던 의사들이 일일 교육을 받은 뒤로는 프로그램의 신봉자로 변했다.

경험 많은 비뇨기과 전문의이자 글릭만 비뇨기 및 신장 센터Glickman Urological & Kidney Institute의 리더 및 뛰어난 커뮤니케이터인 에릭 클라인Eric Klein은 교육이 끝나고 전화를 걸어 교육을 받기 전에는 다 쓸데없는 짓이라는 믿음이 강했다고 말했다. 그랬던 그는 교육의 깊이와 철저함에 감동을 받고 즉시 센터의 모든 의사들에게 교육을 권장하는 이메일을 보냈다.

2012년 '환자경험: 감정이입과 혁신Patient Experience: Empathy & Innovation Summit' 콘퍼런스에서 보이시는 토론 참여자 명단에 신경외과 전문의인 에드워드 벤젤Edward Benzel과 흉부외과 전문의인 토마스 라이스Thomas Rice를 포함시켰다. 두 의사 모두 25년 이상의 경력을 지닌 베테랑들로, 콘퍼런스에서 REDE 모델과 커뮤니케이션 교육 훈련에 관해 대화를 나눴다. 그들은 교육 덕분에 환자와의 만남이 전체적으로 어떻게 변했는지 설명하면서 스스로 더 능률적이고 효율적인 모습을 갖추게 되었다고 밝혔다.[15]

패널들의 발언을 통해 의사 커뮤니케이션 교육 프로그램의 중요한 특징이 확실히 드러났다. 보이시가 처음에 주장했던 대로, 이 프로그램은 환자가 받아들이는 인식의 개선이 아니라 의사의 능력 구축에 더 많은 주안점을 두고 있었던 것이다. 의사들은 매년 광범위한 '의사 보수 교육continuing medical education, CME'을 통해 기술을 사용하는 방법을 배우느라 수많은 자원을 사용한다. 그러나 의술을 행하는 방법을 향상시키는 데는 전혀 시간을 투자하지 않는다. 의사들은 일반적으로 환자와 의사소통하는 방식에 대해 따로 교육을 받지 않고 스승이나 다른 의사들을 지켜보면서 개인적으로 기술을 습득한다. 다른 의료 기술과 마찬가지로 환자 커뮤니케이션 및 상호 교류도 교육을 통해 배울 수 있는 기술이다. 연습을 통해 기술을 발전시킬 수 있다. 우리는 의사들에게 단지 커뮤니케이션을 더 잘하는 방법을 가르치는 것이 아니다. 의술을 더 잘 펼칠 수 있는 방법을 배우도록 도움을 주고 있는 것이다. 바로 그 지점이 우리 프로그램이 특별할 수 있는 이유다.

우리는 개원의들을 도와야만 한다

2012년 12월, 분기별 HCAHPS 커뮤니케이션 점수 자료를 우리 지역병원에서 일하는 자격을 가진 개원의들에게 배포했다. 모든 자료에는 이름이 공개되어 있었다. 처음에 이 자료의 배포에 관해 논의할 때는 의사들을 화나게 만들지도 모른다는 우려가 있었다. 하지만 점수 자료는 환자들이 의사들에게 하는 말이지 우리가 의사들에 하는 말이 아니었다. 환자가 소셜 미디어를 통해 불평을 한다고 뭐라고 할 수는 없지 않은가. 자료 배포도 마찬가지다. 게다가 의사 리더십과 관리 팀도 알고 있는 내용이었다. 뒤에서 수군대느니 차라리 자료를 공유하는 편이 더 공평한 듯했다. 앞으로 어떻게 환경이 바뀔지 알고 있었던 우리는 지역 의사들에게 이 자료를 보냈다. 앞으로 정부의 지시에 따라 어차피 해야 할 일인데 의사들이 약점을 잡히는 것보다는 미리 알고 있는 편이 나았다. 우리와 함께 환자의 치료에 신경을 쓰는 의사들을 돕는 일은 우리의 의무다. 놀랍게도, 자료 배포에 대해 투덜거리는 의사는 거의 없었다. 많은 의사들은 이런 자료들이 수집된다는 사실을 그때까지도 알지 못하고 있었고 개선 방안에 관한 정보를 알고 싶어 했다.

우리는 그 요구에 따라 개원의들을 도울 수 있도록 프로그램을 조정했다. 환자를 보살피는 일은 파트너십이다. 그리고 우리는 서로 도와야 할 책임이 있다. 우리가 동료 개원의들에게 전달하고 싶었던 내용의 핵심은, 커뮤니케이션과 관계 개선 기술을 익히기 위한 시간 투자가 환자와 자신을 위해 옳은 일일뿐만 아니라 우리의 일을 더욱 효율적으로 할 수 있도록 도와주는 일이라는 것이었다.

동료 의사들을 활용했던 원칙을 그대로 살려서, 두 명의 개원의들을 의사 퍼실리테이터가 되도록 훈련시켰다. 그리고 그 두 사람과 우리 스태프 의사들을 활용해서 여러 개원의들 그룹에게 교육을 실시했다. 헬스케어 시스템이 개원의들에게 커뮤니케이션 교육 훈련을 제공한 경우는 우리가 처음인 것으로 알고 있다. 병원에 고용된 의사는 하루를 쉬어도 급여에 변화가 없다. 하지만 개원의들은 하루를 쉬면 수입이 줄어든다. 따라서 그들을 끌어들일 수 있는 유인책을 고안해 내야 했다. 우리는 의사들에게 CME 학점을 제공했다. 그리고 늦은 시간에 수업을 시작하거나 저녁 또는 주말에 코스를 운영하는 등 참가 선택의 폭을 넓히는 방법을 고려하고 있다. 의사들이 커뮤니케이션 능력을 키우도록 도와주면 환자를 더 잘 보살피게 되고, 결과적으로 환자의 안전과 의료의 질에 영향을 주게 된다. 그래서 되도록 많은 지역 의사들에게 교육을 받을 수 있는 기회를 제공하기로 마음먹었다. 이제 막 우리 지역병원들을 대상으로 프로그램을 펼쳐 나가기 시작하는 중이다. 어느 대형 지역병원의 이사회에서는 이 코스를 자격 검증이나 특전 부여의 일부로 의무화하는 것이 어떻겠냐는 제안을 했다. 우리 팀은 교육 내용이 개원의들에게 적용 가능한지 확인하기 위해 개원의 그룹과 함께 작업 중에 있다. 의사 커뮤니케이션 기술 향상의 중요성과 영향력을 인정한, 미국 최대의 의료배상책임 보험회사인 더 닥터스 컴퍼니The Doctors Company는 이 코스를 듣는 의사들에게 보험료 일부를 경감해 주기로 동의했다.

커뮤니케이션 교육의 대대적인 성공에 힘입어 우리는 헬스케어 커뮤니케이션 엑설런스 센터Center for Excellence in Healthcare Communication, CEHC를 설립했다. CEHC에서는 FHC 강좌는 물론이고 통합적인 고급 커뮤니케이션 교육과 정을 제공하며, 이 과정은 집중 훈련을 받은 동료 퍼실리테이터 팀이 주도하고 있다. 다른 의료 기관에서도 자기 의사들을 교육시키기 위해 우리의 엘리트 의사 트레이너들을 찾고 있을 정도이다. 우리 팀이 일구어 낸 성과 중에 가장 큰 일이, 에이미 윈도버가 이끄는 퍼실리테이터 교육 프로그램을 만들어 낸 것이다. 이 팀은 신경과, 병원의학hospital medicine, 대장 수술, 심장 중재 시술, 비뇨기과, 일반외과, 부인과 수술, 소아과, 흉부외과 등 여러 의료 분야와 외과 전공 분야의 전문가들을 교육시킨다. 우리는 또한 고급 의료서비스 제공자 퍼실리테이터들을 교육시켜 자신의 동료 그룹들을 위한 커뮤니케이션 교육을 이끌어 나가도록 했다. 이 교육에서는 실습, 이론, 실증 사례, 그룹 토의 등의 방식을 혼합해서 사용한다. 교육에 참가한 동료들이 나중에 환자와 가족을 대할 때 이렇게 했으면 하고 우리가 기대하는 방식이 있다. 퍼실리테이터 교육을 진행할 때는 우리가 기대하는 방식과 똑같은 방식으로 참가자들을 대한다. 또한 윈도버는 퍼실리테이터 기술 요소들을 더욱 발전시키고 방식의 일관성 유지를 위해 분기별로 교수 회의를 개최한다. 어느 퍼실리테이터가 한 말 속에 우리의 교육과 작업에 대한 모든 내용이 함축적으로 들어 있다. "내가 평생 동안 해 본 일 중에서 단연코 이 일이 최고다."

코스그로브와 한, 그리고 전체 임원진도 이 프로그램에 참가했다. HCAHPS, 임상의사 및 그룹 CAHPS, 환자 불만 등 우리가 따르려 하는 부분의 평가가 모두 향상되었다. 하지만 프로그램을 믿지 못하고 아무것도 기대하지 않았던 의사들이 프로그램 참여 후 남긴 코멘트가 가장 큰 기쁨을 준다. 보이시가 전적으로 옳았다. 이 일은 HCAHPS 향상이 주목적이 아니었다. 그보다는 우리 의료서비스 제공자들이 환자와 대면하는 매순간 놀라운 보살핌을 전달하기 위해 자신의 전문성을 들여다보고 서로 간에 그리고 환자와 관계를 구축하고 의사들을 더 든든하게 준비시키는 경험을 창출해 내는 일이 더 중요했다.

이번 장은 다음과 같이 요약할 수 있다.

1. 효율적인 의사 커뮤니케이션은 환자경험의 필수적인 요소이다. 만족도뿐만 아니라 환자의 안전과 높은 질의 진료에도 영향을 준다. 대부분의 의사들은 자신의 의사소통 능력이 뛰어나다고 믿고 있지만 자료에 따르면 전혀 그렇지 않다. 새로운 치료법이나 수술 술기처럼, 효율적인 커뮤니케이션도 배울 수 있다. 숙달되기 위해서는 훈련과 점검이 필요한 기술이다.

2. 커뮤니케이션 기술 향상이 환자경험 향상에만 관련 있는 것은 아니다. 의사의 필수적인 능력 개발과도 연관이 있다. 일반적으로 의사들은 이 능력을 키울 기회가 거의 없으며 병원 리더들과 의료 기관에서도 이 능력을 중요하게 여기지 않는다. 대신 의사들은 더 효과적, 효율적, 생산적인 의술을 키우기 위해 의사 보수 교육을 통해 보상받는다. 관계 구축이나 커뮤니케이션 스타일 등 중요한 기술의 개인적 발전은 별다른 관심을 받지 못한다. 이런 기술들이 의사의 의술 개발을 위해서도, 전문성 개발을 위해서도 얼마나 중요한 역할을 하는지 깨달아야 한다.

3. 커뮤니케이션 기술의 향상을 위해서는, 자신이 어떤 평가를 받고 환자들 사이에서 어떤 사람인지 이해할 수 있도록 커뮤니케이션 관련 자

료를 의사들에게 공개하는 일이 첫 단계다. 많은 의사들은 이런 자료를 한 번도 본 적이 없으며 자료 결과에 대해 이런저런 핑계를 대기에 바쁘다. 자료의 한계성을 인정하는 것도 중요하지만, 전체적인 방향을 생각할 때 일반적으로 자료는 옳은 방향을 가리킨다. 지속적으로 낮은 점수를 받는 의사라면 환자와의 의사소통에 문제가 있을 확률이 높다.

4. 가장 효율적인 의사 커뮤니케이션 향상 전술은 의사들이 만든 것이다. 의사들의 의사소통 능력을 향상시키는 일은 매우 개인적인 행동의 변화를 뜻한다. 경험 많은 의사를 앞에 놓고 그동안 선생님이 잘한다고 믿었던 일들이 그리 잘한 일이 아니었다고 말하면서 심각한 대화를 나누는 일은 매우 주의가 요구되는 미묘한 상황이 아닐 수 없다. 나는 오직 존중받는 동료 의사들만이 다른 의사들과 대화를 시작하고 관심을 끌어들일 수 있다고 믿는다. 동료 의사들의 행동의 변화를 이끌어 내기 위해서 의사들을 활용하라.

5. 의사들의 의사소통 및 관계 기술을 향상시키기 위해서는 소그룹 학습 모임에서 동료들이 지도하는 방식이 설교식의 가르침보다 훨씬 더 효과적이다. 그룹 참가자들은 각자 연습에 참여하면서 동료들을 가르치는 일에 서로서로 도움을 줄 수 있다.

6. 뛰어난 커뮤니케이션 기술을 지니고 좋은 모습을 보여 주는 의사들도 많다. 조직 내 의사들에게서 이런 모범 사례를 수집해서 다른 사람들과 공유하면 능력을 키우는 데 바로 도움이 된다. 또한 발전을 돕기 위해 자기 자신의 조직을 벤치마킹한다는 점도 보여 줄 수 있다.

제12장

환자를 협력자로 만들기

Making Patients Our Partners

내가 환자경험을 위에서 아래로 이끌어 가는 데 힘을 보태고 있다면, 데이브 디브론카트^{Dave deBronkart}는 환자경험을 밑에서 위로 이끌어 가고 있다. 디브론카트는 2007년 신장암 4기 판단을 받았지만 이를 극복해 낸 암 생존자이다. 당시 암세포가 폐와 뼈로 전이된 상태에서 그는 24주라는 시한부 인생을 선고받았다. 그런 그가 놀라운 일을 해냈다.[1] 7년이 지난 후, 그는 '환자 권한 강화^{patient empowerment}'를 이끌어 내기 위해 일하는 운동가로 변모해 있었다. 디브론카트는 환자가 자신의 헬스케어에 대해 더 많은 주도권을 가져야 하며 권력이 의료 제공자에서 환자에게로 이양되어 힘의 균형을 이루어야 한다고 믿는다. 디브론카트는 "e - 환자 데이브^{e-Patient Dave}"라는 필명을 사용하는데, 여기서 e는 "권한을 부여받은^{empowered}, 준비를 갖춘^{equipped}, 학식 있는^{educated}, 적극적이고 자발적으로 참여하는^{engaged}, 전문가^{expert}를 뜻한다. 그는 헬스케어 세상에서 환자가 성공적인 파트너가 되기 위해 반드시 필요한 요소가 'e'라고 믿고 있다.

나는 워싱턴에서 열린 '2012 테드메드^{TEDMED}'의 공동 인터뷰 자리에서 그를 처음으로 만났다. 당시 인터뷰 주제는 "무엇으로 의사-환자의 파트너십을 꽃피울 수 있는가?"[2]였다. 우리 둘에게 똑같은 질문이 주어졌다. "당신의 헬스케어를 진정으로 책임져야 하는 사람은 누구입니까? 당신 자신입니까, 의사입니까, 아니면 환자입니까?" 디브론카트는 이렇게 말했다. "대부분의 사람들은 스스로 자신과 가족을 돌보고자 합니다. 하지만 저는 가끔 능력과 정보가 부족하다는 걸 느낄 때 의사에게 갑니다. 그러니 사실은 파트너십이라고 할 수 있겠죠." 나도 성공적인 환자 치료는 의사와 환자 모두의 몫이라는 말로 그의 말에 동의를 표했다.

이런 파트너십은 환자의 기대가 충족되고 환자가 만족을 느끼는 환경에서 의료진이 안전하고 질 높은 진료를 전달할 때에만 강력하게 작용할 수 있다. 환자는 좀 더 많이 관여하고 질문하고 자신이 무엇을 기대해야 하는지 이해할 필요가 있다. 그런 필요에 따라 환자는 스스로의 이익을 옹호해야 하며 그럴 능력이나 의지가 부족하다면 가족과 친구들이 나서서 도와주어야 한다.

환자 단체의 일부 활동가들은 이런 생각에 이견을 제시하고 바로 불쾌함을 표현하기도 한다. 이들은 환자들이 동등한 파트너의 역할을 할 만큼 준비가 되어 있지 않은 것이 너무 당연한 사실이므로 환자에게 지식, 보호, 커뮤니케이션, 교육을 제공해야 하는 책임은 케어기버들에게 있다고 주장한다. 나도 이 말에 완전히 반대하지는 않는다. 헬스케어 종사자, 특히 의사와 간호사는 환자의 대변인이 되어야 하고, 우리는 모두 교육자이자 케어기버이기 때문이다. 하지만 환자가 의학 지식에서 분명히 불리하다는 사실에도 불구하고 환자의 이력과 몸 상태에 대해 누구보다 잘 알고 있는 사람이 환자 자신이라는 것도 사실이다.

하지만 관례상 헬스케어 전달은 주로 한 방향으로만 흘러갔고, 환자와 가족이 옹호자의 역할을 제대로 해내기에는 어려움이 많은 환경이 조성되었다. 역사적으로 의사들은, 보통 나이가 많고 거의 신령스러운 신분을 지닌

'치유자^{healer}'였다. 의사들은 고귀한 (심지어 왕가에 어울리는) 사회적 위치를 차지했고 그 누구도 의심하거나 이견을 달 수 없는 지식을 소유했다. 게다가 병원은 사람을 위축시키는 낯선 장소이다. 환자들은 자신이 괜찮은 건지, 혹시 죽는 건 아닌지 불안해하고 걱정하며 심지어 공포를 느낀다. 무조건적인 복종에 익숙해지고 의사에게 도전했다가 불이익을 받지는 않을까 두려워한다. 클리블랜드 클리닉이 미국 전역에서 무작위로 1,000명의 환자들을 인터뷰한 결과, 주치의에게 질문을 하거나 이의를 제기한 환자는 절반도 되지 않았으며, 의사의 말을 전적으로 신뢰했다고 대답한 사람은 응답 환자들 중 3분의 1에 지나지 않았다는 믿기 어려운 사실이 나왔다. 또한 8%의 환자들은 의사의 말에 신뢰가 가지 않으면 이의를 제기하는 대신 그냥 다른 의사를 찾아갈 것이라고 대답했다.

가족들은 대변인 역할에 불편함을 느낀다

내 아버지가 이런 행동을 보여 주는 좋은 사례이다. 아버지는 병원에 가는 것을 원래 좋아하지 않았고, 다행히도 가벼운 질병을 제외하곤 평생을 나름 건강하게 지냈다. 가족의 설득 끝에 할 수 없이 건강검진을 받긴 했지만. 내가 클리블랜드 클리닉 펠로우로 일하던 시절 아버지가 전화를 걸어왔던 일을 기억한다. 아버지는 당신이 조치를 잘 취한 일이 있어서 내가 기뻐할 거라 말씀하셨다. 당연히 나는 무슨 일인가 궁금했다. 아버지는 소변에 피가 섞여 나오는 걸 보고는 내게 연락하지 않고 바로 주치의에게 전화했고 그 의사는 즉시 아버지를 진찰했다고 한다. 그리고 소변검사를 통해 피를 확인했고 방광염을 의심해 항생제를 처방했다는 것이었다.

나는 가슴이 철렁했다. 외과 의사의 입장에서 볼 때, 77세 남자의 소변에 피가 묻어 나온다면, 확진 결과가 나온 것은 아니지만, 암일 가능성이 컸다. 아버지는 내가 덤덤한 반응을 보이자 뭐가 잘못됐냐며 물었다. 나는 아무렇지 않은 듯이 아버지에게 비뇨기과 전문의를 찾아가 다시 한번 확인해 보라고 권유했다. 아버지는 일언지하에 거절하면서 전혀 그럴 필요가 없다고 하셨다. 주치의의 진단을 철석같이 믿었고 그가 내린 진단에 대해 한 점의 의심도 품지 않았다.

나도 그 의사를 알고 또 믿었기에 오히려 걱정은 커져만 갔다. 나는 왜 그 의사가 나와 같은 의심을 품고 좀 더 자세한 진단을 하지 않았는지 궁금했다. 나는 걱정스러운 마음에 그 의사에게 전화를 했다. 그때 어떤 대화를 나누고 내 기분이 어땠는지 생생하게 기억난다. 나는 의학적 판단에 이의를 제기하거나 판단 오류를 범했다는 말로 그 의사의 기분을 상하게 하고 싶지 않았다. 혹시 내 짐작이 틀려서 괜한 혼란만 불러일으키지는 않을지 고민되었다. 처음으로 의사의 반대 입장에 처하게 된 나는 아버지를 어떻게 도와야 할지, 누구에게 전화를 해야 할지 또는 어떤 전문의와 상담해야 할지 전혀 갈피를 잡을 수 없었다. 아버지에게 즉시 다른 의사를 만나 보라고 강하게 설득을 해야 할까 아니면 돌아가는 상황을 지켜봐야 할까? 어쩌면 단순한 감염일 수도 있었다. 내가 의학 교육과 외과의 훈련을 통해 배운 내용에 소심한 성격까지 더해지니 사고 능력이 사라지고 '암 진단을 받은 환자의 아들'이 될 수도 있다는 생각까지 들어 혼란스러웠다. 어느새 나는 무기력한, 헬스케어의 피해자로 전락해 있었다.

의도한 바는 아니지만 우리가 창출해 내는, 즉 환자와 가족들이 복종적이고 무기력한 마음으로 인해 우리 의사들의 말에 토를 달지 못하는 이런 환경은 위험한 환경이다. 환자에게 위험할 뿐만 아니라 우리 의사들에게도 위험하다. 왜냐하면 정확한 판단을 내리고 환자의 안전과 높은 질이 보장되는 헬스케어 전달을 위해 필요한 환자의 목소리를 우리가 무시하기 때문이다. 오늘날의 의술은 매우 복잡하기 때문에 고도로 숙련된 케어기버들이 팀을 이루어 협조해야만 효율적인 의술과 성공적인 결과를 기대할 수 있다. 이 과정에 참여하는 외과 의사나 마취전문가 못지않게 환자와 가족들도 중요한 팀의 일원이라 할 수 있다.

환자는 우리의 파트너가 되어야만 한다

최근 몇 년간 환자의 참여가 무엇이고 어떻게 하는 것인지에 대한 말들이 많았다. 헬스케어 리더들은 환자들을 끌어들이고 교육시키고 환자들에게 권한을 주고 환자들을 적극적으로 참여시킬 수 있는 더 좋은 방법이 없는지 생각해 왔다. 여전히 의미와 실제 적용 면에서 차이들이 존재하긴 하지만 그래도 이들이 추구하는 목표는 똑같다. 환자가 자신의 건강과 관련해서 더 많이 참여하도록 유도하는 것이다.

나는 환자의 참여라는 말의 뜻을 '파트너십'으로 해석하고 싶다. 사전에서는 파트너를 "깊은 관계를 나누는 상대"[3]라고 정의하고 있다. 또 다른 사전에서는 "어떤 활동이나 공통의 관심사 속에서 다른 사람(들)과 마음을 함께하거나 지지하는 사람"[4]이라고, 내 마음에 쏙 드는 정의를 내리고 있다. 케어기버와 환자의 사이보다 파트너의 예를 더 잘 보여 주는 관계는 없다는 것이 내 생각이다.

외과 의사로서 환자를 진찰하는 과정에서 환자의 복부에 수술 자국이 보이면 무슨 수술이었는지 묻게 된다. 그런데 환자의 대답에 깜짝 놀랄 때가 종종 있다. 환자들이 기억을 못하기 때문이다. 또는 "전에 의사 선생님이 속에서 뭔가를 끄집어내긴 했는데 정확히 무엇이었는지, 왜였는지는 모르겠어요."라고 대답하기 때문이다. 입원을 해서 마취를 하고 몸속에서 어떤 부분을 제거했는데, 정작 본인은 신체의 어떤 부위가 제거됐는지, 왜 그랬는지도 모른다는 것이 말이 되는가!

대부분의 환자들은 그들의 교육 수준이나 인종, 연령에 따라 차이가 있기는 하지만 전체적으로는 의학 지식과 관련하여 낮은 수준을 유지하고 있다.[5] 교육 수준은 높아지지만 복잡한 의학 기술 및 치료 결정을 포괄적으로 이해하기에는 여전히 역부족이기 때문이다. 약품의 종류가 점점 많아지고 하위 전문 분야가 극도로 세분화되면서 의사들조차도 모든 질병에 대해 잘 알지는 못한다. 그러므로 의료인인 우리가 정보를 제공하고 환자들과 상호 교류하면서 모두에게 공평한 기회가 주어지도록 해야 한다.

환자가 자신의 삶에 어떤 일이 벌어지고 있는지에 대해 더 많이 아는 것이 우리를 돕고 자신을 돕는 길이다. 그렇다고 환자가 의료 전문가가 되어야 한다거나 자신의 문제에 대해 정통한 지식을 쌓아야 한다는 말은 아니다. 단지 자기 자신에 대해서는 환자가 타고난 전문가이고 그렇게 되고 있다는 말이다. 환자들이 자신의 질병과 치료의 기본을 이해하면 큰 도움이 될 수 있다. 자기에게 어떤 일이 벌어졌고 어떤 치료를 받았고 거기에 어떻게 반응했으며 자신의 몸이 '무슨 신호를 보내는지'를 이해하는 것이 중요하다.

또한 환자와 가족들은 다양한 방법으로 도움을 줄 수 있다. 예를 들어, 그들도 병원에 오기 전부터 손을 씻는 것이 얼마나 중요한지, 손을 씻지 않으면 어떤 위험성이 존재하는지 알고 있었다고 생각해 보자. 그렇다면 우리는 파트너로서 이들의 지식을 위험을 줄이는 방향으로 활용할 수 있다. 만약 케어기버가 병실에 들어오기 전에 손을 씻지 않았거나 세정제를 사용하지 않았다면 환자나 그 가족 또는 친구가 그 케어기버에게 일을 시작하기 전에 손을 씻어 달라고 부탁할 수도 있는 일이다. 이 부탁 하나가 손 씻기라는 중요한 규칙을 지켜 나가는 데 얼마나 강력하고도 큰 도움을 줄 수 있는지 상상해 보라. 이런 말에 기분이 상할 의료인들도 많겠지만 우리는 이 제안을 기쁜 마음으로 받아들여야 한다!

이와 같은 파트너 간의 상호 교류는 약물 투여에서도 일어날 수 있다. 클리블랜드 클리닉에서는 "물어보기3/가르치기3$^{Ask3/Teach3}$"[6]이라는 프로그램을 만들었다. '물어보기3'은 환자들이 약을 받기 전에 세 가지 간단한 질문을 하라는 뜻이다. 이건 무슨 약입니까? 왜 먹어야 하는 겁니까? 어떤 부작용이 있습니까? 마찬가지로 '가르치기3'은 간호사들이 약물 전달에서 지켜야 하는 사항으로, 이 약은 무슨 약이고 왜 먹어야 하며 부작용은 무엇인지를 환자들에게 가르쳐 주어야 한다는 말이다. 우리는 이렇게 환자에게도 더 많은 역할을 감당하도록 권한을 주는 방법을 통해 간호사들도 더욱 안전한 환경에서 약물을 전달할 수 있도록 노력하고 있다.

나는 레지던트 시절에 환자들과 가족들이 이것저것 던지는 질문에 짜증이 났던 기억이 있다. 레지던트는 꽉 찬 스케줄 속에서 일에 매달리다 기진맥진하는 경우가 보통이다. 그들은 일을 마치고 집에 가고 싶어 한다. 우리는 케어기버의 입장에서, 환자와 가족들이 많은 질문을 던지는 것이 우리에게 선물을 주는 것이나 마찬가지라는 점을 미처 깨닫지 못할 때가 종종 있다. 우리는 환자의 질문을 기쁘게 받아들여야 한다. 환자의 질문을 통해 우리가 과연 모든 면에서 최선의 의료를 제공하고 있는지 확인할 수 있기 때문이다. 또한 환자의 말을 경청하는 일은 우리가 효율적으로 커뮤니케이션을 진행하고 있는지 확인하는 계기도 마련해 준다. 환자가 묻는 질문은 우리가 기억을 되살리는 데도 도움을 준다. 우리는 모든 환자들이

"짜증 나는 질문자question askers"가 되기를 바라야 한다. 환자들의 질문은 우리를 더 나은 의사로 만들어 주고 환자들이 자기 문제를 이해하는 데도 도움을 준다.

우리는 환자들이 파트너로서의 역할에 좀 더 많이 관여하도록 권장해야 한다. 그것이 옳은 일일 뿐만 아니라 우리가 오늘날 세상이 예전과 다르다는 사실을 깨닫고 있기 때문이다. 환자들은 지식과 상식이 있는 사람들이다. 그리고 우리의 관심을 이끌어 내고 우리가 그들의 진료에 관여하고 있다는 사실을 다시 확인하게끔 영향력을 주는 사람들이다. 모건 글리슨Morgan Gleason은 11살 때 소아 피부근육염 진단을 받았다. 이 병에 걸리면 근력 저하 및 통증, 피부 발진, 피로, 발열 증상에 시달리게 된다. 입원해서 치료를 받던 모건은 자신이 치료에서 배제되는 상황을 참을 수 없게 되었다. 그녀는 자신이 졸음을 참기 힘든 이른 아침에 의료진이 들어온다고 불평했다. 하지만 그녀가 화난 진짜 이유는 의사와 간호사들이 자신이 어리다는 이유로 병실 밖에서 그녀의 어머니와만 대화를 나눈다는 사실 때문이었다. 모건은 행동에 돌입했다. "저는 환자이고 저도 알 권리가 있습니다." 라는 영상을 제작해 유튜브에 올렸다. 그녀는 하루아침에 유명한 환자 대변인이 되었다. 그녀는 '2014년 환자경험: 감정이입과 혁신' 콘퍼런스를 개최하는 데도 도움을 주었다. 데어드레 미로드Deirdre Mylod 박사와 함께 무대에 올라 2천 명이 넘는 참석자들 앞에서 인터뷰를 한 것이다.[7] 모건은 의사들에게 이렇게 말했다. "선생님들은 의사가 되기 위해 의과대학에 갔지만 우리는 환자가 되려고 환자대학에 가지 않습니다." 환자도 무슨 일이 벌어지는지 알고 싶어 하며 자신의 질병을 치료하는 일에 파트너가 되고 싶다는 뜻이었다.

환자의 기대를 관리해야 한다

오늘날의 의료 개혁은 병원과 의료인들을 세 방향에서 밀어붙이고 있다. 줄어드는 의료비 환급액, 엄격해지는 규제 사항들, 높아지는 환자의 기대치가 의료인들을 삼각형으로 둘러싼 채 그 어느 때보다 강력하게 압박을 가하고 있다. 높아진 환자의 기대치는 의료계에 불어닥친 컨슈머리즘, 즉 소비자주권운동의 결과라 할 수 있다. 환자와의 파트너십을 통해 환자의 기대치를 이용하면 줄어드는 재원과 증가하는 규제의 부담을 덜어 내는 데 도움이 될 것이다. 높아지는 환자의 기대에 성공적으로 부응하기 위해서는 환자와 가족들이 헬스케어 시스템과 상호 교류하는 방식을 향상시킬 수 있도록, 병원과 의료인들이 두 가지 필수적인 변화를 이끌어 내야 한다. 첫째, 환자의 기대치가 현실에서 벗어나지 않도록 해야만 한다. 둘째, 환자들이 자신을 관리하는 일에 더 많은 책임감을 느끼도록 해야만 한다.

환자의 기대를 현실에 맞게 조정하는 일은 반드시 필요하다. 사람들이 환자경험에 대해 가장 모르고 있는 사실 중의 하나가 〈그림 12.1〉에서 보듯이 경험과 기대치 사이에 불일치가 발생한다는 점이다. 환자들은 종종 사전에 헬스케어 환경에서 어떤 일이 벌어질 것이라는 선입견을 지닌 채 들어가 자신의 기대와는 아주 다른 경험을 하고 나오는 경우가 있다. (앞서 '선샤인'이라는 호칭 관련 사례를 생각해 보라.) 환자들은 친구와 가족, 언론, 인터넷을 비롯한 다양한 출처를 통해 자신만의 예상을 구축하게 된다. 우리의 목표는 〈그림 12.2〉처럼 기대치와 경험을 일치시키는 것이다. 하지만 본인이 직접 환자가 되어 보지 않는 한 병원에서 지낸다는 것이 어떤 것인지 진정으로 이해하기는 어렵다.

환자들이 실제로 자신이 경험하는 것에 관해서 기대하는 것은 기본적으

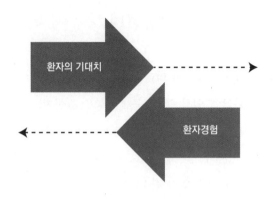

그림 12.1. 경험-기대 불일치

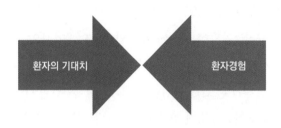

그림 12.2. 경험-기대 일치

로 자신의 진료를 어떻게 정의하고 인식하는지에 중요한 역할을 한다. 우리 지역병원 중 한 곳의 원장이자 클리블랜드 클리닉에서 오랫동안 리더의 역할을 맡아 온 조앤 제로스케[Joanne Zeroske 8]는 통증 관리와 관련한 환자만족도를 향상시키기 위해 의사들 및 간호사들과 노력해 왔다. 그녀는 자기 병원에서 일하는 두 명의 정형외과 의사를 관찰했다. 한 의사는, 늘 환자들에게 심한 통증이 찾아올 것이고 자신이 통증 완화를 위해 가능한 모든 조치를 취할 것이라고 알렸으나 아무런 약속도 할 수는 없다고 했다. 다른 의사는 자신이 해당 부문에서 전문가라고 하면서 통증이 없을 것이고 발생한

344

다 해도 거의 느끼지 못할 정도일 것이라고 말했다. 환자들은 통증을 효과적으로 치료하는 능력과 관련해서 두 의사를 어떻게 평가했을까? 정확하고 솔직하게 기대치를 설정하게 해 준 의사가 더 높은 점수를 받았다. 수술 후 통증에 정확히 대비할 수 있는 방법은 없다. 환자들은 준비되어 있지 않을 때, 더 심각한 경우는 통증이 없을 거라 기대했을 때 더 놀라거나 실망하게 된다. 케어기버는 환자들에게 어떤 일을 경험하게 될 것이고 통증은 어떤 식으로 관리될 것이라는 점을 정확하게 설명하는 것이 중요하다.

침상 옆에 있는 간호사 호출 버튼도 기대 관리의 중요성을 보여 주는 또 다른 좋은 예라 할 수 있다. 환자들은 간호사 호출 버튼을 누르면 누군가 즉시 응답해 줄 거라고 기대한다. 나는 이를 두고 "간호사 자동 응답 시스템 nurse pop-up reponse system"이라고 부르는데, 입원환자 병동에서 발생하는 비현실적인 이해와 기대라는 뜻이다. 일반 병동에서는 보통 간호사 한 명이 네댓 명의 다른 환자들을 돌본다. 빠른 응답을 위해 아무리 노력해도 누군가 환자의 침상으로 버튼을 누르는 즉시 올 수는 없는 노릇이다.

환자들이 응답 시간과 관련해서 우리에게 낮은 점수를 주는 이유가 우리가 즉시 달려가지 않기 때문에 화가 나서라고 생각하기 쉽다. 하지만 사실과는 많이 다르다. 자, 당신이 그리 급하지 않은 비교적 간단한 일 때문에, 예를 들어 물이 더 필요해서 간호사 호출 버튼을 눌렀다고 치자. 그런데 당신의 요구를 해결해 주기 위해 즉시 응답하는 사람이 아무도 없다고 해서 당신이 서비스를 받지 못했다고 화를 내지는 않는다. 오히려 이렇게 생각하면서 불안해하고 걱정한다. "만약 내가 정말 물이 꼭 필요한 상황이라면, 혹시 위급한 상황이라면 어떻게 될까? 그런데도 아무도 오지 않으면 난 이대로 죽고 마는 게 아닐까?" 만약 누군가 호출 버튼에 응답하고 곧 가겠다고 했는데 20분이 지나도 물을 가지고 오는 사람이 없다면 당신은 무슨 일이 일어나고 있는지 전혀 알 수가 없기 때문에 여전히 불안감을 느낀다. 호출 버튼에 대한 적절하고 즉각적인 반응이 있었는데 물을 달라는 당신의 요구가 간호사들에게 그리 중요하지 않은 요구로 분류되어 무시당했다고 믿게 되면 화가 난다.

"리츠칼튼 수준의 경험"을 전달한다며 치장에 수많은 돈을 쏟은 병원만큼 기대-경험의 불일치가 발생할 가능성이 높은 곳이 또 있을까. 일부 병원에서는, 환자들이 마치 특급 호텔 수준의 서비스를 기대한다. 효과적인 헬스케어 제공이 이루어지는 환경에서, 이런 서비스를 바라는 것은 비현실적이고 거의 불가능한 기대이다. 환자들은 휴식을 취하기 위해 병원에 왔다고 믿으면서 간호사들이 회진 때 활용하기 위해 아침 일찍 채혈하거나 한밤중에 활력징후를 측정하면 짜증을 낸다. 병원은 호텔이 아니며, 우리는 환자들에게 이런 기대치를 심어 주지 않도록 주의해야 한다. 물론 활력징후를 측정할 때나 약을 전달하고 채혈할 때 환자가 한밤중에 휴식을 오래 취할 수 있도록 관리에 더 신경 쓸 수는 있다. 하지만 어느 정도까지가 환자 진료를 위해 옳은 일인지 균형 감각을 잃지 않도록 조심해야 한다.

이와 비슷한 상황은 야간 정숙 HCAHPS 부분에서도 존재한다. 환자들은 병원이 조용한 장소라는 기대를 지니고 있다. 기억하는 사람들도 있겠지만 예전에 〈닥터 웰비the Marcus Welby, M.D.〉라는 1960년대 텔레비전 드라마가 있었는데, 거기에서도 '정숙'은 환자경험의 필수적인 요소로 나왔었다. 이것도 앞서 말했던 "병원의 리츠칼튼화"나 마찬가지다. 환자들에게 알려 드릴 소식이 있다. 오늘날의 병원은 〈닥터 웰비〉에 나온 것처럼 조용하지 않으며 특급 호텔도 아니다. 병원은 소란스럽다. 별일이 다 벌어진다. 30년 전에 병원들은 기술 수준도 낮았고 환자들도 훨씬 덜 아팠다. 요즘의 환자들은 더 많은 관심을 요하며 훨씬 더 예민하다. 진료는 복잡해지고 환자 대비 간호사의 수도 부족하며 간호 활동이 벌어지는 곳에서는 많은 일들이 벌어진다. 조용할 수가 없다! 환자들이 우리를 너무 시끄러운 병원으로 판단하지 않도록 환자들에게 정숙을 기대하지 말라고 알려야 할 필요가 있다.

환자들이 클리블랜드 클리닉의 소음에 관해 불평한 내용을 보면 대부분이 병실을 함께 쓰는 룸메이트, 활력징후 측정이나 채혈처럼 밤에 이루어지는 간호사 업무, 간호사실에서 들려오는 시끄러운 대화에 관한 내용이다. 채혈은 아침에 하도록 일정 조정이 가능하긴 하지만, 대부분의 경우에는 간호사들이 새벽 세 시에 활력징후를 측정해야 한다는 점을 환자들이 꼭 이해해야 한다. 이곳은 병원이고, 환자의 상태 확인은 간호사의 임무다.

환자와 가족도 합리적이어야 한다

미국의 다른 병원들과 마찬가지로, 클리블랜드 클리닉 역시 기본적으로 면회 시간 제한을 폐지했다. 다시 말해서 가족과 친구들은 아무 때나 제한 없이 환자를 문병해도 된다. 이는 조인트커미션과 메디케어 & 메디케이드 서비스 센터가 명시한 권고와 기준에 따른 조치다. 면회 시간 제한 폐지는 환자를 위해 옳은 일이다. 우리는 환자의 가족과 친구들이 가까이에서 위안과 도움을 제공해 줄 수 있도록 최선을 다하고 있다. 나는 환자 및 가족 중심 케어 센터Institute for Patient-and Family-Centered Care에서 가족이 "응급실과 중환자실을 포함해 병원의 모든 구역에서 단지 방문객이 아니라 진료 팀의 일부로 평가된다."[9]라고 한 말에 동의한다.

하지만 이제 면회 시간 제한이 폐지된 상황에서는 환자의 가족과 친구들이 치료 팀의 '전문적인' 파트너가 되고 그에 걸맞은 행동 기준을 준수해야 할 책임이 있다. 합리적이라고 할 수 없는 특정 행동이나 활동들이 있다. 병실을 함께 사용하는 다른 환자들을 생각해 보자.

1. 옆 침대에 있는 사람에게 방해를 줄 가능성이 있을 정도로 늦은 밤에 여러 방문객들을 받아들이는 행동은 합리적인가?

2. 여성 환자가 남자 친구를 병실 의자에서 자도록 둠으로써 옆 환자의 사생활이 침해받을 가능성이 있다면 이 행동은 합리적인가?

3. 가족들이 환자의 자녀들을 데리고 와서 병실에서 놀도록 방관하는 행동은 합리적인가?

4. 옆 환자는 식사를 하지 못할 수도 있는데 자기 가족이 병실에서 식사하도록 하는 행동은 합리적인가?

이 글을 읽는 사람들 모두 이런 행동을 합리적이라고 생각하지는 않으리라 본다. 정확한 통계는 없지만 미국 병원에서는 2인실이 60~70%를 차지하고 있다고 알려져 있다. 이 말은 대부분의 환자들이 다른 사람과 함께 병실을 사용한다는 뜻이다. 그렇다고 모든 병원들을 1인실로 뜯어고칠 수는 없는 일이다. 그래서 면회에 대해서도 제한선이 필요한 것이다.

우리는 모든 환자들의 사생활을 보호해야 할 책임이 있다. 의식 있는 면회가 이루어지도록 책임지는 일은 불공평하게도 주로 간호사의 몫이다. 그런데 방문 시 분별없는 특정 활동을 제한하거나 막으면 환자경험 측정에 부정적인 영향을 주기도 한다. 이는 병원에게는 공평하지 못한 처사이다. 환자와 가족들은 다른 사람들을 배려해야 할 책임이 있다. 그들도 우리와 똑같은 기준을 적용해야 한다. 자신은 어떤 대우를 받기를 기대하는가? 항공사를 예로 들자면, 모든 승객들의 기내 휴대 수하물 개수는 한 개만 허락된다. 그런데 이 기준을 따르지 않는다고 해 보자. 승객들이 여러 개의 개인 짐을 들고 타면 탑승 수속이 늦어지고 머리 위 짐칸은 가득 들어차게 된다. 승객들과 마찬가지로 환자들도 합리적이 되어야 한다.

사람들에게 환자가 되는 법을 가르쳐야 한다

우리 헬스케어 전문가들은 질병과 그에 따른 치료에 관해서 환자들을 가르치기 위해 엄청난 시간을 쏟는다. 그러나 그것이 환자에게 무엇을 뜻하는지 입원 기간 동안 무엇을 기대해야 하는지에 대해서 이야기해 주는 데는 전혀 또는 거의 시간을 들이지 않는다. 무슨 일이 일어나는지 알지도 못하고 무슨 일이 일어날지 예상할 수도 없는 상태에서 모든 환자들의 불안, 두려움, 혼란은 커져만 간다.

헬스케어 커뮤니케이션의 허점을 틀어막기 위해, 클리블랜드 클리닉은 2011년에 외부 IT회사와 협력해 더 나은 환자가 되는 방법과 관련한 온라인 참여 모듈을 개발했다. 이 프로그램은 환자들이 만족스러운 병원 생활을 위해 진료 팀과 협력하는 방법을 포함해 자신의 경험을 정의하게 될 핵심 절차들과 상호 교류를 이해하는 데 도움을 준다. 입원 기간 동안 예상할 수 있는 상황에 대해 환자들과 대화를 나누면, 환경에 대한 기대와 현실의 차이를 줄이고 병원에서 환자가 더욱 편안함을 느끼며 입원환자 만족과 관련한 점수도 향상되리라는 가정 아래서 개발한 프로그램이었다.

HCAHPS 영역 주위로 정보를 구축하면서, 우리는 환자들에게 입원 시 무엇을 예상해야 할지에 대해 교육시키고 헬스케어 경험을 향상시킬 수 있는 전술들을 제시했다. 간호사들이 평균적으로 네댓 명의 입원환자를 책임지고 있으며 호출 버튼에 즉시 응답하지 못할 수도 있지만 위급 시에는 즉시 대응하도록 하겠다고 알렸다. 병원은 조용한 공간이 아니며 훌륭한 치유 공간을 만들기 위해 최선을 다하고 있지만 때로는 시끄럽고 어수선할 수도 있다고 말해 주었다. 통증을 완전히 제거하기란 매우 힘든 일이며 환자들도 그런 경험을 할 수 있다는 점을 분명히 했다. 환자들의 편안함을 위해 최선을 다할 테지만 만약 그러지 못할 때에는 우리에게 알려 달라고, 통증을 완전히 사라지게 하지 못하는 경우가 발생할 수도 있다고 알려 주었다.

병원 환경에서 가장 중요한 요소인 커뮤니케이션과 관련해서는, 환자들에게 헬스케어 팀의 파트너가 되어 주고 질문 사항은 미리 잘 적어서 준비해 달라고 부탁했다. 또한 가족과 친구들이 의사소통 대리인으로서 역할을 할 수 있도록 권한을 부여할 것도 부탁했다.

우리는 두 그룹을 대상으로 이 프로그램이 효과가 있는지 실험했다. 호출 버튼을 누르면 가능한 한 빨리 간호사가 올 것이라는 사실을 환자들이 통보받았을 때 응답 비율에 대한 만족도가 더 높았다. 케어 팀에게 할 질문들을 더 잘 준비할 수 있도록 환자들을 도와줬을 때 커뮤니케이션 관련 만족도가 더 높았다. 병원 환경에 대해 교육받은 환자들이 소음에 관해서 더 관대한 태도를 보였고 정숙이라는 개념을 받아들이는 마음 자세도 넓어졌다. 우리는 환자의 기대치가 현실 수준에서 설정될 수 있다는 사실을 알게 된 것이다. '무엇을 예상해야 할지 교육받은' 그룹은 HCAHPS의 모든 영역에서 우리에게 더 높은 점수를 줬다.

클리블랜드 클리닉은 기대-경험의 격차를 해소하기 위해 다른 노력들도 기울이고 있다. 우리의 서비스 수월성 프로그램인 '마음으로 교감하라' 프로그램은 내장형 교육 모듈이 있어서 각자에게 환자를 위한 기대치를 설정하는 역할이 있다는 점을 케어기버들이 제대로 인정할 수 있도록 도와준다. 환자가 병원에 들어오는 시점을 시작으로 임상적 치료가 끝나는 지점까지 모든 환자와 의료진의 만남에서 이루어지는 대화는 무엇을 기대해야 하는지를 중심으로 해야 한다. 환자가 심지어 병원 건물 안으로 들어오기 전에도 주차, 병원 찾아오기, 환자들의 진료 팀 또는 진료 전달 철학 등에 관한 정보를 제공하고 있다.

의료 수련 과정에서 배우는 말 중에, 퇴원 계획은 입원할 때 시작된다는 말이 있다. 사실 말은 이렇게 하지만 실제로 실행은 제대로 이루어지지 않고 있다. 의료 제공은 장기적인 변화를 다루는 것이다. 2013년에 우리는 병원 입원 안내서를 새로이 디자인하면서 환자와 가족들에게 퇴원 계획을 도와줄 수 있는 정보를 확실히 포함시키기 위해 진료 팀들과 함께 작업했다. 지금은 환자와 가족들에게 제공하는 체크리스트에 환자가 퇴원할 때 도와줄 사람은 누구인지, 의사 추가 방문 일정을 잡을 사람은 누구인지 등등의 질문을 넣어 환자들이 미리미리 준비할 수 있도록 하고 있다. 이 방법은 환자와 가족들이 병원에서 가정이라는 환경으로 진료를 옮겨 가는 준비를 하는 데도 도움을 준다.

보건의료 개혁과 책임진료기구accountable-care organizaions 및 인구집단 건강관리population health-management 전략의 등장으로 환자 파트너십 개념에 대한 논의가 그 어느 때보다 활발히 진행되고 있다. 헬스케어 조직들은 감소하는 자원으로 더 효율적인 관리를 해야 한다는 압박을 받고 있다. 낭비를 줄이면서 의료 제공을 향상시킬 수 있는 한 가지 전략은 양을 기반으로 하는 보상 또는 일을 하는 대가로 돈을 받는 것에서 '가치를 기반으로 한 보상 또는 더 좋은 진료를 제공하는 대가로 보상을 받는 것'으로 이동하는 것이다. 이 전략을 실행하려면 환자를 참여시키거나 '활성화'할 수 있는 전술들을 포함시켜야 한다. 헬스케어 조직들은 환자가 더 많이 활동할 수 있는 능력을 키워 줄 프로그램을 개발 중이지만 이러한 노력이 한 방향으로만 진행되어서는 안 된다. 모든 위험과 책임을 의료진에게만 부과해서는 안 된다는 말이다. 환자들도 역시 자기 몫을 해야 한다. 환자들에게 약을 복용하라고 상기시켜 주고 다음번 방문 일정을 확인시켜 주기 위해 전화하는 일은 우리가 할 수 있다. 심지어 집에 찾아가서 환자를 검사하고 병원으로 데려오는 일도 할 수 있다. 그러나 제대로 된 식단을 차려 먹거나 약을 복용하거나 흡연과 같은 나쁜 습관을 피하는 일은 우리가 억지로 어떻게 할 수 있는 일이 아니다. 삶의 질을 증진하고 건강을 관리하며 질병을 치유하는 일은 의료인뿐만 아니라 환자와 그 가족들이 다 함께 일백 퍼센트의 노력을 기울여야 가능하다.

정보 습득이 점점 용이해지고 보험료와 본인 부담금이 늘어나는 현상을 계기로 촉발된 컨슈머리즘의 확대는 헬스케어의 의사 결정과 관련해서 환자의 입지를 더욱 굳건하게 만들어 주고 있다. 오늘날 환자들은 어마어마한 양의 헬스케어 관련 정보를 얻을 수 있게 되었다. 인터넷은 과학적 발견, 병원과 의료진 평가, 마케팅 내용은 물론 점차적으로 비용 자료까지 수많은 정보를 제공한다. 게다가 소셜 미디어 활용도가 높아지면서 환자들이 치료 옵션에 대해 다른 사람들과 의견을 나누고 평가를 비교할 수 있는 기회가 훨씬 더 확장되었다. 또한 헬스케어 종사자들과 조직들의 관심을 끌 수 있는 토론의 장을 제공하기 때문에 소셜 미디어는 환자들에게 '평등과 기회 균등의 장'으로 자리매김하고 있다.

이제 환자는 더 이상 단순한 환자가 아니라 소비자 내지 고객이다. 그리고 마땅히 우리의 파트너이다. 우리는 환자들이 자신을 관리하고 자신의 질병뿐만 아니라 치료받는 환경에 대해서 이해함으로써 우리를 돕도록 해야 할 필요가 있다. 환자들이 대변인을 자처하고 우리에게 이의를 제기할 수 있게 해야 한다.

우리는, 디브론카트가 목표로 했던 '권한을 부여받은, 준비를 갖춘, 학식 있는, 적극적이고 자발적으로 참여하는 전문가'를 만들어 내기 위한, 그리고 글리슨이 원하는 '환자의 소리를 확실히 들어 주는 환경'을 만들 수 있는 최적의 시기를 맞이하고 있고 이를 위해 사용할 수 있는 도구들을 그 어느 때보다 많이 보유하고 있다.

이번 장은 이렇게 요약할 수 있다.

1. 환자를 돌보는 일은 복잡하다. 환자와 가족은 우리의 파트너가 되어 안전하고 높은 질의 진료를 제공하는 데 도움을 줄 수 있다. 이는 곧 환자들이 더 많이 질문하고 자신의 질병에 대해 배우고, 건강에 해가 될 수 있는 행동들을 이해하고, 권고받은 대로 치료에 확실히 순응하고, 환자가 된다는 것이 진정으로 무엇을 뜻하는지를 앎으로써 자신을 보살피는 일에 더 많은 책임을 져야 한다는 뜻이다.

2. 의료인들은 환자와 가족들이 헬스케어 전문가에 대해 순종적인 관계를 유지하는, 비교적 단순한 헬스케어 고객이라는 점을 명심해야 한다. 미국인들의 의학 지식이 일반적으로 상당히 낮은 수준이라는 사실과 더불어 이 말은 우리가 환자들을 더 좋은 파트너로 만들기 위해 환자들의 참여 수준을 높일 수 있는 전략과 전술 개발에 적극적으로 힘써야 한다는 뜻이기도 하다. 우리는 환자의 적극성을 포용해야 하며 그

런 적극성이 우리의 일을 더 효율적으로 실행할 수 있도록 도움을 준다는 사실을 깨달아야 한다.

3. 의료인들은 환자들을 교육하고 관여시키고 활성화시키는 일 외에도 더 많은 일을 해야 한다. 환자들이 치료 환경을 이해하고 자신이 어떤 경험을 하게 될지 기대치를 분명히 설정해 주어야 할 책임이 있다. 우리는 질병과 질병 관리에 대해서 환자 및 그 가족들과 많은 시간 대화를 나눈다. 마찬가지로 우리는 환자들이 병원에서 그리고 치료를 이어가면서 무엇을 예상해야 할지에 대해서도 많은 대화를 나눌 필요가 있다. 이렇게 하면 수많은 환자들이 경험하는 기대-현실 간의 간극을 메울 수 있다. 모든 환자와 가족들이 실수를 잡아내는 데 도움을 주고 잘못된 일에 대해 당당히 발언하거나 질문할 수 있는 용기를 갖춘다면 안전한 진료에 얼마나 큰 도움이 될지 상상해 보라.

제13장

실행이 성공을 결정한다

Getting It Done Has Defined Our Success

환자경험을 추진하는 데 있어 가장 큰 수확이라 할 수 있는 실행 능력은 친구이자 멘토인 하버드 경영대학원의 아난스 라만에게서 배운 바가 크다. 그는 변화를 주도하는 방법의 중요성을 일깨워 주었다.

우리가 환자경험 증진이라는 야심찬 목표를 현실화하고 클리블랜드 클리닉 리더들의 신뢰를 얻었으며 의료계 전체의 관심을 받을 수 있었던 것은 계획을 실행에 옮긴 결과였다. 실행이 성공했다는 사실은 분명하다. 병원에 대한 평가가 향상되고 직원들은 환자경험을 위해 최선을 다하며 리더들은 환자경험을 이끌어 나간다. 그리고 무엇보다 환자들이 우리의 변화를 느낀다. 이제 우리 앞에는 유지와 발전이라는 과제가 남아 있다. 잘못을 고치는 일보다 성공을 지속시키고 한 단계 끌어올리는 일이 더 어려운 법이다. 전략이 발전하고 그에 따른 전술들이 변경된다 하더라도 환자를 중심축에 두고 전진한다는 근본 목표만은 절대 흔들리면 안 된다.

2014년 1월쯤 오클라호마 주 털사Tulsa에 있는 힐크레스트병원Hillcrest Medical Center의 의사들과 회담을 했다. 얼마 후 그 병원의 마케팅최고책임자인 제프리 갤러스Jeffrey Galles [1]가 내게 이메일을 보내 자기 상관들이 "우리는 클리블랜드 클리닉처럼 할 수 없다."는 말을 자주 한다고 전해 주었다. 그에 대한 내 대답은 "아니요, 할 수 있어요!"였다. 모든 것은 리더들의 마음 자세에 달렸다. 그리고 환자우선주의를 중심으로 어떻게 조직을 다시 일치시키고 환자경험을 전략의 최우선순위에 놓을 수 있느냐에 달렸다. 환자경험을 도입하는 초기 단계에는 이것저것 들어가야 할 것들이 상당히 많았지만 자리를 잡은 지금에는 크게 힘들이지 않아도 더 잘 해낼 수 있게 되었다. 환자경험 전략을 세우고 전술을 개발하고 실행하는 데는 큰돈이 들지 않는다. 매시간 간호사가 병실을 회진하는 데 특별한 기술이나 시설이 필요한 것은 아니다. 단지 리더십과 교육, 그리고 책임감이 필요할 뿐이다. 의사들에게 의사 평가와 관련된 구체적인 자료를 배포하고 커뮤니케이션 교육을 실시하는 일 또한 리더십과 책임감 및 시작하는 용기가 뒷받침되어야 한다. 이 모든 것에서 공통분모가 보이는가. 이 모든 점들을 보여 주는 또 다른 좋은 예가 있다. 당장 내일부터 전 세계 모든 병원의 원장들이 리더십 회진을 시작하는 것이다. 리더십, 책임감, 용기를 이렇게 저비용·고효율적으로 보여 줄 수 있는 방법이 또 있을까.

개인적인 깨달음

내가 읽었던 조직 변혁과 리더십 분야의 책이나 기사들은 그 성과물과 과정을 자세히 그리고 있었다. 하지만 리더십의 오류를 고백하거나 시련을 성공으로 가는 배움의 기회로 삼았다는 내용은 들어 있지 않았다. 애초부터 의료 조직의 리더가 되려고 의대에 들어간 건 아니었다. 어찌하다 보니 그런 직책을 맡게 된 것뿐이다. 이 책에 나온 정보들은 나보다 훨씬 능력 있고 똑똑한 수많은 사람들의 피땀 어린 노력에서 얻어진 결과물이다. 나는 그 결과물들을 알기 쉽게 정리하려고 했을 뿐, 우리의 시행착오 과정 자체를 정당화하려는 뜻은 없었다. 나는 사람들에게 우리의 업적에 대해 이야기할 때 이런 농담을 한다. 지금 당신의 눈에는 맛 좋은 '소시지'가 보이겠지만 그 소시지는 오래전에 문 닫은 공장에서 엄청난 과정을 거쳐 만들어 낸 최종 산물이라고. 클리블랜드 클리닉이 자리를 잡기까지 수많은 사람들이 헌신했지만 그만큼 많은 시간과 노력이 필요한 일이었다. 나도 그 여정에 참여하면서 개인적으로 여러 중요한 가르침들을 얻었다. 때로는 정말 어렵고 어렵게.

하룻밤 사이의 기적을 기대하지 말라. 길게 생각하라. 클리블랜드 클리닉은 물론이고 세상까지도 바꿀 각오로 환자경험최고관리자의 자리에 오르던 첫날이 떠오른다. 하지만 모든 일이 내가 바란 대로 신속하게 진행되지는 않았다. 적극적이고 열정적인 마음도 중요하지만, 장기적인 관점으로 신중히 결정해야만 한다. 여러 번 말했듯이, 우리의 결정이 시스템에 어떤 영향을 줄지를 찬찬히 따져 봐야 한다. 전체 시스템을 적절히 고려하지 않은 채 달성한 어떤 부분의 향상이 본의 아니게 다른 부분에 부정적인 결과를 초래할 수도 있다. 순간의 만족만을 추구하다 보면 실수의 위험에 빠질 수도 있거니와 직원들과 조직에 안 좋은 영향을 끼치게 된다. 코스그로브는 환자경험 개념을 2004년 11월에 처음으로 도입했다. 내가 합류한 때는 2009년 7월이었다. 우리의 일은 아직 현재진행형이며 해야 할 일도 많다. 당신이 조직의 변혁을 이끌고 있다는 사실을 명심하라. 의료계는 환자 중심적 변화에 익숙하지 못하다. 만약 이 책을 여기서 덮게 되더라도 환자경험 개선은 수년이 걸리는 과업임을 잊지 말라. 인내심을 갖고 꾸준하게 노력하라.

올바른 길은 많고 잘못된 길은 약간 있다. 옳다고 선택한 일에 유연한 태도를 취하라. 기업의 임원이라면 모두에게 기업의 방식대로 일하라고 일방적으로 지시를 내리기 쉽다. 그러나 의료 체계는 매우 복잡·미묘하고, 환자를 대하는 일은 단순한 기계 작업이 아닐뿐더러, 누구에게나 다 똑같은 방법을 사용할 수도 없다. 우리 시스템 안에는 1,200병상과 최첨단 전문 시설을 갖춘 3차의료기관에서 소규모 지역병원들까지 다양하게 존재한다. 우리는 전 지점이 핵심 전략과 전술을 공통적으로 적용한다는 점을 확실히 하기 위해 '하나의 클리블랜드 클리닉' 개념을 고수해 왔다. 그러나 병원의 각 지점마다 지역적 문화와 개별적 욕구가 다르다는 점을 인정하고 받아들이지 않으면 잘못된 길로 접어들 것이다. 각 지점의 리더와 관리자들에게 상황에 맞도록 실행과 전달을 조정할 수 있는 권한이 주어져야 효과를 볼 수 있다. 이와 같은 지역 통솔권 이양은 우리가 해당 병원의 기술력에 믿음을 주고 있다는 뜻이므로 개별 병원에서 더 효율적인 조정과 적응이 가능해진다. 간호사의 매시간 병실 회진은 전 세계 모든 병원에서 실시했으면 하는 최우수 실행 모델이라 할 수 있다. 그렇지만 프로세스 성과를 문서로 확인할 수 있다면, 굳이 본원의 방식만을 고수하지 말고 각 병원의 환경에 맞도록 실행을 수정해도 괜찮다. 모두가 절차대로 따르고 있는지 확인하기 위해 병실 문마다 확인표를 붙여 두지 않아도 된다. 의사와 일선 간호사 사이의 긴밀한 의사소통도 좋은 사례로 모두가 따라서 실행할 필요가 있다. 환자의 머리맡이든 의사의 회진 직후나 의사와 간호 관리자의 회의 시간이든, 개별 병원 환경에 가장 좋은 커뮤니케이션 장소와 시간을 선택해 실행하면 된다. 어떤 환경에 어떤 것이 어울리는지 자신이 다 알고 있다고 믿는다면 잘못된 생각이다. 그런 잘못된 믿음은 전체 조직을 고려하지 않았을 때 종종 발생하는 실수라 할 수 있다.

당신이 사람들을 화나게 만들 수도 있다는 점을 인식하라. 지금 이 순간에도 내 자리, 우리 부서를 눈엣가시로 여기고 환자경험 향상을 위해 우리가 기울인 모든 노력이 허사로 돌아갔으면 하고 바라는 사람들이 분명 있을 것이다. 당신의 생각에 누구나 다 찬성하지는 않으며, 모든 사람이 당신의 노고를 치하하지는 않는다. 생각 자체에 반대할 수도 있고, 리더가 마음에 들지 않을 수도 있으며, 둘 다일 수도 있다. 심지어 단지 마냥 싫어서일 수도 있다. 우리의 과제는 조직의 10% 정도 되는 냉담한 직원들을 설득하고, 처음부터 그릇된 의도를 지니고 의료계에 들어온 5%의 직원들을 정리하는 일이다. 환자경험에서 결단력이 중요하지만 정말 필수적인 요소는 바로 굴하지 않는 정신이다. 직원 대표인 조셉 한과 임상서비스최고관리자 신시아 훈돌핀Cynthia Hundorfean은 "옳은 일을 하면 나머지는 저절로 풀릴 것"이라는 현명한 조언으로 끊임없이 나를 격려해 주었다. 저항 세력을 다룰 때에는 존중심을 표하고 정직하게 행동해야 하지만 기본적으로는 환자의 편에 서면 절대 실패하는 일은 없을 것이다. 개인적으로 나를 싫어하는 사람들과 부딪치는 일도 여러 번 있었지만 양쪽 모두 환자경험 증진이 옳은 길이라는 합의점에 도달하기만 한다면 문제될 것은 없었다.

위원회가 중요한 건 사실이나, 리더십을 위한 대안으로 사용해서는 안 된다. 우리 병원을 비롯한 많은 병원에서 위원회가 권력을 잡고 흔드는 상황을 종종 목격해 왔다. 모든 주요 계획이나 결정이 위원회나 분과위원회, 대책위원회에 의해 일일이 심사되어야 할 때도 있다. 다양한 이해관계자 그룹이나 지배 구조 세습 같은 특성 때문인지 헬스케어 분야에서 좀 더 자주 볼 수 있는 현상이라 할 수 있다. 조직에 엄청난 영향을 끼쳤던 최상의 결정들중의 일부는 명령-통제의 리더십을 통해 만들어졌다. 가끔 이런 나의 방식이 비판을 받기도 하지만, 결과가 방법의 타당성을 말해 주리라 생각한다. 자문이나 심사를 거치지 않고 내리는 의사 결정을 찬성하지는 않으나, 때론 그렇게 결정을 내려야 할 때도 있다. 매번 위원회를 거치지 않아도 된다면 사람들의 시간과 조직의 자금을 대폭 줄일 수 있다. 클리블랜드 클리닉에는 환자경험 자문위원회가 없다. 대신 리더인 나와 든든한 파트너인 간호부원장이 있고 우리가 조직 전체의 노력을 이끌고 간다. 우리는 서로는 물론이고 조직 전반에 걸쳐 여러 다른 사람들과도 폭넓게 논의를 거친다. 물론 일에 대한 책임은 우리가 진다. 따라서 우리가 결정하고 우리가 일을 진행한다.

환자경험에 동참하려는 열정적인 많은 사람들 중에서 도움을 줄 자격이 있는 인재를 찾아내야만 한다. 어떤 조직은 친분이나 인지도가 있는 인사를 리더로 고용하려 한다. 능력과 업적을 꼼꼼히 따져 보라. 조직 문화에 영향을 줄 가능성이 있는 외부 아이디어들은 표적이 되거나 말살되기 쉽다. 마찬가지로 외부 컨설턴트 영입 또한 그 같은 분노와 저항에 종종 직면한다. 반면에 조직 내 직원들의 재능을 발굴해서 변혁을 일구어 낼 잠재력을 실현하게끔 만든다면 "우리 스스로 해냈다."라고 당당히 말할 수 있을 것이다. 하지만 우리는 가끔 자신이 마음먹은 대로 모든 일을 다 처리할 수 있다는 착각에 빠질 때도 있다. 그동안 환자경험 분야는 점점 무르익어 왔고, 그에 발맞춰 병원 발전을 위해 경영을 도와줄 뛰어난 전략이나 전술, 특히 유능한 사람들은 주위에 많다. 보다 효과적으로 보다 신속하게 변화를 진행시키기 위해서는 이런 자원들을 찾아내서 활용해야 한다. 자신이 모든 해답을 알고 있고 우리만이 성과를 올릴 수 있다는 자만에서 빠져나와야만 한다. 다른 사람에게서 배워라!

우리는, 궁극적으로 서비스를 제공하지만 고객이 항상 옳지만은 않은 비즈니스를 하고 있다. 진료에 대한 환자인식을 관리한다는 말에서 과학보다는 감정적인 면과 더 가까운 느낌이 든다. 감정이입은 양날의 칼과 같다. 환자를 상대하는 일이 녹록치 않은 까닭에, 우리는 환자를 돌봐야 하는 만큼 우리 직원들을 보호해야 할 책임도 있다. 이미 언급했듯이, 환자의 불만은 세 가지 측면에서 바라봐야 한다. 어떤 일이 발생했다는 환자의 말, 어떤 일이 발생했다고 생각하는 케어기버의 말, 그리고 실제로 일어난 사건이다. 이는 내가 "사건 본질의 훼손"이라 칭하는 상황인데, 어떤 일이 터지면 쉽게 흥분하게 되고 성급하게 단정 짓기가 쉽다. 그러나 행동에 앞서 사실을 이해하고 있는지 먼저 확실히 해 두는 것이 우리의 책임이라 할 것이다. 왜냐하면 우리에겐 환자 못지않게 직원에 대한 책임도 있기 때문이다. 환자가 자신에게 유리한 쪽으로 부풀려서 꾸며 내고 있지는 않을까? 사건을 설명하는 환자의 말에 신빙성이 떨어질 수도 있다. 개인적인 진술만으로 변화가 절실한 한계 상황이라고 결정하지 않도록 주의해야 한다. 사건의 맥락을 이해해야 하며 무조건 우리 직원이 잘못을 저질렀다고 부당하게 몰아세우지 말아야 한다. 일부 조직에서는, 정교하게 각색된 사건이나 몇 개의 사건이 합쳐져 한 사람의 경력을 완전히 망치는 일이 발생할 수도 있다. 우리에게는 단 한 번의 사건이나 이야기가 아니라 주변 상황과 증거를 토대로 사람을 평가해야 할 리더로서의 책임이 있다.

실패를 겪더라도 후회하지 말라. 실패했다고 방황하지 않고 그 다음 새로운 아이디어에 귀 기울이는 상사를 만났다는 점에서 나는 행운아다. 이런 리더십이야말로 중요하다. 클리블랜드 클리닉에서는 행정상 실수는 용인해 주고 혁신은 북돋아 주지만 시도조차 하지 않거나 포기하는 일은 용납하지 않는다. 〈하버드 비즈니스 리뷰〉에 환자경험과 관련한 기사를 쓸 당시 편집자가 내게 만약 과거로 다시 돌아가면 무엇을 바꾸고 싶은지 물었다. 나는 "없다."고 대답했다. 우리의 과정은 성공과 실패를 거치면서 이루어진 순수한 결과물로서 우리가 했던 모든 일들이 조금씩이라도 성과에 기여했다는 말을 덧붙였다. 잘 안 풀릴 때도 있었으나 주저앉지 않고 다시 일어나 새로운 일에 도전했다. 두어 번 실패를 겪은 후에는, 클리블랜드 클리닉 환자경험 프로그램Cleveland Clinic Experience Program, 감정이입을 위한 비디오, 감정이입과 혁신 콘퍼런스, 의사 커뮤니케이션 프로그램 등등 조직에게 큰 점수를 안겨 주는 홈런을 터뜨리는 계기들이 있었다. 실패에서 배우라. 하지만 성공은 만끽하라.

모두 동참해야 한다. 조직에서 전략적 계획을 실행할 때는 모든 사람이 중요한 존재이다. 따라서 한 사람도 예외가 있어서는 안 된다. 특히 의사들을 두고 하는 말이다. 한번은 의료 컨설팅 자문단으로부터 이런 말을 들은 적이 있다. 의사들은 일도 바쁘고 나중에 알아서 할 테니 다른 사람들만 신경 쓰면 된다고. 천부당만부당한 소리다. 의사들은 "나중에 알아서 하면" 안 될뿐더러 오히려 환자경험을 통솔하고 이끌어야 한다. 의사들이 채택하고 참여하지 않는 계획은 실패로 돌아간다.

당신의 직원들을 잘 돌봐라. 우리의 사람들, 즉 케어기버들이야말로 가장 중요한 자산이다. 환자를 보살피는 일은 매우 힘들며, 이런 힘든 일을 하는 직원들은 우리가 보살펴야 한다. 병원은 위험한 곳으로, 해마다 사망 사고를 피해 가기가 힘들다. 병원에서는 의도치 않았던 실수나 사건이 공공연히 발생하며, 일선에 근무하는 모든 사람들은 이런 위험을 잘 알고 있다. 의료인들은 출근하면서 매 순간, 자신이 어떤 일을 하고 있는지를 명심해야 한다. 우리는 그들이 불안, 근심, 고통, 따돌림 등 위험한 환경에 처하게 내버려 둘 수 없다. 다른 사람들을 괴롭히는 사람에게는 관용을 베풀 수 없다. 자신을 괴롭히는 상대와 매일 얼굴을 맞대고 같이 일해야 하는 공포는 당해 보지 않은 사람은 모른다. 무섭고 숨 막히는 근무 환경에 대해 걱정하며 일요일을 보내야 하는 초조함은 상상을 초월한다. '나'는 그게 어떤 기분인지 잘 알고 있다. 이 책을 읽는 독자들 중에도 이런 심정을 느껴 본 사람이 있을 것이다. 우리는 직원들에게 좀 더 잘해 주어야 하고 직원들은 더 나은 대우를 받을 자격이 있으며 환자들 역시 그렇게 되기를 바란다.

사람들이 안된다고 하는 일을 해라. 사람들이 "그건 잘 안될 거야."라는 말을 할 때마다 5센트씩 받았다면 나는 금방 부자가 되어 직장을 관두고 근사한 해변에서 놀고 있을 것이다. 그리고 그들 말대로 포기했더라면 우리는 아무 성과도 올리지 못했으리라. 사람들은 위험 인자를 부정적으로 말하는 경향이 있다. 우리가 이룬 성공들은 주로 사람들이 위험하다고 말하는 위기의 순간에 찾아왔다. 이 비즈니스에서 본능은 중요하다. 시간을 들여 당신의 조직에 대해 연구하고 직원들과 리더를 파악하라. 그들에게 무엇이 중요한지 이해하려 애쓰면서 그들을 당신의 노력에 동참할 조력자로 만들어라. 일단 탄탄한 기반을 다지고 지지자들을 파악한 다음 당신에게 동참시켜서 함께 새로운 아이디어를 발전시켜 나가라. 그 가운데 반대 의사를 표현하는 강한 성격의 소유자도 분명히 있을 것이다. 또한 오래 근무하면서 많은 경험을 통해 이번 일은 가능성이 없을 거라 말하는 노련한 관리자들도 있을 수 있다. 사회적 통념에 저항하는 일을 두려워하지 말아라. 용기가 필요한 일이다. 경우에 따라서는 적을 만드는 일도 서슴지 말아야 한다. 변혁을 통해 새로 태어날 조직의 모습을 상상한다면 충분히 모험할 만한 가치가 있는 일이다.

발 빠르게 움직여라. 발전을 향한 노력은 시간을 요하고 결정은 신중하게 내려야 하지만, 때로는 좋은 아이디어가 있으면 바로 착수해야 할 때도 있다. 한 주가 시작할 때마다 내가 던져 놓는 아이디어 때문에 팀원들이 골머리 꽤나 앓을 것이 틀림없다. 어쩌면 나를 엉뚱한 괴짜로 여길지도 모르겠다. 그렇다고 오해는 하지 말길 바란다. 좋은 리더십과 조직 경영은 대부분 세심한 계획과 실행을 요구한다. 하지만 종합적인 사업 계획이나 프로그램 평가 기법인 '퍼트^{Program Evaluation and Review Technique, PERT*}'[2]를 거쳐야만 좋은 아이디어와 프로젝트가 나온다는 사고방식은 탈피할 필요가 있다. 우리가 거둔 몇몇의 큰 성공들은 즉흥적인 좋은 아이디어에서 출발했다. 이스트 코스트병원^{East Coast Hospital}의 최고 임원진들이 우리의 환자경험 전략과 리더십 회진에 대해 알고자 클리블랜드 클리닉 지점 두 곳을 시찰한 적이 있다. 그들은 "어떻게 이렇게 해냈는지 한 번 더 보고 싶다."면서 다시 방문해도 되는지 물었다. 나는 그 부탁을 거절했다. 그리고 그 분들에게 병원에서 일단 회진을 시작한 후에 실행해 가면서 발생하는 문제점들을 하나씩 풀어 나가 보라고 조언했다.

규모 면에서는, 너무 큰 프로젝트를 너무 급하게 (바로 조직 전체에 적용하는 수준으로) 시작하지 마라. 일단 프로젝트를 시작하고 어느 방향으로 가는지

★ 조직의 계획을 관리하는 기법 중 하나로 작업의 순서나 프로젝트 진행 상황을 한눈에 파악할 수 있다.

두고 보라는 말이 있다. 변화가 빠르고 미래가 불확실한 현재의 의료 환경에서는 얼마나 빨리 변화에 적응하느냐가 중요할 수 있다.

위험을 감수하고, 약점을 드러내며, 약간의 용기를 지녀라. 내가 직장 동료에게서 받은 최고의 찬사는 내 리더십 스타일이 '용감하다'는 것이다. 그 말을 들으면서 내가 용감하다는 것이 어떤 의미인지 궁금해하던 차에 그 동료가 이런 말을 해 주었다. "아무것도 알지 못하던 '환자경험 향상'이라는 일을 시작했잖아. 틀에 박힌 사고방식에 도전장을 내밀었고, 클리블랜드 클리닉 경험 프로그램이라는 획기적인 제안을 하는 데도 두려워하지 않았어. 포기라는 걸 모르는 사람이니까!" 돌이켜 생각하면, 그 말이 무슨 뜻이었는지 이제야 더 깊숙이 와 닿는다. 의료계와 병원은 전통과 과거의 유산에 발목이 잡혀 있다. 이제는 좀 털어 낼 필요가 있다. 환자경험의 향상을 시행하기 위해서는 그럴 용기가 있어야 한다. 또한 일이 생각대로 돌아가지 않는 듯 보여도 발전을 위해 시도를 멈추지 않는 끈질긴 노력이 있어야 한다. 키코프KeyCorp의 회장 겸 최고경영자이자 우리 병원의 환자안전 및 경험, 서비스 품질 경영 이사회 대표인 베스 무니Beth E. Mooney는 이를 "끈질긴 점진주의relentless incrementalism"3라 표현했다.

그 외에도 기꺼이 불편해지려는 노력이 필요하다. 많은 사람들이 현상 유지에 급급해 현실에만 안주하려는 경향이 있다. 직장에서 안 잘리고 동료들과 사이좋게 지내며 일도 적당히만 하려고 한다. 직장을 잃을지도 모르는 위험까지도 감수할 각오가 없이는 혁신적인 변화의 물꼬를 틀 수 없다. 위험을 무릅쓰는 일은 용기와 약점까지도 기꺼이 포용할 수 있는 자세가 요구된다.

자신이 어디에서 왔으며 누구 덕분에 이 자리에 있는지를 항상 기억하라. 굳이 설명하지 않아도 알고 있으리라 생각한다. 이 말은 나의 아버지가 해준 말이다. 높은 자리로 쾌속 승진하고 난 후에는 그 자리에 오르기까지 도움을 주었던 동료들의 희생을 까맣게 잊어버리는 사람들이 있기 때문이다.

우리를 달리게 하는 힘, 열정

우리는 모두 헬스케어 생태계의 일부이다. 당신이 헬스케어에서 일하든, 헬스케어를 지원하는 조직에 고용되어 있든, 아니면 어느 다른 업계에서 종사하든 관계없이 우리 모두는 언젠가 환자가 될 운명에 묶여 있다. 보건의료서비스 공급자들은 스스로를 엘리트 그룹으로 생각한다. 누구나 우리가 전달하는 서비스를 필요로 하게 될 것이다.

2012년, 프레스 게이니의 최고경영자에 오른 팻 라이언^{Pat Ryan}은 회사의 목표에 대해 그리고 자기가 믿는, 헬스케어 제공의 향상을 도울 수 있는 방법에 대해 의논하기 위해 클리블랜드 클리닉을 찾았다. 나는 그의 말을 들으면서 놀랐다. 그는 회사보다도 자신이 앞서겠다고 했다. 환자들에게 부정적인 영향을 주는, 형편없이 돌아가는 회사 시스템을 고쳐 가겠다는 개인적인 열정을 내보였다. 대화 초반에, 그는 자신의 여동생에 관한 이야기를 해주었다. 다른 주에 살고 있는 여동생이 의료서비스가 필요했는데 서비스를 받지 못하고 있었다고 했다. 그래서 자신이 일정을 잡아 주었는데 여동생을 도와주는 과정에서 자기도 화가 나더라는 것이었다. 자기 동생이 얼마나 불안했는지 공감할 수 있었다고 했다. 지난 몇 년간, 서로 대화를 나누는 자리에서 그는 사업 이야기를 하는 도중에 자신과 가족들의 경험들을 관련시켜 이야기했다. 그 경험들은 그가 회사를 통해 헬스케어를 개선해야겠다는 마음을 먹게 만들었다. 그는 최근에 조직의 책임, 즉 프레스 게이니의 가장 큰 목적이 환자 고통을 줄이기 위해 노력하는 헬스케어 조직들을 돕는 것이라고 밝혔다. 자료를 수집하고 배포하는 조직에게 어울리는 목표와는 상당히 거리가 먼 목표라 할 수 있다. 라이언은 자신의 경험과 깨달음을 통해, 많은 사람들의 이익을 위해 헬스케어에 영향을 주는 그런 조직으로 키워 나가야겠다는 사업 감각을 지니게 되었다.

젠센 바이오텍Janssen BioTech, Inc.의 전 사장이자 존슨 앤 존슨Johnson & Johnson의 전략적 마케팅 부문 현 사장인 로버트 베이즈모Robert H. Bazemore는 2010년 환자경험 콘퍼런스에서, 환자를 더 잘 돌볼 수 있도록 제약 업계가 보건의료서비스 제공자들의 파트너가 되는 방안에 관해 발표했다. 그는 자신이 암 환자였으며 자기 회사에서 개발한 약 덕분에 생명을 구할 수 있었다고 밝혀 모인 사람들을 놀라게 했다. 현장은 쥐 죽은 듯 조용해졌다. 그는 환자의 입장에서 "헬스케어의 반대편에서 산다는 것"이 어떤 것인지 설명했고 그의 경험과 감정이입이 매일 회사를 이끌어 나갈 수 있는 힘이 되어 준다고 밝혔다.

서던 와인즈 & 스피릿츠 오브 네바다Southern Wines and Spirits of Nevada의 전무이사인 래리 루보Larry Ruvo는 환자경험을 열정적으로 지지하고 만성질환 관리에서 의료인이 아닌 가족들이 맡은 역할의 중요성을 앞장서서 알리는 사람이다. 그는, 알츠하이머로 고생했던 자기 아버지의 보호자 역할을 했다. 또한 기억 유지 재단Keep Memory Alive Foundation과 라스베이거스에 있는 클리블랜드 클리닉 루 루보 뇌건강 센터Lou Luvo Center for Brain Health를 통해 뇌 질환 연구에 수백만 달러를 투자했다.

루보는 지그프리트 피쉬바허Siegfried Fischbacher와 감동적인 인터뷰를 진행했다. 지그프리트는, 2003년 미라지 호텔 & 카지노에서 열린 〈지그프리트 & 로이 Siegfried & Roy〉 쇼에서 비극적인 부상을 당한 로이 혼 Roy Horn 의 평생 파트너 이자 현재 로이의 케어기버이다.[4] 루보는 루 루보 뇌건강 센터에서 영상 전화로 지그프리트와 케어기버로서의 경험에 관해 이야기를 나눴다. 인터뷰는 진지했고 사람들의 가슴을 뭉클하게 했으며 흥미로운 사실을 제공해 주었다. 그는 로이 혼을 향한 애정에 대해 솔직하게 밝히면서 장기간의 힘든 회복 기간을 거치면서 겪는 어려움에 대해 무기력한 심정을 토로했다. 유명 연예인 못지않은 인기를 구가하던 그가 사랑하는 친구를 돌보면서 겪는 어려움을 솔직하게 나누는 모습은 환자경험의 반대편, 즉 케어기버 경험의 참모습을 보여 주었다.

사람과 상황은 모두 다르지만 하나같이 헬스케어에 대해 다시 생각하게 만드는 이야기들이다. 이들의 이야기를 보면 마치 내 일처럼 금방 동화되어 버린다.

라이언, 베이즈모, 루보를 비롯해 이 책에서 기꺼이 소개했던 모든 사람들처럼, 환자경험의 향상을 향한 나의 열정은 내 개인적 경험에 뿌리를 두고 있다. 일선에서 환자들을 돌보는 의료인으로서의 경험들과 그 반대편에서 환자로서 겪었던 개인적인 경험들 말이다. 그 중심에 감정이입이 있다. 환자들은 어떤 일들을 겪고 케어기버들은 뛰어난 진료 전달을 통해 무엇을 느끼는지 공감하는 마음이다. 중요한 위치에 있는 사람이라면 반대편 입장에 처해 보고 그 상황에 대해 아는 것이 큰 힘이 된다. 이것이 무엇을 뜻하는지 시간을 내서 생각해 보라. 헬스케어 환자 또는 다른 업계에서라도 고객의 입장이 되어 보면 당신은 좀 더 정확하고 날카로운 관찰력을 얻게 될 것이다. 그리고 당신과 당신의 조직이 우수한 경험 전달을 위해 무엇을 해야 할지 더 깊이 이해할 수 있게 될 것이다.

클리블랜드 클리닉은 놀라운 곳이다

클리블랜드 클리닉이 오늘날과 같은 모습을 갖출 수 있었던 것은 오랜 기간에 걸친 혁신, 리더십, 비전, 그리고 사람들의 노력이 있었기 때문이다. 내 글을 읽으면서 혹시 예전의 클리블랜드 클리닉은 병원만 신경 쓰고 환자들에게는 무심했던, 무감각한 기계처럼 돌아가는 조직이었다고 생각할지도 모르겠다. 전혀 사실이 아니다. 예전에도 환자들에게 최상의 진료를 제공했을 뿐만 아니라 존경과 열정을 가지고 그들의 인격을 존중하는 마음으로 대했다. 책에서 언급했던 불미스러운 사건들보다 더 놀랍고 훌륭한 사례들이 훨씬 더 많다.

하지만 클리블랜드 클리닉은 일관성이 부족했다. '환자제일주의'라는 한 가지 목표와 필요한 변화에 꾸준히 집중하는 모습을 보여 주지 못했다. 코스그로브는 환자를 향한 항해를 진두지휘했고 그 항해에 나선 우리는 곁눈질하지 않았다. 이 책은 당신에게 우리가 어떻게 출항하고 어떤 여정을 거쳤는지 말해 주고 있다.

어떤 이들은 일반적인 종모양 분포처럼 일부 나쁜 부분, 대부분 좋은 부분, 약간의 뛰어난 부분이 있으면 충분하다고 주장하기도 한다. 그러나 헬스케어의 고객, 즉 환자를 다루는 우리의 일은 종 모양이 되어서는 안 된다. 안전, 높은 질, 이타심, 감정이입이 깃든 진료의 일관성 있는 제공에 있어 한 치의 부족한 점도 용납할 수 없다. 종 모양에서 맨 아래 부분의 진료를 받고 싶은 환자와 가족이 어디 있겠는가? 내 경험으로 볼 때, 그런 진료를 원하는 사람은 아무도 없다.

우리가 일을 시작했던 처음에는, 현장 직원, 간호사, 게다가 의사마저도 우리의 환자만족도 점수가 너무 자주 변한다는 사실이나 심지어 점수가 매겨지고 있다는 사실조차 모르는 사람들이 대부분이었다. HCAHPS 조사라는 단어를 들어 보지도 못한 사람들도 많았다. 우리의 환자만족도 점수는 미국 전체에서 최하위권을 맴돌았다. 병실 청결도 점수는 5퍼센타일이었다. 밤에 병실이 얼마나 조용한가를 묻는 질문에 관한 점수 역시 5퍼센타일로 고만고만한 수준이었다. 그중에서도 가장 마음에 걸린 부분은, 의사 커뮤니케이션과 간호사 커뮤니케이션에서 각각 14퍼센타일과 16퍼센타일을 기록했다는 사실이었다. 모든 점수를 종합하면, 미국에서 자료를 통보하는 5,000여 개의 병원들 중에서 클리블랜드 클리닉은 16퍼센타일에 속해 있었다. 또 다른 외부 기관인 유니버시티 헬스시스템 컨소시엄^{University HealthSystem} Consortium, UHC의 평가 기준에 따르면, 우리는 98개 의료 기관 중에 51번째 순위를 차지하고 있었다. 세계에서도 우수한 의료 기관으로 인정받고 특히 미국의 시사지 〈U.S. 뉴스 & 월드리포트〉가 최고의 병원으로 선정한 우리가 이런 평가를 받는다는 사실은 우리를 믿는 환자와 가족들에게도 좋지 못한 일이었다. 무언가 조치를 취해야 했다.

〈그림 13.1〉부터 〈그림 13.6〉에서 볼 수 있듯이 환자경험 계획을 비롯해 여러 노력을 기울인 결과로 오늘날의 조직은 사실상 완전히 탈바꿈했다. 종합적인 HCAHPS 점수들은 16퍼센타일에서 66퍼센타일 정도로 상승했다. 간호사 커뮤니케이션과 의사 커뮤니케이션 영역도 각각 79퍼센타일과 67퍼센타일을 기록하고 있다. 우리의 평판 점수(전반적 평가)는 92퍼센타일 이상으로 올라갔다. 〈U.S. 뉴스 & 월드리포트〉 선정 상위 5개 병원들, 그리고 한 장소에 1,000개 이상의 병상을 보유한 초대형 의료 기관들 등 우리의 주요 경쟁 기관들과 비교해도 우리의 HCAHPS 점수가 대부분의 영역들에서 앞서고 있다. 환자우선주의를 기준으로 한 UHC의 평가에서 400개가 넘는 참여 병원들 중 우리가 세 번째 순위에 올랐다.

전반적 평가

그림 13.1. HCAHPS 전반적 평가-본원

간호사 커뮤니케이션

그림 13.2. HCAHPS 간호사 커뮤니케이션 평가-본원

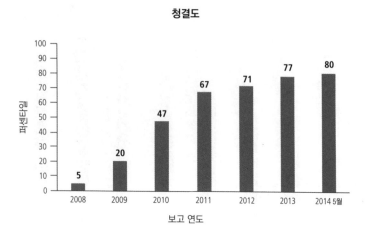

그림 13.3. HCAHPS 청결도 평가-본원

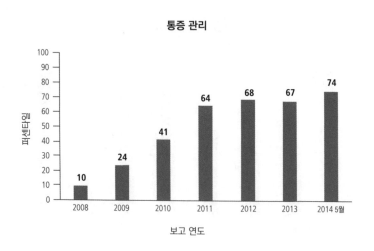

그림 13.4. HCAHPS 통증 관리 평가-본원

의사 커뮤니케이션

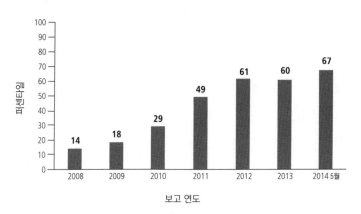

그림 13.5. HCAHPS 의사 커뮤니케이션 평가-본원

퇴원 평가

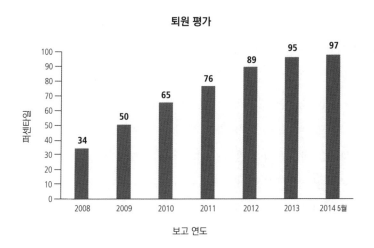

그림 13.6. HCAHPS 퇴원 평가-본원

이 자료들 외에도 여러 곳에서 우리가 발전한 모습을 뚜렷이 볼 수 있다. 환자와 가족들이 클리블랜드 클리닉의 변화에 대해 하는 이야기가 매일 들려온다. 코스그로브는 자신이 최고경영자가 되었을 당시만 해도 클리블랜드 클리닉을 칭찬하는 사람들보다 병원에 대해 불평하는 사람들이 더 많았다는 말을 종종 한다. 환자경험이란 것이 최종 목적지도 정해지지 않은 끝없는 여정임에는 맞지만, 그 과정에서 우리가 뚜렷한 성과를 거두고 있는 것만은 사실이다. 인습에 젖어 있던 대형 의료 기관에 환자와 환자 가족 중심의 문화를 사람들이 예상했던 것보다 훨씬 더 아름답게 꽃피웠으니 말이다.

이 책의 초반에서, 당신에게 100년 전의 의학에 대해 생각해 보라고 했었다. 이제 의학이 앞으로 100년 후에는 어떻게 변할지 상상해 보라. 기계들이 나타나 환자를 정밀 검사하고 그 자리에서 바로 질병을 퇴치할 수도 있다. 하지만 감정적·정신적 교감을 원하는 인간의 욕구가 변할까? 사람들이 자신의 문제를 바로잡고 싶다고 아무런 연민이나 배려, 감정도 없는 대우와 치료를 찾아 나설까? 나는 100년 후에도 연민, 휴머니즘, 감정이입이 여전히 그 역할을 충실히 해내고 있기를 희망한다.

'환자경험 360 연속체'는 우리의 끊임없는 관심을 필요로 한다. 절차와 전술은 끊임없는 측정과 조정을 요한다. 우리는 우리 비즈니스에 있는 모든 이들에게 그들이 소중한 존재라는 사실을 알려야 한다. 환자를 중심에 둔 높은 성과를 내는 문화를 만들기 위해 우리가 케어기버들의 발전에 주의를 기울여야 한다는 사실을 상기시켜 주는 노력을 해야 한다. 이를 망각하고 일만 하면 된다는 자세로 잠시라도 돌아간다면 안전 위협, 질의 하락 또는 서비스 실패의 위험을 낳을 수 있다.

이와 더불어 고객의 소리를 듣고 그들의 요구에 확실히 응하도록 해야 한다. 우리는 사람들에게 가장 좋은 것이 무엇인지 스스로 잘 알고 있다고 믿는 경향이 있다. 하지만 이 때문에 사람들의 말을 듣기보다 자신의 말을 할 때가 더 많다. 환자를 사람으로 이해하며 그들의 의학적 요구는 물론이고 정서적·정신적 요구도 해결해 줄 수 있도록 분명히 해야 한다. 우리가 환자들을 이해하는 것이 곧 환자들이 우리를 이해하게 만드는 길이다. 기본적으로 우리는, 고객이 늘 옳지만은 않은 서비스업에 종사하는 사람들이다. 우리에게는 환자와 가족들이 앞으로 이어갈 여정의 각 단계에서 일어날 일들에 대해 이해할 수 있도록 도와야 할 의무가 있다. 하지만 환자와 가족들역시 우리에게 좋은 파트너가 되어 주어야만 한다.

만약 20년 전에 당신이 내게 환자경험에 대해 이야기했다면 나는 도통 무슨 말인지 감도 잡지 못했을 것이다. 만약 10년 전에 당신이 나를 보고 클리블랜드 클리닉의 환자경험을 위해 앞장설 사람이 될 거라고 말했다면, 그저 웃고 말았을 것이다. 5년 전, 한 기자는 우리가 변화시킨 것이 뭐가 있냐며 내 말에 이의를 제기했다. 현재 우리는 조직을 변모시켰고 업계를 이끌어 가는 데 일조하고 있다. 2013년, 그 기자의 소속 회사인 〈헬스리더스 미디어〉가 헬스케어의 발전에 공헌한 인물 20인[5] 중 한 사람으로 나를 선정했으니, 이 얼마나 달라진 모습인가.

나는 환자와 가족에게 전적으로 집중하는 것이 옳은 일이라는 사실을 알고 있다. 이 일에 종사하는 모든 사람들 역시 이를 모든 일의 기본 조건으로 설정해야 한다. 나는 세계에서 가장 훌륭한 의료 기관 중 한 곳에서 일할 수 있는 행운을 얻었지만 그걸로 끝이 아니다. 우리에게는 더 나아질 수 있는 기회가 있다. 그 일은 지속적인 관심 속에서만 유지해 나갈 수 있는 힘든 일이다. 환자들과 가족들, 케어기버들에게서 받은 편지는 내가 환자경험 향상에 애쓸 수 있도록 힘을 북돋아 준다. 이런 편지들을 볼 때마다 내가 왜 이 자리에 있는지 한 번 더 생각하게 된다. 헬스케어 내에서 또는 주위에서 일하는 당신도 이 책을 읽으면서 환자의 진솔한 이야기를 통해 자신을 채찍질하는 기회를 얻기를 바란다.

환자경험 향상시키기, 그것은 우리의 최종 목적지가 아니라 여행의 과정이다. 성공은 작은 것들에 집중하고 사람들에게 책임 의식을 심어 주며 전략을 밀어붙임으로써 성취한 것들이 점진적인 단계로 찾아온다. 환자경험은 환자를 기쁘게 하는 것이 아니다. 그보다는 우리가 어떻게 보살핌을 전달하느냐에 관한 것이다. 바라건대, 언젠가는 환자경험이라는 것이 어느 한 임원의 주도 아래 끌고 나가야 하는 과정이나 전략이 아니라 전 세계 헬스케어 제공에 자리 잡은 그런 상태를 가리키는 말이 되었으면 한다. 내 바람이 비현실적이고 이상주의적으로 들릴지도 모르겠다. 하지만 우리는 가능한 한 안전하고 질 높은 의술을 제공하는 가운데 늘 보살핌을 향상시키고 전달하는 방법에 시선을 고정시켜야 한다!

우리가 일하는 업계는 사람들을 얼마나 잘 보살피느냐에 따라 브랜드가 결정되는 곳이며 사소한 일들도 중요하게 여겨지는 곳이다. 한 항공사의 기장이 내게 이런 말을 한 적이 있다. 비행 전 체크리스트에 있는 그 모든 항목들이 있는 이유는 승객의 목숨과 관련이 있기 때문이라고. '식스시그마 Six Sigma*'의 달성만으로 성공적인 경험이 보장되지는 않는다. 기업 규모의 병원 운영을 고려할 때 우리 리더들에게 1,000가지 중에서 좋지 못한 일 하나 정도는 큰일이 아닌 듯 보일 수도 있지만, 그 일 하나 때문에 환자 개인과 가족, 친구 등 주위의 모든 사람들에게 극적인 결과가 초래되기도 한다. 작은 실수가 비극적인 사건으로 이어지고 잘못된 판단이나 행동 하나가 개

★ 고객의 만족과 품질의 혁신을 달성하기 위해 조직 전반에 걸쳐 실행하는 21세기형 경영 전략.

인들에게 지울 수 없는, 회복 불가능한 경험을 만들어 낼 것이기 때문이다.

우리의 종합적인 목표는 간단명료하다. 환자들에게 가능한 한 최고의 경험을 전달하라. 또는 라이언이 지적했듯, 환자의 고통을 줄여 주어라. 그것은 옳은 일이자 곧 우리가 보살핌을 받고 싶은 방식이고, 우리 가족이 그런 보살핌을 받았으면 하고 바라는 방식이다. 성공은 쉽게 찾아오지도, 하룻밤 사이에 이루어지지도 않는다. 성공은 리더십, 전략, 집중, 그리고 결단이 있어야 달성할 수 있는 것이다. 우리는 항상 옳은 일을 하도록 힘써야 한다. 우리 자신과 가족들을 위해 옳지 못하고 부족한 것을 그대로 받아들일 수 없듯이, 우리가 섬기는 사람들을 위해서도 옳지 못한 것을 받아들여서는 안 된다.

우리에게는
앞장서야 할 책임이 있다

We Have a Responsibility to Lead

클리블랜드 클리닉은 다른 조직의 최선의 실행 모델 연구를 통해 훌륭한 아이디어를 얻어 낸다. 따라서 우리는 우리가 배우고 행하는 일들을 다른 사람들과 공유함으로써 최근 떠오르기 시작한 환자경험의 모양새를 갖추어 나가는 것을 초기 목표로 삼았다. 우리는 적극적으로 다른 사람들의 의견을 수용하고 정보를 공유한다. 우리는 사람들을 한데 모아 의견을 주고받고 배우는 일이 우리가 환자들을 위해 하는 일에 도움을 준다고 믿는다. 하지만 믿음만으로는 충분하지 않다. 목적 달성을 위한 활동이 있어야 한다.

우리는 2010년에 '환자경험: 감정이입과 혁신'이라는 콘퍼런스를 열었다. 나는 매년 콘퍼런스가 열릴 때마다 참석자들에게 나 역시 환자가 느끼는 경험을 향상시키기 위해 현장에서 땀 흘리는 그들과 다를 바 없는 사람이라는 점을 상기시킨다. 나는 참석자들에게 도움을 약속한다. 동시에 환자경험 향상이라는 우리 모두의 목표를 달성하기 위해 서로 정보를 공유하고 아이디어를 나누고 연결망을 구축함으로써 나를 도와 달라고 부탁한다. 이 콘퍼런스는 이제 49개 주와 39개국에서 2,100명이 넘는 인원이 참가할 정도로, 전 세계 단일 콘퍼런스 중에서 가장 큰 규모로 성장했다. 우리는 이 중요한 변화를 추진하기 위해 미국병원협회, 미국의료그룹협회, 수련병원협회, 병원의학협회, 대학병원협회 등 여러 단체에서 협력을 이끌어 냈다. 이제 모두가 모여 더 많은 대화를 나누고 서로 알고 있는 내용들을 공유한다.

콘퍼런스에는 다양한 주제가 등장한다. 첫 회담에서는, 알라모 렌터카Alamo Rent-A-Car, 엔터프라이즈 렌터카Enterprise Rent-A-Car, 내셔널 렌터카National Car Rental의 모회사인 엔터프라이즈 홀딩스Enterprise Holdings, Inc.의 앤드류 테일러Andrew C. Taylor 회장이 고객 서비스와 고객중심 경영의 필요성에 대해 열정적인 강연을 펼쳤다. 전설적인 창업자 잭 테일러Jack Taylor의 아들인 그는 엔테프라이즈 홀딩스가 승승장구하게 된 비결로 고객제일주의 전략을 꼽았다. 대단히 성공적인 소비자 조직의 리더로 인정받는 테일러의 연설은 우리가 헬스케어에서도 사용할 수 있고 중요한 역할을 한다고 믿는 원칙을 확인시켜 주는 든든한 지원군이 되어 주었다.

매년 미국 전역의 병원에서 온 최고위 리더들로 이루어진 CEO 패널단이 모여 중요한 안건을 두고 토론을 벌인다. 코스그로브를 비롯해 국립어린이병원의 커트 뉴먼, 휴스턴감리교병원의 마크 붐, UCLA헬스시스템의 데이비드 파인버그, NS-LIJ 헬스시스템North Shore-Long Island Jewish Health System의 마이클 다울링Michael Dowling, 인터마운틴 헬스케어Intermountain Healthcare의 찰스 소렌슨Charles Sorenson, 베일러 스콧 & 화이트 헬스Baylor Scott & White Health의 로버트 프라이어Robert Pryor 등이 구성원이다. 이들은 한 시간 가까이 리더십, 문화, 환자 경험에 관해 열띤 토론을 벌인다. 서로의 생각을 털어놓고 상대방의 의견에 의문을 제기하기도 하며 청중들과 질의응답 시간도 갖는다.

우리는 의료계 안팎의 다양한 분야에서 활동하는 기라성 같은 인사들을 연설자로 초대했다. 미국 암 치료 센터Cancer Treatment Centers of America의 원장 겸 최고경영자인 제라드 반 그린스벤Gerard van Grinsven은 리츠칼튼 호텔에 재직했던 경험을 살려 병원과 환자와의 연결 고리를 강화하기 위한 경영 방안을 제시했다. 의학 전문 뉴스 사이트 〈웹엠디WebMD〉의 최고경영자 데이비드 슐레인저David Schlanger는 환자에게 성심성의껏 설명하며 좋은 관계를 유지하고, 병세를 밀착 관리함으로써 환자경험을 고취할 수 있다는 점을 설파했다.

일찍이 스폰서 역할을 해 준 제너럴 일렉트릭은 화이트보드가 설치된 거대한 원형 회의실인 "키바kiva"를 두 번이나 마련해 주었다. 참가자들은 GE 헬스케어의 밥 슈바르츠Bob Schwartz가 이끄는 글로벌디자인 팀이 설치한 벽에 자신의 생각을 마음껏 표출할 수 있었다. 키바는 환자경험과 효과적인 치료를 위한 '씽크탱크'로서의 역할을 담당했다. 또한 GE는 피츠버그 어린이병원의 CT 스캐너를 아이들이 좋아하는 디자인으로 만들자는 창의적인 아이디어를 지닌 강연자를 후원해 주었다. CT 장비들은 제각각 테마를 담고 있는데, 이를테면 보물섬 모험 CT에는 해적선 그림을 그리고 방도 열대 무인도처럼 꾸며 놓았다. 촬영기사와 간호사들은 테마를 살린 각본에 따라 각자 역할을 맡아서 어린이들의 경험을 극화시킨다. 이런 노력이 그저 겉치레려니 생각하는 사람도 있겠지만, 메디컬센터가 수집한 자료를 보면 이런 장치들을 통해 아동 환자들의 고통이나 불안감이 줄어든다는 것을 알 수 있다.

콘퍼런스는 매번 개최할 때마다 놀라운 이야기를 전하고 강력한 충격을 주는 강연자가 등장했고, 상상 이상의 성공을 거두었다. 콘퍼런스에서 보여준 정보와 공유에 대한 갈망은 이 주제가 단기적으로 끝나서는 안 된다는 사실을 일찌감치 시사해 주었다. 또한 우리는 환자들도 대화에 참여시킬 필요가 있다고 믿었다. 이와 같은 절대적인 필요성을 바탕으로 2010년에 환자경험협회AfPE, www.patient-experience.org/Home.aspx를 설립했다. "의료 공급자, 환자와 가족, 그리고 다른 사람들에게 정보와 교육, 인맥 형성 기회 및 우수 사례 관련 자원들을 제공해서 환자경험을 향상시키자."는 목표 아래 독자적으로 세운 비영리단체이다. 우리는 서로 의견과 정보를 편안하게 나눌 수 있도록 어떤 상업적 이윤이나 편견에서 벗어난 단체를 만들고자 했다. 누구나 무료로 회원이 될 수 있으며, 수천 명이 전 세계 의료 관련 단체들을 대변하는 내용을 담은 소식지를 구독하고 있다.

AfPE가 일선에 있는 의료인과 환자들 간의 유대를 형성시켰다면, 혁신협회Institute for Innovation는 대형 의료 기관에게 환자경험의 연결 고리 구실을 한다. 의료 체계에는 엄청난 양의 지식 격차가 존재한다. 복잡한 환자 문제를 이해하고 병원의 절차를 개선하려면 다방면의 방대한 병원 자료를 간단하게 정리하는 일이 필수적이지만, 도무지 할 엄두가 나지 않는 실정이다. 프레스 게이니를 인수받은 팻 라이언은 광범위한 의료 공동체에 도움이 되는 비영리 조사 기관을 만들고자 했다. 의료계를 하나로 묶어, 정보를 공유하고 연구 격차를 없애 공동의 문제들을 해결하는 데 주안점을 두었다. 정부 외엔 아무도 하지 않았던 일을 한다는 기대에 나는 가슴이 벅찼다. 다양한 시스템에서 얻은 수백만 건의 자료 안에서 규명 요소를 찾아내고 재입원 동기가 무엇인지, 치료 협조는 어떻게 높이는지, 환자경험은 어떻게 관리하는지 등에 관한 질문에 답을 할 수 있는 날이 올 것인가? 이런 정보들이 모이면 전 세계적으로 헬스케어 전달에 커다란 영향을 끼칠 것이다.

나는 이 협회의 설립 이사로 참여하기로 했다. 더불어 기관에서 찾아낸 정보를 환자 치료 향상에 애쓰는 모든 보건의료 종사자들이 활용할 수 있도록 해야 한다는 점을 분명히 하고자 했다. 이에 라이언도 뜻을 같이했고, 우리는 AfPE를 정보와 최상의 실행 모델을 제공하는 중요한 통로로 만들자고 마음을 다졌다. 혁신협회는 병원이나 의료인이 환자를 잘 보살필 수 있도록 유익한 정보를 제공하기 위해 최선을 다했다. 연구를 이끌어 내고 거기서 얻은 결과를 가장 필요로 하는 사람들에게 전달하는 임무를 보장해 주는 흥미진진한 협업이라 할 수 있다.

AfPE는 제4회 환자경험 콘퍼런스에서 처음으로 환자에게 최선의 의료 서비스를 제공하는 방법에 대해 집중적으로 다루었다. 동료들의 리뷰를 거쳐 만들어진 〈환자경험 저널Journal of Patient Experience〉도 소개했다. 창간호의 표지 기사는 한 의사가 중태에 빠진 자기 딸을 데리고 응급실에 간 끔찍했던 경험과 환자와 의료인, 병원 사이의 소통 문제를 다루었다. 미카 솔로몬이 쓴 특집 기사인 "환대[병원]의 기원을 찾아서: 환자만족과 의료경험Finding the Heart of [Hospital]ity: Patient Satisfaction and the Healthcare Experience"은 환대를 실천하는 일이 곧 우수한 환자경험 전달이라는 점을 주장했다. 편집진에 학식이 풍부한 학자들이 대거 포진한 이 저널은 환자경험을 학문적으로 발전시키는 데 큰 역할을 하리라 본다.

새로운 의료 교육 센터가 클리블랜드 클리닉 자체 내에 생길 예정이다. 이 센터는 내 모교인 케이스웨스턴리저브 대학교CWRU와의 제휴로 새롭게 진행하는 굉장한 프로젝트다. 세계 최초로 간호학, 치의학, 사회복지학, 의학 분야 학생들이 모두 한자리에서 배우는 교육의 장이 마련될 것이다. 내가 의대에 다닐 때에는 간호학과 학생들과 같이 수업을 듣거나 공동 작업을 해본 적이 없다. 이 프로젝트가 지니는 가능성에 대해 상상해 보라. 모두 함께 교육을 받는다고 가정해 보라. 헬스케어 제공에서 우수한 수행 능력과 높은 신뢰도를 일구어 내기 위해 필요한 문화를 꽃피우고자 한다면 바로 이 교육 센터가 그 역할을 담당하게 될 것이다.

CWRU는 치료 개선을 위한 전문자 간 협업 분야의 개척자라 할 수 있다. 클리블랜드 클리닉은 환자경험의 선구자로서, 의사 커뮤니케이션 교육

등의 프로그램을 진행하고 있으며, 중소형 병원 운영자나 간호 인력을 대상으로 별도의 프로그램을 운영하고 있다. 다음과 같은 상황을 한번 상상해 보자. 전문의 협진에 대한 기본 개념을 대학에서 먼저 배우고 나서, 같은 모델을 의학전문대학원과 간호 경력 개발 초기 과정에서도 계속 학습한 다음, 실제 병원이라는 환경에서 치료나 건강관리를 실시할 때 협업을 진료 행동의 기준으로 익숙하게 받아들일 수 있다면 어떨까. 의료서비스 제공과 환자 경험의 새 장을 여는 획기적인 기회가 될 것임에 틀림없다.

오바마 대통령은 클리블랜드 클리닉을 "세계에서 손꼽힐 만한 병원"이라고 언급한 적이 있다. 클리블랜드 클리닉을 높이 평가한 그는 코스그로브에게 국가보훈처장 자리를 제의하며 보훈의료 시스템도 클리블랜드 클리닉과 같은 방식으로 개혁을 추진해 줬으면 좋겠다고 말했다. 보훈의료 시스템도 미국 내 다른 병원 시스템과 다를 바 없다. 열심히 일할 각오로 매일 아침 출근한 보훈처 직원들은 항시 재향군인들을 위해 최선을 다하고 있다는 사실을 명심해야 한다. 그렇다고 해서 모두가 완벽하게 자기 일을 해내고 있을까? 물론 아니다. 어느 누구도 완벽할 순 없다! 그럼 나아질 방법은 있을까? 환자를 중심으로 하는 문화로 재정비할 수 있는 걸까? 물론이다! 나라를 지켜 준 영웅들에게 높은 질의 의료서비스를 제공하고는 있지만 보다 세심하게 환자중심으로 운영되도록 재정비할 필요가 있다. 국가보훈처가 "재향군인 제일주의" 원칙을 도입하고, 안전과 높은 질, 만족도를 위해서 그들에게 가장 중요한 고객인 재향군인 위주로 인력을 배치시키며, 우수한 환자 경험 제공을 위해 우리가 항상 신경 쓰는 환자의 접근성 같은 문제들을 하나씩 해결해 나갈 수 있다면 어떻게 될지 한번 상상해 보라. 그러면 보훈의료 시스템은 전 세계 유수의 병원들과 견줄 만큼 훌륭한 환자중심 의료를 실천한 성공 사례로 우뚝 서게 될 것이다.

환자경험은 전 세계 어디에서나 통한다

환자에 대한 윤리적·도덕적 치료를 다짐하는 히포크라테스 선서를 통해 전 세계 의사가 하나로 통하듯이, 환자를 모든 일의 중심으로 섬기자고 약속하는 환자경험 혁신은 모든 의료 조직들과 지도자들을 하나로 뭉치게 만든다. 의료 공급자라면 출신 국가에 상관없이 누구나 우리가 느꼈던 기쁨과 기회와 고난을 경험한다. 그들이 지역 주민을 위해 안전하고 높은 질의 의료를 제공하며 감정이입과 이타심, 인간애를 실현하기를 원한다는 사실은 너무도 당연한 일이다.

클리블랜드 클리닉이 제작한 영상 "감정이입: 환자 치료와 인간적 소통"은 200개국이 넘는 나라에서 시청했다. 캐나다, 중국, 가나, 멕시코, 네덜란드, 나이지리아, 사우디아라비아, 한국, 터키, 아랍에미리트, 영국, 서인도제도 등에서 온 전문의들에게는 내가 직접 영상을 보여 주기도 했다. 비디오를 시청하는 동안 사람들은 눈물을 흘리며 감정을 표현하거나 아무 말 없이 지켜보기만 했는데, 놀랍게도 모두가 매우 비슷한 반응을 나타냈다. 인간의 감정은 국경을 초월하는 자연스러운 것이다. 진정한 의미를 담고 있는 이 영상은 그들의 직업적 소명의식을 다시금 일깨워 주었다.

무바달라 헬스케어^{Mubadala Healthcare}와 제휴를 맺은 클리블랜드 클리닉은 아부다비에 새 병원을 짓고 있다. 세계에서 가장 넓은 약 93,000제곱미터^{약 28,000평} 규모를 자랑하는 이 병원은 중동에 세계적 수준의 서양식 의료서비스를 제공하게 될 것이다. 내 친구이자 동료인 마크 해리슨이 최고경영자로 있다. 그는 모든 건물을 운영의 핵심인 환자와 보호자 편의에 맞춰 설계했다고 강조한다. 해리슨은 클리블랜드 클리닉에서 갈고닦은 문화를 8천 마일^{약 12,874킬로미터}이나 떨어진 곳에 사소한 것 하나하나까지 그대로 옮겨 놓는 과정을 통해 환자경험을 재현하고 있다. 이런 노력을 거쳐 국제적 의료 서비스 및 환자와 보호자 경험을 위한 바람직한 모델이 되리라 확신한다.

몇 년 전에 나는 아랍 헬스케어 지도자 콘퍼런스에서 환자경험 담당 세션의 좌장을 맡은 적이 있다. 세계 최대의 의료 회의인 이 콘퍼런스의 리더들은 의료계의 중요한 사안에 온 신경을 집중한다. 지멘스 헬스케어Siemens AG Healthcare Sector의 고객 솔루션 담당 CEO인 토마스 밀러Thomas J. Miller는 기술이 환자중심 치료의 발전에 결정적인 역할을 하리라는 내용의 개회사를 했다. 워싱턴 국립어린이병원의 뉴먼과 아부다비 클리블랜드 클리닉의 해리슨은 환자중심의 사상을 심어 주면서 효율적이고 안전한 고품질의 의료서비스를 제공하는 건전한 문화를 조성하는 방안을 놓고 의사들과 서로 의견을 나눴다. 뜨거운 관심 속에 성황리에 치러진 이 콘퍼런스는 환자경험에 초점을 맞춘 최초의 국제 회의였다.

사우디아라비아 보건복지부 장관이었던 압둘아지즈Abdullah bin Abdulaziz Al-Rabeeah가 환자제일주의를 자기 조직의 모토로 채택했다. "환자제일주의가 이 땅의 모든 의사들이 마땅히 지켜야 할 기본 행동 방침"[1]이라고 강조했다. 그의 후임인 아델 파키흐Adel Fakieh 임시 장관 역시 환자경험을 개선하는 일을 최우선 과제로 삼고 있다. "환자의 권리와 관계patient rights and relations"라는 표현을 쓰는 것에서 알 수 있듯이 사우디 당국의 환자경험과 우리의 환자경험의 의미가 약간 다를 수도 있다. 하지만 환자와 보호자는 정중하고 품격 있으며 감정이 교류하는 의료를 받아야 한다는 목표가 동일하고, 의료계 종사자들 모두는 이를 이해하고 실천해야 한다는 점에서 어려움 또한 비슷하다.

클리블랜드 클리닉이 사우디 보건복지부와 협력하여 얀부Yanbu에서 개최한 '환자 권리와 관계 회담'에는 400여 명의 정부 관리가 참석했다. 하버드대학교에서 정형외과 과정을 수련한 후 사우디에서 가장 큰 의료 운영 컨소시엄 회사인 의료발전 지주회사Healthcare Development Holding Co.를 운영하는 와엘 카와크Wael Kaawach 회장이 회담을 적극 후원해 주었다. 환자중심에 관한 그의 헌신은 자국민의 의료서비스를 향상시키려는 열망에서 시작되었다. 질병과 관련된 중요한 요소 중 하나가 문화이므로 문화가 경험에 반드시 반영되어야 한다는 점을 부각시키며 카와크는 이렇게 말했다. "이슬람교도들은 병이나 죽음이 닥치면 기도를 통해 참고 견디면서 받아들입니다. 병을 자신이 지은 죗값을 치루는 일로 여기죠."[2] 그는 이슬람 문화권 의료인들은 동정과 공감 외에 자비까지도 보여 주어야 한다고 강조했다. 변화를 이끄는 그의 열망과 정열은 국민에 대한 헌신 이상의 요인이 작용했다. 본인이 암을 극복하는 과정을 통해 환자 입장이 되어 본 이후로 의료 체계의 변화가 필요하다는 점을 절감했던 것이다. 카와크는 전 세계인의 공통 관심사를 보여 주고 있다. 환자경험을 증진하려는 노력은 대체로 환자중심 진료의 어려움을 일선에서 직접 경험한 개개인의 열정에 의해 생겨난다.

아부다비 병원관리청Abu Dhabi Health Services Company, SEHA의 청장 겸 이사인 사이프 베더 알 쿠바이시Saif Bader Al Qubaisi는 리더십 수련회에 참석하여 여러 리더들의 헌신과 노고를 치하했다. 회의장을 가득 메운 의료인들에게 그는 인정받는 지도자였다. "여러분은 매우 힘든 일을 하고 계십니다." 최근 SEHA는 전체 조직의 중심을 환자에 두고 직원들의 적극적이고 자발적인 참여를 높이기 위한 변혁적 노력을 기울이고 있다.

한국의 의학 전문 주간지 〈청년의사The Korean Doctors' Weekly〉의 발행인인 명지병원 이왕준 이사장은 오랫동안 환자경험에 심혈을 기울여 왔다. 명지병원의 항암주사실은 통 유리창을 통해 잘 가꿔진 정원이 내다보이는 친환경 치유 공간을 표방한다. IT기술에 힘입어, 사전에 입력된 환자의 개별 정보 카드를 토대로 맞춤화된 치료실에서 자신이 좋아하는 음악과 향기, 조명 아래 선형가속기를 이용한 방사선 치료를 받을 수 있다. 이런 투자와 기술은 모두 오로지 한 가지 목표, 환자경험 개선을 위한 노력에서 비롯되었다. 환자경험에 대한 관심은 삼성서울병원과 연세대학교 세브란스병원에서도 최근 증폭되고 있다.

클리블랜드 클리닉 의학연구소의 소장인 데이비드 롱워스와 나는 터키 이스탄불에서 제너럴 일렉트릭사가 후원하는 '리더십 개발 콘퍼런스'를 개최했고 그 자리에는 중동과 아프리카 등지의 병원 경영자와 정부 관계자들이 대거 참석했다. 우리는 각국의 환자경험 상황을 되돌아보며 개선 방안이나 장애물이 무엇인지 물어보는 과정을 통해 참가자들의 생각을 자극했다. 마지막 평가를 하는 자리에서 뜨거운 열기를 실감할 수 있었다. 모두가 하나가 되어 '환자제일주의, 전략적 우선순위, 리더십'이라는 핵심 명제에 동의했다. 그때까지만 해도 참석자들은 새롭게 변신한 환자경험 개념을 접해 보지 못한 상태였다. 콘퍼런스가 끝나자마자 아프리카의 한 병원 경영자가 나를 붙잡으며 말했다. "우리가 누구이며, 우리의 문제점이 무엇인지를 잘 짚어 주셨습니다. 저는 여태껏 직원과 환자를 서로 이어 주지 못했는데, 이게 바로 우리가 해야 할 일임을 깨닫게 되었습니다." 몇 달이 지난 현재, 콘퍼런스에 참가했던 정부와 의료 경영자들은 환자경험을 높이기 위해 클리블랜드 클리닉의 조언을 구하고 있다.

'홍콩 병원국 컨벤션'의 개회식에서 최고경영자 P. Y. 룽Leung은 미래 의료 서비스의 관건이 "치료가 아닌 보살핌"이라고 주장했다.[3] 그는 인간 중심의 진료가 병원국 전략의 근간을 이루고 있음을 재차 확인시켜 주었다. 회의 내내 팀워크와 안전, 문화에 대한 논의가 끊임없이 이어졌다.

캐나다 의사협회Canadian Medical Association와 캐나다 의사 임원 모임Canadian Society of Physician Executives이 연합하여 개최한 '캐나다 의사 리더십에 관한 콘퍼

런스에 참석한 나는 높은 가치의 진료 전달을 위해 환자경험이 얼마나 중요한지 역설하는 기조연설을 했다. 캐나다는 통합 의료 체계 서비스의 모델이 되어 왔으며 세계적으로 뛰어난 의사와 병원이 많기로 유명하다. 회담 내내 많은 의사들이 이제 우리 또한 환자중심 진료의 본보기가 되어야 할 때라고 말해 주었다. 문화 분야의 국제적인 연설가로 알려진 캐나다 의사협회의 루이스 휴고 프란세스커티Louis Hugo Francescutti 회장은 캐나다 역시 다른 나라들처럼 환자들을 중심으로 모든 의료를 진행해야 한다는 당면 과제에 직면했음을 인정했다.

나는 의료계의 주요 인사들을 두루 알게 되는 영광을 누려 왔고, 세계 곳곳의 병원이나 의료 단체, 의사 집단, 이사회에서 연설하는 특권을 갖기도 했다. 의료와 무관한 경영자들 역시 한목소리로 고객중심이 최상의 전략이라고 주장한다. 다른 분야에 종사하는 사람들을 만나고 이야기를 나눈 경험 역시 너무나 소중하다. 나만의 신조가 하나 있다. 환자경험에 관한 일로 출장길에 오를 때마다 최소한 한 가지라도 도움이 될 만한 아이디어를 배우겠다고 마음먹고 가는데, 그러지 못한 경우 그 출장은 실패로 간주한다. 우리는 반드시 서로 배우고 정보를 공유하면서 모두 함께 환자를 위해 하는 일을 발전시켜 나가야만 한다.

환자제일주의를 향해 한 걸음 더 나아가고 환자경험 전략을 실행하는 일은 우리 병원이나 당신의 병원, 또는 미국이라는 한 나라에 국한되어서는 안 된다. 이 길이야말로 올바른 길이며 안전과 높은 질을 포함해 조직의 다양한 영역에서 효율성에 영향을 주는 길이므로 전 세계가 통하는 길이 되어야 한다.

나로 하여금 환자경험의 중요성을 한시도 잊지 못하게 만든 일이 있다. 내가 환자경험최고관리자가 된 지 5년이 조금 안 되었을 때 열렸던 환자경험 콘퍼런스에서였다. 우리의 스폰서인 존슨 앤 존슨이 "보살핌의 벽caring wall"을 만들어 준 것이다. 환자와 의료인들이 서로의 소중한 감정이나 느낌, 이야기들을 나누고, 이를 전문 삽화가가 그림으로 표현한 의미 있는 공간이었다. 여기에는 절절한 사연과 공감, 사랑과 배려 등을 나타내는 그림들로 가득 차 있었다. 그중에서도 내 마음에 가장 와 닿았던 부분은 "왜?"라는 질문에 대한 답을 설명하는 표현이었다. "나의 엄마, 아빠, 딸과 아들, 또는 나 자신이 환자가 될 수도 있기 때문에."(그림 E.1) 더 이상 무슨 말이 필요하겠는가?

얼마 전에 코스그로브가 내게 이런 말을 건넸다. "내가 한 일 중에 가장 잘한 일은 우리가 여기에 있는 존재의 이유가 바로 환자라는 사실을 명시했다는 점입니다."[4] 그는 클리블랜드 클리닉을 새롭게 일치시키는 여정에서 환자우선주의를 도입했다. 전국 병원의 우선순위 맨 위에 올라, 규제 기관뿐만 아니라 전 세계의 고용주, 보험사, 환자로부터 점차 많은 관심을 받고 있는 환자경험을 앞서 실시할 수 있었던 우리는 행운아이다.

이제는 당신이 이끌 차례다. 당신의 움직임이 의료 제공에 무엇보다 중요한 역할을 하게 될 것이다. 자, 이제 같이 시작해 보자.

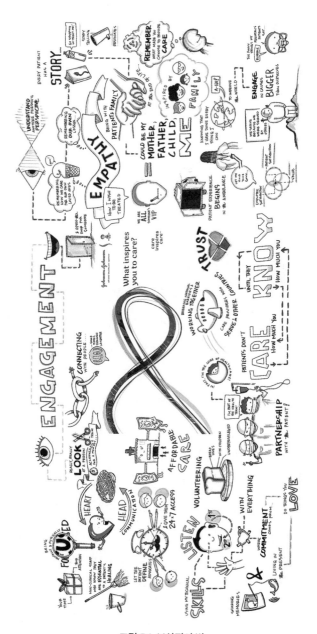

그림 E.1. 보살핌의 벽

감사의 말

의료의 길에 발을 디디는 순간부터 만났던 많은 환자들 덕분에 지금의 내가 될 수 있었다. 의대생 시절에 처음으로 맡았던 환자에서부터 현재 담당하고 있는 환자들 한 명 한 명이 내게 가르침과 용기를 주었고, 다르게 생각하고 더 많이 관심을 기울이라는 자극을 주었다. 나로 하여금 공감과 감정이입이라는 선물을 알게 해 주었다. 마음을 열어 자신들의 개인적인 삶으로 나를 초대해 준 그들에게 고마움을 전한다. 그리고 그 고마운 마음을, 헬스케어 전역에서 사람들을 보살피는 숭고한 책임을 나누는 놀라운 사람들, 즉 나의 케어기버 동료들에게도 전하고 싶다.

나의 가장 친한 친구인 아내 에이미Amy의 지지와 응원이 없었다면 가정에서나 직장에서 안정된 삶을 누리지 못했을 것이다. 에이미는 내가 환자중심 의료에 주목하기 시작했을 때부터 나와 생각을 같이했으며, 환자중심의 문화를 클리블랜드 클리닉에 안착시키는 과정 내내 격려를 아끼지 않았다. 아내의 희생 덕분에 밤과 주말에도 이 책에 매달릴 수 있었다.

내 아버지의 성함은 카르멘Carmen이다. 지금의 내가 있기까지 아버지와 어머니 셜리Shirley, 그리고 나의 형제인 수Sue와 톰Tom의 도움이 컸다.

클리블랜드 클리닉의 원장이자 최고경영자인 토비 코스그로브와 직원 대표인 조 한^{Joe Hahn}은 내게 전열을 가다듬고 새로운 시도를 펼칠 수 있는 멋진 기회를 마련해 주었다. 그 당시 아무도 관심을 갖지 않던 환자경험을 추진하는 토비의 시각은 '파괴적 의료 혁신'이었다. 토비와 조의 든든한 지원 아래 우리는 불가능해 보였던 생각들을 하나둘씩 구체화하기 시작했다. 한 치의 흔들림 없이 전폭적으로 지지를 보내 준 두 사람에게는 그 어떤 말로 고마움을 표현해도 부족할 따름이다.

친구가 되어 주었던 간호부원장 켈리 핸콕은 자신감이 넘쳤고, 환자경험 향상을 위해 노력을 기울이던 초반부터 중요한 협력자의 역할을 해 왔다. 우리가 성공에 이르기까지 누구보다 그녀의 공이 컸다. 켈리의 열정, 후원, 결단력과 직감이 없었더라면 아무런 성과도 거두지 못했을 것이다. 그녀는 우리의 병원을 넘어 미국 전역에서 탁월한 지도자로 높이 존경받고 있다.

대장항문외과의 수장 페자 렘지는 전임의 수련을 같이 받은 동료이자 임상적으로는 내 멘토이기도 하다. 그는 내게 환자와의 개인적 유대감의 가치를 알려 주고 따뜻한 마음과 휴머니즘을 보여 준 롤모델이기도 하다. 아버지를 여읜 후 상심에 빠진 나를 일으켜 준 사람도, 클리블랜드 클리닉이 추구해야 할 바를 처음으로 일깨워 준 사람도 바로 그였다. 나로 하여금 클리블랜드 클리닉에 머무를 수 있게 한 그는 평생 은혜를 갚아도 모자란 사람이다.

클리블랜드 클리닉 타우식 암센터를 이끄는 브라이언 볼웰은 내가 힘든 시기를 버텨 내고 환자경험최고관리자의 자리에 계속 있을 수 있도록 끊임없는 격려를 보내 주었다. 특히 환자와 관련하여 옳은 일에 대해 용기 있게 발언해야 한다는 점을 가르쳐 준 훌륭한 지도자이다.

아난스 라만은 환자경험의 시작 단계부터 마음이 척척 맞았던 친구이자 멘토이다. 실행의 중요성을 강조하고 새로운 시각으로 현상을 바라보도록 격려해 준 그의 조언 덕분에 오늘날의 성공이 가능했다고 볼 수 있다. 그는 이 여정에서 올곧고 변함없는 안내자와 같은 존재였다.

클리블랜드 클리닉에서 10년간 경력을 쌓은 데이비드 롱워스는 보스턴 헬스시스템으로 자리를 옮겼다. 거기에서 10년을 보낸 후 다시 클리블랜드 클리닉의 의학과장으로 돌아왔다. 그는 '이전과 이후'를 비교하는 척도가 되어 현재 상황이 과거보다 낫다면서 나를 항상 안심시켜 주었다. 놀라운 정신력의 소유자인 그는 내게 환자경험에 관해 많은 영감을 주는 뮤즈나 다름없다.

애드리안 보이시는 내가 부임한 첫날부터 내 편에 서 주었다. 열정적이면서도 헌신적인 그녀는 환자를 위해 옳고 필요한 것을 제공해야 한다고 주장했다. 그녀의 노력으로 의사 문화가 한 걸음 더 발전할 수 있었다. 그 노력은 전 세계 의료서비스에도 의미 있는 변화를 불러올 것이다.

임상서비스최고관리자 신시아 훈돌핀은 이 임상적 기업을 이끄는 책임을 맡고 있다. 즉 클리블랜드 클리닉의 엔진이라 할 수 있으며, 거대한 조직체를 이처럼 효율적으로 관리하는 사람은 찾기 힘들 것이다. 신시아는 초창기부터 중요한 멘토의 역할을 톡톡히 해 왔다. 전 과정에 걸쳐 격려와 지도, 지원을 아끼지 않은 든든한 조력자였다. 브라이언 볼웰이 내게 달릴 수 있는 힘을 주었다면 신시아는 내게 오래 버틸 수 있는 힘을 주었다.

린다 맥휴Linda McHugh는 운영위원회의 경영관리 중역으로서, 토비 코스그로브를 여러모로 도와 왔다. 그녀는 오랜 세월 자신과 함께 성장한 클리블랜드 클리닉을 세계 최고의 심장센터로 만드는 등 엄청난 성공의 견인차 역할을 했다. 내가 환자경험최고관리자로 있는 내내 안내자이자 친구, 멘토가 되어 주었다. 또한 이 책의 원고를 꼼꼼히 읽은 후 오류들을 짚어 주고 객관적이면서 진솔한 조언을 보냈다.

키코프의 회장 겸 최고경영자 베스 무니는 클리블랜드 클리닉 이사회의 임원이자 환자안전과 경험 및 질관리 위원회^{Safety, Quality, and Patient Experience Committee} 회장직을 맡고 있다. 그녀는 고객경험 부문에서의 차별화 전략으로 최고의 성과를 거둔 뛰어난 지도자이다. 내게 프로처럼 행동하고 생각하는 법을 가르쳐 주었으며, 우리가 단기적인 성과를 밑거름 삼아 장기적인 성공으로 키워 나갈 수 있는 능력을 과정 초반부터 키워 주었다. 원고를 검토해서 비평해 주고 멋진 추천사까지 써 준 데 대해 깊이 감사드린다.

빌 피콕^{Bill Peacock}, 짐 베네딕트^{Jim Benedict}, 롭 스톨^{Rob Stall}, 이제는 고인이 된 빌 러시홉트^{Bill Ruschhaupt}가 있어 국제적으로 환자경험이라는 족적을 남길 수 있었다. 내게 세계의 의료 상황을 알려 주었을 뿐만 아니라 고정관념을 깨야만 다른 문화들을 수용할 수 있음을 깨닫게 해 주었다.

마크 해리슨은 나와 같은 시기에 최고관리자직을 시작했지만 의료 지도자 경력은 나보다 훨씬 길다. 똑똑하면서 빼어난 지도자인 그는 누구보다도 의료계 이면에 대해 자세하게 꿰고 있었다. 의구심, 논쟁, 책임, 정직의 중요성을 역설하며 막막하던 초창기에 길을 밝혀 주었다.

톰 그레이엄^{Tom Graham}은 혁신의 선봉에서 우리를 이끌어 주었다. 총명한 그는 뛰어난 사업 감각을 발휘하여 의료계에 활기를 불어넣었고, 그를 비롯한 팀원들은 우리의 성공을 외부에 알리는 법을 가르쳐 주었다.

나는 농담 삼아 "개인 편집자를 두고 있다."고 자랑하곤 한다. 맥그로힐 출판사의 케이시 에브로^{Casey Ebro}는 이 책의 첫 글을 쓸 때부터 안내자 역할을 해 왔다. 그녀처럼 다정하고 탐구적이면서 놀라운 정신력까지 겸비한 사람을 만나 본 적이 없다. 나를 똑똑하게 보이게 하고 책도 근사하게 나오게 해 준 장본인이다.

학창 시절부터 글쓰기에 자신이 없었던 나는 의사들의 필적이 알아보기 힘들다는 사실에 왠지 늘 마음이 끌렸었다. 베스 브룸바^{Beth Brumbaugh}는 내 문장들을 다듬어 읽기 편한 문장들로 만들어 주었다. 문구 하나하나 꼼꼼히 점검하여 누구나 읽기 쉬운 책을 만들어 준 그녀에게 고마운 마음을 전하고 싶다. 그녀의 특출한 재능 덕분에 덩달아 나의 글쓰기 실력도 나아진 것 같다.

뒷받침해 주는 훌륭한 팀원들이 없으면 성공한 지도자가 아니라는 동료의 말을 환자경험을 추진하는 과정 내내 뼈저리게 실감했다. 나보다 더 똑똑하고 유능한 사람들, 제니퍼 프라가마네, 카르멘 케스트라넥, 스테이시 팔로따, 메리 린다 리베라, 톰 버논, 도나 자벨 등이 옆에 있었기에 이 성공이 가능했다.

좋은 지도자가 되는 최고의 방법은 주변의 존경할 만한 인물들의 특질과 기술을 배우는 일이다. 운영진, 의사 및 간호사 대표, 관리책임자 등을 포함해 엄청난 능력자들과 함께 일할 수 있어서 매우 큰 영광이었음을 밝히고 싶다. 그들에게서 많이 배웠고 함께했기에 새 역사를 쓸 수 있었다.

환자 곁에서 열심히 일하면서 병원을 변화시키고 세계에게 으뜸가는 환자경험을 만들어 낸 숨은 주역들이 셀 수 없이 많은데 일일이 거론하지 못해서 죄송할 따름이다. 하지만 이 책은 그분들에 대한 책이며, 우리가 이룬 성과 역시 그분들의 것임을 분명히 밝히며 진심 어린 감사를 보낸다.

토비는 종종 클리블랜드 클리닉이 놀라운 발판의 역할을 한다고 이야기한다. 활기차고 진취적인 사람들이 서로 한마음이 되어 다른 누구도 이루지 못할 성공을 창조해 내는 멋진 곳이라는 말이다. 토비의 말이 옳다. 클리블랜드 클리닉의 성공이 어느 한 사람의 힘으로 이룩했다고 믿는 것은 잘못이다. 클리블랜드 클리닉은 집단적 성공을 부르는 특별하고 혁신적인 발판을 제공한다. 그 발판은 뭐라 설명하기 힘든, 눈에 보이지는 않는 것이지만 그것을 통해 우리가 일구어 낸 성공은 현실이고 실제로 존재한다.

주석

머리말

1. Bruce G. Wolff, James W. Fleshman, David E. Beck, John H. Pemberton, and Steven D. Wexner, eds., *The ASCRS Textbook of Colon and Rectal Surgery*, 1st ed. (New York: Springer Science + Business Media, LLC, 2007), 584-600.
2. "Inflammatory Bowel Disease (IBD)," The Centers for Disease Control and Prevention, accessed March 24, 2014, www.cdc.gov/ibd/.
3. Dana Bernstein and Feza Remzi (Chair, Department of Colorectal Surgery, Cleveland Clinic), in multiple discussions with the author over the period January-April 2014.

제2장

1. Sherwin B. Nuland, *Doctors: The Biography of Medicine* (New York: Alfred P. Knopf, 1988), xv.
2. Toby Cosgrove (Chairman and CEO, Cleveland Clinic), in discussion with the author, October 21, 2013.
3. Delos "Toby" Cosgrove, *The Cleveland Clinic Way* (New York: McGraw-Hill, 2013), 116.
4. Cosgrove, in discussion with the author, October 21, 2013.
5. Jon Picoult, "The Watermark Consulting 2013 Customer Experience ROI Study," *WaterRemarks* (blog), April 2, 2013, www.watermarkconsult.net/blog/2013/04/02/the-watermark-consulting-2013-customer-experience-roi-study/.

6. Megan Burns, Harley Manning, Allison Stone, and Jason Knott, *The Customer Experience Index*, 2013 (Cambridge, MA: Forrester Research, 2013).

7. "Culture & Diversity," Disney Careers, accessed June 24, 2014, http://disney careers.com/en/working-here/culture-diversity/.

8. Alan Siegel (CEO of Siegelvision), in discussion with the author, July 7, 2014.

9. John T. Chambers (Chairman and CEO, Cisco Systems), in discussion with Cleveland Clinic executive leadership team, March 8, 2012.

10. Harley Manning, "Outside In" (lecture, 3rd Annual Patient Experience: Empathy & Innovation Summit, Cleveland, OH, May 20-22, 2012).

11. 1988년 북해에서 석유시추선이 폭발했을 당시 선원들은 바닷물에 뛰어드느냐 아니면 무너지는 선박 위에서 죽느냐를 놓고 선택해야만 했다. 전문가들은 조직의 변화를 촉구하거나 동기를 부여할 때 직원들의 호응을 얻기 위해 이 "불타는 갑판"이라는 비유를 들어 위기의식을 불러일으킨다. Daryl Conner, "The Real Story of the Burning Platform," *Change Thinking* (blog), August 15, 2012, www.connerpartners.com/frameworks-and-processes/the-real-story-of-the-burning-platform.

12. "The 8-Step Process for Leading Change," Kotter International, accessed January 21, 2013, http://www.kotterinternational.com/our-principles/changesteps.

13. Melvin Samsom (Chairman of the Executive Board, Radboud University Nijmegen Medical Center) and Lucien Engelen (Director, REshape & Innovation Center, Radboud University Nijmegen Medical Center), in discussion with the author, November 2013.

제3장

1. "CEO Report: Optimism on the Upswing," 12, HealthLeaders Media, January 2013.

2. "Patient Experience Beyond HCAHPS: Care Coordination and Cultural Transformation," HealthLeaders Media Council Special Report, August 2013.

3. Delos "Toby" Cosgrove, *The Cleveland Clinic Way* (New York: McGraw-Hill, 2013), 109.

4. A story recounted by Cosgrove and Medoff Barnett at the 1st Annual Patient Experience: Empathy & Innovation Summit. May 25, 2010.

5. Paul Hagen, "The Rise of the Chief Customer Officer," Paul Hagen's Blog, Forrester Research Inc., January 24, 2011, http://blogs.forrester.com/paul_hagen/11-01-24-the_rise_of_the_chief_

customer_officer.

6. John Commins, "Experience the Patient," *HealthLeaders* magazine, June 2012, accessed online February 1, 2014, www.healthleadersmedia.com/content/MAG-281208/Experience-the-Patient.

7. Anthony Cirillo, "The New CEO-Chief Experience Officer," *HealthLeaders News*, March 28, 2007, accessed online February 2, 2014, www.health leadersmedia.com/content/88259/topic/WS_HLM2_HOM/The-New-CEOChief-Experience-Officer.html##.

8. Marc Boom (President and CEO, Methodist Houston), in discussion with the author, September 2013.

9. David T. Feinberg, CEO panel discussion, 4th Annual Patient Experience: Empathy & Innovation Summit, May 20, 2013.

10. Steven Glass (Chief Financial Officer, Cleveland Clinic), in discussion with the author, March 27, 2012.

11. J. Michael Henderson (Chief Quality Officer, Cleveland Clinic), in discussion with the author, April 1, 2014.

제4장

1. "Blind Men and an Elephant," *Wikipedia*, last modified January 15, 2014, accessed January 22, 2014, http://en.wikipedia.org/wiki/Blind_men_and_an_elephant.

2. Jacqueline Fellows, "New Approaches to Patient Experience," *HealthLeaders* magazine, August 13, 2013, www.healthleadersmedia.com/content/MAG-295064/New-Approaches-to-Patient-Experience.

3. Jennifer Robison, "What Is the Patient Experience?," *Gallup Business Journal*, September 30, 2010, accessed January 22, 2013, http://businessjournal.gallup.com/content/143258/patient-experience.aspx.

4. Kai Falkenberg, "Why Rating Your Doctor Is Bad for Your Health," *Forbes*, January 2, 2014, accessed January 22, 2014, www.forbes.com/sites/kaifalkenberg/2013/01/02/why-rating-your-doctor-is-bad-for-your-health/.

5. Harley Manning (Vice President and Research Director Serving Customer Experience Professionals, Forrester Research), presentation at the 3rd Annual Patient Experience Summit, Cleveland, OH, May 21, 2012.

6. *Merriam-Webster's Collegiate Dictionary*, accessed January 23, 2014, www.merriam-webster.com/dictionary/experience.

7. Amy Fiern, David Betts, and Toni Tribble, "The Patient Experience: Strategies and Approaches for Providers to Achieve and Maintain a Competitive Advantage," accessed January 23, 2014, www.deloitte.com/assets/Dcom-UnitedStates/Local%20Assets/Documents/us_lshc_ThePatientExperience_072809.pdf.

8. Robison, "What Is the Patient Experience?"

9. "Defining Patient Experience," The Beryl Institute, accessed January 23, 2014, www.berylinstitute.org/?page=definingpatientexp.

10. D. A. Redelmeier, J. Katz, and D. Kahneman, "Memories of Colonoscopy: A Randomized Trial," Pain 104 (July 2003): 187-194.

11. Jennifer Woodward. "Effects of Rounding on Patient Satisfaction and Patient Safety on a Medical-Surgical Unit," *Clinical Nurse Specialist*, 23, no. 4 (2009): 200-206.

12. Leah Binder, "The Courage and Triumph of the Patient," *Forbes Pharma and Healthcare* (blog), December 11, 2013, www.forbes.com/sites/leahbinder/2013/12/11/the-courage-and-triumph-of-the-patient/.

제5장

1. John D. Clough, *To Act as a Unit: The Story of the Cleveland Clinic* (Cleveland, OH: Cleveland Clinic Press, 2005), 1-47.

2. A. Marc Harrison (Chief Executive Officer of Cleveland Clinic Abu Dhabi), in discussion with the author, August 2, 2014.

3. Joseph Scaminace (CEO OM Group, Inc.), in conversation with the author, August 2009.

4. Michael Watkins, "Organizational Immunology," *Harvard Business Review*(blog), June 11, 2007, http://blogs.hbr.org/2007/06/organizational-immunology-part-1/.

5. Melvin Samsom (Chairman of the Executive Board, Radboud University Nijmegen Medical Center), in discussion with the author, November, 2013.

6. Paul Hagen, Harley Manning, and Jennifer Peterson, *How to Build a Customer-Centric Culture* (Cambridge, MA: Forrester Research, 2010), 4.

7. Edgar H. Schein, *Organizational Culture and Leadership*, 4th ed. (San Francisco: Jossey-Bass,

2010).

. Elizabeth G. Chambers, Mark Foulon, Helen Handfield-Jones, Steven M. Hankin, and Edward G. Michaels III, "The War for Talent," *McKinsey Quarterly* 3 (1998): 44-57.

9. Wikipedia, s.v. "talent management," last modified October 2, 2013, http://en.wikipedia.org/wiki/talent_management#cite_note-war-2.

10. Jenn Lim, keynote at 5th Annual Patient Experience: Empathy & Innovation Summit, May 19, 2014.

11. "Careers at The Ritz-Carlton," The Ritz-Carlton, accessed February 12, 2014, www.marriott.com/ritz-carlton-careers/default.mi.

12. The Joint Commission, *National Patient Safety Goals* (2010), accessed February 12, 2014, www.jointcommission.org/assets/1/18/hap_2010_npsg.pdf.

제6장

1. James I. Merlino, "Conversations with the CEO: Dr. Marc Boom of Houston Methodist," Association for Patient Experience, September 30, 2013, www.patient-experience.org/Education-Research/Articles/Conversations-with-the-CEO-Dr-Marc-Boom-of-Houston.aspx.

2. I CARE 개념은 2004년 교육자 크리스 르 보도Chris Le Baudour가 응급의료서비스의 윤리와 가치 시간에 수업한 내용으로, 그는 학생들에게 개인의 가장 중요한 다섯 가지 가치를 적게 한 후 크리스 놀레테Chris Nollette 박사와 함께 이 가치들을 일목요연하게 정리했다. 이 이론은 의료계를 비롯한 다양한 분야에 활용되고 있다. "The I CARE Story," I CARE, accessed February 15, 2014, www.icarevalues.org/story.

3. Adapted from Dr. William Glasser's work on retention rates.

4. Lead reviewer, Joint Commission, debrief with Clinic executive team, October 21, 2010.

제7장

1. Association of American Medical Colleges, *Medical Student Education: Debt, Costs, and Loan Repayment Fact Card*, October, 2013, accessed March 19, 2014, www.aamc.org/download/152968/

data/debtfactcard.pdf.

2. Althea Chang, "The Most and Least Trusted Occupations," *Yahoo Finance*(blog), August 9, 2013, http://finance.yahoo.com/blogs/big-data-download/most-least-trusted-occupations-160721749. html.

3. "Honesty/Ethics in Professions," Gallup, Inc., December 5-8, 2013, accessed March 19, 2014, www.gallup.com/poll/1654/honesty-ethics-professions.aspx.

4. "Doctor Contests Revocation of Hospital Privileges," *Associated Press*, January 22, 2014.

5. Zack Budryk, "Hospital Bullies Pose a Danger to Patient Safety," *Fierce Healthcare* (blog), February 3, 2014, www.fiercehealthcare.com/story/hospital-bullies-pose-danger-patient-safety/2014-02-03.

6. Ibid.

7. Thomas H. Lee, "Turning Doctors into Leaders," *Harvard Business Review*, April 2010, 50-58.

8. Thomas H. Lee and Toby Cosgrove, "Engaging Doctors in the Health Care Revolution," *Harvard Business Review*, June 2014, 3-9.

9. Ibid.

10. "How Does Your Doctor Compare?," *Consumer Reports Health: Special Report for Massachusetts Residents*, May 31, 2012.

제8장

1. Institute of Medicine, *Crossing the Quality Chasm: A New Health System for the 21st Century* (Washington, DC: National Academies Press, 2001).

2. "The CAHPS Program," Agency for Healthcare Research and Quality, accessed July 9, 2014, https://cahps.ahrq.gov/about-cahps/cahps-program/index.html.

3. "HCAHPS: Patients' Perspectives of Care Survey," Centers for Medicare & Medicaid Services, accessed February 4, 2014, www.cms.gov/Medicare/Quality-Initiatives-Patient-Assessment-Instruments/HospitalQualityInits/HospitalHCAHPS.html.

4. Ibid.

5. J. A. O'Malley, A. M. Zaslavsky, R. D. Hays, K. A. Hepner, et al., "Exploratory Factor Analysis of the CAHPS Hospital Pilot Survey Responses Across and Within Medical, Surgical, and Obstetric Services," *Health Services Research 40*, no. 6 (2005): 2078-2088.

6. M. N. Elliot, D. E. Kanouse, C. A. Edwards, and L. H. Hibourne, "Components of Care Vary in Importance for Overall Patient-Reported Experience by Type of Hospitalization.," *Medical Care* 47, no. 8 (2009): 842-848.

7. "Patient-Mix Coefficients for July 2014 Publicly Reported HCAHPS Results," www.hcahpsonline. org/files/Coefficients_for_July_2014_Public_Reporting_03-18-2014.pdf.

8. D. M. Clarke, I. H. Minas, and G.W. Stuart, "The Prevalence of Psychiatric Morbidity in General Hospital Patients.," *Aust NZJ Psychiatry* 25 (1991): 322-329.

제9장

1. Wikipedia, s.v. "best practices," last modified January 21, 2014, http://en.wikipedia.org/wiki/ Best_practice.

2. Margo A. Halm, "Hourly Rounds: What Does the Evidence Indicate?," *American Journal of Critical Care* (November 2009): 5814, doi:10.4037/ajcc2009350.

제10장

1. Micah Solomon, "Improving the Patient Experience: Why Hospitals Consulting Other Hospitals Won't Fix Healthcare," *Forbes*, June 20, 2014.

2. Robert Johnston, "Towards a Better Understanding of Service Excellence," *Managing Service Quality* 14, no. 2/3 (2004): 129-133.

3. Wikipedia, s.v. "service excellence-healthcare," last modified January 27, 2014, http://en.wikipedia. org/wiki/Service_Excellence_%E2%80%93_Health_Care.

4. Adapted from Paul R. Timm, *Customer Service: Career Success Through Customer Satisfaction* (Upper Saddle River, NJ: Prentice-Hall, 2001), 59.

5. AboutFace, http://aboutfacecorp.com/services/customer-experience-serivces/cx-products/service-recovery-index/.

6. Myron D. Fottler, Robert C. Ford, and Cherrill P. Heaton, *Achieving Service Excellence: Strategies for Healthcare* (Chicago: Health Administration Press,2009), 359-382.

7. Daniel Goleman, *Emotional Intelligence* (New York: Bantam, 1995).

8. *Every Life Has a Story . . . If We Only Bother to Read It*, CFA Properties, Inc., accessed February 19, 2014, www.cathyfamily.com/resources/videos/every-life-has-a-story.aspx.

제11장

1. Osbourne Bodden (Minister of Health, Cayman Islands), in discussion with the author, October 16, 2013.

2. M. K. Marvel, R. M. Epstein, K. Flowers, and H. B. Beckman, "Soliciting the Patient's Agenda: Have We Improved?," *Journal of the American Medical Association* 281, no. 3 (January 20, 1999): 283-287, www.ncbi.nlm.nih.gov/pubmed/9918487.

3. David L. Longworth, MD (Associate Chief of Staff for Professional Staff Affairs, Cleveland Clinic), in discussion with the author.

4. 뉴욕 주에서 심장외과 보고시스템을 개발할 때 이와 유사한 방법을 시작했다. 뉴욕 주는 1989년부터 심장 수술 결과 자료를 수집하고 대중에게 공개해 왔다. 결과가 나쁜 심장 수술 의사들Open-heart surgeons과 수술 프로그램들은 환자의 궁극적인 혜택을 위해 결과를 향상시켜야 했거나 아니면 수술을 접어야 했다. See "Adult Cardiac Surgery in New York State," New York State Department of Health, accessed February 9, 2014, www.health.ny.gov/statistics/diseases/cardiovascular/.

5. 상대가치점수relative value unit, RVU는 메디케어가 의사들의 서비스에 대한 환급 공식에서 사용하는 가치의 측정을 말한다. See "The Medicare Physician Payment Schedule," *American Medical Association*, accessed February 9, 2014, www.ama-assn.org/ama/pub/physician-resources/solutions-managing-your-practice/coding-billing-insurance/medicare/the-medicare-physician-payment-schedule.page.

6. James I. Merlino and Robert W. Coulton, "Enhancing Physician Communication with Patients at Cleveland Clinic," *Group Practice Journal* 61, no. 2 (February 2012): 24-32.

7. Richard M. Frankel and Terry Stein, "Getting the Most out of the Clinical Encounter: The Four Habits Model," *The Permanente Journal* 3, no. 3 (Fall 1999): 79-88, http://xnet.kp.org/permanentejournal/fall99pj/habits.html.

8. 표준화 환자는 의학 지도의 목적 아래 환자 역할을 대행하는 사람을 말한다.

9. L. M. L. Ong, J. C. J. M. DeHaes, A. M. Hoos, and F. B. Lammes, "Doctor-Patient Communication:

A Review of the Literature," *Social Science & Medicine* 40(1995): 903-918.

10. Debra L. Roter, Judith A. Hall, David E. Kern, Randol Barker, Karan A. Cole, and Robert P Roca, "Improving Physicians Interviewing Skills and Reducing Patients Emotional Distress: A Randomized Clinical Trial," *Archives of Internal Medicine* 155, no. 17 (1995): 1877-1884.

11. Kelly B. Haskard Zolnierrek, and M. Robin DiMatteo, "Physician Communication and Patient Adherence to Treatment: A Meta-analysis," *Medical Care* 47, no. 8 (August 2009): 826-834.

12. M. A. Stewart, "Effective Physician-Patient Communication and Health Outcomes: A Review," *CMAJ* 152, no. 9 (May 1995): 1423-1433.

13. Wendy Levinson, Rita Gorawara-Bhat, and Jennifer Lamb, "A Study of Patient Clues and Physician Responses in Primary Care and Surgical Settings," *Journal of the American Medical Association* 284, no. 8 (2000): 1021-1027.

14. A. L. Suchman, D. Roter, M. Lipkin Jr., and the Collaborative Study Group of the Task Force on Medical Interviewing, "Physician Satisfaction with Primary Care Office Visits," *Medical Care* 31, no. 12 (1993): 1083-92.

15. Evelyn Theiss, "Art of Patient Satisfaction Meets the Science of Medicine," *Cleveland Plain Dealer*, June 11, 2012, www.cleveland.com/healthfit/index.ssf/2012/06/the_art_of_patient_satisfaction. html.

제12장

1. "About Dave," e-Patient Dave, accessed March 9, 2014, www.epatientdave.com/ about-dave/.

2. Stacy Lu, "What Makes a Doctor-Patient Partnership Flourish?," *TEDMED 2012* (blog), October 22, 2012, http://blog.tedmed.com/?p=2178.

3. *Merriam-Webster's Collegiate Dictionary*, accessed March 9, 2014, www.merriam-webster.com/ dictionary/partner.

4. *The Free Dictionary*, accessed March 9, 2014, www.thefreedictionary.com/partner.

5. Michael K. Paasche-Orlow, Ruth M. Parker, Julie A. Gazmararian, Lynn T. Nielsen-Bohlman, and Rima R. Rudd, "The Prevalence of Limited Health Literacy," *Journal of General Internal Medicine* 20, no. 2 (February 2005):175-184.

6. L. Woicehovich, M.L. Rivera, J.I. Merlino, "Ask 3/Teach 3: Improving Medication Communication Scores and Patient Safety," *Group Practice Journal*(February 2013): 20-28.

7. Morgan Gleason interview by Deirdre Mylod, 5th Annual Patient Experience: Empathy & Innovation Summit, May 19, 2014.

8. Joanne Zeroske (President, Marymount Hospital, Cleveland Clinic Community Hospitals), in discussion with the author, July 8, 2014.

9. Institute for Patient- and Family-Centered Care, *Changing Hospital "Visiting" Policies and Practices: Supporting Family Presence and Participation* (Bethesda, MD, October 2010), accessed March 9, 2014, www.ipfcc.org/visiting.pdf.

제13장

1. Jeffrey Galles, MD, e-mail conversation, February 2, 2014.

2. 퍼트PERT, 프로젝트 관리에 사용되는 도구.

3. Beth E. Mooney (Chairman and CEO, KeyCorp), in discussion with the author, May 2010.

4. Larry Ruvo conversation with Siegfried Fischbacker, 1st annual Patient Experience: Empathy & Innovation Summit, May 25, 2010.

5. "20 People Who Make Healthcare Better-2013," HealthLeaders Media, December 16, 2013.

끝맺는 말

1. "Minister of Health Inaugurates the First Patient Relations Symposium," Ministry of Health, Kingdom of Saudi Arabia, November 23, 2011, accessed March 14, 2014, www.moh.gov.sa/en/Ministry/MediaCenter/News/Pages/NEWS-2011-11-23-003.aspx.

2. Wael Fayez Kaawach, MD, MBA (CEO, Healthcare Development Holding Co., Saudi Arabia), in discussion with the author, March 3, 2013.

3. P. Y. Leung, MD, "Creating a Systemic Vision for Future Health," keynote address, Hong Kong Hospital Authority Convention, Hong Kong, May 7, 2014.

4. Delos M. Cosgrove, MD (President and CEO, Cleveland Clinic), in discussion with the author, May 2014.

저자 소개

제임스 메를리노 박사는 클리블랜드 클리닉 헬스시스템의 환자경험최고관리자[Chief Experience Officer, CXO]이자 외과 교수다. 환자경험협회[Association for Patient Experience]의 설립자이며, 현재 협회장으로 활동하고 있다. 환자경험, 의사-환자 커뮤니케이션, 환자 접근성 등에 관한 클리블랜드 클리닉 헬스시스템의 여러 프로젝트를 이끌고 있다. 전 세계의 다른 리더들에게도 환자를 중심으로 헬스케어 문화를 재정비하고 환자경험 향상을 위해 전략을 세우는 것이 얼마나 중요한지에 대해 전도한다. 〈하버드 비즈니스 리뷰[Harvard Business Review]〉, 〈포브스[Forbes]〉, 〈월스트리트 저널[Wall Street Journal]〉, 〈야후 파이낸스[Yahoo Finance]〉를 비롯한 여러 매체에서 그의 업적과 글을 소개한 바 있다. 〈헬스리더스 미디어[HealthLeaders Media]〉 저널은 그를 "2013년 의료계를 빛낸 20인"에 선정했다.

메를리노 박사는 볼드윈-월리스 대학[Baldwin-Wallace College]에서 경영학 학위를 받았고 케이스웨스턴리저브 대학교에서 의학을 공부했다. 유니버시티 호스피탈 오브 클리블랜드[University Hospitals of Cleveland]에서 일반외과 레지던트, 클리블랜드 클리닉에서 대장항문 분야 펠로우십을 마쳤다. 레지던트 시절에 AHRQ가 지원하는 건강 서비스 리서치를 위해 2년간의 안식 기간을 갖기도 했다. 대장항문외과와 일반외과 학회로부터 인증받은 의사이기도 하다. 그의 아내 에이미는 클리블랜드 클리닉에서 임산부-태아 의료 전문가로 재직하고 있다.